पाकिस्तान-बँगलादेश

आतंकवाद के पोषक

पाकिस्तान-बँगलादेश

आतंकवाद के पोषक

अरुण शौरी

प्रभात प्रकाशन

प्रकाशक • **प्रभात प्रकाशन प्रा. लि.**
4/19 आसफ अली रोड,
नई दिल्ली-110002

संस्करण • 2025
अनुवादक • श्री अमरनाथ श्रीवास्तव
मूल्य • सात सौ पचास रुपए
मुद्रक • यश प्रिंटोग्राफिक्स, नोएडा

PAKISTAN-BANGLADESH : AATANKVAD KE POSHAK
by Shri Arun Shourie ₹ 750.00
Published by Prabhat Prakashan, 4/19 Asaf Ali Road, New Delhi-2
e-mail: prabhatbooks@gmail.com ISBN 978-93-5322-019-8

माताजी एवं पिताजी,
मालती शुक्ला,
अनिता
और अदित
की पुण्य स्मृति में।

आभार

मैं सैन्य अधिकारियों के प्रति आभार प्रकट करना चाहता हूँ, जिन्होंने मुझे करिअप्पा स्मारक व्याख्यान एवं कैवेलरी (अश्वारोही सेना) स्मारक व्याख्यान देने का अवसर प्रदान किया। वस्तुतः, यह पुस्तक दोनों अवसरों पर दिए गए व्याख्यानों की ही परिणति है।

मैं श्री अजय साहनी, कार्यकारी निदेशक, युद्ध प्रबंधन संस्थान का हृदय से आभारी हूँ, जिन्होंने अपने विशद ज्ञान एवं सौजन्य से पुस्तक के सृजन में मेरा सहयोग किया। उन्होंने पुस्तक के प्रारूप पर मुझे अपनी राय बताई और पाकिस्तान तथा आतंकवाद विषय पर अतिरिक्त सामग्री प्राप्त करने में मेरी मदद की।

—अरुण शौरी

अनुक्रम

1

राष्ट्रीय धरोहर

विभाजन के दौरान कई पीढ़ियों से लाहौर में रह रहे हिंदू अपना शहर छोड़कर जा रहे थे। लाहौर के सिटी मजिस्ट्रेट के रूप में उनके निष्क्रमण की देख-रेख की जिम्मेदारी मेरे पिताजी के कंधों पर थी। यह जिम्मेदारी सफलतापूर्वक निभाने के बाद उन्हें जालंधर में तैनात किया गया। उनकी निर्भीकता, अभूतपूर्व संगठनात्मक क्षमता और कर्मठता से प्रभावित होकर उन्हें राहत एवं पुनर्वास कार्य निदेशक बनाया गया था। लाखों की संख्या में अपना घर-बार छोड़कर भारत आए हिंदू शरणार्थियों के पुनर्वास की जिम्मेदारी उन्हें सौंपी गई थी। तब मैं मात्र छह वर्ष का अबोध बालक था।

एक विवाहोत्सव में शामिल होने के लिए दिल्ली से दो विशिष्ट अतिथि पधारे थे। उनमें से एक थे जामिया मिल्लिया के कुलपति डॉ. एम. मुजीब और दूसरी अतिथि थीं सुप्रसिद्ध शिक्षाविद्, स्वतंत्रता सेनानी और समाज-सेविका डॉ. हंसा मेहता। डॉ. मेहता उपहारस्वरूप ऑटोग्राफ की एक छोटी पुस्तिका लेकर आई थीं। मेरे संग्रह के लिए उसमें तीन प्रसिद्ध व्यक्तियों के हस्ताक्षर थे। पहले पन्ने पर साफ और सुडौल अक्षरों में पंडितजी के हस्ताक्षर थे। वह दाईं तरफ पन्ने के बिलकुल बीच में सीधी रेखा में किया गया था। ठीक अगले पन्ने पर जनरल करियप्पा के हस्ताक्षर थे। उसके नीचे वह चमकती हुई रेखा मुझे आज भी याद है, जो दाहिनी ओर को खींची गई थी। तीसरे पन्ने पर पंजाब के तत्कालीन राज्यपाल सर सी.एम. त्रिवेदी के हस्ताक्षर थे। पहली बार हस्ताक्षर करते समय सर त्रिवेदी की कलम की निब से पेपर पर खरोंच आ गया था, इसलिए पहले हस्ताक्षर को बीच में ही छोड़कर उन्होंने दोबारा हस्ताक्षर किए थे।

वह छोटी सी पुस्तिका वर्षों तक मेरे लिए एक अमूल्य निधि बनी रही। बाद में कॉलेज की पढ़ाई समाप्त होने के बाद वह न जाने कहाँ खो गई।

लेकिन वह छोटी सी पुस्तिका और उसमें सुरक्षित पहले तीन हस्ताक्षर एक अमूल्य निधि की तरह आज भी मेरे मानस-पटल पर अंकित हैं।

यही कारण था कि जब सेना ने वर्ष 2002 में फील्ड मार्शल के.एम. करियप्पा की स्मृति में व्याख्यान देने के लिए मुझे आमंत्रित किया तो मुझे बहुत खुशी हुई थी।

फील्ड मार्शल उन सम्माननीय और प्रिय अधिकारियों में से एक थे, जिन्होंने हमारे रक्षा बलों के लिए प्रेरणा का काम किया। उनकी ईमानदारी, छोटी-से-छोटी बातों के प्रति सतर्कता, कनिष्ठ जवानों के प्रति प्रेम, देश के प्रति अनन्य निष्ठा उल्लेखनीय है और जैसा कि चंद्रशेखर दासगुप्ता ने अपनी पुस्तक 'वार एंड डिप्लोमेसी इन कश्मीर 1947-48' में वर्णन किया है—फील्ड मार्शल पश्चिमी क्षेत्र के कमांडर रहते हुए तत्कालीन ब्रिटिश कमांडर-इन-चीफ जनरल बुचर को चकमा देकर जिस प्रकार घाटी से आक्रमणकारियों को खदेड़ने में हमारी सेना की सफलता सुनिश्चित की थी—ये सभी पहलू सैनिकों के बीच एक आदर्श के रूप में हैं। उन्हें तब गहरा आघात पहुँचा, जब राजनेताओं ने सेना को पूरे कश्मीर पर फिर से कब्जा जमाने से पहले ही आगे बढ़ने से रोक दिया था। इतना ही नहीं, उन्हें उस समय भी उतना ही दुःख हुआ था, जब हमारी सेनाओं ने सन् 1965 में अपने प्राणों की बाजी लगाकर जो उपलब्धि हासिल की थी, उन्हें राजनेताओं ने लौटा दिया। इससे भी बड़ा सदमा उन्हें तब पहुँचा जब हमारे राजनेताओं ने कश्मीर और अन्य मुद्दों पर पाकिस्तान से कोई स्थायी समझौता किए बिना ही 93,000 पाकिस्तानी युद्धबंदियों को छोड़ दिया था और उन उपलब्धियों को गँवा दिया, जो हमारी सेनाओं ने सन् 1971 के युद्ध में अर्जित की थीं।

हमारे देश को—विशेषकर युवाओं को—आवश्यकता है एक अनुकरणीय आदर्श की। इसके लिए कुछ को उन ऊँचाइयों को छूना होगा, जहाँ पहुँचकर फील्ड मार्शल करियप्पा ने इतिहास रचा था।

ऐसी राष्ट्रीय धरोहर की स्मृति में सेना द्वारा व्याख्यान देने के लिए आमंत्रित किया जाना अपने आपमें गौरव की बात है।

व्याख्यान का यह अवसर थल सेना दिवस की पूर्व संध्या होने के कारण मेरे लिए दोगुना महत्त्व रखता था—यह वही दिन था, जब सन् 1947 में हमारी सेनाओं ने श्रीनगर पहुँचकर हवाई अड्डे को सुरक्षित करते हुए वहीं से पाकिस्तान द्वारा सीमा पार से भेजे गए कबाइलियों को मार भगाया था।

उस खचाखच भरे सभागार में तीनों सेनाओं के अध्यक्ष एवं अन्य वरिष्ठ सैन्य अधिकारीगण भी उपस्थित थे।

दो वर्ष बाद सम्मान को प्रतिस्थापित किया गया। सन् 2004 के आम चुनावों के बाद डॉ. मनमोहन सिंह के नेतृत्व में नई सरकार बनी। मैंने पुन: पुस्तक-लेखन का कार्य आरंभ कर दिया था। सन् 2004 में बख्तरबंद कोर (दि आर्मर्ड कोर) ने घुड़सवार सेना स्मृति व्याख्यान (कैवेलरी मेमोरियल लेक्चर) देने के लिए मुझे आमंत्रित किया।

हमारी घुड़सवार सेना निस्संदेह हमारे देश का गौरव है। इसकी इकाइयाँ हमारी थल सेना में सबसे पुरानी और अति विलक्षण हैं। उनकी वीरगाथाएँ अनुकरणीय हैं। मुझे आज भी याद है सन् 1965 की वह अविस्मरणीय घटना, जिससे सारा देश गौरवान्वित हुआ था। पाकिस्तान के खेमकरण में हमारे टैंकों ने पाकिस्तान के उच्च कोटि के अत्याधुनिक पैटन टैंकों को ध्वस्त कर दिया था, जिससे पाकिस्तानी सेना को धूल चाटनी पड़ी थी।

वैसे यह व्याख्यान एक अन्य कारण से भी मेरे लिए काफी अहम था—इसके साथ जनरल जे.एन. चौधुरी की स्मृति जुड़ी हुई है।

देश उनके योगदानों को कभी नहीं भुला सकता है। वह पहले ऐसे भारतीय अधिकारी थे, जिन्हें द्वितीय विश्वयुद्ध के दौरान एक रेजीमेंट के नियंत्रण की जिम्मेदारी सौंपी गई थी। वह सोलहवीं लाइट कैवेलरी हमारी घुड़सवार सेना की सबसे पुरानी इकाई थी। उनकी विलक्षण योग्यता के कारण उन्हें सन् 1947 के बाद तेजी से पदोन्नति मिलती गई। इसी क्रम में उन्हें सेना के एकमात्र बख्तरबंद प्रभाग का नियंत्रण सौंपा गया। शीघ्र ही उन्होंने हैदराबाद में 'ऑपरेशन पोलो' के दौरान भारतीय सेना का नेतृत्व किया। आगे चलकर उन्होंने अलगाववादी ताकतों को कुचलने में राज्य प्रशासन की मदद की। ऐसे कई महत्त्वपूर्ण मौकों पर अपनी क्षमता का लोहा मनवाते हुए उन्होंने स्वयं को सबसे विलक्षण प्रतिभावाला चीफ ऑफ स्टाफ साबित कर दिखाया। हमारी थल सेना के इतिहास में वह सबसे कठिन दौर था, जब सन् 1962 में जनरल थापर ने इस्तीफा दे दिया था। सेना प्रमुख के पद पर रहते हुए उन्होंने जो रणनीति बनाई थी, वह सन् 1965 में पाकिस्तान के साथ युद्ध में मील का पत्थर साबित हुई। ऐसे में देश उनकी सेवाओं को कैसे भुला सकता है? फिर भी यह कैसा दुर्भाग्य है कि देश ऐसी सेवाओं को अपनी यादों से निकाल देने के इंतजार में बैठा है।

लेखन-पठन के क्षेत्र में कार्य करनेवाले एक व्यक्ति के रूप में मैं उनके प्रति विशेष कृतज्ञता प्रदर्शित करना चाहता हूँ। उन्होंने अपने कर्तव्यों से आगे बढ़कर

देशवासियों को सूचना देने और उन्हें जागरूक बनाने का काम भी किया। जानकर कितना विस्मय होता है कि सेना में सर्वोच्च पद पर पहुँचकर भी उन्होंने 'द स्टेट्समैन' में विशेष संवाददाता के रूप में लिखना जारी रखा! कितने विशेष संवाददाता रहे होंगे वह!

ओटावा में उनके द्वारा की गई सेवाएँ मुझे कई ऐसे कारणों से आज भी याद हैं, जिन्हें अब तक उनके सहकर्मी भी नहीं जानते। वह कनाडा में भारत के उच्चायुक्त थे। मैंने वाशिंगटन डी.सी. के विश्व बैंक में अपनी आजीविका शुरू ही की थी। उस समय हमारे कुछ नए मित्र बनने शुरू ही हुए थे, जिनमें श्रीमान व श्रीमती कृष्ण भाटिया भी शामिल थे। वह 'हिंदुस्तान टाइम्स' के संपादक थे और उन्हें वाशिंगटन में इस समाचार-पत्र के प्रतिनिधि के रूप में तैनात किया गया था। यहाँ अपने प्रवास के दौरान उन्होंने एक पुस्तक लिखी थी—'दि ऑर्डील ऑफ नेशनहुड' (राष्ट्रीयता की अग्निपरीक्षा)। उस पुस्तक के एक भाग में हेंडर्सन ब्रूक्स रिपोर्ट-1962 से तथ्यों का रहस्योद्घाटन किया गया था। यह रिपोर्ट उनके पास किनके माध्यम से पहुँची थी? जनरल चौधुरी से! श्रीमान भाटिया ओटावा गए हुए थे। वहीं उन्होंने रिपोर्ट पढ़ी और उनमें से कुछ महत्त्वपूर्ण तथ्य हासिल किए। मैं तब वाशिंगटन में उनके प्रतिनिधिमंडल के साथ था। मन में एक कौतूहल था।

सुरक्षा बलों के बारे में दो तथ्य

हमारा अस्तित्व बचा हुआ है, क्योंकि हमारे थल, जल और वायु सैनिक अपनी जान की बाजी लगाकर हमारी रक्षा करते हैं। इसलिए मन में सैनिकों के प्रति गहरी कृतज्ञता सँजोए हुए ही दोनों अवसरों पर मैंने अपना भाषण दिया था।

साथ ही मैंने अपने वक्तव्य में यह भी आभास कराने की कोशिश की कि हमारे सुरक्षा बलों में गंभीर दोष हैं। हमारी सेनाएँ उनमें से हैं, जिन्हें ऐसे लोगों के लिए अपनी जान गँवानी पड़ती है, जो अवसरवादी हैं, जो उनकी उपेक्षा करते हैं, और ऐसे लोगों के लिए भी, जिनका उल्लेख करने के लिए 'मूर्ख' से बेहतर और कोई शब्द नहीं सूझ रहा है।

हमारे राजनेता ही, जिनमें पं. नेहरू को महानतम कहा जा सकता है, घाटी में आक्रमणकारियों को खदेड़ रही सेना को आगे बढ़ने से रोकने का निर्णय लेते हैं; सरदार पटेल के परामर्श के बावजूद मामले को संयुक्त राष्ट्र में ले जाने का निर्णय लेते हैं और फिर जनमत-संग्रह पर सहमति तय करते हैं और इन सबकी कीमत

चुकानी पड़ती है हमारे सुरक्षा बलों को।

हमारे राजनेता ही, जिनमें पं. नेहरू को महानतम कहा जा सकता है, तिब्बत में पहुँचकर ल्हासा तक कब्जा करनेवाले चीन की करतूतों के प्रति सरदार पटेल की चेतावनी नजरअंदाज कर देते हैं। दिल्ली में मंत्रिमंडल की बैठक होती है। कुछ सदस्य इस खतरे के प्रति डरते-डरते अपनी चिंता प्रकट करते हैं। पं. नेहरू यह कहकर उनकी चिंता दूर करने की कोशिश करते हैं—"आप लोगों को मालूम नहीं है कि वहाँ हिमालय पर्वत (भारत के प्रहरी के रूप में) खड़ा है।"

मंत्रिमंडल की बैठक में लिये गए निर्णयों से व्यथित होकर सरदार पटेल 7 नवंबर, 1950 को पंडितजी के नाम एक पत्र लिखते हैं। वे उस निर्लज्जतापूर्ण आक्रमण की याद दिलाते हैं, उस तीव्र आक्रामकता की याद दिलाते हैं, जिसका सहारा लेकर चीन ने भारत की दु:खद और करुणामय परिस्थिति को दरकिनार कर दिया है। वे याद दिलाते हैं हमारे राजदूत के उस प्रयास की, जिसमें वह चीन के प्रभुत्व-प्रदर्शन का औचित्य निर्धारित करने के लिए पेकिंग जा रहे हैं—"एंग्लो-अमेरिकन कूटनीति से तिब्बत में चीन के लिए तथाकथित खतरे में विश्वास कर पाना किसी समझदार एवं संवेदनशील व्यक्ति के लिए असंभव है।" यह सबकुछ वह ऐसी परिस्थिति में याद दिलाते हैं, जब संयुक्त राष्ट्र संघ में चीन के प्रवेश और फॉर्मोसा मामले पर अमेरिका द्वारा आश्वासन प्राप्त करने के उसके उद्देश्यों की हिमायत करने में हम रूसी खेमे से बाहर बिलकुल अलग-थलग पड़ गए हैं। अमेरिका, ब्रिटेन और संयुक्त राष्ट्र संघ के साथ बातचीत में हमने चीन की भावनाओं की कद्र करते हुए उसकी चिंता को कम करने और उसके वैधानिक दावों का समर्थन करने की हरसंभव कोशिश की है। और इसकी भरपाई की जा रही है आक्रमण से, हमारे प्रतिनिधित्व को लेकर कठोर प्रतिक्रिया से व लगातार संदेह व तनावपूर्ण माहौल से…।

फिर वह भविष्य के प्रति संकेत करते हैं—

> ऐसा लगता है कि हम तिब्बत की स्वायत्तता को स्वतंत्र संधि संबंध के विस्तार के रूप में मान बैठे हैं। अब संभवत: आवश्यकता है तो बस चीन के प्रतिहस्ताक्षर की। इस आधिपत्य (प्रभुत्व-प्रदर्शन) का अर्थ चीन कुछ अलग ढंग से प्रस्तुत करता है। अत: यह समझने में हमें चूक नहीं करनी चाहिए कि वे जल्दी ही उन सभी शर्तों को अस्वीकार कर देंगे, जिनमें किसी समय तिब्बत भी हमारे साथ शामिल था। इसका परिणाम यह होगा कि तिब्बत के साथ हुए सभी सीमा

और व्यापारिक समझौते, जिन पर पिछले पचास वर्षों से हम ईमानदारी से अमल करते आ रहे हैं, खौलते तेल की कड़ाही में डाल दिए जाएँगे। चीन अब विभाजित नहीं रहा। अब वह संयुक्त और शक्तिशाली है। उत्तर तथा उत्तर-पूर्व में हिमालय क्षेत्र तक देश की सीमा के इस पार निवास करनेवाली हमारी जनसंख्या नस्ल और संस्कृति के आधार पर तिब्बतियों अथवा मंगोलियनों से अलग नहीं है। अनिर्धारित सीमा और हमारी जनसंख्या का चीनियों अथवा तिब्बतियों से मेल खाना ही हमारे और चीन के बीच संघर्ष का प्रमुख कारण रहा है। हाल के इतिहास ने भी यह कटु सत्य उजागर किया है कि साम्यवाद किसी भी प्रकार से साम्राज्यवाद से बचानेवाला नहीं है और एक साम्यवादी उतना ही अच्छा अथवा बुरा साम्राज्यवादी होता है, जितने कि अन्य लोग। इस संबंध में चीन की साम्राज्यवादी महत्त्वाकांक्षा में न केवल हमारी सीमा के हिमालयीय ढाल क्षेत्र शामिल हैं, बल्कि असम के कुछ महत्त्वपूर्ण हिस्से भी उसके अंतर्गत आते हैं। उसकी साम्राज्यवादी दृष्टि से बर्मा भी अछूता नहीं है। बर्मा के सामने एक और मुश्किल यह भी है कि उसके पास सीमा निर्धारित करनेवाली मैकमोहन रेखा नहीं है, जिसके इर्द-गिर्द वह किसी तरह का सीमा समझौता कर सके। चीन का आधिपत्य-प्रदर्शन और साम्यवादी साम्राज्यवाद पश्चिमी ताकतों के साम्राज्यवाद अथवा साम्राज्य-विस्तार से भिन्न है। चीन का आधिपत्य-प्रदर्शन अथवा साम्राज्यवाद विचारधारा के परदे के पीछे चल रहा है, जिसके कारण यह दस गुना अधिक खतरनाक है। उसके सैद्धांतिक विस्तार के छद्मावरण के नीचे जातीय, राष्ट्रीय एवं ऐतिहासिक अधिकार-प्रदर्शन छिपा हुआ है। इस प्रकार उत्तर तथा उत्तर-पूर्व से साम्यवाद और साम्राज्यवाद—दोनों रूपों में खतरा विद्यमान है। उधर, पश्चिमी और उत्तरी-पश्चिमी सीमा से खतरा पहले जैसा ही बना हुआ है और इधर उत्तर तथा उत्तर-पूर्व से एक नया खतरा उत्पन्न हो गया है। ऐसे में, भारत को सुरक्षित रखने के लिए उसे दो मोरचों पर एक साथ रक्षात्मक चौकसी पर ध्यान केंद्रित करना होगा। हमारे सुरक्षात्मक उपाय और मापदंड अब तक पाकिस्तान पर उसकी प्रबलता अथवा श्रेष्ठता की गणना पर आधारित रहे हैं। अपनी इस गणना में हमें उत्तर तथा उत्तर-पूर्व में उस साम्यवादी चीन को, जिसकी निश्चित महत्त्वाकांक्षाएँ और उद्देश्य हैं तथा जिसका बरताव हमारे प्रति किसी भी तरह से मैत्रीपूर्ण नहीं है, कम करके नहीं आँकना चाहिए…।

तिब्बत की सीमा से लगे भारतीय क्षेत्रों में उत्पन्न होनेवाले खतरों के प्रति सरदार पटेल लगातार सचेत करते जा रहे हैं। भूटान में···वे उन उपायों की लंबी सूची तैयार कर रहे हैं, जो तत्काल किए जाने चाहिए। अंत में निष्कर्ष के रूप वे कहते हैं, "मेरी राय है कि इन समस्याओं पर चर्चा करने के लिए हम जल्दी ही बैठक करें और उनसे निबटने के लिए उठाए जानेवाले आवश्यक कदमों के साथ-साथ अन्य समस्याओं की तत्काल जाँच के निर्देश दें।"

के.एम. मुंशी के अनुसार, "मेरी जानकारी में सरदार पटेल द्वारा सुझाई गई यह बैठक नहीं बुलाई गई।"[1]

और कीमत चुकानी पड़ती है सुरक्षा बलों को—देश-सेवा के अभिलेखों में अपनी जान देकर।

खेल यहीं खत्म नहीं हो जाता। ये हमारे राजनेता ही थे, जिन्होंने '50 के दशक में चीन की गतिविधियों की तरफ से आँखें मूँदे रखा। ये राजनेता ही थे—अपने समय के बहुप्रशंसित—कृष्ण मेनन, जिन्होंने चीन से संभावित खतरे के प्रति जनरल थिमैया की चेतावनी की उपेक्षा की और उनके उस सुझाव पर भी अमल करने से इनकार कर दिया, जिसमें पर्वतीय क्षेत्रों में युद्ध के लिए आवश्यक सामग्री की आपूर्ति की माँग की गई थी। इसके उलट राजनेताओं ने जनरल थिमैया पर पश्चिमी समर्थक होने का आरोप मढ़ दिया। अधिकारियों ने थिमैया को अफवाहें फैलानेवाला घोषित कर दिया। ऐसे में जब जनरल थिमैया ने त्याग-पत्र दे दिया तो हमारे राजनेताओं, जिनमें पं. नेहरू को महानतम कहा जा सकता है, ने सबसे पहले उन्हें त्याग-पत्र वापस लेने को कहा और फिर उन्हें यह कहकर झिड़की दी गई कि वह ऐसी बातों को बेवजह तूल दे रहे हैं, जो बहुत ही तुच्छ और आधारहीन हैं। वही राजनेता तीन वर्षों तक लगातार यही राग अलापते रहे—चीनी हमारे हितैषी हैं, हमें उनसे कोई खतरा नहीं है—अब जनरल थिमैया की ओर मुँह फेरते हैं और 'चीन-भारत सीमा संकट को बीच में छोड़ने की उनकी इच्छा' के लिए एक बार फिर उन्हें फटकार लगाते हैं। यह राजनीतिक नेतृत्व ही था, जिसने जनरल थिमैया की आवाज को इस सिद्धांत का हवाला देकर दबा दिया कि 'क्या सेना नागरिक अधिकारियों पर

1. के.एम. मुंशी की पुस्तक 'पिलग्रिमेज टु फ्रीडम' में उद्धृत सरदार पटेल का पत्र, जिसे उन्होंने 7 नवंबर, 1950 को पं. जवाहरलाल नेहरू को लिखा था; भारतीय विद्या भवन, बंबई, 1967, भाग 1, पृष्ठ 175-81।

तानाशाही चलाने के लिए है ?"[1] राजनेताओं के इस कदम की कीमत हमारे सुरक्षा बलों को सन् 1962 में चुकानी पड़ी।

आज सेना के मुख्यालय के आगे ही उस तीक्ष्ण मस्तिष्क और उससे भी अधिक तीक्ष्ण जबानवाले उस महान् राजनेता की प्रतिमा लगी है। इतना ही नहीं, पूरे देश में उस महान् राजनेता की अनगिनत प्रतिमाएँ लगी हुई हैं; जबकि कुछ ही लोग ऐसे हैं, जो जनरल को याद करते हैं।

बहुप्रशंसित श्रीमती इंदिरा गांधी की अगुवाई में वह राजनीतिक नेतृत्व ही था, जिसने सन् 1971 की शानदार विजय के बाद जुल्फिकार अली भुट्टो की बातों पर यकीन कर लिया। यह राजनीतिक नेतृत्व ही था, जिसने नियंत्रण रेखा को अंतरराष्ट्रीय सीमा में बदलने संबंधी शर्त पर पाकिस्तान से हस्ताक्षर कराए बिना ही युद्धबंदी बनाए गए 93,000 पाकिस्तानी सैनिकों को रिहा कर दिया, जबकि समझौता-पत्र में इस शर्त का प्रारूप तैयार कर लिया गया था[2] और अंत में क्या हुआ ? सुरक्षा बलों को इसकी कीमत चुकानी पड़ी।

वे महज मुट्ठी भर राजनेता ही थे, जिन्होंने अपने को अधिक तेज-तर्रार व कूटनीतिज्ञ मानते हुए अपने राजनीतिक प्रतिद्वंद्वियों से आगे निकलने के लिए भिंडराँवाले का संरक्षक बनने का फैसला लिया और कीमत चुकानी पड़ी सुरक्षा बलों को।

कांग्रेस की अगुवाई में वह राजनीतिक वर्ग ही है, जो मतदाता सूची को आसानी से काबू में आ सकनेवाले मतदाताओं से पाटने के अपने घिनौने मकसद से प्रेरित होकर बँगलादेश से घुसपैठ को प्रश्रय देता रहा; वह राजनीतिक वर्ग ही तो है, जो उल्फा उग्रवादियों को संरक्षण दे रहा है। वह राजनीतिक नेतृत्व ही तो था, जिसने सन् 1980 के शुरुआती दिनों में असम को उग्रवाद की आग में दहकने के लिए छोड़ दिया था।

और तो और, जब कश्मीर में स्थिति नियंत्रण में आ गई थी तो राजनीतिक नेताओं, जिनका नेतृत्व एक बार फिर श्रीमती इंदिरा गांधी ने किया था, ने वहाँ की जनता द्वारा चुनी हुई सरकार को बरखास्त कर दिया। जमात-ए-इसलामी और अन्य

---

1. विवरण के लिए देखें, ब्रिगेडियर जे.पी. दलवी की पुस्तक 'हिमालयन ब्लंडर', थाकर एंड कंपनी, बंबई, 1969, पृष्ठ 15-17, 46-49।
2. देखें, पी.एन. धर की पुस्तक 'इंदिरा गांधी, दि इमरजेंसी, एंड इंडियन डेमोक्रेसी', ऑक्सफोर्ड यूनिवर्सिटी प्रेस, नई दिल्ली, 2000, पृष्ठ 187-222।

पाकिस्तान समर्थक तत्त्वों को खुला छोड़ दिया गया और कीमत चुकानी पड़ी सुरक्षा बलों को।

राजनीतिक नेताओं, श्रीमती इंदिरा गांधी और उनके बाद श्री राजीव गांधी की राजनीतिक चाल में लिट्टे (LTTE) को संरक्षण देकर पड़ोसी क्षेत्र में अपना दबदबा बनाने का निर्णय लिया गया। बाद में एक अन्य राजनीतिक चाल में यह निर्णय लिया गया कि इसे एक सप्ताह के भीतर समाप्त किया जा सकता है और कीमत चुकानी पड़ी सुरक्षा बलों को।

वह राजनीतिक नेताओं की ही चाल थी, जिसमें पूर्वोत्तर में दशकों तक विद्रोही तत्त्वों को पनपने तथा उसे नासूर बनने के लिए छोड़ दिया गया था और वहाँ 'विकास परियोजनाओं' पर पैसा बहाया जाता रहा तथा यह कहकर अपने आपको ही धोखा दिया गया कि हम अपना उत्तरदायित्व निभा रहे हैं, हम उन्हें धनराशि वितरित कर रहे हैं; जबकि असलियत यह थी कि उससे विद्रोही तत्त्वों का पोषण किया जा रहा था। अंततः कीमत चुकानी पड़ी सुरक्षा बलों को।

ये राजनीतिक लोग ही थे, जिन्होंने सत्ता पर काबिज होते ही किसी महान् उद्देश्य से नहीं बल्कि महज अवसरवादिता से ग्रस्त होकर सुरक्षा बलों के हाथों से उन अधिकारों को छीन लिया, जिनकी बदौलत हमारी सेना देशद्रोहियों से निपटती थी—पहले 'टाडा', फिर 'पोटा' और उसके बाद सशस्त्र बल विशेषाधिकार अधिनियम। कीमत चुकानी पड़ी सुरक्षा बलों को।

साफ शब्दों में कहें तो ये राजनीतिक लोग ही थे, जिन्होंने आंध्र प्रदेश में नक्सलवादियों को और असम में उल्फा (उग्रवादियों) को खुली छूट दी और फिर इसकी कीमत अंततः हमारे सैनिक ही चुका रहे हैं।

यदि एक वाक्य में कहें, तो हमारे राजनीतिज्ञों ने चिनगारी को ज्वाला बनने के लिए छोड़ दिया और समय-समय पर उसे सुलगाने का काम भी किया। और फिर वहाँ सुरक्षा बलों को इस विश्वास के साथ भेजा गया कि वे उस अग्नि को बुझाने में अपनी जान की बाजी लगा देंगे और बिना कुछ बोले उस धधकती ज्वाला पर अपना खून बहाकर उसे बुझा देंगे।

इसपर भी सुरक्षा बलों को हर बार 'मानवाधिकार हनन' के आरोप में बदनामी झेलनी पड़ती है।

इसलिए मैं एक ऐसे व्यक्ति के रूप में बोल रहा हूँ, जो स्वयं को सेना का ऋणी मानता है। साथ ही, एक ऐसे व्यक्ति के रूप में भी ये बातें बोल रहा हूँ, जो इस बात से अपनी बदनामी महसूस करता है कि उन्हें सदैव गलत साबित किया जाता रहा।

प्रस्तुत पुस्तक से संबंधित दो तथ्य

एक मूलभूत तथ्य और है, हालाँकि यह तथ्य इतना सर्वमान्य है कि इसका उल्लेख करना जरूरी नहीं है; लेकिन अपने व्याख्यान के दौरान मैंने इसका उल्लेख किया था और अब एहतियात के तौर पर इस पुस्तक में भी करना चाहता हूँ। अपने व्याख्यान में मैंने जो कुछ कहा और अब इस पुस्तक में जो कुछ भी लिख रहा हूँ, वह किसी और के लिए नहीं बल्कि अपने लिए। यह पुस्तक मूलतः मेरे दो व्याख्यानों का ही एक विस्तार है। इसमें मेरे द्वारा लिखी गई बातों का उस सरकार के दृष्टिकोण से कोई लेना-देना नहीं है, जिसका मैं एक हिस्सा रहा हूँ। दो ऐसे कारण हैं, जिन्होंने मुझे इसपर जोर देने के लिए विवश कर दिया। पहला है—सार्वजनिक बहस का वह स्तर, जो आज के भारत को विरासत में मिला है। बहस के दौरान अपने विरोधी पक्ष पर हावी होने के लिए तुच्छ-से-तुच्छ तर्कों का सहारा लिया जाता है। दूसरा कारण है कूटनीतिज्ञ! कभी-कभी मुझे लगता है कि जब वे क्रोधित होने का बहाना करते हैं, तब वे किसी मौके की तलाश कर रहे होते हैं—किसी ऐसे मौके की जब वे अनौपचारिक वार कर सकें। उनमें से कुछ ने क्रोधित होकर प्रेस को भी चिट्ठियाँ लिख डालीं—दुनिया को यह बताने के लिए कि उनकी नहीं सुनी जा रही है—और अपने मुख्यालयों को आश्वस्त करने के लिए कि वे अपने कर्तव्य के प्रति सजग हैं। परंतु दुर्भाग्य! इन दोनों विषयों—राजनीतिक जंग और कूटनीति—पर ये विचार और मूल्यांकन सिर्फ मेरे अकेले के हैं।

एक दूसरा तथ्य है—प्रशस्ति-पत्रों के बारे में, जिसे हमेशा याद रखने का मैं पाठकों से आग्रह करूँगा। अपने कार्य के दौरान स्वाभाविक रूप में कुछ ऐसे कागजात मेरे हाथ लगे, जो राष्ट्रीय सुरक्षा से संबंध रखते हैं—जो नहीं होना चाहिए था। लेकिन मैंने उनमें से किसी का उपयोग नहीं किया और न करूँगा। इस नियम के प्रति वचनबद्ध होने का मतलब यह था कि मुझे समारोह की पूरी प्रक्रिया से अवगत कराया जाए। चूँकि मुझे हमेशा यह खयाल रहता था कि किसी भी आधिकारिक कागजात का मैं उपयोग नहीं कर सकता हूँ, इसलिए मेरे पास एक ही विकल्प था कि मैं उन विभिन्न प्रकाशनों का हवाला दूँ, जो जनसाधारण की पहुँच में हैं—उदाहरण के लिए इंटरनेट। चूँकि अमेरिका ज्यादा दिखावा करता है, उदाहरण के लिए—चीन को, इसीलिए अमेरिकी स्रोतों द्वारा औरों की अपेक्षा अधिक प्रशस्ति-पत्र दिए जाते हैं। कुछ जगहों पर मैंने कुछ आधिकारिक कागजात का भी हवाला दिया है, ताकि संबंधित मामलों को हाथोहाथ स्पष्ट किया जा सके। कुछ मामलों में मैंने उन लेखकों के नामों का भी हवाला दिया, जिन्होंने उसे

सार्वजनिक करने के लिए स्वयं लिखा था। सरकार में मेरे कार्यकाल के दौरान इनमें से कुछ भी मेरे रास्ते में नहीं आया, लेकिन इनके संदर्भ में किसी भी कार्य-विवरण से संबंधित तथ्यों का उल्लेख मैंने बिलकुल नहीं किया है।

उपर्युक्त तथ्यों की पुष्टि में मैंने जिन सामग्रियों और तर्कों का उल्लेख किया है, उनसे दस गुना अधिक व्यापक सामग्री और तर्क से उसे और अधिक विस्तृत और प्रभावशाली बनाया जा सकता था—रक्षा मामलों पर लिखित सामग्री, उनमें से किसी एक विषय का भी उल्लेख किया जाए, जैसे चीन को ही लें—तो वह अत्यधिक व्यापक हो जाता है। अपने विचारों और तर्कों को पुख्ता बनाने के लिए हमने कम-से-कम उदाहरण गिनाए हैं, बजाय इसके कि हर तर्क को दस उदाहरणों द्वारा समझाया जाए। हालाँकि ऐसा भी आसानी से किया जा सकता था, वैसे संदर्भ के रूप में मैंने जिन बिंदुओं का उल्लेख किया है, वे व्यापक और प्रभावशाली हैं। ऐसा करने के पीछे मेरी दो मनशाएँ थीं—एक तरफ तो विस्तृत विवरणों से उन तिकड़मों और युक्तियों के बारे में स्पष्ट प्रमाण प्राप्त होते हैं, जो प्रत्यक्ष अथवा अप्रत्यक्ष रूप से हमारी चिंता के विषय हैं। दूसरी ओर, हालाँकि कई रिपोर्ट और प्रकाशित सामग्री लोगों के लिए सर्वसुलभ हैं; लेकिन भारत में बहुत कम ही लोग उसके प्रति सजग रहते हैं। इसलिए मैं तो यही आशा करता हूँ कि ये उद्धरण पाठकों को पुस्तक में छेड़े गए मुद्दों पर अतिरिक्त सामग्री ढूँढ़ निकालने के लिए प्रेरित करेंगे।

सार्थक प्रगति और वर्तमान स्थिति

पिछले कुछ वर्षों में भारत ने बहुत सारी उपलब्धियाँ हासिल की हैं। इस दौरान कई घटनाएँ भी सार्थक मोड़ तक पहुँची हैं—

- अपनी सुरक्षा हेतु आणविक हथियार विकसित करने की ओर हमने जो कदम उठाया, उसका समर्थन विश्व समुदाय ने अंततः किया।
- सन् 1998 में परमाणु-परीक्षण किए जाने पर जिन देशों ने हो-हल्ला मचाया था, वे ही देश आज भारत के साथ 'सुरक्षा-वार्त्ता' करने में लगे हैं।
- अंतरिक्ष तकनीक और क्षमताओं के क्षेत्र में हमारी प्रगति जारी है।
- कारगिल में हमारी सेना ने जिस बहादुरी और कुरबानी का परिचय दिया है, उसने न केवल हमारे देश की इच्छाशक्ति को सशक्त बनाया, बल्कि शत्रुओं का सामना करने के लिए आत्मविश्वास को और मजबूत किया है।
- सोवियत संघ के विघटन के बाद नए माहौल में हमारी विदेश नीति को

सफलतापूर्वक नया रूप दिया गया है।

- इसी तरह पिछले तीन वर्षों में 50 मिग विमान दुर्घटनाग्रस्त हुए। इससे हमने यह सीखा कि किसी एक स्रोत पर निर्भर रहना कितना कष्टकारक होता है। अब सैन्य साजो-समान के लिए फ्रांस, दक्षिण अफ्रीका, इजराइल इत्यादि देशों से भी सौदा करने के लिए हमारे रास्ते खुले हुए हैं।
- भारतीय उद्योगों ने भी अपने को इस तरह पुनरुज्जीवित करना शुरू कर दिया कि वे कई वस्तुओं का उत्पादन विश्व स्तर पर करने में सक्षम हो गए। इस तरह हम अपने सुरक्षा उपकरणों की जरूरतों को पूरा करने में पहले से ज्यादा सक्षम हो गए हैं।
- अमेरिका के वर्ल्ड ट्रेड सेंटर पर 11 सितंबर के आतंकवादी हमले के बाद की घटनाओं ने हमारी सुरक्षा क्षमता को पुख्ता बनाने के लिए प्रोत्साहित किया है—
  - पाकिस्तान अपने को भारत के मुकाबले अधिक 'बड़ा कूटनीतिज्ञ' होने का दावा करके सफलता का जो राग अलापता रहा, वह उसने खो दिया है।
  - अफगानिस्तान जैसी जगह, जहाँ आतंकवादियों को शरण दी जाती थी, उन्हें प्रश्रय दिया जाता था, वह भी उसके हाथ से चली गई।
  - लगभग सभी देश यह समझ गए हैं कि पाकिस्तान अंतरराष्ट्रीय आतंकवाद का एक महत्त्वपूर्ण गढ़ रहा है और आज भी है।
  - 11 सितंबर की घटना के बाद भारतीय कूटनीतिज्ञ अन्य देशों—यहाँ तक कि अमेरिका और ब्रिटेन—को भी यह समझाने में सफल रहे कि पाकिस्तान के पूर्वी हिस्से के आतंकवाद को नजरअंदाज करके पश्चिम में आतंकवाद से मुकाबला करना संभव नहीं है।
- पाकिस्तान और आतंकवादियों के नापाक इरादों के बीच जम्मू व कश्मीर में जो चुनाव कराए गए, उन्हें न केवल विभिन्न देशों से आए पर्यवेक्षकों ने बल्कि स्वयं इस राज्य के लोगों ने स्वतंत्र और निष्पक्ष करार दिया। ये स्वतंत्र और निष्पक्ष चुनाव ऐसे समय में कराए गए, जब मुशर्रफ वहाँ चुनाव कराने का ढोंग कर रहे थे। इस कारण यह चुनाव और भी अधिक उल्लेखनीय हो जाता है। इस दौरान एक ओर सामान्य राजनीतिक गतिविधियाँ—बैठकें, वाद-विवाद और विरोधी राजनीतिक दलों के बीच बयानबाजी—चल रही थीं तो दूसरी ओर पाकिस्तान इसे नाकाम करने के लिए एड़ी-चोटी का जोर लगा रहा था—गवाह है हुर्रियत के नरमपंथी समर्थकों की निर्मम हत्या।

इन उपलब्धियों और अनुकूल माहौल के बावजूद बहुत से मसले हैं, जिनके प्रति सतर्क रहने की जरूरत है। हम न तो प्रतिकूल 'संभावनाओं' का सामना कर रहे हैं। न ही 'अनिश्चितताओं' के दौर से गुजर रहे हैं और न ही सुरक्षा 'खतरों' से जूझ रहे हैं। हम जिससे जूझ रहे हैं, वह है निरंतर बढ़ रही आक्रामकता और यह धीरे-धीरे विकराल रूप धारण कर रही है। आगे चलकर यह चिंताजनक स्थिति में पहुँच जाएगी।

हमारे आस-पास की परिस्थितियाँ

हमारे आस-पास जो हो रहा है, उसपर एक नजर डालें—

जम्मू-कश्मीर में सन् 1989 से अब तक 13,500 से ज्यादा की संख्या में आम नागरिक और 5,300 से ज्यादा सुरक्षाकर्मी आतंकवादियों द्वारा मारे जा चुके हैं।

इसके विपरीत इस अवधि में राज्य में दिसंबर 2004 तक मात्र 62 व्यक्तियों की पहचान आतंकवादी के रूप में की गई है।

वास्तविकता क्या है ? न्यायालय फैसला सुना नहीं सकता। जब कोई अपनी जान की बाजी लगाकर देश की रक्षा करना चाहता है तो उसपर चीखा जाता है— 'मानवाधिकार का हनन हो रहा है'।

पिछले बीस वर्षों में करीब 64,000 लोग आतंकवादी हिंसा में अपनी जान गँवा चुके हैं। इनमें से सभी भारत के सीमा क्षेत्र में मारे गए हैं।

सन् 2004 के अंत तक देश के 40 से 45 प्रतिशत क्षेत्रफल में बसे 220 जिले किसी-न-किसी रूप में हिंसात्मक विद्रोह की चपेट में थे।

इस खूनी संघर्ष के लिए मुख्य रूप से जो वैचारिक शक्तियाँ जिम्मेदार हैं, वे हैं—इसलामिक कट्टरवाद, वामपंथी उग्रवाद और पूर्वोत्तर में, जैसा कि के.पी.एस. गिल मानते हैं, 'जातीय कट्टरवाद'। पहली चुनौती, इसलामिक कट्टरवाद की चर्चा करना तो कमोबेश एक गुनाह है। दूसरी को आज के फैशनपरस्त लोगों में 'राजकीय आतंकवाद' के विरोध, 'न लागू किए गए भूमि-सुधारों के परिणाम' के रूप में जाना जाता है। और तीसरी 'देशी लोगों के मध्य चेतना के विकास' के रूप में प्रशंसित है।

और पिछले कुछ महीनों में—पंगु और भ्रमित सरकार के साथ-साथ— स्थिति विस्फोटक हो गई है।

इसलामिक आतंकवाद को प्रश्रय देनेवाला (पाकिस्तान) न तो अपने मकसद

में और न ही अपने व्यवहार में कोई सुधार लाया है। दूसरी ओर, शांति के पुजारी दोनों देशों के बीच खेल प्रतियोगिता और पाइपलाइन की बात करते हुए लगातार उम्मीद की तलाश में हैं। वे आज पाकिस्तानी विदेश मंत्री के आगमन पर तो कल प्रधानमंत्री के आगमन पर, ऐसे ही अगले दिन पश्चिमी पंजाब प्रांत के मुख्यमंत्री के आगमन पर अपना ध्यान लगाए रहते हैं। लेकिन हर बार उन्हें एक ही चीज हासिल होती है—वह है विफलता। हमारे अतिथि तोते की तरह रटी-रटाई एक ही बात बोलते हैं—'कुछ भी नहीं हो सकता, जब तक कि कश्मीर…।'

कुछ महीने पहले मैं एक रोचक घटना का चश्मदीद गवाह बना। सन् 2003 में 'इंडिया टुडे' की एक गुप्त बैठक के दौरान रात्रिभोज में शामिल होने का अवसर मिला। मुशर्रफ को इसलामाबाद से ही सेटेलाइट के जरिए इस बैठक को संबोधित करने के लिए आमंत्रित किया गया था। कई जाने-माने लोगों की भीड़ थी—ऐसी भीड़, जिसमें शांति के बारे में चर्चा करना फैशन की बात है और ऐसी किसी बात पर 'सूफी संगीत' की तरह 'वाह-वाह' की आवाज से प्रतिक्रिया जताना ही काफी समझा जाता है। अपने अस्सी मिनट के संबोधन में मुशर्रफ ने सत्तर बार कश्मीर का नाम लिया। उनका संदेश भी बहुत साधारण था—बस वही संदेश, जिसे वह हमेशा दोहराते रहे हैं—

- कश्मीर भारत और पाकिस्तान के बीच एक विवादित मामला है।
- यह एक महत्त्वपूर्ण विवाद है—इतना महत्त्वपूर्ण कि यदि इसे सुलझा लिया जाए तो कई अन्य विवाद रह ही नहीं जाएँगे। और जब तक इसे नहीं सुलझाया जाता, कोई भी समस्या हल नहीं हो सकती।
- कश्मीर मसले का एकमात्र हल यह है कि भारत इसपर अपना 'अड़ियल' रुख छोड़ दे और पाकिस्तान की स्थिति को स्वीकार करे।

श्रोता पहले तो सामान्य बने रहे, फिर निराश हुए, फिर हाँफने लगे और आखिरकार झुँझला उठे। आखिर उन्होंने भी तो शांति बनाए रखने में अपना योगदान दिया था।

घाटी में हर हफ्ते आतंकवादी हमले में सुरक्षाकर्मी मारे जाते हैं। मुख्यमंत्री मुफ्ती मोहम्मद सईद, उनकी पुत्री महबूबा, डॉ. फारूक अब्दुल्ला, उनके पुत्र उमर—सभी घातक हमलों में बाल-बाल बचे हैं।

हुर्रियत ने एक ओर दिल्ली से अपनी वार्त्ता बंद कर दी, जबकि दूसरी ओर पाकिस्तान से भारत आनेवाले हर महत्त्वपूर्ण व्यक्ति से व्यापक बातचीत की पहल

करनी शुरू कर दी। इस तरह देखें कि कैसे हमने अपना दायरा छोटा कर लिया! पाकिस्तान के विदेश सचिव दिल्ली आए थे—मैं अब तक जितने भी नेताओं से मिला, उनमें से किसी ने भी भारत के लिए उतना जहर नहीं उगला जितना इस नेता ने। हुर्रियत नेता परामर्श और मार्गनिर्देशन के लिए उनसे मिलने पहुँच गए। समाचार-पत्रों में भी यह खबर विधिवत् छपी, लेकिन उसपर आलोचना या भर्त्सना की आवाज तक नहीं उठी। बलूचिस्तान, पख्तूनिस्तान, गिलगित-बालटिस्तान और पाकिस्तान अधिकृत कश्मीर में पाकिस्तान से अलग होने के लिए जोरदार आंदोलन चल रहा है। जरा सोचें, यदि भारत का विदेश सचिव पाकिस्तान जाता है तो क्या उसे इस अलगाववादी आंदोलन के नेताओं से मिलने की अनुमति दी जाएगी?

क्या यह विषमता हमारी 'सहिष्णु संस्कृति' की पहचान है? क्या हमारे लोकतंत्र की पहचान है? क्या हमारी शक्ति और हमारे आत्मविश्वास की पहचान है? या फिर यह हमारी दिशाहीनता, हमारे भ्रम की पहचान है? हमें अपराधी बनाए जाने की पहचान है? बाद में जब कभी इस विषमता पर दोबारा चर्चा करने का मौका मिले तो एक छोटी सी, पर खास घटना का संदर्भ देकर गहराई में जमी इस विषमता को स्पष्ट किया जाएगा। जरा याद करें—डेन जियाओपिंग ने टियाननमेन में प्रदर्शनकारियों पर ही नहीं, बल्कि उन देशों और मानवाधिकार संगठनों पर भी किस प्रकार प्रतिक्रिया जताई थी, जो चीन को इन सबके लिए उत्तरदायी ठहराने की कोशिश कर रहे थे! दमन के बाद उनसे मिलने आए एक जापानी प्रतिनिधिमंडल को संबोधित करते हुए उन्होंने कहा था कि ये समस्याएँ उन 'तथाकथित लोकतंत्रवादियों' द्वारा तैयार की गई हैं, 'जो वास्तव में चीन की मैल थे'। वे लगातार सचेत करते रहे—

> यह उपद्रव हमारे लिए एक सबक है। हम इस बात के प्रति पहले से अधिक सचेत हुए हैं कि राष्ट्रीय प्रभुसत्ता और सुरक्षा को सदैव सर्वोच्च प्राथमिकता दी जानी चाहिए। कुछ पश्चिमी देश चीन में मानवाधिकार की असंतोषजनक स्थिति और दोषपूर्ण तथा असंवैधानिक सामाजिक व्यवस्था का बहाना लेकर हमारी राष्ट्रीय प्रभुसत्ता को क्षति पहुँचाने की कोशिश में हैं। सत्ता की राजनीति करनेवाले देश मानवाधिकार की बात करें, यह शोभा नहीं देता। इन देशों ने दुनिया भर के कितने ही लोगों के मानवाधिकारों का हनन किया है! अफीम युद्ध में जब उन्होंने चीन पर आक्रमण करना शुरू किया तब से लेकर अब तक कितने ही चीनियों के मानवाधिकारों का हनन हुआ है! पेरिस में आयोजित जी-7 के शिखर सम्मेलन में चीन पर जुर्माना

थोपने के लिए एक प्रस्ताव को मंजूरी दी गई, जिसका सीधा सा अर्थ यह था कि वे स्वयं को सर्वोच्च शक्ति मानते हैं और उनकी इच्छा के अनुसार न चलनेवाले किसी भी व्यक्ति या देश पर वे मनमानी शर्त थोप सकते हैं। वे संयुक्त राष्ट्र नहीं हैं और यहाँ तक कि संयुक्त राष्ट्र के प्रस्तावों को प्रभावी बनाने से पहले उनपर सदस्यों के बहुमत की स्वीकृति आवश्यक है। चीन के आंतरिक मामलों में दखल देने का आखिर अधिकार ही क्या है? ऐसा करने का अधिकार उन्हें दिया किसने? चीनी लोग अंतरराष्ट्रीय संबंधों को तोड़नेवाली किसी भी कोशिश को बरदाश्त नहीं करेंगे और न ही वे किसी बाहरी दबाव में आकर झुकेंगे…।[1]

वामपंथी उग्रवाद की बात करें तो भारत में आतंकवाद विषय के विशेषज्ञ माने जानेवाले श्री अजय साहनी ने हमें बताया था कि एक आधिकारिक आँकड़े के अनुसार अक्तूबर 2003 तक देश के 9 राज्यों के कुल 55 जिले नक्सलवादी गतिविधियों की चपेट में थे। इसी आँकड़े के अनुसार, नवंबर 2004 तक देश के 13 राज्यों के कुल 156 जिले इसकी चपेट में थे। यानी, नक्सलवादी हर हफ्ते दो और जिलों को अपनी गिरफ्त में लेते जा रहे हैं।

नेपाल की ओर से इस बाबत एक-दो बार चेतावनी भी मिली है। आइए, पहले देखें, विद्रोही गतिविधियाँ कितनी तेजी से बढ़ी हैं। ठीक तीन वर्ष पहले नवंबर 2001 में डांग हमला हुआ था। उस वक्त पश्चिमी नेपाल के मात्र 4 जिले इसकी चपेट में थे और आज स्थिति यह है कि देश के सभी 75 जिले माओवादी हिंसा की चपेट में हैं।

आइए, अब चर्चा करें अपने हालात पर। एक बैठक में हमने एक वरिष्ठ अधिकारी, जो मामले की जाँच कर रहे थे, से पूछा था—'क्या इस बात के पुख्ता सबूत हमारे पास हैं कि माओवादियों को चीन से हथियार और अन्य मदद मिल रही है?' उनका जवाब था, 'कुछ हथियारों को चीन से तस्करी कर जरूर लाया गया है; लेकिन इस बात के प्रमाण नहीं मिले हैं कि चीन माओवादियों की मदद कर रहा है।' इससे क्या अर्थ निकलता है? नेपाल की पुलिस और सेना द्वारा प्रयुक्त हथियारों को छोड़कर अन्य हथियार, जो माओवादियों द्वारा प्रयोग में लाए जा रहे हैं, वे उन

---

1. डेन जियाओपिंग, 'सेलेक्टेड वर्क्स ऑफ डेन जियाओपिंग', भाग प्रथम-तृतीय, संपादन पीपल्स डेली ऑनलाइन, http:// english. people.com.cn/dengxp/: 'राष्ट्रीय प्रभुसत्ता एवं सुरक्षा को सर्वोच्च प्राथमिकता दी जानी चाहिए,' 1 दिसंबर, 1989।

तक या तो भारत से पहुँचे हैं, नहीं तो कम-से-कम किसी भारतीय समूह के माध्यम से ही पहुँचे हैं। इस तरह कुल मिलाकर उन तक हथियार पहुँचाने में कहीं-न-कहीं भारतीयों का हाथ रहा है। उन तक पहुँचे संसाधनों और स्वयं भारत में उनके प्रभावों को देखकर और क्या कहा जा सकता है?

नेपाल से लेकर आंध्र प्रदेश तक पहले से ही इसके लिए मार्ग तैयार कर लिया गया है।

इस कड़ी में अगला नंबर उत्तर प्रदेश का आता है। कुछ माह पहले चंदौली में एक क्रूर जन-संहार के माध्यम से नक्सलियों ने अपने आगमन की सूचना दे दी थी। यह पुस्तक लिखी जाने तक वे कर्नाटक में अपना निशान छोड़ चुके थे।

स्थिति यहाँ तक पहुँच गई है कि कुछ स्थानों में आज आतंकवादियों और विद्रोहियों की सरकार है। वे कर वसूली करते हैं। वे न्यायालय की तरह 'न्याय' सुनाते हैं। वे यह निर्धारित करते हैं कि कौन सा ठेका किसे मिलना है। इस तरह सरकार द्वारा दिल्ली में विकास कार्यों पर किए जानेवाले खर्च ही उन विद्रोहियों की आय के मुख्य स्रोत हैं।

आतंकवादियों के कब्जे से जो हथियार या नकदी बरामद होती है, वह चौंकानेवाली होती है। एक-एक बार में उनके कब्जे से लाखों रुपए, अत्याधुनिक हथियार तथा संचार के उपकरण बरामद होते हैं। एक अधिकारी ने मुझे बताया कि झारखंड में एक अभियान के दौरान आतंकवादियों द्वारा तैयार किया गया बंकर पाया गया, जो दो से तीन मंजिल तक बनाया गया था।

इसका जवाब हमने कैसे दिया? पोटा को निरस्त करके, जिसकी सुरक्षाकर्मियों को सख्त जरूरत थी। इसका जवाब हमने कैसे दिया? आतंकवादियों के प्रति नरम रवैया अपनाकर। उनकी महत्त्वपूर्ण माँगों को मानकर—"हम अपने हथियारों के साथ बातचीत के लिए आएँगे और उसके बाद हमें हथियारों से लैस होकर खुला घूमने की छूट होनी चाहिए।" और फिर? जब समाचार-पत्र में खबर छपी 'विश्राम के बाद फिर से हथियार उठा लिया'। और नक्सलियों ने युद्ध-विराम समाप्त करने की घोषणा कर दी तो सरकार उनके सामने घुटने टेककर विनती करने लगी कि वे 'शांति-प्रक्रिया' में बाधक न बनें।

ऐसा नहीं है कि हम साधनविहीन हैं। निश्चित रूप से उपस्थित खतरों से निपटने की क्षमता भारत के पास है। लेकिन इसके लिए बहुत कुछ करना होगा और इससे हम उन उपायों तक पहुँच जाएँगे, जिनके लिए संघर्ष करके हम शांति की उम्मीद तलाश करते हैं।

सच तो यह है कि हम झूठी सुरक्षा के आवरण में रह रहे हैं। इसके लिए कई और कारक भी जिम्मेदार रहे हैं—

- उदाहरण के लिए, हमारा एक महत्त्वपूर्ण सकारात्मक पहलू है—आकार। यह अपने आप में संतोषप्रद है। आज मणिपुर अलगाववाद की आग में जल रहा है, दबाव पड़ने पर हमने इसे माना; पर बस इतना ही जोड़ने के लिए कि 'पंजाब में शांति कायम है।' फिर हमने वास्तविक समस्या की ओर से आँखें मूँद लीं।
- दूसरे कोण से देखने पर भी इस आकारवाली विशेषता का वही प्रभाव दिखाई देता है। विद्रोहों और विद्रोहियों के प्रति अपनी नरम और कुछ-कुछ नाकामयाब पकड़ से भारत कई रूपों में सफल रहा है। मिजो के मामले में रियायत; नगाओं के मामले में दबाव; द्रविड़ अलगाववादियों के मामले में सम्मिलन; खालिस्तानी अलगाववादियों के मामले में सशस्त्र विजय—ये कुछ उल्लेखनीय सफलताएँ हैं। परंतु अंत में हमारी जीत हुई अपने सापेक्ष आकार के कारण—देश अपने जिन संसाधनों का प्रयोग विद्रोहों को दबाने में कर सकता था, उनका आखिरकार प्रभाव पड़ा। और आज हम जीवित रहने के लायक हैं। सुरक्षा बलों द्वारा चुकाई गई कीमत की बदौलत; क्योंकि यह सबकुछ उनपर ही तो थोपा गया था। इसके बावजूद क्या हम गौर करते हैं कि सुरक्षा बलों पर क्या बीत रही है? नहीं; हमने तो उनकी हर तकलीफ की ओर से आँखें बंद रखने में महारत हासिल कर ली है। ऐसा नहीं है कि जीवन का बलिदान करके ही यह सबकुछ हासिल हो गया, क्योंकि हमने समस्या की ओर ध्यान देने में ही बहुत देर कर दी थी। व्यापक उपद्रव और उससे भी अधिक महत्त्वपूर्ण देश के स्वाभिमान के रूप में भी इसकी कीमत चुकानी पड़ी है। इस क्षति से हम लगातार दुर्दशा की ओर ही जा रहे हैं और इससे हमारी जड़ें भविष्य के लिए कमजोर होती जा रही हैं।
- दूसरा उदाहरण लें—वह है सार्वजनिक बहस। सब काम एक तमाशे की तरह देखा जाने लगा है। एक दर्शक की नजरों में मीडिया एक डिस्क-जॉकी की तरह हो गई है, तो आग उगलनेवालों और आग पर नियंत्रण पानेवालों के बीच उसे एक 'तटस्थ' उपकरण के रूप में देखा जाने लगा है। तिरस्कारपूर्ण नजरिया एक प्रचलित विचारधारा बन गई है। जीवन-शैली लाचार जिंदगी और मौत के बीच का एक चुटकुला बनकर रह गई है।

लेकिन गंभीर संकट तब खड़ा हुआ जब एक के बाद एक करके सभी संस्थाएँ निकम्मी और पथभ्रष्ट हो गईं। इसके परिणामस्वरूप लोगों के सामाजिक जीवन से समानता अनपेक्षित रूप से खत्म होती चली गई। इन हालात को पटरी पर लाने के लिए कारगर तरीका ढूँढ़ने में कोई भी सक्षम नहीं है।

बाड़ द्वारा सुरक्षा घेराव

यही कारण है कि सुरक्षा के मामलों में भी इतनी अधिक उपलब्धियाँ हासिल करने और सेना की बुलंद ताकत तथा उसके अपने कर्तव्य मार्ग पर डटे रहने के बावजूद हम खतरों से घिरे रहते हैं। वस्तुत: हमारी सेना की शक्ति और कुशलता हमें सिर्फ रक्षा-कवच ही प्रदान नहीं करती है बल्कि हमें उन विकट परिस्थितियों में भी चैन की नींद सुलाती है, जब राष्ट्र पर संकट मँडरा रहा होता है या उसके बहुत बड़े हिस्से में प्रशासनिक अव्यवस्था व्याप्त होती है।

लेकिन किसी देश का सुरक्षा बल किसी वृक्ष के चारों ओर सुरक्षा के लिहाज से लगे लोहे के बाड़ की तरह होता है। इस लोहे के बाड़ को चाहे कितना भी मजबूत क्यों न बना दिया जाए, रंग-रोगन करके कितना भी सुंदर क्यों न बना दिया जाए। लेकिन वह उन दीमकों से वृक्ष की रक्षा नहीं कर सकता है, जो दिनोदिन वृक्ष को खोखला करती जाती हैं। ऐसे में अंतत: एक तूफान में ही वह वृक्ष आसानी से ढह जाता है।

सोवियत संघ में कम्युनिस्टों ने जो कुछ किया, उससे बचने के लिए सेना क्या कर पाई? क्या मिसाइल और परमाणु अस्त्रागार आंतरिक अवरोध की कमी पूरी कर सकते हैं? इसी तरह बिहार को ही लें। इसकी जनसंख्या लगभग 9 करोड़ है, यानी ब्रिटेन या इटली की जनसंख्या से भी एक-तिहाई ज्यादा और जर्मनी की जनसंख्या के बराबर और क्षेत्रफल ब्रिटेन के क्षेत्रफल का 40 प्रतिशत। इतनी बड़ी जनसंख्या! इतना बड़ा क्षेत्रफल! लेकिन प्रशासन नाम की कोई चीज नहीं। यदि आई.एस.आई. की कमान मेरे हाथों में होती तो मैं कश्मीर में लोगों की जान नहीं लेता; बस नेपाल के रास्ते तस्करी से सिर्फ 25-30 हजार ए.के.-47 राइफलें राज्य में पहुँचा देता—5-10 हजार काफी हैं, ऐसा कहना है एक सुरक्षा विशेषज्ञ का—इसके साथ ही कट्टर जातिवादी स्वयं ही एक-दूसरे की जान के दुश्मन बन जाएँगे। देश की सेना इस स्थिति को ही सँभालने में फँसी रहेगी।

और अब पड़ोसी राज्यों के बारे में क्या कहा जाए? बिहार से अलग होने के बाद झारखंड की संस्थाएँ क्या पहले से बेहतर कार्य करने लगीं? क्या उत्तर प्रदेश

भी बिहार के रास्ते पर नहीं चलने लगा है? कौन बेवकूफ दुश्मन होगा, जो इस सुनहरे अवसर को हाथ से जाने देगा?

या फिर पाकिस्तान और चीन को ही लें। 20–30 वर्षों को ध्यान में रखकर एक नीति बनाई गई। एक ही रणनीति बनाई गई, लेकिन बिना समय गँवाए उसे दृढ़तापूर्वक लागू किया गया। किंतु यदि राजनेता सदन में सिर्फ हुड़दंग मचाने में लगे रहेंगे और महत्त्वपूर्ण मुद्दों पर चर्चा नहीं करेंगे। इतना ही नहीं, हर चुनाव के बाद वे बदल दिए जाएँगे तो यह कैसे संभव है कि कोई भी नीति 20–30 वर्षों तक जारी रहे और उसपर अमल होता रहे?

इन्हीं समान कारणों से क्या चीन की मजबूत होती अर्थव्यवस्था सैन्य क्षमता के सशक्तीकरण में परिवर्तित नहीं हो जाएगी? इतना ही नहीं, चीन और भारत के बीच गहरी होती जा रही आर्थिक खाई क्या दोनों के मध्य सैन्य शक्ति के बीच खाई को और अधिक गहरी करने में मदद नहीं करेगी?

प्रस्तुत पुस्तक का मूल विषय यही है। प्रशासनिक व्यवस्था को डूबने से बचाना हम सभी के लिए एक चुनौती के समान है, जिसे हम सभी को स्वीकारना होगा। चाहे हम रक्षा सैनिक हों या पूर्व सैनिक या फिर एक सामान्य नागरिक हों।

यदि एक वाक्य में कहा जाए तो हमारी सशस्त्र सेनाएँ बहुत सक्षम हैं। फिर भी, हम तब तक सुरक्षित नहीं हैं जब तक सामान्य प्रशासनिक व्यवस्थाएँ अपने मानक स्तर पर नहीं आ जातीं।

□

आसन्न खतरा

2

हम उनकी ओर ध्यान क्यों नहीं देते ?

एक दिन डोडा में 23 लोग मारे जाते हैं। अगले ही दिन हिमाचल में 31 लोग मारे जाते हैं। उसी दिन दोपहर बाद पुंछ में 19 अन्य लोग मारे जाते हैं···और संसद् में वही रटे-रटाए शब्दों में प्रतिक्रिया जताई जाती है—'हमारा दिल दहल जाता है···', 'यह शर्मनाक है कि गृहमंत्री अब भी अपने पद पर आसीन हैं···' और फिर सामान्य निदान पेश कर दिया जाता है—'समन्वय की असफलता के कारण ऐसा हुआ है।' किसी के पास यह बताने को नहीं है कि आखिर किस समन्वयन की असफलता के कारण ऐसा हुआ है ? कोई यह बताने को भी तैयार नहीं है कि इसमें सुधार के लिए क्या उपाय किए जाने चाहिए ? और अंततः क्या होता है ? बस, वही चिर-परिचित माँग दोहराई जाती है—'गृहमंत्री इस बात का आश्वासन दें कि इस तरह की घटनाएँ दोबारा नहीं होंगी।'—ये माँगें उन्हीं लोगों द्वारा की जाती हैं, जो साथ में यह भी कहते हुए देखे जाते हैं कि सरकार का आश्वासन एक कोरी बात है।

मैंने इस रीति-रिवाज को छह वर्षों तक देखा है। निस्संदेह यह इससे बहुत पहले—पंद्रह वर्षों—से जारी था। समय-समय पर केवल माँग करनेवाले पक्ष बदलते रहे हैं। एक समय में जो पक्ष यह माँग करेगा, उसी से अगली बार ऐसी माँगें की जाती रहेंगी। सच्चाई तो यह है कि हर मंत्री के पास लड़ने के लिए वही एक हथियार—अर्धसैनिक बल, स्थानीय प्रशासन होता है, जो पिछले तीस वर्षों से प्रयोग में लाए जाने के कारण अक्षम हो चुका है।

यह बहुत ही दुःखद है। पाकिस्तान के हथियारबंद आतंकवादियों द्वारा कत्लेआम किए जाने के एक दशक बाद भी संसद् में प्रेस में लगातार आवाजें उठ रही थीं, जो

पाकिस्तानी करतूतों को छुपाने के लिए अच्छी तरह से तैयार भी नहीं की गई थीं—हाल में पाकिस्तान दौरे से आए एक पूर्व संपादक कितने मीठे शब्दों में बखान करते जा रहे थे—लोग उन्हें कितना चाहते हैं—भारत के साथ शांति के लिए पाकिस्तान में बाघा सीमा पर लोगों ने एक छोटा सा सभाकक्ष बना दिया था—मोमबत्तियों से! एक दूसरे संपादक ने तो यहाँ तक कह डाला कि नवाज शरीफ को शांति के लिए 'नोबेल पुरस्कार' दिया जाना चाहिए—इतनी मुश्किलों के बावजूद उन्होंने शांति के लिए कोई कसर नहीं छोड़ी···। उन लोगों को भी सुननेवाले हैं! क्योंकि हम अभी उस तथ्य से रू-बरू नहीं होना चाहते हैं, जिसके अनुसार सत्य तो यह है कि पाकिस्तान का बस एक ही उद्‌देश्य है—भारत की अखंडता को क्षति पहुँचाना।

दूसरी ओर, पाकिस्तान के अखबार और पत्रिकाएँ भारत के खिलाफ जंग लड़ रहे मुजाहिदीनों के महिमामंडन और उनके द्वारा काफिरों तथा भारतीय सैनिकों को मारने की खबर से अटी पड़ी हैं। ···लेकिन भारत में इस प्रकार की बातें कभी प्रकाशित नहीं होंगी।

जब बहावलपुर का रहनेवाला 60 साल का एक दुकानदार अपनी व्यथा लोगों को सुना रहा था तो करीब 1,00,000 लोग स्तब्ध होकर सुन रहे थे कि किस तरह उसके दोनों बेटे—अबु सुफीयन और अबु यासिर—कश्मीर में लड़ाई करते-करते अपनी जान गँवा बैठे। इससे एक बहस शुरू हो गई। इस सभा का आयोजन जमात-उद-दावा वल-इरशाद के वार्षिक समागम पर मुरीदके में किया गया था। इसकी व्याख्या पाकिस्तान के एक अग्रणी और तेज-तर्रार पाक्षिक पत्रिका 'द हेराल्ड' में जनवरी 1988 के अंक में की गई। इस पत्रिका में समागम के अवसर पर उक्त दुकानदार, जो अब 'अबू शाहीदैन' के नाम से जाना जाता है, को इस प्रकार कहते हुए बताया गया है—'जब मेरा पहला बेटा कश्मीर में जंग में शहीद हो गया तो मैं दूसरे बेटे के पास गया और बोला—बेटा, अब तुम्हारी अपनी शहादत देने की बारी आई है···मैं भी प्रशिक्षण प्राप्त कर चुका हूँ और मैं चाहता हूँ कि जितना जल्द हो सके, मैं अपने बेटे के साथ जंग में कूद जाऊँ।' पत्रिका में कहा गया है कि 'जब वह ऐसा बोल रहा था तो वहाँ उपस्थित जनसमूह में से कई लोग फफककर रो पड़े।'

आतंक पैदा करने की काररवाई बदस्तूर जारी रही। इस महत्त्वपूर्ण घटना पर एक धार्मिक संगठन मरकज जमात-उद-दावा वल-इरशाद की वार्षिक बैठक में फिर चर्चा हुई। यह संगठन लाहौर से करीब 30 मील दूर मुरीदके में स्थापित है। हेराल्ड के अनुसार—'इसकी गतिविधियाँ मुख्य रूप से दो क्षेत्रों में केंद्रित

होती हैं—शिक्षा और जिहाद।' पत्रिका में जिस शिक्षा की बात की गई है, उसका उद्‌देश्य लोगों के दिमाग में ऐसी बातें भरना होता है, जिससे वे जिहाद के लिए प्रेरित हो जाएँ।

हमें बताया गया कि 'जमात-उद-दावा वल-इरशाद का काम है इसलाम की स्वच्छ और शुद्ध छवि का प्रचार करना। इसके लिए पाकिस्तान में वह कई स्कूलों का संचालन भी कर रहा है। इसी बीच इसकी एक आतंकवादी शाखा लश्कर-ए-तय्यबा (शुद्धता का रखवाला), जिसमें अति प्रशिक्षित आतंकवादी शामिल हैं, जो कहीं भी और कभी भी युद्ध में जाने के लिए तैयार रहते हैं, उन्हें इंतजार होता है तो सिर्फ अपने अमीर (कमांडर) के आदेश का।'

संवाददाता ने बताया कि 'मुरीदके में हर लिहाज से एक अद्‌भुत समारोह का आयोजन किया गया। इसमें सुरक्षा के कड़े इंतजाम के बीच युवा आतंकियों को एक साथ लाया गया था। उन्हें भारतीय कश्मीर में चल रही मुहिम में शामिल होना था। यहाँ वैसे आतंकवादी आए थे, जो कश्मीर में चल रही मुहिम में शामिल होने की इच्छा रखते थे। इस समारोह में लश्कर के आतंकियों के परिजन भी हजारों की संख्या में उपस्थित थे। इनके साथ वैसे लोग भी थे, जिनके परिवार के सदस्य कश्मीर की जंग में मारे जा चुके थे। इस वर्ष करीब 10,000 लोगों ने इस तीन-दिवसीय समारोह में हिस्सा लिया, जो इस बात का संकेत है कि लश्कर की लोकप्रियता और शक्ति किस तरह से बढ़ रही है।' इसकी शक्ति के बारे में जो भी नाममात्र का शक रह जाता है, वह यह जानकर दूर हो जाएगा कि इसके मुख्यालय में और इसके शक्ति-प्रदर्शन के दौरान आधिकारिक रूप से सूचना मंत्री और नवाज शरीफ के एक निकटस्थ सलाहकार मुशाहिद हुसैन भी पहुँच चुके हैं।

पत्रिका में कहा गया है कि अमीर इस क्षेत्र में अपने संगठन को औरों से अलग बताते हुए कहता है कि 'पाकिस्तान के भीतर और बाहर कई मुसलिम संगठन मिशनरी स्तर पर प्रचार कर रहे हैं और कार्य कर रहे हैं। लेकिन उन सभी ने जिहाद का रास्ता छोड़ दिया है, जबकि जिहाद की जरूरत हमेशा बनी रहती है और आज की परिस्थितियों में तो इसकी जरूरत और भी ज्यादा है। यह लश्कर ही है, जो इस जरूरत को पूरा कर रहा है।'

पत्रिका में कहा गया है कि इसके साथ ही संगठन का मूल उद्‌देश्य बदल गया। '…यद्यपि लश्कर शुरू में अफगानिस्तान पर अपना ध्यान केंद्रित किए हुए था, अब इसकी गतिविधियाँ भारतीय कश्मीर तक ही सीमित हो गई हैं। आज की तारीख में यह पाकिस्तान का सबसे बड़ा जिहादी संगठन है। हालाँकि कई ऐसे

जिहादी संगठन हैं, जो कश्मीर में काम कर रहे हैं; लेकिन उनके सदस्य मुख्य रूप से स्थानीय लोग हैं, जिन्हें पाकिस्तान और अफगानिस्तान जैसे दूसरे देशों द्वारा सहयोग प्रदान किया जाता है। लश्कर के एक अधिकारी ने इसकी पुष्टि करते हुए बताया था, 'कश्मीर में जिहाद करनेवाले 80 प्रतिशत मुजाहिदीन (धार्मिक लड़ाकू) उन्हीं क्षेत्रों से आए हैं।...जबकि उसके साथ यह बिलकुल उलट है। ...लश्कर के 80 प्रतिशत लड़ाके पाकिस्तान से आए हैं। लश्कर कश्मीर में काम कर रहे अपने लोगों की स्पष्ट संख्या नहीं बताना चाहता है...।'

अपनी ओर भारी संख्या में युवकों को आकर्षित करने में यह संगठन बहुत सफल रहा है। संगठन की इस सफलता का राज खोलते हुए पत्रिका कहती है— 'यह कश्मीरी मुसलिमों के साथ हो रहे अन्याय के मुद्दे को उछालने में अन्य संगठनों की तुलना में ज्यादा सफल रहा है।' इस वजह से ही अन्य संगठनों की तुलना में लश्कर अत्यधिक सफलता प्राप्त कर लेता है। यह शुरुआत से ही अपनी गिरफ्त में हजारों युवकों को आकर्षित करने में सफल रहा है। इतने व्यापक पैमाने पर युवकों का इस संगठन की ओर आकर्षित होने की एक वजह है—संगठन की भरती की नीति। इसके लिए संगठन अपने व्यापक नेटवर्क का उपयोग करता है, जिसके अंतर्गत इसके द्वारा संचालित विद्यालय, समाज-सेवी संगठन और धार्मिक पत्र-पत्रिकाएँ आती हैं। कश्मीरी मुसलिमों के साथ हो रहे अन्याय के मामले को भड़काने के लिए जमात-उद दावा-वल-इरशाद जिहाद की एक भूमिका तैयार करता है...।'

जैसा कि 'हेराल्ड' में उल्लेख किया गया है, यह संगठन अपने युवकों को कठोर सैनिक प्रशिक्षण देता है, अपने रंगरूटों की विचारधारा को पूरी तरह से बदल डालता है। इन्हें विभिन्न कार्य सौंपे जाते हैं, यथा—फंड इकट्ठा करना, अधिक-से-अधिक रंगरूटों को भरती करना इत्यादि। इनके हर पैमाने पर जो आदमी पूरी तरह खरा उतरता है, उसे कश्मीर में भेजा जाता है। 'हेराल्ड' के अनुसार, 'जहाँ तक नीति का संबंध है, लश्कर केवल उन्हीं लोगों को कश्मीर में लड़ने के लिए भेजता है, जिनके माता-पिता उन्हें ऐसा करने की अनुमति देते हैं। रंगरूटों को यह भी जिम्मेदारी सौंपी जाती है कि वे अपने माता-पिता को अपने मिशन का महत्त्व बताकर विश्वास में लें, शायद यही कारण है कि जब उनके बेटे कश्मीर में मारे जाते हैं तो सामान्य तरीके से शोक नहीं मनाया जाता है, बल्कि लश्कर वरिष्ठ अधिकारियों का एक दल उनके अभिभावकों के पास आता है और उनके परिवार को यह कहते हुए बधाई देता है कि उनका बेटा शहीद हो गया। करीब-करीब हर मामले में जब

किसी का बेटा कश्मीर में लड़ाई के दौरान मरता है तो शोक मनाने की बजाय परिवारवाले इसे एक उत्सव की तरह मनाते हैं, लोगों को भोज पर आमंत्रित करते हैं। उनसे बधाइयाँ प्राप्त करते हैं।'

इससे सबकुछ साफ हो जाता है। हमें सिर्फ याद रखने की जरूरत है कि इसने स्वयं जहर फैलाया है और इसे इसी तरह के जहर की जरूरत है। यह बताया जाता है कि कश्मीर में मुसलिमों पर घोर अत्याचार हो रहा है। वहाँ मारे गए लोगों और खून के थक्कों का फोटो दिखाया जाता है। इससे भारी मात्रा में धन इकट्ठा होता है और भारी संख्या में रंगरूट जोश में आ जाते हैं। रंगरूटों को अपनी जान की बाजी लगाने हेतु उत्तेजित करने के लिए अपनी मनगढ़ंत कहानियों के साथ-साथ मजहबी कथाएँ रक्तरंजित करके जोड़ी जाती हैं। कहा जाता है कि अल्लाह के हुक्म पर यदि मुजाहिदीन काफिरों को मौत के घाट उतारने में सफल हो जाते हैं तो उन्हें अल्लाह सीधे जन्नत में स्थान देगा; साथ ही उन शहीद मुजाहिदीनों को अलग से यह भी हक मिलेगा कि वह अपने एक ऐसे साथी का नाम सुझाए, जिसे वह जन्नत में स्थान दिलवाना चाहता है। इस तर्क को सुनकर रंगरूट आह्लादित हो जाते हैं। उन्हें यह जानकर खुशी होती है कि यदि हम अल्लाहताला के हुक्म को मानेंगे तो हमारे लिए जन्नत में स्थान सुरक्षित है।

मुजाहिदीनों की मौत से उनके कमांडरों को एक व्यापक उद्देश्य को पूरा करने में मदद मिलती है। जैसा कि 'हेराल्ड' में उल्लेख किया गया है—'कश्मीर में जो भी मारे जाते हैं, उनमें से अधिकतर को वहीं दफना दिया जाता है और कश्मीरियों को बताया जाता है कि उन्हें पूरे सम्मान और रीति-रिवाज के साथ दफना दिया गया।···उधर, पाकिस्तान में भी उस लश्कर सैनिक की याद में उसके शव की अनुपस्थिति में ही संपूर्ण रीति-रिवाज के साथ अंतिम संस्कार कर दिया जाता है। उसकी याद में एक अन्य समारोह 'घाईबाना नमाजे जनाजा' का आयोजन करके जिहाद की आवश्यकता पर पुनः बल दिया जाता है। सचमुच इस तरह के मरणोपरांत समारोह लश्कर में कई नए रंगरूटों को भरती होने के लिए प्रेरित करते हैं। हर समारोह के बाद कई नए रंगरूट भरती भी किए जाते हैं। कई बार तो ऐसा होता है कि इस समारोह के दौरान ही उसी परिवार (जिस परिवार के सदस्य की मौत पर सभा का आयोजन हुआ है) द्वारा एक नए युवक को लश्कर में भरती होने के लिए वहाँ उपस्थित लश्कर के अधिकारी को भेंट कर दिया जाता है। सच तो यह है कि आमतौर पर ऐसे परिवार मिल जाएँगे, जिनका हर योग्य सदस्य लश्कर का सैनिक है···।'

चूँकि सारा मामला धर्म से जुड़ा रहता है और वे अल्लाह के बताए रास्ते पर चल रहे होते हैं, इसलिए मुजाहिदीनों की नजरों में क्रूरता भी एक पवित्र कार्य है। कमांडर भी इसी को आधार बनाकर अपने 'सैनिकों' को, मुजाहिदीनों को क्रूर बनने के लिए कहते हैं। वे तर्क देते हैं कि उनका क्रूर बरताव एक तरह से पवित्र कार्य है। 'हेराल्ड' में प्रकाशित किया गया था कि 'हालाँकि यह कहा जाता है कि लड़ाई के मैदान में लश्कर लड़ाके जितना पाते हैं, उससे कहीं अधिक वे देते भी हैं। चूँकि उनके लिए यह संभव नहीं होता कि वे बंदियों को पाकिस्तान ला सकें और भारत सरकार भी बंदियों के लिए ज्यादा मोल-भाव नहीं करती, इसलिए वे सभी भारतीय बंदियों की घाटी में ही हत्या कर देते हैं। लश्कर लड़ाके आमतौर पर भारतीय सैनिकों की हत्या गला घोंटकर कर देते हैं। वैसे मनोवैज्ञानिक कारणों से कई बार सिर कलम करके अथवा धड़ अलग करके हत्या करने के तरीके भी अपनाए जाते हैं। कम-से-कम एक बार तो ऐसा जरूर हुआ था कि एक लश्कर लड़ाका अबु हैबत एक भारतीय सैनिक की हत्या करके उसका सिर लेकर पाकिस्तान पहुँचा था। 'कुरान का हुक्म है कि हम उनके हर जोड़ पर हमला करें'—यह कहना है अब्दुर रहमान अल दाखिल का, जो पाक अधिकृत कश्मीर में लश्कर का कमांडर है; 'हम लोगों को यह निर्देश दिया गया है कि हम अपने दुश्मनों के साथ भी वैसा ही व्यवहार करें जैसा वे हमारे साथ करते हैं।' '

पत्रिका में यह खबर छपी थी कि '...वह (अल दाखिल) इस सामान्य सी बात को मानने के लिए तैयार नहीं है कि उनके सैनिकों द्वारा कश्मीर में जो कुछ किया जा रहा है, उससे वहाँ के स्थानीय लोगों का जीना दूभर हो गया है।' उसका कहना है—'सत्य से दूर कुछ भी नहीं है।' वह व्याख्या करते हुए कहता है—'कश्मीरी लोग मेहमान मुजाहिदीनों को फरिश्ते के रूप में देखते हैं, जो अल्लाह का संदेश लेकर यहाँ आए हैं। उनकी उपस्थिति मात्र से ही कश्मीरियों को नैतिक समर्थन मिलता है और उनका दु:ख-दर्द कम हो जाता है।'

इस प्रकार के समागमों की मूल बातों को स्पष्ट करते हुए पत्रिका में लिखा गया है—'तीन दिवसीय वार्षिक बैठक को 12 सत्रों में विभाजित किया गया है...अधिकांश सत्रों में जिहाद के महत्त्व पर ही बल दिया जाता है। पाँचवें सत्र में अबु मुसलिम जरार, जो वर्तमान में कश्मीर में लश्कर-ए-तय्यबा के लड़ाके के तौर पर तैनात है, एक भाषण देता है, जो वायरलेस द्वारा मुरीदके में भी प्रसारित किया जा रहा है। भाषण में वह चेतावनी देते हुए कहता है कि 'हिंदू सैनिक मुसलिमों के खिलाफ अति क्रूर काररवाई के लिए कदम उठा रहे हैं, भाइयों

के सामने बहनों की इज्जत लूटी जा रही है। क्या ऐसे में जिहाद जरूरी नहीं हो जाता?'

'हेराल्ड' में आगे प्रकाशित किया गया है कि 'एक अन्य सत्र सैनिकों और शहीदों के परिजनों के भाषणों पर केंद्रित होता है।'''इसमें अब्दुल्ला नामक एक युवा लोगों की भारी भीड़ से कहता है कि 'वह हिंदू परिवार से था और कश्मीर का रहनेवाला है, लेकिन लश्कर-ए-तय्यबा के एक व्यक्ति के संपर्क में आने के बाद उसने धर्म-परिवर्तन कर लिया और मुसलिम बन गया है। मैंने अपने हाथों से अपने ही परिवार के पाँच लोगों को मौत के घाट उतार दिया; क्योंकि वे भारतीय सैनिकों की मुखबिरी करते थे।'''मैं हिंदू था, फिर भी मैंने जिहाद का रास्ता अपनाया। आप इससे दूर क्यों हैं?' एक अन्य लड़ाके अबू बिलाल ने भी सत्र को संबोधित किया है। बिलाल को लड़ाई के दौरान पाँच गोलियाँ लगी थीं। फिर भी वह पाकिस्तान लौटने में सफल रहा था। सऊदी अरब के डिप्टी मुफ्ती शेख मोहम्मद बिन सलेह और अबू अब्दुल अजीज, जो बोस्निया में युद्ध के दौरान अपनी भूमिका को लेकर प्रसिद्ध थे, ने भी फोन के माध्यम से सत्र को संबोधित किया। अजीज ने सत्र को संबोधित करते हुए कहा, 'जो व्यक्ति जिहाद का समर्थन नहीं करता है, उसे अपने आपको मुसलिम कहने का अधिकार नहीं है''' ।'

समय-समय पर पाकिस्तानी अखबारों में इस तरह की खबरें देखने को मिल जाती हैं। इन खबरों में आतंकवादी संगठनों के लिए एक और उपलब्धि प्राप्त करने की बात कही जाती है। पाकिस्तान की प्रत्येक सरकार और उनकी एजेंसियाँ अपने उद्‌देश्यों के लिए या दृष्टिकोण के लिए कोई मजबूत आधार तैयार नहीं करतीं। बस यही माना जाता है कि जिस प्रकार ये संगठन अपनी गतिविधियों को धर्म का एक हिस्सा मानते हैं, उसी प्रकार पाकिस्तानी सरकार और एजेंसियाँ भी इसे अपने धर्म का एक हिस्सा मान बैठी हैं। हमारे लोगों को मारकर वे अपनी शक्ति का परीक्षण भी करते हैं, न कि सिर्फ अपनी क्रूरता का परिचय देते हैं। इसके जवाब में हम क्या करते हैं? वे जब लाउडस्पीकर पर जोर-जोर से चिल्लाते हैं तो हम अपने कानों को जोर से बंद कर लेते हैं।'''

एक बात तो साफ है—जमात-उद-दावा वल-इरशाद या उसके हथियारबंद दल लश्कर-ए-तय्यबा पर अपने मकसद के प्रति बेवफाई का आरोप कोई भी नहीं लगा सकता है। लश्कर हर सुबह, दोपहर और रात अपना एजेंडा घोषित करता है। एक पैंफलेट में 'हम जिहाद क्यों कर रहे हैं' शीर्षक के अंतर्गत घोषणा की गई कि जिहाद का एक खास मकसद पूरे भारत में इसलामी कानून बहाल

करना है; वह पाकिस्तान के आस-पास के देशों के मुसलिम-बहुल क्षेत्रों का एक संघ बनाना चाहता है; अपने मकसद पर कार्य करते हुए वह जम्मू-कश्मीर, चेचन्या तथा मध्य एशिया के अन्य हिस्सों में सक्रिय है। ऐसा पूरी तरह माना जाता है कि नवंबर-दिसंबर 2002 के दौरान अफगानिस्तान में इसने ओसामा बिन लादेन के अल कायदा और तालिबान को उत्तरी गठबंधन के विरुद्ध लड़ाई में मदद पहुँचाई थी। लश्कर का सरगना सलाहकार प्रो. सईद और उसके सभी मुजाहिद अपने संगठन के मकसद का उसके रवैए और फतह का खुलासा करने में पूरी तरह साफ हैं—

- अमेरिका हमें आतंकवादी करार देता है, लेकिन हम भारत में अपनी जंग जारी रखेंगे…यह सैन्य सरकार की सबसे बड़ी भूल है कि वह कश्मीर में आजादी की लड़ाई के मामले पर अपने ही लोगों को विश्वास में नहीं ले रही है…पाकिस्तान को चाहिए कि वह भारत पर दबाव बनाने के लिए अपने लोगों को विश्वास में ले और अपने परमाणु कार्यक्रम को पूरा करे। अपनी रक्षा हेतु प्रक्षेपास्त्र प्रणाली पर थोपे गए प्रतिबंधों का पालन नहीं करना चाहिए; क्योंकि भारत के साथ लड़ाई में यह सबसे बड़ा सहारा होगा। इस मामले में चीन और मुसलिम समुदाय का समर्थन भी हासिल करना है…।[1]
- कश्मीर, फिलिस्तीन, चेचन्या, बोस्निया और भारत में मुसलिमों पर अत्याचार हो रहा है। इन देशों में मुसलिम औरतों की इज्जत लूटी जा रही है। ऐसे में जिहाद बहुत जरूरी हो जाता है…जमात (पाकिस्तानी) सेना के सामने नहीं आएगा, लेकिन दुनिया में वह जिहाद जारी रखेगा। काफिरों के साथ चल रही जंग बातचीत से नहीं, बल्कि लड़ाई से खत्म होगी। इन काफिरों के साथ हम कोई समझौता करने को तैयार नहीं हैं।[2]
- अल्लाह ने हमें परमाणु बम बनाने के लिए कहा है। अमेरिका हमें ऐसा न करने के लिए कह रहा है। हमें किसकी सुननी चाहिए—मुसलमानों की, अल्लाह की या अमेरिका की? कश्मीर का मसला बातचीत से हल नहीं होगा और न अमेरिका की मध्यस्थता या विभाजन से हल होगा; इसका हल होगा—जिहाद से, जिहाद से, जिहाद से!…हिंदू कल भी आतंकवादी थे, आज भी आतंकवादी

---

1. 11 मई, 2001 को कराची प्रेस क्लब में दिए गए एक भाषण से।
2. हाफिज अब्दुल सलाम, दिसंबर 2002 के तीन दिवसीय सम्मेलन के दौरान, लश्कर-ए-तय्यबा, पटोकी, पंजाब।

हैं और आनेवाले समय में भी आतंकवादी रहेंगे। इस बुराई से बदला लेने का हमारा इरादा पाक है।[1]

प्रो. सईद की इस तरह की नसीहतें हर रोज सुनने-पढ़ने को मिल सकती हैं। खैर, अभी उन सम्मेलनों पर आगे चर्चा करते हैं।

बात जन्नत की

एक अन्य रोचक रिपोर्ट में कहा गया है कि 'मौत शब्द तो उनके लिए कोई खास मायने नहीं रखता।' मुजाहिदीन-ए-तैयबा की वार्षिक बैठक की खबर में 'द न्यूज' ने 28 नवंबर, 1997 को यह टिप्पणी की थी—'वास्तविकता तो सिर्फ यह है कि उन्हीं लोगों को मारा जाता है, जो इसलामिक मूल्यों को नहीं अपनाते हैं। समागम में ऐसे हजारों लोग मौजूद थे, जो इस प्रकार की मानसिकता लिये हुए थे…।' अखबार कहता है कि 'वहाँ उपस्थित लोगों की भारी भीड़ एक स्वर से एक ही संदेश जोर-शोर से देती रही—पाकिस्तान में भी ऐसे लोगों का अभाव नहीं है, जो दुराग्रही विचारधारा से ग्रसित हैं।' 'यदि मैं लड़ते हुए मर जाऊँ तो जन्नत में अल्लाह द्वारा मेरा स्वागत किया जाएगा; वह हमें देखकर खुश होंगे।' ऐसा कहना था ओकरा के 20 वर्षीय एक मुजाहिद का।

अखबार में इस समागम को आयोजित करनेवाले संगठन जमात-उद-दावा वल-इरशाद के प्रमुख 'प्रोफेसर' सईद के दृष्टिकोणों और उपदेशों को, जो उन्होंने सत्र में दिए थे, विस्तारपूर्वक प्रकाशित किया गया है। उसके अनुसार—'अल्लाह ने ही यह आदेश दिया है कि पूरे विश्व में इसलामिक कानून को लागू किया जाए।' अखबार आगे कहता है कि सईद इस आधार पर जिहाद का आह्वान करता है कि 'पाकिस्तान में लोकतांत्रिक व्यवस्था को समाप्त करके विशुद्ध रूप से इसलामिक कानून लागू किया जाए, जहाँ शरीअत का पालन कड़ाई से किया जाता हो।' अपने भाषण में उसने लोकतंत्र को सिरे से खारिज करते हुए यह दावा किया कि 'राष्ट्र की संप्रभुता की संकल्पना इसलाम-विरोधी है—संप्रभु तो सिर्फ अल्लाह है।' (पाकिस्तान में वर्ष 1949 में जब ऑब्जेक्टिव्स रिजोल्यूशन पारित किया गया तब से तीनों संविधानों में इस बात का प्रावधान है।) और फिर सभी नागरिक अपने-अपने घरों

1. फरवरी 2003 में 'कश्मीर दिवस' पर जामिया मसजिद गौसिया, रावलपिंडी में टेप किया गया भाषण।

को चले जाते हैं। अखबार कहता है कि जहाँ इस समागम का आयोजन किया गया था, वह शहर पूरी तरह नारे लिखे साइनबोर्डों से अटा पड़ा था—'जम्हूरियत का जवाब, ग्रेनेड और ब्लास्ट।' 'दावा प्रमुख ने कहा कि उसके संगठन का हित इसी में है कि वह पाकिस्तान में लोगों को इस उद्देश्य से प्रशिक्षित करे कि वह गैर-इसलामिक सरकारों द्वारा शासित देशों में जाकर जिहाद फैलाएँ।...अल्लाह ने हरेक मुसलिम को आदेश दिया है कि वह तब तक लड़ता रहे जब तक उसका शासन वहाँ स्थापित न हो जाए।...हमारे पास अल्लाह के आदेशों का पालन करने के सिवाय कोई विकल्प नहीं है।'

हमेशा की तरह इस सत्र में आए लोगों का हथियार और मनोबल जाग उठा। 'द न्यूज' लिखता है कि 'जब फोन पर बोस्निया और कश्मीर के लोगों ने सत्र को संबोधित करना शुरू किया तो वहाँ उपस्थित मीडियाकर्मी थर्रा उठे।...अत्याधुनिक वायरलेस सेट का प्रयोग प्रचुर मात्रा में किया जा रहा था। युवकों के हाथों में अत्याधुनिक हथियार चमक रहे थे।' अखबार एक ऐसे युवक के भाषण को उद्धृत करता है, जो कनाडा का रहनेवाला है और जिहाद में शामिल हुआ है। अपने भाषण में उसने कहा था, 'मैं एक कार्यकर्ता के रूप में कश्मीर गया था, लेकिन मैं अपने नेताओं को मुझे जाने देने के लिए तैयार करने में विफल रहा।' अखबार बताता है—'इस युवक ने अपनी शहादत के सपने को संगठन की सशस्त्र शाखा मुजाहिदीन लश्कर-ए-तैयबा के उन हजारों लोगों के समक्ष उजागर किया, जो उस सत्र में उपस्थित थे,' रहमान के पास जिहाद में शामिल होने के अलावा कोई दूसरा विचार भी नहीं था—पूरे विश्व में जहाँ भी मुसलिमों पर शासन किया जाता है वहाँ जिहाद फैलाने का दृढ़संकल्प उसने ले रखा था।...अब्दुर रहमान अपने नेताओं के इस विचार से सहमत था कि लोकतंत्र (लोगों की संप्रभुता) इसलाम-विरोधी है। यह व्यवस्था इसलाम के तहत उल्लिखित अल्लाह की संप्रभुता को चुनौती देती है। वह यह मानता है कि प्रत्येक मुसलमान युवक का यह मूल कर्तव्य है कि वह उन लोगों के विरोध में हथियार उठा ले, जो इसलाम में विश्वास नहीं करते हैं। रहमान के शब्दों में, 'हमें उन लोगों के खिलाफ लड़ना चाहिए, जो इस व्यवस्था का विरोध करते हैं।' मुरीदके दावा का मुख्यालय होने के साथ-साथ कश्मीर, बोस्निया, चेचन्या और दक्षिणी फिलिपींस में जानेवाले आतंकवादियों का प्रशिक्षण केंद्र भी है, जहाँ मुसलिम समुदाय अपना शासन स्थापित करने में लगा हुआ है। रहमान इनमें से किसी भी जगह जाने को तैयार है। उसका कहना है, 'मैं जानता हूँ कि पश्चिमी देशों में हमें आतंकवादी करार दिया जाता है, लेकिन मैं इस नाम को कबूल नहीं

करता हूँ। आतंकवादी वह होता है, जो विश्व से घृणा करता है। हम लोग विश्व से घृणा नहीं करते हैं। हम लोग सिर्फ उस व्यवस्था को बहाल करना चाहते हैं, जो अल्लाह द्वारा निर्देशित होगी, ताकि दुनिया में खुशी बहाल हो सके।'

मुरीदके में हुए इस सम्मेलन की रिपोर्टिंग करते हुए जनवरी 1998 के अपने अंक में 'द हेराल्ड' ने लश्कर-ए-तैयबा के अमीर मोहम्मद खान का साक्षात्कार विस्तारपूर्वक प्रकाशित किया। मोहम्मद खान ने इस साक्षात्कार में कहा था— 'पाकिस्तान के अंदर और बाहर ये मुसलिम संगठन हैं, जो मिशनरी के स्तर पर उपदेश देते हैं और कार्य करते हैं।…लेकिन वे जिहाद पर भी अपना नियंत्रण रखते हैं।…ऐसी बात नहीं है कि जिहाद की आवश्यकता हमेशा नहीं पड़ती है, लेकिन आज तो इसकी सख्त जरूरत है।'

बहुत ही नपे-तुले शब्दों में बोलनेवाले अमीर ने जिहाद के उद्देश्यों को खुलकर बताया। उसने संवाददाता को बताया था—

> हमारा जिहाद अपरिहार्य रूप से गैर-मुसलिमों, विशेषकर हिंदुओं और यहूदियों, जो मुसलिमों के दो प्रमुख दुश्मन हैं, तक ही सीमित है। कुरान में भी यह कहा गया है कि ये दोनों (इसलाम के) दुश्मन हो सकते हैं। ये दोनों शक्तियाँ मुसलिमों और पाकिस्तान के लिए परेशानियाँ उत्पन्न करती हैं।
>
> मेरा मानना है कि जैसा कि कुरान में कहा गया है, हिंदू मुशरिक हैं और हिंदूवाद शिर्क का बदतर रूप है, जहाँ 30 करोड़ देवताओं की पूजा की जाती है। यहीं से शिर्क अन्य देशों में फैल रहा है। इस तरह हिंदू प्रत्यक्ष रूप से हमारे लिए परेशानियाँ पैदा कर रहे हैं। यदि अल्लाह हमें ताकत दे तो हम जिहाद को और व्यापक पैमाने पर फैलाएँगे, इसे यहूदियों के खिलाफ भी चलाएँगे, जो मुसलिमों के कट्टर दुश्मन हैं।

अंतत: अमीर यही कहता रहा कि जिहाद ही सांप्रदायिक झगड़ों का निदान है। उसके अनुसार, पाकिस्तान में मची मार-काट का निदान यही है कि इस हिंसा का निर्यात कर दो। संवाददाता ने अमीर की प्रतिक्रिया जानने के लिए उससे कहा कि लश्कर जैसे संगठनों पर ये आरोप लगते रहे हैं कि उनकी गतिविधियों से क्षेत्र में हिंसा को बढ़ावा मिलता है, उससे सांप्रदायिक दंगे भड़कते हैं। जैसा हर कोई अपेक्षा रख सकता है, अमीर ने षड्यंत्र के सिद्धांत के साथ अपना जवाब देना शुरू किया—

मैं इसके विपरीत महसूस करता हूँ। कई बार मुसलिमों के विरुद्ध षड्यंत्र रचा जाता है। शिया और सुन्नियों को आपस में लड़ाया जाता है और सुन्नी आपस में ही लड़ने लगते हैं। इन सांप्रदायिक दंगों को बढ़ावा देने के लिए भी षड्यंत्र रचा जाता है और इसके बुरे परिणाम कैसे होते हैं, यह सब देखते हैं। षड्यंत्र रचनेवाले ऐसा इसलिए करते हैं, ताकि मुसलिमों को जिहाद से अलग रखा जाए और आपस में ही लड़ने में व्यस्त कर दिया जाए।

मिस्र में यहूदी इस तरह के षड्यंत्र रचते रहते हैं। जो लोग इजराइल के खिलाफ लड़ने में सक्षम हैं, उन्हें यहूदी आपस में लड़ाने के लिए षड्यंत्र रचते हैं। आप शिया-सुन्नी के साथ भी ठीक ऐसी ही बातें देख सकते हैं। षड्यंत्रकारी जानते हैं कि यदि मुसलिमों में एकता बनी रहेगी तो उनका क्रोध काफिरों पर सीधा निशाना साधेगा।

यदि यह बात सही है कि 'मुसलिमों के एकजुट रहने पर उनका क्रोध काफिरों (जो मुसलिम विचारधारा में विश्वास नहीं करते) पर निशाना साधेगा' तो यह अपने आप में यह साबित करता है कि वे स्वत: ही एक षड्यंत्र रचते हैं, जिसके बारे में अमीर ने ही आरोप मढ़ा है। अमीर ने संवाददाता से कहा—लेकिन इसका भी एक समाधान है—

जो लोग कश्मीर, अफगानिस्तान या फिर कहीं भी जिहाद में शामिल हैं, उनके बारे में यदि आप सूक्ष्म रूप से अध्ययन करेंगे तो पाएँगे कि जो लोग अपना बलिदान दे रहे हैं, वे पहले आपस में एक-दूसरे के करीब आते गए हैं। जो लोग जिहाद में शामिल हुए हैं, वे सांप्रदायिक उन्माद से बचे रहे हैं।

मैंने बड़ी संख्या में ऐसे लोगों को देखा है, जो इन बेकार की बातों को पीछे छोड़कर कश्मीर में चल रहे जिहाद में शामिल हो गए हैं। सांप्रदायिक उन्माद को शांत करने में न मिल्ली याकजेती काउंसिल और न ही नवाज शरीफ सफल रहे हैं। कश्मीर में इसका श्रेय जाता है तो सिर्फ जिहाद को।

वस्तुत: जिहाद के बारे में अमीर की सोच महज सांप्रदायिक हिंसा के निदान के रूप में नहीं है। उसकी नजर में जिहाद एक ऐसा रास्ता है, जिस पर चलकर मुसलिमों को नई तकनीकों से रू-बरू कराया जाता है। अमीर ने कहा था—

दरअसल, अपने इतिहास के शुरुआती दिनों में जब मुसलिम जिहाद में व्यस्त थे तब विज्ञान और तकनीक पर उनकी अच्छी पकड़ थी। जब आगे चलकर मुसलिमों में जिहाद को तिलांजलि दे दी गई तो विज्ञान और तकनीक पर भी उनकी पकड़ ढीली पड़ गई और धीरे-धीरे वह उनके हाथों से निकल गई। यह स्वाभाविक है कि जिसकी सत्ता होती है उसकी पकड़ तकनीक, विज्ञान, अर्थव्यवस्था और राजनीति पर भी उतनी ही होनी चाहिए। ईसाइयों ने इस शक्ति पर बहुत ही लंबे समय तक संघर्ष करने के बाद अपना अधिकार जमाया। यह तो बहुत ही लाजिमी है कि तकनीक का जो केंद्र 'बैतुल हिकमत' में था, वह अब स्थानांतरित होकर यूरोप चला गया है। आज यदि मुसलिम फिर से अपना खोया हुआ उत्कर्ष पाना चाहते हैं तो उन्हें यूरोप में पी-एच.डी. करने की जरूरत नहीं है, हालाँकि ऐसा करना नुकसानदेह भी नहीं है; लेकिन वास्तविक शक्ति को प्राप्त करना एक आवश्यकता है।

वह आंशिक तौर पर नहीं, बल्कि व्यापक तौर पर संगठन के पाकिस्तानी गुप्तचर और सुरक्षा एजेंसियों के साथ संबंधों को लेकर सावधान दिख रहा था। इस बारे में पूछे जाने पर अमीर ने बताया—

यदि आप किसी देश या फिर संगठित सेना के खिलाफ जिहाद चला रहे हैं तो आपको बहुत ही सतर्क रहना होगा। आपकी कोई भी गलती गंभीर परिणाम दे सकती है, जिसकी भरपाई करना मुश्किल होगा। आपको जब भी जरूरत हो, आप मदद लेने को तैयार रहें, भले ही यह मदद किसी देश से लेनी हो या फिर किसी व्यक्ति विशेष से। यहाँ तक कि यदि चीन की सरकार हमें भारत-विरोधी काररवाइयों में मदद करना चाहती है तो हमें तुरंत ही यह प्रस्ताव स्वीकार कर लेना चाहिए; क्योंकि हमें अपने लक्ष्य को प्राप्त करने के लिए हर संभव साधनों से मदद लेनी है। हालाँकि बाहर से मिलनेवाली आर्थिक सहायता में कई प्रकार की समस्याएँ पैदा होती हैं, लेकिन हम यही अनुभव करते हैं कि जहाँ कहीं से भी मदद मिले, स्वीकार करनी चाहिए। भारत-विरोधी मुहिम में भले ही हमारी अपनी सरकार मदद करे या किसी अन्य देश की सरकार।

आगे अमीर लोकतंत्र पर अपने विचार व्यक्त करता है। बहुत ही स्पष्ट दृष्टिकोण है—

लोकतंत्र ऐसी बला है, जो हमें विदेशी सरकारों से विरासत में मिली है। ये सभी बेकार व्यवस्था हैं, जिनसे हम आज जूझ रहे हैं। हमारे कई भाईजन यह मानते हैं कि इस व्यवस्था में काम करते हुए भी वे एक इसलामिक व्यवस्था कायम करने में कामयाब होंगे। सचमुच यह उनकी गलतफहमी है। यह संभव नहीं है कि लोकतंत्र के अंतर्गत कार्य किया जाए और फिर वहाँ इसलामिक व्यवस्था कायम की जाए। लोकतंत्र तो एक गंदी व्यवस्था है और इसमें काम करके आप सिर्फ अपना हाथ गंदा कर रहे हैं। यदि अल्लाह ने हम लोगों को मौका दिया तो हम लोग कोशिश करेंगे कि इसलामिक खलीफा का विशुद्ध शासन स्थापित किया जाए।

पाकिस्तान का सैन्य शासन कितना सुविधाजनक है! इस व्यवस्था को पलटने के लिए संगठन कैसे बनाया जाएगा? अमीर एक बार फिर इस संप्रभुता के विकल्प के रूप में जिहाद की व्याख्या करते हुए कहता है—

पाकिस्तान हमारी आदर्श कार्यस्थली है। हमें यहाँ अपनी शैक्षणिक संस्थाओं को चलाने और अपनी गतिविधियों के संचालन की पूरी स्वतंत्रता है। हम लोग यहाँ मुजाहिदीन प्रचारक और अपने वैकल्पिक नेता तैयार करेंगे तथा जिहाद के माध्यम से अल्लाह हमें इस कार्य में सफलता प्रदान करेंगे और देशों का विभाजन होगा। जब परिवर्तन होगा तो वह कोई छोटा-मोटा परिवर्तन नहीं होगा। लंबे समय तक बलिदान देने के बाद एक ऐसा समय आएगा, जब इसलामिक कानून का विरोध करनेवालों का सफाया हो जाएगा और तब सत्ता अपने हाथों में आ जाएगी।

साक्षात्कार लेनेवाले संवाददाता ने पूछा, 'बलपूर्वक सत्ता अपने हाथ में लेंगे?' अमीर ने कहा, 'हाँ, यह तो जरूरी है।'

'द हेराल्ड' के इस अंक में यह बात भी प्रकाशित हुई थी कि 'देश में सबसे ज्यादा प्रसार संख्यावाला धार्मिक प्रकाशन है माजल्लाह अल-दावा।' 'द हेराल्ड' में कहा गया है कि सन् 1989 में इस पत्रिका की करीब 5,000 प्रतियाँ बिकी थीं। अब इस पत्रिका की करीब 70,000 प्रतियाँ बिकीं, वह भी 12 रुपए प्रति कॉपी के हिसाब से। यह प्रकाशन जमात-उद-दावा वल-इरशाद का एक अभिन्न हिस्सा हुआ करता था। 'द हेराल्ड' में कहा गया है कि इस पत्रिका में वही सबकुछ

प्रकाशित होता था, जो इस संगठन की विचारधारा से मेल खाती थी।

'द हेराल्ड' में कहा गया है कि 'इस पत्रिका की टीम और खासकर उसके संपादक—सभी दूर-दूर तक सफर करते थे—मंदिर-मसजिदों में, जेलों में, यहाँ तक कि किसी रंगारंग कार्यक्रम में भी शामिल होते थे, ताकि नास्तिक गतिविधियों की पहचान की जा सके। एक बार जब इन नास्तिक गतिविधियों की पहचान कर ली जाती थी तो गहराई में जाकर उसकी छानबीन की जाती थी। फिर पत्रिका में इस संबंध में प्रकाशित किया जाता था।' इस बारे में विस्तारपूर्वक व्याख्या करते हुए 'द हेराल्ड' आगे कहता है—

> इसके साहसी संपादक अमीर हामजा ने नास्तिक गतिविधियों का पता लगाने के लिए ईरान तक का सफर तय किया था। उस देश में अपने सफर के दौरान उसने जेल में भी जाकर मुआयना करने का जोखिम उठाया और फिर उस बारे में विस्तारपूर्वक एक सनसनीखेज लेख अपनी पत्रिका में प्रकाशित किया। इसका शीर्षक था 'फ्रॉम ईरान्स जेल एंड डंजीयंस'।
>
> इस प्रकार के एक अन्य लेख 'ऑन द टॉम्ब ऑफ द होमोसेक्सुअल सेंट' शीर्षक से पत्रिका में छपा था। इस लेख में माधो लाल हुसैन के वार्षिक समारोह का वर्णन किया गया था। इसमें संतों और उनके अनुयायियों के कुकर्मों का खुलासा किया गया था। एक अन्य प्रसिद्ध पीर रियाज गोहर शाही पर लिखे गए इसी प्रकार के एक अन्य लेख में उनके पूरे इतिहास को कुरेदते हुए उन्हें फरेबी साबित किया गया है।
>
> हालाँकि किसी धार्मिक नेता पर माजल्लाह पत्रिका में उतना ध्यान नहीं गया जितना ताहीरुल कादरी पर, जो तहरीक मिनहाजुल कुरान (एक बरेलवी सुन्नी दल) के प्रमुख थे। दारा के सदस्य इसलाम के अरबी स्वरूप का प्रतिपादन करनेवाले अहले हदीथ हैं। माजल्लाह दल उपमहाद्वीप में विशुद्ध इसलाम के चलन का निर्धारण करता है। उन्होंने कादरी को निशाना बनाया, ताकि जो लोग उनके बारे में नहीं जानते हैं, वे उनकी शैतान-विरोधी मुहिम में साथ दें और जो उन्हें जानते हैं, वे शैतानों को उनकी शैशवावस्था में ही नष्ट कर दें।
>
> माजल्लाह की गतिविधियों को न केवल शैतानी व्यवस्थाओं के विरोध में उठाए जानेवाले कदम के रूप में देखा गया, बल्कि उसे इसलाम के अंतर्गत एक नाजुक रहस्य के रूप में भी देखा गया और उसकी व्याख्या धर्मगुरुओं के रास्ते से विचलन के रूप में भी की गई।…

माजल्लाह अद-दावा की गतिविधियाँ सिर्फ धार्मिक मामलों तक ही सीमित नहीं थीं। इसके संपादक अपने अभियानों को शैतानों की दिन-प्रतिदिन की गतिविधियों तक भी ले गए और उसे नष्ट किया। 'द हेराल्ड' ने अपने अंक में एक विशेष धर्मयुद्ध का जिक्र किया है। उस युद्ध के तहत माजल्लाह में एक श्रृंखला के अंतर्गत लगातार एक विषय पर लेख प्रकाशित किया जाता था। शीर्षक था—'टेलीविजन मर्डर्स'। 'द हेराल्ड' का कहना है—'उन लेखों में यह कहा गया कि टेलीविजन सेट शैतानों का हथियार है। (इस टेलीविजन सेट) की धार्मिक 'हत्या' करना युवाओं के हाथों में है—विशेषकर उन युवाओं के हाथों में, जिन्होंने हाल ही में लश्कर-ए-तैयबा को अपनाया है।' इसी प्रकार के एक लेख में कहा गया है—'सभी भाई-बहन टी.वी. पर वी.सी.आर. के माध्यम से फिल्म देख रहे होते हैं। उसी समय नदीम नाम का एक व्यक्ति एक कमरे में प्रवेश करता है। उसके धार्मिक घैरात उसमें उत्तेजना पैदा करते हैं और वह हाथ में एक ईंट लेकर दो या तीन बार में टी.वी. के टुकड़े-टुकड़े कर देता है।' यहाँ पूरा परिवार टी.वी. के खतरे को लेकर सहमत होता है। लश्कर की बैठक में एक समारोह आयोजित करके स्टेज टी.वी. सेटों को तोड़ा जाता है।...'

इतना ही नहीं, यह पत्रिका अपने नियमित लेखों में कश्मीर का उल्लेख करना नहीं भूलती। वह यह बताती रहती है कि कश्मीर की स्वतंत्रता के लिए किस तरह लोग बलिदान दे रहे हैं। 'द हेराल्ड' ने अपने अंक में एक विशेष पत्र प्रकाशित किया। यह पत्र किसी शहीद ने लिखा था, जो कुछ इस प्रकार था—

> मेरे प्रिय पिता, माता, भाइयो और बहनो!
>
> यदि आप मुझे वास्तव में प्यार करते हैं तो आप मेरे बलिदान की खबर को साहसपूर्वक अपनाएँ और इसके लिए अल्लाह को धन्यवाद दें। मैं अपनी माता और बहनों से अनुरोध करता हूँ कि वे परदा देखें, पापों से दूर रहें, अपनी प्रार्थनाओं में अल्लाह से यह भी याचना करें कि वे हमारे बलिदान को स्वीकार करें। मैं अपने पिता से आग्रह करता हूँ कि वे मेरे भाइयों को भी प्रशिक्षण (सैन्य) के लिए भेजें और अन्य को भी जिहाद के बारे में शिक्षा दें। यह जन्नत में जगह पाने का एक अद्‌भुत मार्ग है।
>
> मैं आप लोगों से गुजारिश करता हूँ कि जैसे ही मेरी चिट्‌ठी आप पढ़ें, घर में रखे टेलीविजन सेट को तोड़ दें, ताकि हमारा घर शैतान के असर से आजाद हो जाए और अल्लाह का रहम हम सब पर बना रहे। मैं आपसे फिर

गुजारिश करता हूँ कि आप मेरी शहादत के लिए अल्लाह का शुक्रिया अदा करें। आपको यह जानना चाहिए कि आपके बेटे को शहादत मिली है। उसने शराब पीते हुए या फिर कोई टी.वी. देखते हुए या फिल्म देखते हुए नहीं, बल्कि अल्लाह के दुश्मनों के खिलाफ जंग लड़ते-लड़ते दम तोड़ा है और वह जन्नत में हमेशा के लिए जिंदा है।

आप उन लोगों की बातों पर ध्यान नहीं दें, जो यह कहते हैं कि ये लोग (लश्कर-ए-तैयबा) आपके बेटे को कश्मीर में मारने के लिए ले जा रहे हैं। आपको कुरान और हदीस पढ़ना चाहिए तथा यह देखें कि कैसे अल्लाह जिहाद के लिए आदेश देते हैं और जिहाद के शहीदों के लिए क्या इनाम रखा जाता है। अल्लाह के पैगंबरों ने कहा है—'इनसाफ के दिन शहीद को यह हक दिया जाएगा कि वह 70 लोगों को जन्नत में ले आए।' यह एक बड़ा उपहार है। मेरे लिए प्रार्थना करें।

(हस्ताक्षर)
अबू मरसाद

संगठन और उसका जिहाद कितना सुविधाजनक है। अमीर जिस जिहादी को चुनता है, वह न सिर्फ मरते दम तक के लिए अपने आपको जिहाद के प्रति समर्पित कर देता है, बल्कि अपने अन्य रिश्तेदारों को भी जिहाद में शामिल होने के लिए पूरी तरह प्रेरित करता है। इतना ही नहीं, वह जिहादी अपने संबंधियों को यहाँ तक कहता है कि यदि मेरे शहीद होने के बाद किसी भाई को मेरी जगह जिहाद में नहीं भेजा जाता तो पाप होगा। वह उन्हीं तर्कों को जोरदार तरीके से रखता है, जो लश्करवाले गढ़ते हैं। उदाहरण के लिए—टी.वी. सेटों को नष्ट करने की बात को लीजिए। इस प्रकार वह अपने विचारों से लश्कर की सभी आलोचनाओं को खारिज कर देता है।

धार्मिक नेता हफ्ते के सातों दिन इस प्रकार के विचारों को रखते रहते हैं। साल-दर-साल एक के बाद एक शहर में इसके लिए भव्य समारोहों का आयोजन किया जाता है।

हमने लश्कर और दावा के बारे में जो भी तथ्य प्रस्तुत किए हैं, वे सबकुछ स्पष्ट कर देते हैं। आप हर महीने पाकिस्तानी अखबारों और पत्रिकाओं में ऐसे तथ्य देख सकते हैं।

अपने नए नाम के साथ दावा उन संगठनों का संचालन करता है, जो काफिरों के षड्यंत्रों को विफल करने और 'कश्मीर को भारत से स्वतंत्र कराने' के लिए समर्पित हैं। हिजबुल मुजाहिदीन, जो अपने नाम के निरपेक्ष 'कश्मीरी राष्ट्रवादी संगठन' के रूप में जाना जाता है, का उद्देश्य भी उसी तरह स्पष्ट है—सचमुच इसकी घोषणाएँ और उद्देश्य जमात-उद-दावा वल-इरशाद और लश्कर से किसी भी तरह अलग नहीं हैं।[1] लेकिन इन संगठनों या मदरसों को ही क्यों देखा जाए? राज्य-समर्थित सभी शिक्षण संस्थाएँ एवं अन्य संस्थाएँ उसी विचारधारा का प्रचार कर रही हैं—प्राथमिक शिक्षा आरंभ करनेवाले बच्चों की पुस्तकों से लेकर स्कूल की पाठ्य-पुस्तकों तक में इसी विचारधारा का प्रचार किया जा रहा है।

पर क्या सबकुछ बदल नहीं गया है?

'पर क्या सबकुछ बदल नहीं गया है? 'हेराल्ड' आदि पत्र-पत्रिकाओं में प्रकाशित साक्षात्कार और विवरण तो सन् 1997 और 1998 के हैं।' कितनी निराशाजनक बात है कि हम स्वयं को ही बेवकूफ बनाने के लिए किसी तरह तैयार बैठे हैं! इन मुजाहिदीनों को शिक्षित-प्रशिक्षित करनेवाले स्कूल और पाठ्य-पुस्तकें, क्या ये सब बदल गए हैं? ये पाठ्य-पुस्तकें और स्कूल आज भी उसी रास्ते पर क्यों चलेंगे? इसके प्रमाण के लिए कितना नवीनतम प्रमाण पर्याप्त होगा?

मेरे सामने एक वीडियो रिकॉर्डिंग है। इसमें मुजफ्फराबाद में हुई एक सभा की काररवाइयों की रिकॉर्डिंग है। सभा का समय था—मई 2004। इसमें कई नेता और अन्य अनेक लोग कश्मीर में जिहाद में मारे गए कमांडरों की 'शहादत' की स्मृति में इकट्ठे हुए थे।

जरा इन उद्धरणों पर गौर करें—

- पाकिस्तान में इस तरह की सभाएँ खास मायने रखती हैं।
- इनमें बड़ी संख्या में लोग भाग लेते हैं।
- पाकिस्तान जैसे सैन्य-शासित देश में प्राधिकारियों के सक्रिय समर्थन और अनुमति के बिना इस तरह की सभाएँ आयोजित नहीं की जा सकती हैं।
- इस प्रकार की सभाओं में लोगों की विशाल भीड़ से जिहादी संगठनों को

1. उदाहरण के तौर पर देखें, अजय साहनी, 'पाकिस्तान-यू.एस.ए. : एन ऑनगोइंग फेल्योर ऑफ इमैजिनेशन,' साउथ एशिया इंटेलिजेंस रिव्यू, भाग 3, संख्या 2, 26 जुलाई, 2004।

अच्छा-खासा लाभ मिलता है—धन के रूप में भी और नए रंगरूटों की भरती के रूप में भी।

- सुननेवालों के जज्बातों को भड़काने के लिए वक्ता अपने भाषण में 'कुरान' के कुछ अंश और पैगंबर की हदीस भी पढ़ते हैं। इससे वे अपने मकसद में आसानी से कामयाब होते हैं।
- वक्ता बुलंद आवाज में कहते हैं—जिहाद तब तक जारी रहेगा जब तक हमारी जीत नहीं होती।
- एक यही दास्ताँ—मुसलमानों को बातचीत के जरिए कभी उनके अधिकार नहीं मिले हैं।
- हमारी जीत निश्चित है, क्योंकि अल्लाह का इसपर रहमोकरम है।
- कश्मीर पहला कदम है—जिहाद तब तक चलता रहेगा जब तक पूरे भारत के मुसलमान हिंदुओं के जुल्मों से मुक्त नहीं हो जाते।
- हिंदू-यहूदी-ईसाई हमारे कट्टर दुश्मन हैं।
- हिंदुओं के साथ दोस्ती नुकसानदेह और गैर-सिद्धांती है...कुराने पाक में इसका विरोध किया गया है। क्या पैगंबर की बात गलत हो सकती है?
- दूसरी ओर दुनिया में कहीं भी मुसलमान उम्मा की तकलीफें अल्लाह में विश्वास रखनेवालों की सामूहिक चिंता है।

ये भाषण अन्य मायनों में भी शिक्षाप्रद हैं। इनसे यह स्पष्ट हो जाता है कि अपने खिलाफ की जानेवाली काररवाइयों से ये तथाकथित मुजाहिदीन आहत होते हैं। इन भाषणों से पता चलता है कि 'शांति की पहल' से जिहादियों का रोष पाकिस्तान सरकार के प्रति भी बढ़ जाता है। इस प्रकार के जोशीले भाषण, जिनमें जिहादियों को 'पाखंडी संप्रदायवाद और आपसी झगड़ों' से ऊपर उठने के लिए कहा जाता है, उन मुश्किलों की ओर इशारा करते हैं, जिनसे ये संगठन प्रभावित हैं। इनमें संगठन और उनके नेताओं के संबंध में अतिशयोक्ति और कभी-कभी पूरे-पूरे झूठ का सहारा लेकर श्रोताओं को विश्वास में लिया जाता है। जरा गौर करें, भारत की स्थिति और कश्मीर में चुनावों के बारे में, 5,25,000 से भी अधिक कश्मीरी लोगों के बारे में, जिन्होंने आजादी की तलाश में कश्मीर में स्वतंत्रता संघर्ष का नेतृत्व करते हुए अपनी जान गँवा दी—यह सब पाकिस्तान की गुप्तचर एजेंसियों और सेना की कठपुतलियों द्वारा, और उस क्षेत्र के बारे में है, जहाँ 56 वर्षों के दौरान एक बार भी चुनाव नहीं हुए थे।

इन उद्धरणों को देखें, सबकुछ साफ हो जाता है—

★ ★ ★

मई 2004 में मुजफ्फराबाद में आयोजित एक 'शहादत' सभा के भाषण—

प्रथम वक्ता

शेख अकील-उर-रहमान, जिला प्रमुख, जमायत-ए-इसलामी, मुजफ्फराबाद

उस रहमदिल अल्लाह के नाम पर उनके नाम पर नहीं, जिन्होंने अल्लाह के बताए रास्ते पर चलते हुए अपनी जान गँवा दी—'वे मर गए; बिलकुल नहीं, वे आज भी जिंदा हैं; हाँ, हम उन्हें देख नहीं सकते।'

प्रिय श्रोताओ! आज एक बार फिर हम अपने आहत दिलों के साथ यहाँ इकट्ठा हुए हैं। हमारे लिए यह कोई नई बात नहीं है। यह तो एक लंबी कड़ी बन गई है। मुजाहिदीन तो अपनी जान की कुरबानी देकर अल्लाह के पास पहुँच गए हैं। उन्हें अपनी मंजिल मिल गई···हमें उन शहीदों के पीछे-पीछे चलते जाना है और इस तरह अपने मकसद में कामयाब होना है···हम भारत तक यह संदेश पहुँचाना चाहते हैं···कि मुसलमान स्वयं में एक ऐसा राष्ट्र है, जिसे शहादत से प्यार है; और इंशा अल्लाह यह सफर जारी रहेगा।

इसलामाबाद, भारत तथा अमेरिका के शासक, जो जिहाद के खिलाफ षड्यंत्र रच रहे हैं, उन्हें यह समझ लेना चाहिए कि हम मुसलमान जिहाद के साथ किसी तरह का समझौता नहीं करनेवाले हैं। यह हमारे ईमान का एक हिस्सा है। इस मकसद के लिए अपनी जान की कुरबानी देकर पाँच लाख शहीदों ने जो ओहदा हासिल कर लिया है, हम अभी वहाँ तक नहीं पहुँच सके हैं। इसके लिए हम भी अल्लाह के नाम पर अपनी जान की कुरबानी देकर उनका ही रास्ता अपनाएँगे।

साथियो! आज पाकिस्तान भारत के साथ अपने संबंध मजबूत करने में लगा है। दोनों एक-दूसरे के यहाँ अपने-अपने प्रतिनिधिमंडल भेज रहे हैं। समझौता एक्सप्रेस दौड़ रही है और दोनों ओर से दोस्ती का हाथ बढ़ाया जा रहा है। लेकिन इस तरह की पहल का आधार 'क्या है?' कश्मीरी लोगों का मृत और बेचैन शरीर, हमारे उजड़े हुए गाँव, हमारी लुटी हुई अस्मिता। इसपर भी पाकिस्तान के निर्लज्ज शासक भारत के साथ अपने संबंध जोड़ रहे हैं। यही है 'वरदीवाली सरकार' की नीति। हम उसकी निंदा करते हैं। हमें पाकिस्तान को यह बता देना है कि हम इस नीति से बिलकुल भी सहमत नहीं हैं; नफरत है हमें इससे। यह हमारी नीति नहीं

है। यह आजाद कश्मीर की जनता की नीति नहीं है।

हम कश्मीरी जनता के साथ हैं और हम कश्मीर में जिहाद को संरक्षण देते हैं। हमने अपने अमीर (कमांडर) की कुरबानी दी है, उसी तरह हम भी आगे अपनी जान की कुरबानी देते रहेंगे। आप चिंता न करें, आप निराश न हों, कश्मीर की जनता और पाकिस्तान भी आपके साथ है। हमें विश्वास है कि हम पाकिस्तानी लोग अपने संघर्ष के जरिए अपने शासकों को कश्मीरी स्वतंत्रता आंदोलन के सही मार्ग पर लाने में कामयाब होंगे।

द्वितीय वक्ता

जावेद इकबाल, जमायत-ए-इसलामी, मुजफ्फराबाद

हमारे साथी अपने उस मकसद को हासिल करने में कामयाब हो गए, जिसके लिए उन्होंने अपना घर और अपने परिवार को छोड़ा था। लेकिन मेरे प्रिय साथियो! जो रास्ता हमने अपनाया है, वह बहुत कठिन है और आज की स्थिति में तो और भी कठिन है; इसमें हमें बहुत सारी मुश्किलों और परीक्षाओं से गुजरना होगा।

मेरे साथियो! बस यही रास्ता है हमारे लिए। इसी रास्ते पर चलते हुए हम इस दुनिया से अलग दूसरी दुनिया में पहुँचेंगे। उस दुनिया की कामयाबी ही सच्चे मायने में कामयाबी है। जिंदगी बहुत छोटी है और इस छोटी सी जिंदगी में हमने ढेर सारी बातों और ढेर सारे महान् लोगों को देखा है। वे स्वयं अपनी जिंदगी का आनंद लेते हुए मर गए। लेकिन मेरे साथियो! जिंदगी का असली आनंद और संतोष तो जिहाद के रास्ते में है, जिहाद के क्षेत्र में है। साथियो! आज पूरी दुनिया के लोग कह रहे हैं कि स्थिति बदल गई है, मुजाहिदीनों को इससे सबक लेकर अपनी गतिविधियाँ बंद कर देनी चाहिए। साथियो! अगर हम अल्लाह में विश्वास रखते हैं, अगर हम कुराने पाक में विश्वास रखते हैं, अगर हम पैगंबर मुहम्मद (उन्हें शांति मिले) के समर्थक हैं और उनमें विश्वास रखते हैं तो जिहाद ही हमारी जिंदगी की मंजिल है। जिहाद ही हमारा एकमात्र रास्ता है और हमें उसपर चल पड़ना चाहिए। हमें जिहाद का रास्ता चुनना चाहिए। अल्लाह की इच्छा से जो मुजाहिदीन शहीद हुए हैं, वे अपने मकसद में कामयाब होंगे। मुत्ताहिदा-मजलिस-ए-अमल (मुशर्रफ से जुड़ी मजहबी पार्टियाँ) की ओर से हम कश्मीरी मुजाहिदीनों को हर कदम पर मदद देंगे। मुत्ताहिदा-मजलिस-ए-अमल का एक

खास मकसद दुनिया भर के पीड़ित मुसलमानों की मदद करना और अल्लाह की इच्छा से कार्य करना है।

तीसरा वक्ता

अंसार और पाकिस्तान तथा कश्मीर के मुसलमान उम्मा के लिए मेरा बस यही संदेश है कि वे शहीदों द्वारा दी गई कुरबानी और उनके द्वारा बहाए गए खून को कभी न भूलें…।

चौथा वक्ता

शेख जमील-उर-रहमान, पाकिस्तान अधिकृत कश्मीर

अल्लाह उनकी कब्रों पर रोशनी रखे और उनके शोक-संतप्त परिवारों को सांत्वना दे।

इन शहीदों के जाने से हमारे संगठन को ही नहीं बल्कि पूरे आंदोलन को भारी नुकसान हुआ है, जिसकी भरपाई नहीं की जा सकती। मेरे साथियो! ये शहीद हमारे राष्ट्र की बुनियाद हैं, राष्ट्र की अमानत हैं। अपने जज्बातों और बुलंद हिम्मत से अपना सबकुछ राष्ट्र के नाम कुरबान करनेवाले इन शहीदों ने एक अफसाना तैयार कर दिया है। उनके खून की एक-एक बूँद हमारे राष्ट्र में नई जान डालती है। असलियत है, शहीदों का एक बूँद खून भी बेकार नहीं जाता। हम मुजाहिदीनों द्वारा चलाए गए मिशन के लिए जी-जान से हाजिर हैं। यहाँ हमारे इकट्ठा होने का बस यही मकसद है। सच मानिए, ऐसा राष्ट्र, जो आजादी के लिए तमाम कुरबानियाँ देने को तैयार है, जो किसी भी वक्त अपनी जान हथेली पर लेकर निकलने को तैयार है, उसे दुनिया की कोई भी ताकत शिकस्त नहीं दे सकती, उसे आजादी हासिल करने से नहीं रोक सकती। लेकिन इसके लिए हमें चारों ओर से आनेवाले तूफानों से खौफ न खाकर मन में एक उम्मीद और विश्वास कायम रखना होगा। आज जरूरत है—हिम्मत, सब्र, मजबूती और अटल इरादे की। मंजिल दूर नहीं है, बस थोड़ा सब्र और करना है। हिंदू हमारे दोस्त कभी नहीं हो सकते। कुराने पाक में ऐसा लिखा है। साफ-साफ कहा जाए तो अल्लाह भी यही कहते हैं कि यहूदी और ईसाई भी हमारे दोस्त नहीं हो सकते। पाकिस्तान की ओर से भारत की ओर दोस्ती का हाथ बढ़ानेवाले लोग राष्ट्र को धोखा दे रहे हैं। हिंदुओं के साथ दोस्ती नाजायज और नुकसानदेह है। यह कभी भी हमारे लिए फायदेमंद नहीं हो सकती।

पाकिस्तान की ओर से भारत के साथ दोस्ती की बात करनेवालों को यह जान लेना चाहिए कि वे एक ऐसे अपराधी से दोस्ती कर रहे हैं, जो अपराधी है बाबरी मसजिद के विध्वंस का, जो अपराधी है कश्मीरी जनता की हत्या का, जो अपराधी है गुजरात में मुसलमानों की हत्या का। ऐसे बेरहम हिंदुओं के साथ दोस्ती की बात! अगर भारत के साथ दोस्ती जरूरी थी तो पाकिस्तान बनाया ही क्यों गया? अगर हमें भारत के साथ दोस्ती ही करनी थी तो क्या जरूरत थी देश को समंदर की ऊँची-ऊँची लहरों में किनारे की तलाश में हिचकोले खाने के लिए धकेलने की, जबकि किनारे पर खड़े लोग उसकी मुसीबत पर हँस रहे हों? नहीं, यह दोस्ती मुमकिन नहीं है। कुरान-ए-पाक इसके खिलाफ है। क्या पैगंबर की बात झूठी है? नहीं, पैगंबर की बात कभी झूठी नहीं हो सकती। हिंदुओं के साथ दोस्ती नामुमकिन है। अगर आपका पैगंबर की बातों में विश्वास है, तो आप उनकी (हिंदुओं की) दोस्ती में विश्वास कैसे कर सकते हैं? हमें असलियत जान लेनी चाहिए कि जिस शांति समझौते पर हस्ताक्षर किए जा रहे हैं, वह मुसलमानों को नुकसान पहुँचाने, उन्हें बेइज्जत करने के लिए रचा गया षड्यंत्र है। अगर आप इस समझौते को जायज समझते हैं तो ऐसे में मुसलमानों का मर जाना ही बेहतर है। यह एक आग है और इसकी चिनगारी उठकर पूरे भारत को जला देगी। भारत के लिए यही बेहतर है कि वह इस इलाके से कल के बजाय आज ही और इसी समय बाहर निकल जाए। मुजाहिदीनों का पक्का इरादा है कि यदि भारत कश्मीर के लोगों के साथ ज्यादती करेगा, उन्हें बेइज्जत करेगा तो वे (मुजाहिदीन) भारत को चैन से नहीं रहने देंगे। हम अपने शहीद साथियों को श्रद्धांजलि देते हैं…।

पाँचवाँ वक्ता

हम यहाँ भी एक हैं और लड़ाई के मैदान में भी एक हैं। जिहाद की सभी ताकतें भी एक हैं। यह मुसलिम एकता इस बात का सबूत है कि जब भी हमारा कोई कमांडर मारा जाता है, हम सभी मुजाहिदीनों को कड़े इम्तिहान का सामना करना पड़ता है। आज की इस मजलिस के जरिए हम भारत से अर्ज करना चाहते हैं कि वह हमारे कमांडरों—इनामुल्लाह खान, गुलाम रसूल डार और शहाबुद्दीन आदि को मारने के इरादे पर फिर से अमल करें।

उसे इस सच्चाई से वाकिफ होना चाहिए कि हमारे एक नेता की मौत से दूसरा नेता पैदा होता है, एक कमांडर की मौत से दूसरा कमांडर पैदा होता है, एक लड़ाके की मौत से दूसरा लड़ाका पैदा होता है और एक हिम्मती युवक

की मौत से दूसरा हिम्मती युवक पैदा होता है। इससे जाहिर होता है कि हम जिहाद के जरिए आजादी हासिल करेंगे।

प्यारे साथियो! और सभी रास्ते बेकार हैं। उन रास्तों का इस्तेमाल फिलिस्तीन में किया जा चुका है, लेकिन सब बेकार साबित हुए। आजादी की चाह रखनेवाले किसी भी राष्ट्र को वही रास्ता अख्तियार करना होगा, जिस पर चलते हुए युवा शहाबुद्दीन ने अपनी जान की कुरबानी दे दी। भारत ने तो सोचा होगा कि गुलाम रसूल को मार देने से शहाबुद्दीन नहीं रहेगा और हम आजादी नहीं हासिल कर सकेंगे; लेकिन इंशा अल्लाह एक के बाद दूसरा और एक ग्रुप के बाद दूसरा ग्रुप तैयार रहता है। उसके (अल्लाह के) बताए रास्ते पर चलते हुए हम जम्मू व कश्मीर को भारत से आजाद करा लेंगे और यह पाकिस्तान का एक हिस्सा बन जाएगा।

यह एक लड़ाई है, जिसके पीछे कुछ उसूल हैं। यह एक लड़ाई है, जिसके पीछे कुछ खास मकसद हैं। यह तमिलनाडु की लड़ाई की तरह नहीं है। यह लिट्टे (LTTE) की लड़ाई की तरह नहीं है। इस लड़ाई के पीछे जो खास मकसद और उसूल हैं, वह कुरान-ए-पाक और पैगंबर मुहम्मद साहब (उन्हें सुकून मिले) द्वारा दिया गया है। प्रधानमंत्री जनाब जमाली ने एकतरफा युद्ध विराम की घोषणा कर दी थी। तब से अब तक शहीद हुए तैंतीस लड़ाका कमांडरों की सूची जामियातुल मुजाहिदीन ने तैयार करके रखी है। इसमें ऐसे कमांडर शरीक हैं, जो अलग-अलग संगठनों के इलाकों में अपनी ऊँची जगह रखते थे। हमने यह नुकसान झेला। पाकिस्तान के असरदार लोग, जो हमसे ज्यादा दिमाग और समझ रखते हैं, उन्हें यह बात समझनी चाहिए और इसे नजर में रखकर ही कश्मीर के लिए नीति तय करनी चाहिए। अगर हम एक होकर और एक ही आवाज के साथ अपनी आवाज मिलाते हुए चलेंगे तो इंशा अल्लाह हम जल्द ही अपनी मंजिल तक पहुँच जाएँगे।

छठा वक्ता

मोहम्मद फारूक रहमानी, संयोजक ए.पी.एच.सी. (पाकिस्तान अधिकृत कश्मीर)

आतंकवाद अपनी बुलंदी पर है। हम अपने दो जवाँ और लायक बेटों—खातिब अंसारी और शहाबुद्दीन को खो चुके हैं। अब वे हमारे बीच नहीं हैं।

उनकी शहादत से हिज्ब-उल-मुजाहिदीन या किसी खास संगठन को ही नुकसान नहीं हुआ है, बल्कि कश्मीर के लायक बेटों, कश्मीर की धरती और कश्मीर की आजादी के लिए चल रहे आंदोलन को भी नुकसान हुआ है।

मेरा विश्वास है कि शहादत और जिहाद को इसलाम में बहुत इज्जत के साथ देखा जाता है। इसके बल पर ही इसलाम को कामयाबी हासिल हो सकी है। इसी के बल पर मुसलमानों ने ताकत हासिल करके दुनिया पर हुक्म चलाया और दुनिया को इनसानियत का सबक सिखाया है। यह वक्त मातम मनाने का नहीं है। हमारा विश्वास अल्लामा इकबाल की कविता में है—'शहादत मोमिन का मकसद है और यह उसे बहुत प्यारा है। लड़ाई से माल या शासन हासिल करना मकसद नहीं है।' मेरा विश्वास है कि इस आंदोलन के इतिहास से कश्मीर का नाम पूरी दुनिया में रोशन हुआ है। कश्मीर की महानता और शहादत की इज्जत उसके दुश्मन भी करते हैं। कश्मीर के इस सफर के बारे में दुनिया में चल रही बातचीत और कश्मीर की आजादी, कश्मीर के भविष्य से यह बात साफ है। हमें अपने खिलाफत आंदोलन, आजादी, जिहाद और शहादत के इतिहास को जारी रखना है।

आज भारत ने राजकीय आतंकवाद शुरू कर दिया है। हम इससे निबट सकते हैं, इसे खत्म कर सकते हैं—केवल अपने अटल इरादे और मजबूत आत्मविश्वास से। भारत को नुकसान हुआ है। वह कमजोर पड़ गया है और भारतीय सेनाएँ बेसहारा हो गई हैं। अब वे यहाँ से भागना चाहती हैं। लेकिन हम उन्हें भागने नहीं देंगे, जब तक वे राजकीय आतंकवाद को खत्म नहीं कर देते। यह सच्चाई है कि कश्मीर न केवल कश्मीरी मुजाहिदीनों के लिए एक नाम है, बल्कि यह पूरे कश्मीर की जनता के अटल इरादे के लिए भी एक नाम है। हम अपने अटल इरादे, विश्वास और इन सबसे ऊपर अपनी एकता के साथ यह सफर जारी रखेंगे। हमें यह साबित करना है—'अल्लाह की (फैलाई हुई) रस्सी को मजबूती से पकड़कर चलते जाओ और आपस में बँटकर न रहो।' हमें पाखंड, आपसी झगड़ों और सांप्रदायिक संघर्ष में फँसकर नहीं रहना है। हमें अपने व्यवहार में सुधार लाना है। हमें अपनी गलतियों और भूलों का पता लगाकर उनमें सुधार करना है। इस तरह हमारा रास्ता साफ हो जाएगा और भारत राजकीय आतंकवाद के जरिए उसे रोक नहीं पाएगा। अल्लाह हमारे शहीदों को जन्नतुल फिरदौस और हमें आजादी बख्शे।

सातवाँ वक्ता

सैयद सलाहुद्दीन

आज आप यहाँ शहीद गाजी शहाबुद्दीन और उसके साथी ऊधमपुर के डिविजनल कमांडर शहीद खातिब अंसारी की शहादत में उन्हें श्रद्धांजलि देने, उनके नेक कार्यों के लिए उन्हें याद करने के लिए इकट्ठा हुए हैं। अल्लाह उन्हें दोनों जहान की अच्छाइयाँ बख्शे। प्यारे नौजवानो! अब तक 5,25,000 कश्मीरी लोग आजादी की तलाश में कश्मीर की आजादी की लड़ाई लड़ते हुए अपनी जान कुरबान कर चुके हैं। यानी, यह आंदोलन 5,25,000 शहीदों के खून से सींचा गया है। न मुझे और न ही किसी और को यह विश्वास है कि सताए हुए मिल्लत के इतने सारे शहीद बेटों के खून को अल्लाह, पूरी दुनिया का मालिक बेकार जाने देगा। मैं आप सभी को यह विश्वास दिलाता हूँ कि अल्लाह जिहाद आंदोलन को एक ऐसी शुरुआत की ओर ले जा रहा है, जिससे जम्मू और कश्मीर की सताई हुई जनता को ही नहीं बल्कि भारत में रह रहे करोड़ों मुसलमानों और ब्राह्मणों द्वारा दबाए गए अन्य अल्पसंख्यकों को आजादी मिलेगी। जिहाद में ऐसी ताकत छिपी हुई है, जो विरोधियों और दुश्मनों को बरबाद कर सकती है। पूर्व महाशक्ति यू.एस.एस.आर. (USSR) टुकड़ों में बँट गया था और एक-एक राज्य उससे आजाद हो गए थे—खून का एक कतरा भी गिरे बिना।

प्यारे नौजवानो! अटल इरादा रखनेवाला कारवाँ, गाजियों का कारवाँ और शहीदों का कारवाँ तब तक जिहाद के रास्ते पर चलता रहेगा जब तक कामयाबी हासिल नहीं हो जाती और कश्मीर का कोना-कोना भारत के गैर-कानूनी कब्जे से आजाद नहीं हो जाता।

प्यारे नौजवानो! यह सच है कि हमारा दिल दुखा है, हम मातम कर रहे हैं; लेकिन यह भी सच है कि एक के बाद दूसरा, जैसे—कमांडर-इन-चीफ गाजी नसीबुद्दीन, गाजी बुरहानुद्दीन, गाजी शहाबुद्दीन, डिविजनल कमांडर, सेंट्रल सेक्टर और हजारों मुजाहिदीन शहीद हुए, बेशक यह दुःख की बात है; लेकिन अल्लाह की पाक किताब और पैगंबर मुहम्मद साहब (उन्हें सुकून मिले) की शिक्षाएँ यह साबित करती हैं कि शहादत से कोई आंदोलन कमजोर नहीं पड़ता, बल्कि इससे उसमें और अधिक ताकत व मजबूती आती है। शहीद की मौत से आंदोलन तथा सताए गए मिल्लत और पूरे राष्ट्र में एक नई जान आती है। जमीन पर गिरा हुआ शहीदों का एक-एक बूँद खून पूरे राष्ट्र के लिए जकात के बराबर है।

इस बारे में अल्लाह ने कहा था, 'शहीद (आज भी) जिंदा हैं।' यह कोई नहीं समझ सकता कि शहीदों के एक-एक बूँद खून से हजारों मरे हुए जिस्मों में जान कैसे आ जाती है। लेकिन हम अपनी आँखों से सबकुछ देख रहे हैं कि जिहादी अधिकारियों, नेताओं और मुजाहिदीनों की शहादत से आंदोलन किसी भी मामले में कमजोर नहीं पड़ा है। इसके विपरीत, जब सीमा पर युद्ध विराम की घोषणा की गई तो भारत अपनी सीमा में चारों ओर बाड़ लगाकर चैन की नींद सो गया—यह समझे हुए कि कश्मीरी जनता चुनावों में अपने मत डालेगी, क्योंकि यह संवैधानिक अधिकार है। आपने जरूर देखा, सुना या पढ़ा होगा कि किस प्रकार कश्मीरी जनता ने भारत के इस नाटक को नकार दिया और विश्व-समुदाय को यह संदेश दिया कि वह अपने खून की आखिरी बूँद तक आजादी के अपने मकसद को हासिल करने के लिए तैयार है। भारत को गलत विश्वास था कि कश्मीरी मुजाहिदीन अपने दुश्मन से निबटने में कामयाब नहीं हैं; लेकिन मुजाहिदीनों ने बारामुला और कुपवाड़ा विधानसभा क्षेत्रों में चुनाव के पहले चरण के दौरान 23 अभियान चलाए। बड़गाम, श्रीनगर के केंद्रीय विधानसभा क्षेत्रों में चुनाव के दौरान मुजाहिदीनों ने 13 अभियान चलाए। इसलामाबाद (अनंतनाग) और पुलवामा में चुनावों के दौरान 26 भयानक अभियान चलाए गए और इस बात को भारतीय मीडिया ने भी स्वीकार किया है। जब डोडा और ऊधमपुर की ऊँची-ऊँची पहाड़ियों में मत-पत्र लूटे जा रहे थे और मतदाताओं पर भारतीय सेनाओं द्वारा दबाव डाला जा रहा था तो मुजाहिदीनों ने 18 धावे बोले, जिनसे ऊँची-ऊँची पहाड़ियाँ और भारत की संसद् भी थर्रा गई। मुजाहिदीनों ने यह साबित करके दिखा दिया कि अल्लाह खुद उनकी मदद कर रहा है। ऐसा इसलिए, क्योंकि अल्लाह ने वादा किया था—'जो हमारे मकसद के लिए जी-जान से कोशिश करते हैं, हम उन्हें अपना रास्ता जरूर दिखाते हैं।' इसका मतलब साफ है कि जो अल्लाह पर भरोसा करके उसके रास्ते पर चल निकलेंगे, अल्लाह उन्हें अकेला नहीं छोड़ेगा; बल्कि वह कदम-कदम पर उसकी मदद करेगा और उसके मार्गदर्शन के लिए फरिश्तों को भेजेगा तथा स्वयं भी उनकी देखभाल रखेगा। जम्मू-कश्मीर के लड़ाई के मैदान में ही देखिए, मात्र 1,000 बेहथियार मुजाहिदीन भी 7,50,000 भारतीय सैनिकों को नाकों चने चबवा रहे हैं। अब तक 4 से ज्यादा भारतीय जनरलों और 37,000 से भी अधिक सैनिकों को मुल्के अदम भेजा जा चुका है। अरबों डॉलर का नुकसान झेलना पड़ा है उन्हें। उनके तीनों सेना प्रमुखों ने तो यहाँ तक कह दिया है कि आतंकवाद का हल सैनिक काररवाई के जरिए मुमकिन नहीं है।

हम अपने भाइयों की बात से सहमत हैं। इसलाम का इतिहास कुराने पाक,

पैगंबर मुहम्मद साहब का जीवन-वृत्त और उनके समक्ष इस बात का सबूत है कि आज तक कोई भी मुसलमान संबंधी मामला बातचीत के जरिए हल नहीं हो सका है। ऐसा कोई, जो एक भी मिशाल पेश कर सके, जिसमें मुसलमानों से ताल्लुक रखनेवाला कोई मामला बातचीत के जरिए हल हुआ हो और वह मुसलमानों के हित में हो? झगड़ों का निबटारा हमेशा लड़ाई के मैदान में होता रहा है, बातचीत के मंच पर नहीं! हाँ, हमें धोखा दिया गया। कहीं दूर जाने की जरूरत नहीं है, फिलिस्तीनी जनता से ही पूछिए, किस प्रकार उन्हें कैंप डेविड समझौते में धोखा दिया गया था। जेनेवा समझौते में अफगानी मुजाहिदीनों के साथ धोखा हुआ। अगर मुजाहिदीनों ने अपने ईमान के जरिए समस्या नहीं सुलझाई होती तो रूस आज अपनी स्थिति काफी मजबूत कर लेता।

हमारे प्यारे नौजवानो! हम पिछले 56 वर्षों से भारत की, खासकर ब्राह्मणों की, वाजपेयी की, आडवाणी की साम्राज्यवादी नीति को देखते आ रहे हैं, जिसमें इस बात पर विश्वास किया जाता है कि 'मुसलमानों को भारतीय क्षेत्र में रहने का कोई हक नहीं है।' इन लोगों ने ही समय-समय पर दंगे भड़काकर अब तक 37,000 मुसलमानों को मरवा दिया। भारत की हर गली में मुसलमानों का खून बहा है। उन्होंने सलमान जाफरी और उनके परिवार के 22 सदस्यों को भी नहीं बख्शा, उन्हें जिंदा जला दिया। ये वही सलमान जाफरी थे, जिन्होंने जीवन भर महात्मा गांधी की विचारधारा पर विश्वास किया और उनकी पूजा में ही अपनी हिफाजत महसूस की थी। उन्हें क्यों नहीं बख्शा गया, क्योंकि उनका नाम सलमान था। तो वे एक कश्मीरी मुसलमान को कैसे बख्श सकते हैं, जो नमाज अदा करता है! नामुमकिन है।

बहुत विनम्रतापूर्वक मैं अपने बेस-कैंप के नेताओं तथा अल्लाह के रहमोकरमवाले देश (पाकिस्तान) के नेताओं, चाहे वे सत्ता पक्ष में हों या विपक्ष में, राजनीति में हों या धर्म में, से प्रार्थना करता हूँ कि वे 'दोस्तों को अविश्वसनीय नहीं, बल्कि विश्वास के लायक समझें।' यहूदी और हिंदू—विशेषकर ब्राह्मण साम्राज्यवादी—न ही पहले कभी आपके दोस्त थे और न आज हो सकते हैं। भारतीय जनता पार्टी का चुनाव घोषणा-पत्र पढ़कर देखिए। अपने चुनाव घोषणा-पत्र में वह दो वादों के आधार पर वोट माँग रही है। पहला—हम भारत को महापरमाणु शक्ति बनाएँगे। दूसरा—हम पाकिस्तान द्वारा गैर-कानूनी रूप से कब्जा किए गए कश्मीर को आजाद कराएँगे और अखंड भारत का सपना साकार करेंगे। मैं अल्लाह पर भरोसा करके कह रहा हूँ कि अगर पाकिस्तान ने चगाई की पहाड़ियों

में अपनी परमाणु तकनीक का प्रयोग नहीं किया होता और यदि मुजाहिदीनों ने खिलाफत का आंदोलन नहीं छेड़ा होता तो आज आजाद कश्मीर का नाम भी नहीं होता। अगर आज हम कश्मीर की ऊँची पहाड़ियों, उसकी फूलों से भरी घाटियों, डल झील और झेलम नदी के आस-पास लड़ाई नहीं लड़ रहे होते तो यह लड़ाई इसलामाबाद, लाहौर और कराची की गलियों में देखी जाती; क्योंकि इस अल्लाह के रहमोकरमवाले देश पाकिस्तान का अस्तित्व अभी तक भारतीय साम्राज्यवादियों ने कबूल नहीं किया है। इसीलिए तो हम जिहाद को अल्लाह का रास्ता समझते हैं।

हम धरती के एक टुकड़े को आजाद नहीं कराना चाहते हैं। धरती के एक टुकड़े को आजाद कराने से हमें क्या हासिल होगा? अगर हम पूरे कश्मीर को भी आजाद करा लेते हैं तो हिज्ब-उल-मुजाहिदीन के 17 वर्षीय कमांडर मेजर गुल को क्या मुआवजा दिया जा सकता है, जिसके परिवार के 19 सदस्य एक ही रात में मौत के घाट उतार दिए गए? हाँ, उसे मुआवजा मिलेगा—जब कश्मीर अपने सभी संसाधनों और सारी संपदा तथा अपने 26,000 संरक्षकों के साथ आजाद हो जाए और वह अल्लाह के देश पाकिस्तान में शामिल हो जाए। और तभी अल्लाह का देश पाकिस्तान एक ऐसे खुशहाल इसलामिक और परमाणु-संपन्न देश के रूप में उभरेगा, जो मदद के लिए चीख रहे निहत्थे, मासूम मुजाहिदीन बच्चों और फिलिस्तीन में बेइज्जत की जा रही माताओं-बहनों की आवाज को सुन सकेगा। पूरे मुसलिम समुदाय में कोई सलाहुद्दीन अय्यूबी या नूरुद्दीन जंगी नहीं बचा है, जो अफगानिस्तान की पहाड़ियों में, इराक के रेगिस्तानों में, कश्मीर के ऊँचे-ऊँचे पहाड़ों में या चेचन्या की फूलों से लदी घाटियों में बेसहारा मुसलमानों के बहते खून की नदी को रोक सके। 56 मुसलिम देश तथा 56 ही संगठित मुसलिम सेनाएँ हैं, लेकिन सभी शैतान की शक्तियों के आगे घुटने टेक चुकी हैं। वे हार चुके हैं, बेसहारा हो गए हैं। प्यारे नौजवानो! अल्लाह आपका भला करे। अल्लाह ने अपने ही ताकतवर हाथों से आपको चुना है। उसने आपको इसलाम की इज्जत बचाने के लिए चुना है। कौन बचा है आज? कहाँ गए सद्दाम के 5,00,000 सैनिक और 80,000 रिपब्लिकन गार्ड? कौन है आज, जो साम्राज्यवादी ताकतों को चुनौती दे सके? कौन हरा रहा है अरब और इराक के रेगिस्तानों में गठबंधन सेनाओं को? और कौन अमेरिका का घमंड चूर-चूर कर रहा है? कौन अफगानिस्तान की पहाड़ियों में और कश्मीर की फूलों से लदी घाटियों में साम्राज्यवादी भारत की 7,50,000 सेनाओं को मुश्किल में

डाल रहा है? कौन चेचन्या के जनरलों पर धावा बोल रहा है? हमारे नौजवानो! वे कोई और नहीं—'मुजाहिदीन, पैगंबर मुहम्मद साहब के वारिस हैं। इस मसले पर पैगंबर मुहम्मद साहब (उन्हें सुकून मिले) ने एक बार कहा था—सभी शैतानी ताकतों को सबक सिखानेवाले, अल्लाह के मजहब को फैलानेवाले और सताए हुए मिल्लत की इज्जत बचनेवाले कोई और नहीं, मुजाहिदीन ही हैं।' मुजाहिदीनों के बारे में ही कहा गया था कि इनसाफ के दिन अल्लाह धरती और आसमान की सारी अमानत को एक ओर तथा मुजाहिदीन की जिंदगी के एक दिन या रात को दूसरी ओर रखकर तौलेगा।

हमारी लड़ाई जारी रहेगी, जब तक कश्मीर का कोना-कोना भारत से आजाद नहीं हो जाता। कश्मीरी जनता में भी स्वाभिमान की भावना भरी हुई है। वे ईमानदार, बहादुर और हिम्मतवाले हैं। सन् 1989 में उन्हें बंदूकें थमा दी गईं। 1947 से लेकर 1989 तक आजादी से प्यार करनेवाले ये लोग पत्थरों, कुल्हाड़ियों और डंडों से भारतीय साम्राज्यवादियों को सबक सिखाते आ रहे थे। हम उसी जिहाद का सहारा ले रहे हैं, जो पैगंबर मुहम्मद साहब (उन्हें सुकून मिले) के अनुसार सर्वोच्च जिहाद है, जिसके बारे में अबू हुरैरा ने कहा था—'मैं आपसे एक वादा करवाना चाहता हूँ कि नसीरुद्दीन, बुरहानुद्दीन, शम्स-उल-हक, सैफुल्ला खालिद और अजहरुद्दीन की शहादत के बाद आपकी शहादत की ख्वाहिश में कमी तो नहीं आएगी।'

★ ★ ★

क्या आतंकवादी नेता इससे भी ज्यादा खुलासा करेंगे? और जिस तरह हमने उनकी ओर से अपने कान बंद कर लिये हैं, उससे भी ज्यादा कोई कर सकता है?

इतने सारे सबूतों के बावजूद—

- विश्व उन बातों की ओर ध्यान क्यों नहीं देता है, जो इन संगठनों के संचालक, सच्चे अर्थों में पाकिस्तान के संचालक, लाउडस्पीकरों पर जोर-जोर से चिल्लाकर कहते रहते हैं।
- संगठनों के संचालक खुलकर अपनी हिंसक वारदातों को अंजाम देने की बात कहते हैं। फिर भी हम उनपर विश्वास क्यों नहीं करते हैं?
- इस तरह की खबरें कहाँ से लाई जाती हैं और हम कब तक मीडिया की

मुख्यधारा से इस प्रकार की सूचनाओं को छुपाते रहेंगे या फिर मुँह मोड़ते रहेंगे?

किस तरह ये धार्मिक नेता युवाओं को भड़काते और उन्हें मरने-मारने के लिए उकसाते रहे हैं?

और प्रो. सईद की उस बात को याद करें, जो हम पहले सुन-पढ़ चुके हैं—उनकी नजर में कश्मीर तो बस पहला ही कदम है, शेष भारत में कोने-कोने तक पहुँचने की तैयारी मात्र। ये तथाकथित नेता इसी तरह की बातें अपने समर्थकों को रोज-रोज सुना रहे हैं। यह सच्चाई है कि जब तक दुनिया भर के मुसलमान एक होकर दार-उल-इसलाम के नीचे आएँगे, वे तब तक उत्पीड़ित किए जाते रहेंगे जब तक वे अल्लाह के हुक्म से चलाए जा रहे जिहाद को खत्म करने का ऐलान नहीं कर देंगे। पाकिस्तानी पत्र-पत्रिकाएँ इस तरह की घोषणाओं से पटी रहती हैं। सईद आज भी उन्हीं शब्दों में अपने श्रोताओं को शिक्षा दे रहा है। मेरी मेज पर मौजूद इतने सारे मामलों के ढेर से बस अगर एक ही मामले को लिया जाए—मुझे 'वॉइस ऑफ इसलाम' में छपी प्रोफेसर के भाषण की एक रिपोर्ट मिलती है, जो उसने विषय से अलग किसी स्थान पर नहीं बल्कि मीनार-ए-पाकिस्तान, लाहौर में मार्च 2004 में दिया था। उसने ऐलान किया था—'कश्मीर में जिहाद जारी रहेगा और दुनिया की कोई भी ताकत उसे रोक नहीं सकती। मुजाहिदीन भारतीय सैनिकों की लाशें बोरे में भरकर तब तक भेजते रहेंगे जब तक जूनागढ़, अहमदाबाद, हैदराबाद, दक्कन, गुरदासपुर, मनवादार और कश्मीर पाकिस्तान का हिस्सा नहीं बन जाते।'[1] 'मुसलमानों की समस्या वास्तव में पाकिस्तान की समस्या है।' उसका ऐलान है—'वैसे मुसलमानों को अपना मजहब और अपने आपको बचाने के लिए अपने बल पर ही सबकुछ करना होगा। जहाँ तक गुजरात और भारत के अन्य राज्यों के दंगाग्रस्त इलाकों की बात है, तो यह भारत के अन्य राज्यों तथा पाकिस्तान के मुसलमानों का कर्तव्य है। इसके द्वारा हम माँग करते हैं कि अगर गुजरात के मुसलमान पाकिस्तान में बसना चाहते हैं तो उन्हें अनुमति दी जाए···हमारा विचार है कि चूँकि पाकिस्तान का निर्माण द्विराष्ट्र के सिद्धांत के आधार पर किया गया है, इसलिए इसके सैद्धांतिक आधार की माँग है कि उपमहाद्वीप के मुसलमानों को संरक्षण दिया जाए, भारतीय मुसलमानों को पाकिस्तान में अधिकार दिए जाने चाहिए। वे यह दुःखद परिणाम इसलिए भुगत रहे हैं, क्योंकि उन्होंने पाकिस्तान के निर्माण में योग दिया था।'

---

1. 'मुजाल्लाह अद-दावा' एवं 'वाइस ऑफ इसलाम', अप्रैल 2004।

'वॉइस ऑफ इसलाम' ने कुरान का हवाला देते हुए सईद के तर्कों को और भी महत्त्वपूर्ण ठहराया है—'पाकिस्तानी मुसलमानों के लिए कश्मीर तथा गुजरात में मारे गए हजारों मुसलमानों का क़िसास (बदला) लेना जरूरी है। अल्लाह ने कुरान में ऐसा हुक्म दिया है।'

इस मामले में भारत के सामने एक प्रस्ताव रखा जाता है—उसकी गलती के एहसास के रूप में—'...जनरल मुशर्रफ को चाहिए कि वह प्रधानमंत्री वाजपेयी से कहें कि अब उपमहाद्वीप के विभाजन का समय आ गया है। पाकिस्तान और बँगलादेश के आस-पास के क्षेत्र तथा मुसलिम बाहुल्यवाले क्षेत्रों को इन राज्यों में मिला दिया जाना चाहिए। सन् 1947 में विभाजन के दौरान 28 लाख भारतीय मुसलमानों के साथ जो ज्यादती हुई, उसकी क्षतिपूर्ति के लिए दक्षिण भारत में दक्कन प्रदेश को मुसलिम राज्य के रूप में मुसलमानों को सौंपा जाना चाहिए। तब वाजपेयी वापस दिल्ली की ओर भागते नजर आएँगे। अल्लाह में विश्वास रखनेवालों की दूरदृष्टि और मुजाहिदों की निष्ठा ही अधिक महत्त्वपूर्ण है।'

और अब देखें, 'कश्मीर एकजुटता सम्मेलन' का कुछ विवरण, जो 5 फरवरी, 2005 को लाहौर में मसजिद-ए-शुहादा (शहीदों की मसजिद) में आयोजित किया गया था। 'लाहौर के अलावा कसूर, शेखूपुरा, फैसलाबाद, गुजराँवाला, सियालकोट और अन्य विभिन्न स्थानों से लोगों से लदी बसें आती हैं', विवरण शुरू होता है। 'वे सभी अपने हाथों में झंडा लिये उसे ऊँचा उठाए हुए कलमा तैयबा का पाठ कर रहे थे।' विवरण जारी है—

> सम्मेलन को संबोधित करते हुए जे.यू.डी. (JUD) के अंतरिम प्रमुख हाफिज अब्दुल सलाम भटवी ने कहा था कि 'पाकिस्तान सरकार को अब एहसास हो गया है कि भारत को मुजाहिदीनों के अलावा कोई और सबक नहीं सिखा सकता है। सरकार अपनी गलतियों का एहसास करके धारा 144 को समाप्त करने जा रही थी, जिसके अनुसार पाँच से अधिक लोगों का एक स्थान पर एकत्रित होना गैर-कानूनी था। हालाँकि यह बात व्यंग्यात्मक लगती है कि कश्मीर सम्मेलन की गंभीरता को समझते हुए भी पाकिस्तान ने 5 फरवरी को तेरह भारतीय बसों को लाहौर में प्रवेश की अनुमति दे दी। पाकिस्तान एक साथ फरिश्ते और शैतान—दोनों को खुश करना चाहता है, लेकिन फरिश्ता अल्लाह इस दोमुँही नीति को नहीं मानता।' उन्होंने कहा था कि 'कश्मीर मसला पूरे उपमहाद्वीप के मुसलमानों पर असर डाल रहा है। कोई अपने मन में यह गलत धारणा पालकर न चले कि

कश्मीरी लोगों की सहायता करके हम उनपर कोई एहसान कर रहे हैं; क्योंकि कश्मीरी हमारी रक्षा के लिए लड़ाई लड़ रहे हैं। जिहाद के बिना कश्मीरियों को आजादी मिलनेवाली नहीं है। जिहाद के जरिए ही पाकिस्तान की संप्रभुता भी सुरक्षित रह सकती है।'

जमात-उद-दावा के सेंट्रल लीडर और राजनीतिक मामलों के प्रशासक प्रो. हाफिज अब्दुल रहमान मक्की ने सम्मेलन को संबोधित करते हुए कहा था कि 'बसंत महोत्सव में जुटे हुए पाकिस्तानी लोगों की हैसियत सामान्य जनता की नजरों में कुछ नहीं है। वे बहुत कम संख्या में हैं, जबकि देश की शेष जनता कश्मीरी मुसलमानों के साथ है। जिहाद-ए-कश्मीर ने कामयाबी का दरवाजा खोल दिया है। हमारा किसी के साथ राजनीतिक झगड़ा नहीं है, हम इसलामाबाद में सरकार बनाने का भी कोई विचार नहीं रखते।' उन्होंने कहा था, 'हम न तो राष्ट्रपति मुशर्रफ की वरदी पहनने की ख्वाहिश रखते हैं और न ही हम प्रधानमंत्री का बेस्टकोट फाड़ना चाहते हैं। लेकिन हम पाकिस्तान की सरकार और उसके राजनीतिज्ञों से यह जानना चाहते हैं कि वे जिहाद का समर्थन करते हैं या नहीं? हम बस यही चाहते हैं कि वे जिहाद के मामले में अपनी स्थिति साफ करें। आइए, जिहाद के रास्ते पर चलते जाएँ! भारत के षड्यंत्रों का शिकार न बनें।' वह पाकिस्तान में काम कर रहे विभिन्न जिहादी संगठनों की भूरि-भूरि प्रशंसा करते जा रहे थे—उन संगठनों की, जिन्होंने भारतीय आतंकवाद के खिलाफ शहादत दी है। उन्होंने माँग की कि इन संगठनों पर थोपे गए सभी प्रतिबंध हटाए जाएँ। उन्होंने यह भी माँग की कि पाकिस्तान सरकार जिहाद के शेरों को छोड़ दे, ताकि वे भारत को सबक सिखा सकें।

आई.एस.आई. (ISI) के पूर्व प्रमुख और सेना विशेषज्ञ जनरल हामिद गुल ने भी अपने संबोधन में यह माँग उठाई कि पाकिस्तान सरकार जिहादी संगठनों पर लगाई गई रोकों को हटा ले। उनका कहना था कि इन जिहादी संगठनों पर प्रतिबंध लगाने का पाकिस्तान सरकार के पास कोई कारण नहीं है। हमारी कश्मीर की नीति पूरी तरह नाकामयाब हो गई। उन्होंने आगे कहा कि यद्यपि सरकार ने कुछ गलतियाँ कीं, लेकिन अब उन्हें सुधारने का समय है। अगर पाकिस्तान के खिलाफ चल रहे गैर-सरकारी संगठनों को अनुदान इकट्ठा करने की छूट है तो जिहादियों को भी कश्मीर में जिहाद करने की खुली छूट होनी चाहिए। उन्होंने आगे कहा कि पिछले एक साल से पाकिस्तान भारत के साथ बातचीत करने की कोशिश करता आ रहा है, लेकिन कामयाब नहीं हो सका। उधर, भारत मसले को

सुलझाने के बजाय पाकिस्तान की चिंता को बढ़ाने में लगा है। जनरल हामिद गुल ने इस बात पर जोर दिया कि भारत और पाकिस्तान में सिर्फ एक ही रिश्ता है और वह है दुश्मनी का रिश्ता। उन्होंने आगे कहा कि 'कश्मीर में चलाए जा रहे जिहाद के कारण कश्मीरी लोग आजादी के बिलकुल निकट पहुँच चुके हैं, लेकिन अमेरिकी हस्तक्षेप के कारण अपनी नीति में बदलाव लाने के लिए मजबूर होना पड़ा। उन्होंने कहा कि भारत के ब्राह्मण शासक कश्मीर से ही नहीं बल्कि अपने भारत से भी मजबूर कर दिए जाएँगे। जिहादियों के अलावा भारत को सबक सिखानेवाला और कोई नहीं है।'

जे.यू.डी. (JUD) के एक अन्य नेता मौलाना अमीर हामजा ने अपने संबोधन के दौरान कहा कि अगर कश्मीरी मुजाहिदीन आतंकवादी हैं तो जॉर्ज वाशिंगटन, नेल्सन मंडेला, चाऊ-एन-लाई और मुहम्मद अली जिन्ना—सभी आतंकवादी थे। यदि जिहादे-कश्मीर को आतंकवाद करार दिया जाता है, जिसे जिन्ना ने निर्दिष्ट किया था, तो क्या पाकिस्तान जिन्ना को भी आतंकवादी करार देता है? उन्होंने आगे कहा कि शाजिया खालिद की इज्जत लूटनेवालों को स्थानीय अदालत में फाँसी की सजा दी जानी चाहिए।

जमायत-ए-उलेमा-ए-पाकिस्तान के अध्यक्ष इंजीनियर सलीमुल्ला खान ने कहा कि पाकिस्तान की सरकार देश के नौजवानों के दिल से पैगंबर मुहम्मद साहब के जज्बातों को निकालने में लगी है। पाकिस्तान ने अपना विश्वास और अपनी गरिमा को गिरवी रख दिया है। कभी तो सरकार पाकिस्तानी पासपोर्ट से धर्म से संबंधित विवरण को हटाकर काजियों (Qadianis) को खुश करना चाहती है और उन्हें संवैधानिक सुरक्षा उपलब्ध कराती है तो कभी बसंत उत्सव को बढ़ावा देकर दुर्व्यवहार करवाती है। जब तक देश की संस्थाएँ कुरान और सुन्नत के प्रभाव में नहीं आती हैं तब तक देश में इसलाम नहीं लागू हो सकता है।

एक विशेष प्रसारण में सैयद अली शाह गिलानी ने कहा था कि कश्मीरी मुसलमानों द्वारा किया जा रहा संघर्ष न तो सांप्रदायिक है और न ही इसने किसी देश को तोड़ने का प्रयास किया है। कश्मीरियों के संघर्ष का खास मकसद है, कश्मीरियों को आत्मनिर्णय का अधिकार दिलाने के लिए विश्व-समुदाय का ध्यान आकर्षित करना, ताकि वे भी अपने भविष्य के बारे में स्वयं तय कर सकें। गिलानी ने कहा कि जम्मू-कश्मीर में हजारों महिलाओं की इज्जत लूटी गई है और अनगिनत नौजवानों को गिरफ्तार किया गया है; लगभग 50,000 लोग तो प्रताड़ना गृह में तरह-तरह की यातनाएँ झेल रहे हैं। उन्होंने दुनिया भर के

मुसलमानों से अपील करते हुए कहा कि कश्मीरियों द्वारा दी गई शहादत दुनिया भर के 1 अरब 70 करोड़ मुसलमानों का आह्वान है। उन्होंने दुःख व्यक्त करते हुए कहा कि अंतरराष्ट्रीय समुदाय की अंतरात्मा मर चुकी है। उन्होंने आगे कहा कि कश्मीर एकजुटता सम्मेलन पर कश्मीर की ही नहीं बल्कि पूरे पाकिस्तान की नजर थी, जो इस बात का संकेत है कि पूरा देश कश्मीर मामले में एकजुट है…।

यह विवरण 5 फरवरी, 2005 को आयोजित एक सम्मेलन का है। हमें विश्वास करने के लिए इससे भी अधिक हाल की घटना और क्या हो सकती है! ऐसा भी नहीं है कि इसका आयोजन दूर-दराज के किसी बीहड़ गाँव में हुआ था; बल्कि खुलेआम लाहौर में हुआ था। इस तथ्य को कौन झुठला सकता है कि ये सारी घोषणाएँ स्वाभाविक धार्मिक विश्वासों से लदी पड़ी हैं?

मेरी नजर हाल के पाकिस्तानी पत्र-पत्रिकाओं के अनुवाद पर पड़ी; सब में भारत के खिलाफ, हिंदुओं के खिलाफ जहर उगलती हुई टिप्पणियाँ हैं। उनमें जिहाद की आवश्यकता पर जोर दिया गया है।…आइए, उनमें से कुछ पर नजर डालते हैं।

'ज़र्ब-ए-तायबा' में जुलाई 2004 में प्रकाशित संपादकीय—

यह RAW, इजराइल और अमेरिका का षड्यंत्र है, जो पाकिस्तानी सेना और जिहादियों के बीच घृणा और गलत धारणा उत्पन्न करने के लिए रचा गया है। पाकिस्तानी सेना तथा जिहादियों का एक ही अस्तित्व है। उन्हें एक-दूसरे से अलग नहीं किया जा सकता। पाकिस्तानी सेना और जिहादियों के बीच हुए समझौते को तोड़ने के लिए RAW, इजराइल और अमेरिका—तीनों मिलकर अल कायदा का बहाना ले रहे हैं। इसी मकसद से तीनों ने मिलकर कराची कोर कमांडर पर धावा बोलने की योजना बनाई थी।

आइए, शासकों की विदेश नीति को खारिज करके अल्लाह की विदेश नीति यानी जिहाद को अपनाएँ। आइए, उन दोगले हिंदुओं को मौत की नींद सुला दें, जो अमेरिका और इजराइल का सहारा लेकर पाकिस्तान पर शासन करना चाहते हैं। इजराइल में खून की नदियाँ बहा दें, ताकि वे मुसलमानों के खिलाफ खड़े होने के लायक भी न रहें और अगर हम ऐसा नहीं कर सके तो हमें अमेरिका, भारत और

इजराइल का गुलाम बनना पड़ेगा; कुत्ते की जिंदगी से भी बदतर जिंदगी जीने के लिए मजबूर होना पड़ेगा।

'ग़ाज़ी' के अगस्त 2004 के अंक में मेजर जनरल (सेवानिवृत्त) जहीर उल इसलाम अब्बासी का साक्षात्कार प्रकाशित हुआ था। साक्षात्कार के दौरान कश्मीर के बारे में बातचीत करते हुए उन्होंने अपने विचार व्यक्त किए—

> हिंदू बहुत चालाक हैं। हम कभी नहीं जान सकते कि वे क्या-क्या सोच रहे हैं। वे अपना एजेंडा कभी नहीं बदलते। हिंदू कश्मीर को कभी भी नहीं छोड़ना चाहेंगे। हिंदुओं के मन का मैंने गहराई से अध्ययन किया है। हिंदू मानसिकता पर मैंने कई शोधपत्र भी लिखे हैं। जिहाद को दबाने के लिए हिंदू हमेशा आपको धोखा देते रहेंगे। भारत के लिए सबसे बड़ा खतरा कश्मीर का जिहाद है। वह प्राथमिकता के आधार पर इसे खत्म करना चाहता है। मेरे खयाल से तो जिहाद के अलावा कश्मीर विवाद का कोई और हल नहीं है।…

'नवाएवक्त' के सितंबर 2004 के अंक से—

> अमेरिका के दबाव में आकर पाकिस्तान अल कायदा के तथाकथित 'आतंकवादियों' को गिरफ्तार कर रहा है। कल तक यही 'आतंकवादी' मुजाहिदीन थे। 11 सितंबर की घटना यहूदीवादियों के शैतानी दिमाग की सोची-समझी योजना थी, जो पाकिस्तान को कश्मीर और अफगानिस्तान के मामले पर अपना रवैया बदलने के लिए मजबूर करने के मकसद से तैयार की गई थी; क्योंकि भारत अपने बल पर लड़ाकों को कुचलने में सक्षम नहीं है। 11 सितंबर से भारत को फायदा हुआ—इससे नियंत्रण रेखा के चारों ओर बाड़ तैयार हो गई। इसने बर्लिन की दीवार की तरह की एक दीवार तैयार की है, लेकिन जिहादी इस दीवार को ढहा देंगे। अब पाकिस्तान के लिए समय आ गया है कि वह अपनी कश्मीर नीति पर फिर से विचार करे और भारत से माँग करे कि वह अधिकृत कश्मीर को खाली करके उसे पाकिस्तानी सेना को सौंप दे, ताकि कश्मीर में शांति बहाल की जा सके…।
>
> कश्मीर कश्मीरियों का है लेकिन भारत ने उसपर गैर-कानूनी ढंग से जबरदस्ती कब्जा कर लिया है। भारत का दावा है कि कश्मीर उसका 'अटूट अंग' है, लेकिन

वहाँ शांति स्थापित करने के प्रति वह ईमानदार नहीं है। ऐसे में भारत के साथ बातचीत का मतलब है अपना वक्त जाया करना।

'मजल्लाह अद-दावा' के सितंबर 2004 के अंक से—

गरमी का मौसम मुजाहिदीनों के लिए वरदान है, क्योंकि अधिकांश जिहादी लड़ाई के मैदान ठंडे क्षेत्रों में स्थित हैं। गरमियों में बर्फ पिघलकर जिहादियों के लिए रास्ता बनाती है। यही स्थिति अधिकृत कश्मीर की भी है। बर्फ पिघलने पर मुजाहिदीन भारतीय सैनिकों को घेरकर उन्हें आसानी से मौत के घाट उतार देते हैं। अभी हाल ही में गरमी के मौसम में किताब-ओ-सुन्नत (लश्कर-ए-तैयबा) के फिदायीनों ने श्रीनगर में सूचना मंत्रालय पर हमला करके भारतीय सेना को यह संकेत दे दिया था कि बाड़ लगाकर उनका रास्ता नहीं रोका जा सकता है। इजराइल के मुजाहिदीनों का पता लगाने के मकसद से भारत को बाड़ के लिए सामग्री उपलब्ध कराई थी, लेकिन कुछ भी नहीं हुआ। मुजाहिदीनों ने यह साबित करके दिखा दिया कि भारत ने बाड़ लगाने में जो 12 अरब डॉलर खर्च किए, वे सब बेकार हो गए हैं। पिछले तीन महीनों में मुजाहिदीनों ने 145 भारतीय सैनिकों को मार गिराया है। इससे साबित होता है कि वे किसी भी समय हमला कर सकते हैं।

'फ्राइडे स्पेशल' के 16 सितंबर, 2004 अंक से—

पाकिस्तान के संस्थापक कायदे आजम मुहम्मद अली जिन्ना ने कहा था कि हिंदू और मुसलमान एक देश में नहीं रह सकते हैं। हिंदू गाय की पूजा करेंगे और मुसलिम उसे हलाल करके उसका मांस खाएँगे। हमारी बदकिस्मती है कि हम अपने नेता की नसीहत को भुला बैठे हैं। अमेरिका के दबाव में आकर हमारे शासकों ने भारत के सामने अपना सिर झुका दिया है। उन्हें किसी भी कीमत पर अपने जातीय दुश्मन से दोस्ती करने के लिए मजबूर किया जा रहा है। सांस्कृतिक आदान-प्रदान और भोज के आयोजनों के माध्यम से पाकिस्तान में हिंदूवाद लाने के लिए सरकार और गैर-सरकारी संगठन पीछे की ओर झुक रहे हैं।

अभी हाल में एक भारतीय भोज का आयोजन लाहौर के पर्ल कांटीनेंटल

होटल में किया गया था। यह भारतीय संस्कृति का खुला हमला था। होटल प्रबंधन ने भारी कीमत लेकर अपना 'मार्को पोलो हॉल' भोज प्रबंधकों को सौंप दिया था। उसे एक भव्य भारतीय मंदिर की शक्ल दे दी गई। उसमें एक बड़ा घंटा और गणेश, सरस्वती, कृष्ण, दुर्गा आदि के चित्र लगाकर खूब सजाया गया था। भारतीय पोशाकों में नवयुवक हाथों में भारतीय झंडा लेकर मेहमानों का स्वागत कर रहे थे। मेहमानों को खुश करने के लिए नाच-गाने का कार्यक्रम भी था। खाने के साथ शराब भी परोसी गई और भोजन पर अल्कोहल छिड़का गया था। उद्घाटन समारोह में भारत के सहायक उच्चायुक्त टी.सी.ए. राघवन तथा पंजाब प्रांत के मंत्री मियाँ असलम इकबाल और अन्य जाने-माने लोग उपस्थित थे। सभी ने भोज की खुले दिल से प्रशंसा की।

एक ओर तो हम हिंदुओं के साथ बैठकर खाना खा रहे हैं, शराब का आनंद ले रहे हैं और हिंदू-मुसलिम भाईचारे की ओर बढ़ रहे हैं; जबकि दूसरी ओर भारत में मुसलिम-विरोधी भावनाएँ अपने चरम पर हैं…हमारे शासक भारतीय संस्कृति के खतरों से अनजान बने बैठे हैं।

'वॉइस ऑफ इसलाम', सितंबर 2004—जमात-उद-दावा के बौद्धिक प्रमुख अमीर हमजा का कहना है—

पाकिस्तान के लिए हमारे पूर्वजों को खून में नहाना पड़ा था। पाकिस्तान आंदोलन भी सच्चे अर्थों में एक जिहादी आंदोलन ही था, जो अब तक जारी है। हमारे समाज का एक वर्ग चाहता है कि हम सम्राट् अकबर के धर्मनिरपेक्ष मार्ग पर चलें; लेकिन हमारा मकसद यह नहीं है। जिहाद को पूरी दुनिया में फैलाना ही हमारा मकसद है। इराक और अफगानिस्तान पर काफिरों के हमले के साथ सभ्यताओं के बीच टकराव पहले ही शुरू हो चुका है। हमें बताया जा रहा है कि हमारी प्रगति तकनीक हासिल करने में है। नहीं, यह सच नहीं है, अंग्रेजों ने हमारी तकनीक हमसे छीन ली है। लड़ाई शुरू हो गई है और अल्लाह ने स्वयं उसका समय निश्चित किया है। हमें यह लड़ाई लड़नी है।

कश्मीर में जिहाद सफलतापूर्वक संचालित किया जा रहा है, ऐसे में शासकों को भारतीयों के सामने झुकना नहीं चाहिए, बल्कि जिहाद का समर्थन करना चाहिए।

‘वॉइस ऑफ इसलाम’, सितंबर 2004 से—

अधिकृत कश्मीर में निर्दोष कश्मीरी जनता को बचाने के लिए बेरहम भारतीय सैनिकों के खिलाफ लड़ाई लड़ रहे किताब-ओ-सुन्नत (लश्कर-ए-तैयबा के लड़ाके) के बहादुर फिदायीनों की मासिक गतिविधियाँ—
29 जून—15 अगस्त, 2004 के बीच मुजाहिदीनों ने 250 भारतीय सैनिकों को मौत के घाट उतारा। यह भारी विजय है और मुजाहिदीन इसे कायम रखेंगे। अगर उन्हें पाकिस्तान का समर्थन मिले तो वे बेहतर काम कर सकते हैं।

‘मजल्लाह अद-दावा’ के सितंबर 2004 के अंक में एक पत्र और एक ‘शहीद’ की ‘ख्वाहिश’ प्रकाशित की गई है—

प्यारे माता-पिता (अम्मी-अब्बा)!

जिस समय यह पत्र आपको मिलेगा, उस समय तक मैं—अल्लाह के रहम से—उसके जन्नत में पहुँच चुका हूँगा!

प्यारे माता-पिता! जिहाद हमारा सबसे जरूरी फर्ज है। सबसे बड़ा जिहाद है भारत के खिलाफ जिहाद; क्योंकि खुद पैगंबर ने ऐसा हुक्म दिया है।

पैगंबर ने कहा था कि शिर्क (इस धारणा में विश्वास न करना कि अल्लाह एक है) सबसे बड़ा पाप है और मुसलमानों को ऐसे लोगों के खिलाफ जिहाद करना चाहिए, जो शिर्क करते हैं। हिंदू सबसे बड़े मुशरिक (शिर्क करनेवाले) हैं।

हमारा फर्ज बनता है कि हम सारे हिंदुओं का कत्ल करके कश्मीरी मुसलमानों को आजादी दिलाएँ। जिहाद करते समय अगर मैं मारा जाऊँ तो कृपा करके मुझे माफ कर देना, ताकि मैं जन्नत तक पहुँच सकूँ।

आपका

अबू उस्मान

‘ग़ज़वा’, 14 अक्तूबर, 2004, जमात-उद-दावा के अमीर प्रो. हाफिज सईद की घोषणाएँ मुखपृष्ठ पर जारी—

मुजाहिदीन स्वतंत्र रूप से अपना निर्णय लेते हैं। वे बुश के आदेशों या उनकी तानाशाही में नहीं आते। अमेरिका के माध्यम से भारत मुशर्रफ पर दबाव

बना रहा है। इसी वजह से मुजाहिदीनों को दंड भुगतना पड़ रहा है। लेकिन, मनमोहन सिंह और बुश! कान खोलकर सुन लो, जिहाद कभी खत्म होनेवाला नहीं है। यह दिन-प्रतिदिन बढ़ता ही रहेगा।

मनमोहन-मुशर्रफ वार्त्ताओं से कश्मीर मसला हल होनेवाला नहीं है। कश्मीर में जिहाद अपने चरम पर है। जिहाद में जान डालने के लिए हमारे मुजाहिदीनों के साथ कश्मीरी भी अपना खून बहा रहे हैं। आनेवाले दिनों में हैदराबाद, दक्कन और जूनागढ़ में भी जिहाद शुरू होगा…।

'जसारत', 17 अक्तूबर, 2004—पाकिस्तानी पत्रकारों के कश्मीर घाटी में ाने पर टिप्पणी करते हुए एक विश्लेषक ने लिखा है—

पाकिस्तानी पत्रकार शराब और शबाब के शौकीन हैं। भारतीय उन्हें ये दोनों चीजें मुहैया कराते हैं और फिर उनका मजाक उड़ाते हुए कहते हैं, 'जरा देखो, इन मुसलमानों को। वे इसलाम के आधार पर कश्मीर की माँग करते हैं। वे शराबी और औरतों से यारी गाँठनेवाले हैं। इसी तरह भारतीय इसलाम-विरोधी और पाकिस्तान-विरोधी प्रचार करके कश्मीरियों को भड़काते रहते हैं। वे कश्मीरियों को यह बताते हैं कि वे पाकिस्तान को मुसलिम देश समझते हैं और इसलिए उनसे संबंध स्थापित करना चाहते हैं। फिर वे कश्मीरियों को पाकिस्तानी पत्रकारों के चित्र और वीडियो फिल्म दिखाते हुए कहते हैं कि देख लीजिए अपनी आँखों से इन पाकिस्तानियों के नापाक कामों को…।'

अकसर तो पाकिस्तानी पत्रकार भारतीयों की नकल उतारते हैं। उनके साथ शराब पिएँगे और नशे में मस्त होकर उनके साथ-साथ नाचने भी लगेंगे। वे इस बात को भूल बैठते हैं कि वे शराब पीने, औरतों से यारी गाँठने और उनके साथ नाचने के मामले में भारतीयों की बराबरी नहीं कर सकते; क्योंकि ये सभी चीजें—शराब, शबाब व नाच—भारतीय धर्म और संस्कृति का एक हिस्सा हैं। ऐसे में हमें उनकी नकल करना बंद कर देना चाहिए और अपने पाक कामों से इसलाम की असली सूरत पेश करनी चाहिए।

'ग़ज़वा', 21 अक्तूबर, 2004, अपने मुखपृष्ठ पर लिखता है—

भारतीय एजेंसी RAW ने हाल ही में सियालकोट और मुल्तान में आतंकवादी

हमले की तैयारी की थी। पाकिस्तान में शिया-सुन्नी का कोई झगड़ा नहीं है। सभी संप्रदायों के मुसलमान एक हैं। कुछ विदेशी ताकतें इस एकता को भंग करना चाहती हैं। भारत इन ताकतों का सरगना है। भारत के नए एजेंडे का मकसद है हमारी धार्मिक एकजुटता को तोड़ना; ताकि जिहाद को कमजोर किया जा सके। मुसलमानों को अब यह चाल समझ लेनी चाहिए और भारत के खिलाफ जिहाद के लिए एकजुट हो जाना चाहिए। जिहाद के जरिए ही राष्ट्र अस्तित्व में आते हैं।

'मजल्लाह अद-दावा', अक्तूबर 2004—

कश्मीर समस्या का एक ही हल है—जिहाद, जिसे मुजाहिदीनों ने चुना है। सितंबर के महीने में लश्कर-ए-तैयबा के मुजाहिदीनों ने 101 हिंदू कुत्तों (भारतीय सैनिकों) का शिकार करके उन्हें जहन्नुम में पहुँचाया था।

2 सितंबर को कुपवाड़ा में भारतीय कुत्तों—1 मेजर और 1 सिपाही—को मौत के घाट उतार दिया था। 4 सितंबर को मुजाहिदीनों ने सीमा सुरक्षा बल के 3 भारतीय सुअरों को हलाल किया…।

अगस्त में 8 भारतीय सैनिक अधिकारियों के एक दल ने बारामुला में तीन बहनों की इज्जत लूट ली थी। उसका बदला लेने के लिए मुजाहिदीनों ने कसम खाई थी। 29 सितंबर को चार फिदायीनों ने सैन्य दल के प्रमुख मेजर अशोक के कैंप में घुसकर उसे मौत के घाट उतार दिया। उसके बाद वे अन्य सैनिक अधिकारियों के तंबुओं में घुसे और उन्हें भी मौत की नींद सुला दिया। फिदायीनों ने इसी तरह उन दोगले हिंदुओं का काम तमाम कर दिया, जो कश्मीरी माताओं, बहनों और बेटियों की इज्जत लूटते आ रहे थे…।

'ग़ज़वा', 11 नवंबर, 2004, मुखपृष्ठ पर हाफिज सईद की घोषणा—

जिहाद के कारण ही पाकिस्तान की दुनिया में पहचान बन सकी है। पाकिस्तान को अपनी जिहादी पहचान को बरकरार रखना चाहिए। अगर हुक्मरान अपनी पाकिस्तान-विरोधी नीतियों में बदलाव नहीं लाते तो उनका भी उसी तरह कत्ल कर दिया जाएगा जिस तरह अल्लाह को खुश करने के लिए हिंदुओं का किया गया है…।

'मजल्लाह अद-दावा', नवंबर 2004—

किताब-ओ-सुन्नत (लश्कर-ए-तैयबा) के मुजाहिदीनों ने 85 भारतीय कुत्तों को जहन्नुम में पहुँचाकर ईद का जश्न मनाया। अबू मोहिब, अबू हिंजिला और अबू तलहा ने 14 सितंबर को बाँदीपुरा में भारतीय सेना के शिविर पर हमला बोलकर 5 ब्राह्मण सैनिकों को मौत के घाट उतार दिया। 23 अक्तूबर को एक युवती किताब-ओ-सुन्नत के मुजाहिदीनों के पास पहुँची और बताने लगी कि पिछले सप्ताह कुछ भारतीय सैनिकों ने उसके घर में घुसकर उसकी इज्जत लूट ली। मुजाहिदीनों ने उसका बदला लेने की कसम खाई। 25 अक्तूबर को उन्होंने पुंछ में एक सैनिक ठिकाने पर हमला करके 3 भारतीय सैनिकों का अपहरण कर लिया। उसके बाद उन्होंने लड़की से कहा कि वह उनमें से पहचान कर बताए कि किसने उसकी इज्जत लूटी थी। लड़की ने उनमें से 2 बलात्कारियों की पहचान की। मुजाहिदीनों ने उसके सामने ही उन तीनों सैनिकों का कत्ल कर दिया और वादा किया कि वे अन्य बलात्कारियों को ढूँढ़कर उनका भी यही हश्र करेंगे।

'इसलाम', 6 दिसंबर, 2004; भारतीय सेना के नए प्रमुख की नियुक्ति पर टिप्पणी—

जोगिंदर जगजीत सिंह को भारतीय सेना का नया प्रमुख नियुक्त किया गया है। जनरल सिंह भारत के चीफ ऑफ आर्मी स्टाफ चुने जानेवाले पहले सिख हैं। वह पाकिस्तान-विरोधी विचारधारा में अत्यधिक विश्वास रखनेवाले हैं। उनका कैरियर ऐसे कार्यभारों से भरा पड़ा है, जिनका मकसद पाकिस्तान को कमजोर और अस्थिर करना था। सन् 1999 में उन्होंने एक ब्रिगेडियर की हैसियत से कारगिल के पाक लड़ाकों के खिलाफ लड़ाई लड़ी थी…।

जनरल सिंह पाकिस्तान के खिलाफ पूर्वग्रह से भरे हुए हैं। उन्होंने अपना पूरा जीवन पाकिस्तान के खिलाफ सैन्य योजना तैयार करने में लगाया है। हम पाकिस्तान में सिखों को ढेर सारी सुविधाएँ उपलब्ध करा रहे हैं। लेकिन हमें यह कभी नहीं भूलना चाहिए कि सिख भी हमारे दुश्मन हैं। सन् 1947 में सिखों ने मुसलमानों की हत्या की थी; हजारों मुसलमान औरतों की इज्जत लूटी थी; हजारों मसजिदें तोड़ डाली थीं। सिख जनरल के कारण ही पूर्वी पाकिस्तान

खंडित हुआ था। जनरल सिंह द्विराष्ट्र के सिद्धांत के सबसे खतरनाक दुश्मन हैं। हमें मुसलमानों पर किए गए सिखों के अत्याचारों को कभी नहीं भूलना चाहिए। ननकाना साहिब, पंजा साहिब आदि में उन्हें सुविधाएँ देने के बजाय उन्हें उनकी बेरहमी का मुँहतोड़ जवाब देना चाहिए...।

'तकबीर', 8 दिसंबर, 2004—

अगर धार्मिक शिक्षण संस्थाएँ जिहादियों को जन्म दे रही हैं तो हमें उनपर गर्व करना चाहिए। यह मानी हुई सच्चाई है कि शिक्षण संस्थाएँ जिहादियों की जन्मस्थली हैं। पैगंबर ने भी जिहाद के जरिए लड़ाई लड़ी थी। उन्होंने करीब 80 लड़ाइयाँ लड़ी थीं। धार्मिक शिक्षण संस्थाओं का यह फर्ज बनता है कि वे जिहाद की शिक्षा देकर जिहादी तैयार करें। अन्यथा हमारा अस्तित्व खतरे में पड़ जाएगा और हिंदू आसानी से हमें जीत लेंगे...।

'जसारत', 9 दिसंबर, 2004; जमात उद-दावा के प्रमुख हाफिज सईद द्वारा एक सार्वजनिक सभा में दिए गए भाषण पर एक रिपोर्ट—

भारतीयों के खिलाफ जिहाद सबसे बड़ा जिहाद है; क्योंकि हिंदू अल्लाह के अस्तित्व और उसकी एकेश्वरता को नकारते हैं। हिंदू इसलाम के सबसे बड़े दुश्मन हैं, इसलिए उन्हें खत्म करना सबसे बड़ा जिहाद है...।

'ग़ज़वा', 16 दिसंबर, 2004; मुखपृष्ठ पर प्रकाशित हाफिज सईद का वक्तव्य—

भारत पाकिस्तान पर लड़ाई थोपना चाहता है। पाकिस्तान की नदियों पर बाँध बनाकर वह इसकी हरी-भरी पाक जमीन को रेगिस्तान बनाना चाहता है। अगर हम जिहाद के लिए पूरी तरह तैयार हो जाएँ तो भारत हमारा मुकाबला नहीं कर सकता है। हमें हर तरह का बलिदान देने के लिए तैयार रहना चाहिए। हमारा दुश्मन बहुत चालाक है। हिंदू बड़े डरपोक हैं। उनका खून पतला है। वे हमारी तरह ताकतवर नहीं हैं। असली लहू, जो वफादारी के जज्बातों से भरा होता है, वह हमारी नसों में बह रहा है। पतला और नापाक लहू हिंदुओं की

नसों में बह रहा है। इसलिए हिंदू कभी मुसलमानों का मुकाबला नहीं कर सकते। चार हट्टे-कट्टे हिंदू एक साथ मिलकर भी एक ऐसे मुसलमान का मुकाबला नहीं कर सकते, जिसमें अल्लाह का विश्वास और उसके प्रति वफादारी भरी हुई है। यह बात हिंदुओं को भी मालूम है कि वे मुसलमानों को नहीं हरा सकते। यही कारण है कि उन्होंने पाकिस्तान से एक अलग लड़ाई शुरू कर दी—पानी की लड़ाई। काबुल और चेनाब नदियों पर बाँध बनाकर वह पाकिस्तान को लड़ाई में धकेलना चाहता है। लेकिन लश्कर-ए-तैयबा के मुजाहिदीन उसके इस नापाक इरादे को कामयाब नहीं होने देंगे।

'मजल्लाह अद-दावा', जनवरी 2005—

भारत एक पागल देश है, सही मायनों में तो यह एक पागल जानवर है। और पागल जानवर के लिए सबसे अच्छा इलाज है—उसे गोली मार देना। भारत को जिहाद के जरिए गोली मारनी चाहिए। वह प्यार की जबान नहीं समझता है। वह एक ही जबान समझता है—जिहाद। भारत को होश में लाने का एक ही तरीका है—उसका गला रेतकर; उसमें इतने जख्म कर दो कि उसका सारा खून निचुड़ जाए और वह मर जाए। किताब-ओ-सुन्नत के मुजाहिदीन (लश्कर-ए-तैयबा) ने दिसंबर में 224 हिंदू कुत्तों को जहन्नुम का रास्ता दिखा दिया।

'ग़ज़वा', 20 जनवरी, 2005; संपादकीय टिप्पणी—

जिहाद अल्लाह का हुक्म है। यह 'मारो या मरो' तक ही सीमित नहीं है। मुसलमानों की राजनीति और अंतरराष्ट्रीय संबंधों में उनकी भूमिका जिहाद पर ही निर्भर है। जिहाद इतना महत्त्वपूर्ण है कि अमेरिका जैसी महाशक्ति भी अपनी विदेश नीति में इसे विशेष महत्त्व देती है। अमेरिकी नीतियाँ जिहाद की प्रतिक्रिया हैं। मुसलमानों को अब एहसास हो गया है कि जिहाद के बिना दुनिया में उनकी कोई इज्जत नहीं होगी। जिहाद हमारा हथियार है, जो हमारी हिफाजत करता है। कुरान में निर्देश दिया गया है कि दुनिया में अल्लाह का कानून लागू करने के लिए हम जिहाद करें। कुरान को तो कोई नकार नहीं सकता। सरकार को भी यह नसीहत मान लेनी चाहिए। यहूदी और गैर-मुसलिम मुसलमानों के सबसे बड़े दुश्मन हैं। ये दोनों ताकतें—भारत और इजराइल मुसलमानों के खिलाफ

अत्याचार पर उतर आई हैं। उन्हें बातचीत से 'मंच' पर नहीं हराया जा सकता है। उनसे लड़ाई के मैदान में ही लड़ाई लड़नी होगी। जिहाद करनेवाला मुसलमान कभी नुकसान में नहीं होता, क्योंकि वह तो जीतेगा या फिर शहादत को गले लगा लेगा। दोनों ही स्थितियों में जीत उसी की है। लेकिन जिहाद से मुँह मोड़ना गुनाह है…।

भारत के साथ बगलिहार बाँध का कोई मसला नहीं है। मसला तो यह है कि हमें भारत से 90,000 मुसलमानों की हत्या का बदला लेना है। हमें उन हजारों मुसलिम महिलाओं के बलात्कार का बदला लेना है, जिनकी गुजरात और बाबरी मसजिद दंगों में हत्या की गई है। हमें हजारों महिलाओं का बदला लेना है, जिनके साथ कश्मीर में बलात्कार किया गया है…।

और अब, मजल्लाह अद-दावा के बौद्धिक प्रमुख, अमीर हमजा की पुस्तक 'हिंदुत्व—मानवता का हत्यारा' (Hinduism—The Murderer of Humanity) से कुछ उद्धरण—

लश्कर-ए-तैयबा हिंदुओं के साथ जिहाद की लड़ाई लड़ रहा है, इसलिए हमें जिहाद को धर्म से जोड़कर हिंदुत्व को निशाना बनाना चाहिए…।

हिंदुत्व इसलाम का दुश्मन है। हिंदू मुसलमानों के दुश्मन हैं, जबकि इसलाम अपने दुश्मनों का भी दोस्त है। यह (इसलाम) उनकी ओर दोस्ती का हाथ बढ़ाता है; लेकिन यह दोस्ती तब तक मुमकिन नहीं है जब तक वे इसलाम में शामिल नहीं हो जाते…।

हिंदू हलवाई यह सोचते हैं कि अगर उन्हें कोई मुसलमान छू लेगा तो वे नापाक हो जाएँगे। मुसलमान ग्राहक से वे सीधे अपने हाथ से पैसा नहीं लेते हैं। उनके पास लकड़ी का एक डिब्बा होगा—और वे अपने मुसलमान ग्राहक से कहेंगे कि पैसा इसी में डाल दो। एक दिन की बात है, मेरा हाथ एक हलवाई के हाथ से छू गया। बस, फिर क्या था, वह गुस्से में लाल-पीला होकर मुझे बुरा-भला कहने लगा। उसी दिन से मैंने किसी हिंदू दुकानदार से सामान न खरीदने का निश्चय कर लिया…।

होली का त्योहार हिंदुओं को ईश्वर की एकेश्वरता का पाठ पढ़ाता है, लेकिन हिंदुत्व के इन तथाकथित उपदेशकों ने होली के वास्तविक संदेश को भी बिगाड़कर रख दिया है। होली का त्योहार प्रह्लाद की याद में मनाया जाता

है, जिसने अत्याचारी शासक हिरण्यकशिपु के विरुद्ध लड़ाई लड़ी। हिरण्यकशिपु ने प्रह्लाद को जलती आग में डाल दिया, लेकिन वह बच गया। वास्तव में, हिंदुओं की पौराणिक मान्यता में प्रह्लाद पैगंबर इब्राहिम है, जिसे आग में डाल देने पर भी वह सुरक्षित बच गया''।

हिंदू लाल रंग से होली खेलते हैं। वास्तव में वे मुसलमानों के लहू से भी होली खेलना पसंद करेंगे। पाकिस्तान के निर्माण के बाद से तो वे सचमुच मुसलमानों के लहू से ही होली खेलते आ रहे हैं। वे दंगे भड़काकर मुसलमानों की हत्या करते हैं। अधिकृत कश्मीर में वे कश्मीरी मुसलमानों की हत्या कर रहे हैं''।

अब जरा देखिए, दोनों देशों में अल्पसंख्यकों के साथ किए जा रहे व्यवहार में कितना अंतर है। जहाँ भारत में मुसलिम अल्पसंख्यकों की हत्या की जा रही है, वहीं पाकिस्तान में हिंदू अल्पसंख्यक पूरी आजादी और अधिकारों का लाभ उठा रहे हैं। सिंध में मेरे कई ऐसे हिंदू दोस्त हैं, जो प्रतिष्ठित व्यवसायी हैं। मैं उनके साथ बैठकर खाना खाता हूँ। वे बताते हैं कि हिंदुत्व पूर्वग्रह से प्रेरित धर्म है और यह भेदभाव तथाकथित परंपरावादियों के दिमाग की उपज है''।

हिंदू लोग अपने धार्मिक ग्रंथों के साथ छेड़छाड़ कर रहे हैं। अल्लाह ने हर जाति के लिए एक पवित्र ग्रंथ के साथ एक-एक दूत भेजा है। हिंदुओं के लिए भी उसने एक पवित्र ग्रंथ भेजा था, लेकिन हिंदुत्व के ये तथाकथित रखवाले उसमें छेड़छाड़ करके अपना स्वार्थ सिद्ध करना चाहते हैं। हिंदू अपने दुश्मनों से घृणा करते थे और उन्हें 'शूद्र' कहकर बुलाते थे। वह पवित्र ग्रंथ, जिसे अल्लाह ने हिंदुओं के लिए भेजा था, वह है; लेकिन उसमें बहुत ज्यादा छेड़छाड़ की गई है। अब उसके चार भाग हो गए हैं। तत्कालीन शासकों ने धर्मवेत्ताओं को धन का लालच देकर वेद के सिद्धांतों को बदलवा दिया। मूल वेद में तो पैगंबर, अल्लाह आदि का वर्णन है। पहले हिंदुत्व भी बिलकुल इसलाम की तरह ही था''।

हिंदुओं का विश्वास है कि जब तक वे उपमहाद्वीप से सारे गैर-हिंदू लोगों को नहीं मार डालेंगे, उनका भगवान् उनसे प्रसन्न नहीं होगा। और अगर वे सारे गैर-हिंदू लोगों को नहीं मार सकते तो कम-से-कम उन्हें हिंदुत्व के नीचे लाना तो जरूरी ही है। लेकिन परिवर्तित हिंदू सदैव शूद्र ही बने रहेंगे''।

हिंदुओं का विश्वास है कि उपमहाद्वीप के विभाजन से उनका भगवान्

कई टुकड़ों में बँट गया। पाकिस्तान उनके भगवान् के हाथ से बना है। अफगानिस्तान उसके पाँव से बना है और अब उनका (हिंदुओं का) कर्तव्य बनता है कि वे अपने भगवान् के अलग-अलग अंगों को समेटकर उसे पुरानी शक्ल में लाएँ। ऐसे में उपमहाद्वीप के सभी देशों का जीवन जरूरी हो गया है। यही कारण है कि अगस्त 1947 के तुरंत बाद से ही हिंदू लोग पाकिस्तान के खिलाफ षड्यंत्र रचने में लगे हैं। वे पाकिस्तान को तोड़ने की योजना बना चुके हैं…।

हिंदुओं के कुछ मंदिरों में भारत का मानचित्र बना हुआ है। बनारस के एक मंदिर में बने मानचित्र में पाकिस्तान को भारत का हिस्सा दिखाया गया है। हिंदू लोग उस मानचित्र की पूजा करते हैं। कुछ हिंदू अपने देवताओं को खुश करने के लिए मनुष्य की बलि देते हैं। मद्रास और कलकत्ता में हिंदू किसी मनुष्य को खरीदकर उसकी बलि दे देते हैं। अपने देवता को खुश करने के लिए वे उसका खून पीते हैं और मांस खाते हैं। इसे 'मराटी' कहा जाता है, जो साल में दो बार होता है। हालाँकि इसपर रोक लगा दी गई है, लेकिन अभी यह व्यापक पैमाने पर जारी है…।

भारतीय मिसाइलों के नामों से भी मुसलमानों से उनकी दुश्मनी की भावना झलकती है। उदाहरण के लिए, 'पृथ्वी' मिसाइल का अर्थ है कि इसका निशाना उसपर साधा जाएगा, जिसने हिंदुओं की पवित्र भूमि को बाँट दिया है। 'अग्नि' मिसाइल का अर्थ है आग। हिंदू अपने दुश्मनों को जलाने के लिए आग का प्रयोग करते हैं। और उनके दुश्मन हैं मुसलमान। 'त्रिशूल' मिसाइल दुश्मन के शरीर को वेधने के लिए है। यह है एक ऐसे देश की मानसिकता, जो अपने आपको धर्मनिरपेक्ष बताता है… (पाकिस्तानी मिसाइलों के नाम हैं—गौरी, गाजी…)

हिंदू लोग जमीन को अपनी माँ और अपना देवता मानते हैं। वे इसे बहुत पवित्र मानते हैं; लेकिन इसी पर बैठते हैं! इसे ही जोतते हैं! कितना बेहूदा विश्वास है!…

सन् 1947 से अब तक हिंदुओं ने भारत में 2,50,000 मुसलमानों की हत्या की है। 350 अरब रुपए की संपत्ति जब्त की गई है। बाबरी मसजिद समेत लगभग 12,000 मसजिदें ढहाई गई हैं।

हमें हिंदुओं के खिलाफ हथियार उठा लेना चाहिए। हमें उस भारत को बरबाद कर देना चाहिए, जो निर्दोष मुसलमानों के खून की होली खेल रहा

है। जब तक ब्राह्मण साम्राज्यवाद को खत्म नहीं किया जाएगा, शांति बहाल नहीं हो सकती। हिंदू भद्दे और गंदे हैं। वे गंगा के पवित्र जल में स्नान करते हैं, इस कारण गंगा प्रदूषित हो गई है। हिंदू उसी नदी में पेशाब करते हैं और फिर उसी में नहा लेते हैं। भारत में पर्यावरणविद् चेतावनी दे रहे हैं कि गंगा में प्रदूषण बढ़ रहा है।

हिंदू साधु तो इतने गंदे हैं कि आप विश्वास भी नहीं कर सकते। वे मनुष्य के कंकाल की खोपड़ी में पानी पीते हैं। उनके यहाँ कुछ नाजायज नहीं है। वे मल खाते हैं और पेशाब पीते हैं। वे मनुष्य का मांस भी खाते हैं। वे नग्नवादी हैं…।

श्रीकृष्ण बदमाश, दुष्ट थे…(भगवान् श्रीकृष्ण के संबंध में आगे टिप्पणी मैं छोड़ देना चाहता हूँ; क्योंकि हमजा ने हिंदू स्त्रियों के धार्मिक विश्वास और चरित्र पर जो टिप्पणी की है, वह बेहूदगी की हद पार करती है।)

''लेकिन ये 'विचारक' और 'प्रोफेसर' पागल के सिवाय और क्या हैं? पाकिस्तान मदरसा नहीं है।''

सचमुच?

□

3

भेदभाव से नफरत और नफरत से जिहाद तक

चारों ओर फैलनेवाले जिस जहर के बारे में हमने पढ़ा, उसके बारे में हम इस विश्वास से—कि इसे फैलानेवाले सिर्फ आतंकवादी और उनके संगठन हैं—स्वयं को तसल्ली दे लेते हैं। जबकि सच्चाई यह है कि 'गैर-धार्मिक' सरकारी स्कूलों में भी बच्चों के भीतर शुरू से ही इस प्रकार का जहर भरना आरंभ हो जाता है और वह लगातार जारी रहता है। कुछ उदाहरणों पर ही एक आकस्मिक दृष्टि डालने से हम यह जान सकते हैं कि जिस बच्चे को उसकी पाठ्य-पुस्तकें जबानी रटा दी गई हैं, वह स्कूल छोड़ने के समय तक भेदभाव के जहर से किस प्रकार भरा हुआ हो सकता है।

इससे पहले कि हम यह उम्मीद रखें कि औसत पाकिस्तानी का भारत के प्रति सुखद और सामान्य रवैया हो, हमें इस बात के प्रति स्वयं को जागरूक करना होगा कि हमारी समस्या की जड़ें कितनी गहराई में हैं। पाकिस्तान में बच्चों को—और वह भी प्राथमिक स्तर से ही—जिस रंग में पूरी तरह से रँग दिया जाता है, उसपर एक पूरी पुस्तक लिखी जा सकती है; और मेरे खयाल से लिखी भी जानी चाहिए। उदाहरण के लिए मैं सिर्फ दो अध्ययनों को ही आधार बनाना चाहता हूँ। पहला उदाहरण है—पाकिस्तान के एक अग्रणी इतिहासकार के.के. अजीज का एक सर्वेक्षण। प्रो. अजीज ने अपनी पुस्तक 'मर्डर ऑफ हिस्ट्री इन पाकिस्तान'[1] (पाकिस्तान में

---

1. वैंगुआर्ड, लाहौर 1993; रिनैसेंस पब्लिशिंग हाउस, दिल्ली,1997।

इतिहास की हत्या) का आधार पाकिस्तान भर के जाने-माने विद्वानों द्वारा लिखी हुई उन साठ पाठ्य-पुस्तकों को बनाया है, जिन्हें शिक्षा परिषदों द्वारा और प्रभावी बनाकर विभिन्न प्रांतों की सरकारों की अनुमति पर प्रकाशित किया गया है।

यहाँ कुछ बातें अक्षरशः प्रस्तुत की जा रही हैं, जिसके ब्योरेवार अध्ययन से विद्यार्थियों के स्तर और उनके दिलो-दिमाग में भरी गई सामग्री का अनुमान लगाया जा सकता है।

पुस्तकों में इस बात पर बार-बार बल दिया गया है कि 'भारत एक असभ्य देश था। एक ऐसा देश जो निर्दयता, अंधविश्वास और तरह-तरह की बुराइयों के दलदल में फँसा हुआ था; बाद में इसलाम का उदय हुआ,' और उसी से भारत में सभ्यता आई। इसलाम से ही देश में 'स्वच्छ एवं सुंदर सभ्यता-संस्कृति' का जन्म हुआ।

दूसरी बात, जिसे पाठ्य-पुस्तकों में अधिक महत्त्व दिया गया है, वह है—हिंदू बहुत चालाक और धूर्त हैं। वे एहसानफरामोश हैं। वे पक्के चालबाज हैं; पाकिस्तान की दुर्दशा और उसके पतन के लिए उनकी (हिंदुओं की) चालबाजी ही जिम्मेदार है।

पश्चिमोत्तर सीमा प्रांतों में पढ़ाई जानेवाली चौथी कक्षा की पुस्तक, 'मुआश्रति उलूम' में एक अनुच्छेद के अंतर्गत निम्न बातें प्रस्तुत की गई हैं—"[पश्चिमोत्तर सीमा प्रांतों में जब मुसलमानों का शासन था, तो] मुसलमान गैर-मुसलिम लोगों के साथ सद्भावपूर्ण व्यवहार करते थे। इसपर भी गैर-मुसलिम लोगों के मन में मुसलमानों के प्रति शत्रुता की भावना घर करती जा रही थी। जब अंग्रेजों ने वहाँ आक्रमण किया तो गैर-मुसलिम लोगों ने उनका ही पक्ष लिया और वे मुसलमानों के खिलाफ लड़ाई में शामिल हो गए। इस कारण अंग्रेजों ने पूरे भारत को जीत लिया।"

प्रो. अजीज ने टिप्पणी की है—"पश्चिमोत्तर सीमा प्रांत की 1881 की जनगणना के अनुसार प्रति 10,000 जनसंख्या में मुसलमानों की संख्या 9,184 थी; कुछ वर्ष पहले जब अंग्रेजों ने उसपर कब्जा किया था, उस समय तो यह अनुपात और भी ज्यादा रहा होगा...प्रांत के गैर-मुसलिम लोगों में प्रवासी हिंदू और सिख शामिल थे, जो वाणिज्य एवं व्यवसाय में संलग्न थे। वे सैनिक वर्ग से संबंधित नहीं थे। क्या धनार्जन में संलग्न इस छोटे से समुदाय ने ही अंग्रेजों के साथ मिलकर इतनी बहादुरी से निर्णायक लड़ाई में भाग लिया था? इस प्रकार का कोई प्रमाण हमें नहीं मिलता है। मुझे संदेह होता है कि पठानों की हार का बहाना तैयार करने के उद्देश्य से गैर-मुसलिम लोगों पर इस प्रकार का आरोप मढ़ा गया है—पठान

केवल गैर-मुसलिम वर्ग की चालाकियों और चालबाजियों के कारण ही पराजित होनेवाले नहीं थे···।[1]

पंजाब प्रांत में कक्षा पाँच के बच्चों को पढ़ाई जानेवाली पुस्तक 'मुआश्रति उलूम' में बच्चों को पढ़ाया जाता है—"अंग्रेज आरंभ में उपमहाद्वीप से सूती वस्त्र खरीदकर ले जाते थे और उसे ब्रिटेन में बेचते थे। इस प्रकार यहाँ आने का उनका उद्‍देश्य व्यापार ही था। धीरे-धीरे उनका ध्यान मुसलिम शासन के कमजोर राज्यों की ओर गया और वे उसपर कब्जा करने की युक्ति सोचने लगे···। अपने इस उद्‍देश्य से उन्होंने हिंदुओं को अपनी ओर मिला लिया और हिंदू भी उनके पक्ष में आकर बहुत खुश हुए।"

"···सन् 1965 में पाकिस्तानी सेना ने भारत के कई क्षेत्रों पर कब्जा कर लिया था और जब भारत बिलकुल हारने की कगार पर पहुँच गया तो उसने संयुक्त राष्ट्र से युद्धविराम करवाने का अनुरोध किया।···सन् 1965 की लड़ाई के बाद भारत ने पूर्वी पाकिस्तान के हिंदुओं की सहायता से वहाँ रहनेवाले लोगों को पश्चिमी पाकिस्तान के लोगों के खिलाफ भड़काने का काम शुरू कर दिया और अंत में दिसंबर 1971 में उसने स्वयं ही पूर्वी पाकिस्तान पर हमला कर दिया। इस षड्‍यंत्र का परिणाम यह हुआ कि पूर्वी पाकिस्तान हमसे अलग हो गया। हम सभी को सैनिक प्रशिक्षण लेना चाहिए और अपने दुश्मन से लड़ने के लिए तैयार रहना चाहिए।"

सातवीं कक्षा की पाठ्‍य-पुस्तक 'फर्स्ट स्टेप्स इन अवर हिस्ट्री' (हमारे इतिहास में प्रथम चरण)—पूर्वी पाकिस्तान की कुल जनसंख्या में 'एक करोड़ से अधिक' संख्या हिंदुओं की थी, जो 'पाकिस्तान के प्रति वफादार नहीं थे।'

अल्लामा इकबाल ओपन यूनिवर्सिटी में बी.ए. की पाठ्‍य-पुस्तक 'मुताला-ए-पाकिस्तान' में विद्यार्थियों को पढ़ाया जाता है—'शत्रुओं की सेना पाकिस्तान में लड़ रही थी। हिंदू तत्त्व बिलकुल नहीं चाहते थे कि देश की दोनों शाखाओं के मध्य कोई उपयुक्त समझौता हो···।'

हिंदू केवल धूर्त और चालबाज ही नहीं बल्कि नीच हत्यारे भी हैं—विभाजन के बाद की हत्याओं के जिम्मेदार हिंदू और सिख ही थे—

- छठी कक्षा की पाठ्‍य-पुस्तक 'मुआश्रति उलूंम' (तारीख वा शरीअत)—'सन् 1947 के सांप्रदायिक दंगे' पर प्रो. अजीज की टिप्पणी है—'पुस्तक पूरी तरह से

---

1. के.के. अजीज, पृष्ठ 12-13।

पक्षपातपूर्ण है, जिसमें हिंदुओं और सिखों द्वारा किए गए निहत्थे मुसलमानों के नरसंहारों का वर्णन इस प्रकार किया गया है जैसे मुसलमानों ने आत्मरक्षा के लिए भी मुकाबला नहीं किया।'

- नौवीं और दसवीं कक्षा की पाठ्य-पुस्तक 'मुताला-ए-पाकिस्तान'—

  सन् 1947 में जैसे ही आजादी की घोषणा की गई, 'हिंदुओं और सिखों ने भारत में मुसलमानों की निर्मम (बेदरेग) हत्या करनी शुरू कर दी।'—प्रो. अजीज के अनुसार, 'पाकिस्तान में होनेवाले इस प्रकार के किसी दंगे का जिक्र नहीं किया गया है।'[1]

- उपर्युक्त कक्षाओं के लिए ही और 'मुताला-ए-पाकिस्तान' के नाम से ही एक अन्य पाठ्य-पुस्तक के अनुसार—'पाकिस्तान की स्थापना के बाद हिंदुओं और सिखों ने पूर्वी पंजाब प्रांत के मुसलमानों के लिए कयामत का दिन ला दिया।'

  'क्या पश्चिमी पंजाब और सिंध में मुसलमानों ने हिंदुओं और सिखों के लिए वैसा ही कयामत का दिन नहीं ला दिया था?' प्रो. अजीज की टिप्पणी है—'बड़े पैमाने पर पहला सांप्रदायिक नरसंहार रावलपिंडी में मुसलमानों द्वारा ही किया गया था, उसके शिकार हुए थे—सिख।'[2]

- पश्चिमोत्तर सीमा प्रांत की उच्चतर माध्यमिक कक्षाओं की पुस्तक—'मुताला-ए-पाकिस्तान'—उपमहाद्वीप के विभाजन के बाद हिंदुओं और सिखों ने विधिवत् तैयार की गई योजना के अंतर्गत सामान्यतया पूरे भारत में और विशेषकर पूर्वी पाकिस्तान में मुसलमानों के शोषण का अभियान शुरू कर दिया, जिसका परिणाम यह हुआ कि मानवता के दुश्मन—हिंदुओं और सिखों—ने बड़ी बेरहमी से हजारों-लाखों स्त्रियों, बच्चों, बूढ़ों और जवानों का अपमान किया।

विद्यार्थियों को इसी तरह की ढेर सारी मनगढ़ंत कहानियों के रंग में रँग दिया जाता है। इस संबंध में प्रो. अजीज ने अन्य ढेर सारे उदाहरण प्रस्तुत किए हैं—

- पंजाब और अन्य राज्यों में उच्चतर माध्यमिक कक्षाओं में पढ़ाई जानेवाली

---

1. उसी पुस्तक में पृष्ठ 33।
2. उसी पुस्तक में पृष्ठ 35।

पाठ्य-पुस्तक 'तारीख-ए-पाकिस्तान' से—'लखनऊ समझौता के द्वारा कांग्रेस ने मुसलिमों को एक अलग राष्ट्र और मुसलिम लीग को उसका प्रमुख प्रतिनिधि स्वीकार कर लिया था, लेकिन हिंदुओं ने बड़ी चालाकी से पंजाब और बंगाल की विधानसभाओं में मुसलमानों का बहुमत समाप्त करके अपने लिए बहुमत हासिल कर लिया।'

'लखनऊ समझौता के अंतर्गत कांग्रेस ने न तो मुसलिमों को एक अलग राष्ट्र के रूप में और न ही मुसलिम लीग को उसके प्रमुख प्रतिनिधि के रूप में स्वीकार किया था।'

प्रो. अजीज की टिप्पणी है। आगे टिप्पणी करते हुए वह लिखते हैं, 'यदि हिंदुओं की चालाकी के कारण समझौते में पंजाब और बंगाल के मुसलमानों को प्रांतीय विधानसभाओं में बहुमत से वंचित कर दिया गया तो आखिर जिन्ना और मुसलिम लीग ने उसे स्वीकार ही क्यों किया? यह हिंदुओं की चालबाजी थी या मुसलिम लीग की अदूरदर्शिता?'[1]

- उसी पाठय-पुस्तक 'तारीख-ए-पाकिस्तान' में कुछ आगे लिखा गया है—'जैसे ही देश में विभाजन की घोषणा की गई, बड़े पैमाने पर रक्तपात (खून की होली) शुरू हो गया⋯। मुसलिम बस्तियों पर धावा बोल दिया गया। गाँव-के-गाँव जलाए जाने लगे। मुसलमानों के साथ निर्दयतापूर्वक अत्याचार किया जाने लगा; और यह तब तक जारी रहा जब तक वे अपना घर छोड़कर पाकिस्तान नहीं चले गए।' इसपर टिप्पणी करते हुए प्रो. अजीज ने लिखा है, 'उसने (लेखक ने) सन् 1947 के नरसंहार का पूरा-पूरा दोष गैर-मुसलिमों पर तो बड़ी जल्दी मढ़ दिया, पर इस बात का जिक्र तक नहीं किया कि पश्चिमी पाकिस्तान में रह रहे गैर-मुसलिम लोगों पर हमला क्यों बोला गया? उन्हें भारत में जाकर बसने या मरने के लिए मजबूर क्यों किया गया?'[2]
- सन् 1947 में 'हिंदुओं ने देश के विभाजन और पाकिस्तान की माँग के लिए मुसलमानों से बदला लेने के उद्देश्य से बड़े पैमाने पर लूटमार, आगजनी, हत्या और तोड़-फोड़ की।'

इस प्रकार के (भ्रामक) तथ्य—भारत एक असभ्य देश था, जिसकी संस्कृति गंदी थी, हिंदू धूर्त और चालबाज हैं, वे हत्यारे और बलात्कारी हैं⋯—

1. उसी पुस्तक में पृष्ठ 51-52।
2. उसी पुस्तक में पृष्ठ 52-53।

कहा जाए तो यही बुनियादी विश्वास है।

लगातार षड्यंत्र का शिकार

प्रो. अजीज के सर्वेक्षण के अनुसार, पाकिस्तान में विद्यार्थियों को पढ़ाया जाता है कि 'वास्तव में हिंदू ही नहीं, अन्य सभी वर्ग के लोगों ने भी मुसलमानों के विरुद्ध, और विशेषकर पाकिस्तान के विरुद्ध, लगातार षड्यंत्र रचने का कार्य किया है; क्योंकि उनकी नजरों में पाकिस्तान ही इसलाम का संरक्षक है'—

- चौथी कक्षा की पाठ्य-पुस्तक 'मुआश्रति उलूम'—'आजादी के बाद हिंदू भारत का शासन अपने नियंत्रण में लेना चाहते थे। अंग्रेजों ने भी हिंदुओं का पक्ष लिया; लेकिन मुसलमानों ने इसे मानने से इनकार कर दिया…।'
- उच्चतर माध्यमिक कक्षाओं की पाठ्य-पुस्तक 'तारीख-ए-पाकिस्तान'—सन् 1965 के युद्ध में 'पाकिस्तान ने भारत को सभी मोरचों पर बुरी तरह पराजित करके उसकी कमर तोड़ दी थी,' यह देखकर, 'भारत के अमेरिकी और सोवियत मित्र देशों ने कड़े प्रयास करके संयुक्त राष्ट्र संघ के माध्यम से 23 सितंबर को युद्धविराम करवा दिया।'
- बी.ए. की कक्षाओं में पढ़ाई जानेवाली पाठ्य-पुस्तक 'मुताला-ए-पाकिस्तान, लाजमी'—'लंबे समय तक हमारे देश का एक हिस्सा बने रहने के बाद पूर्वी पाकिस्तान दिसंबर 1971 में देश से अलग हो गया। पाकिस्तान के लिए यह अत्यंत दु:खद घटना थी। वास्तव में, यह एक अंतरराष्ट्रीय चाल का परिणाम था, जिसमें यू.एस.एस.आर. (USSR) ने प्रत्यक्ष रूप से और अमेरिका ने अप्रत्यक्ष रूप से यह साबित कर दिया कि वे पाकिस्तान के शत्रु हैं। इसके लिए भारत ने अपने सशस्त्र बल और राजनीतिक शक्ति का प्रयोग किया था। कुछ पाकिस्तानी शासकों ने भी इस मामले में गंभीर गलतियाँ की थीं, जिसका बड़ी शक्तियों ने भरपूर फायदा उठाया और स्थिति नियंत्रण से बाहर हो गई। (इस प्रकार) किसी तरह बँगलादेश अस्तित्व में आया।'

  उपर्युक्त वाक्यांश—कुछ पाकिस्तानी शासकों ने भी इस मामले में गंभीर गलतियाँ की थीं—एक अपवाद है; क्योंकि इन (पूर्व वर्णित) पुस्तकों की एक खासियत है कि जहाँ कहीं भी कुछ गलत हुआ है, वह हिंदुओं और अन्य गैर-मुसलिमों के विश्वासघात के कारण ही हुआ है; उसके लिए मुसलमान और विशेषकर पाकिस्तानी लोग सचमुच कभी भी जिम्मेदार नहीं रहे हैं।
- पश्चिमोत्तर सीमा प्रांत में आठवीं कक्षा की पाठ्य-पुस्तक—सन् 1971 में

पाकिस्तान का विखंडन—'कायदे आजम (मुहम्मद अली जिन्ना) के निधन के बाद पाकिस्तान में कई राजनीतिक बदलाव आए। आंतरिक और बाह्य—दोनों शत्रुओं ने पाकिस्तान को चोट पहुँचाने के हरसंभव तरीके अपनाए। इस शत्रुतापूर्ण षड्यंत्र के चलते सन् 1971 में पूर्वी पाकिस्तान हमसे अलग हो गया।'

जरा शैली पर ध्यान दें—'अलग हो गया, हमने कुछ नहीं किया।'

- सिंध प्रांत में पढ़ाई जानेवाली आठवीं कक्षा की पाठ्य-पुस्तक—'जिन्ना के निधन के बाद पाकिस्तान में कई राजनीतिक परिवर्तन हुए, 'आंतरिक और बाह्य शत्रुओं ने देश को क्षति पहुँचाने की हरसंभव तरीके से कोशिश की; और इन षड्यंत्रों के कारण ही' सन् 1971 में पूर्वी पाकिस्तान हमसे अलग हो गया।…लेकिन आज पाकिस्तान इतना मजबूत हो गया कि (दुनिया के) मुसलिम देश इसे इसलाम का गढ़ मानते हैं; और अल्लाह की इच्छा से पाकिस्तान जल्दी ही दुनिया के प्रथम श्रेणी के देशों में गिना जाने लगेगा।'
- रहबर-ए-मुताला-ए-पाकिस्तान (लाजमी) बराई तुलाबा व तालिबात डिग्री क्लासेज इंजीनियरिंग व मेडिकल व कॉमर्स और जरी यूनिवर्सिटी—डिग्री कक्षाओं के लिए पाठ्य-पुस्तक—'पाकिस्तान के पूर्वी भाग की जनसंख्या उसके पश्चिमी भाग की जनसंख्या से अधिक थी। अत: बंगालियों के मन में यह बात भरी गई ['किसके द्वारा?' प्रो. अजीज का सवाल है] कि बहुसंख्यक क्षेत्र की भाषा को राष्ट्रभाषा का दर्जा मिलना चाहिए। पाकिस्तान की तत्कालीन नाजुक स्थिति को देखते हुए इस तरह की समस्या सार्वजनिक रूप से (मंजर-ए-आम) सामने नहीं लाई जानी चाहिए थी। किंतु 'इससे हिंदुओं को अच्छा अवसर मिल गया, जो पाकिस्तान को एक और समस्या से जूझते हुए देखना चाहते थे।' यदि बंगालियों की माँग को तर्कसंगत मान भी लिया जाए तो इस प्रकार की माँग रखने का वह उपयुक्त समय नहीं था; खैर, कभी-कभी आत्मत्याग राष्ट्र की माँग होती है।'
- 'शत्रु-सेनाएँ पाकिस्तान में लगी हुई थीं। हिंदू तत्त्व यह बिलकुल नहीं चाहते थे कि देश के दोनों भागों के बीच किसी तरह का उपयुक्त समझौता हो जाए…—सैनिक हस्तक्षेप के साथ हुई नफरत की शुरुआत।'

पाकिस्तानी नेताओं के पास कूटनीतिक कुशलता और अंतरराष्ट्रीय मंच पर अपनी बात रखने के लिए संगठित तंत्र का अभाव था; भारत ने अपनी चाल के तहत आक्रमण कर दिया; पाकिस्तानी सेना बड़ी बहादुरी से लड़ी, लेकिन

चारों ओर से घिर जाने और शीघ्र निर्णय लेने में सक्षम नेतृत्व की कमी के कारण उसे आत्मसमर्पण करना पड़ा…।

प्रो. अजीज के संकेत के आधार पर, ऐसे किसी व्यवस्थित ढंग की बात बिलकुल भी स्वीकार नहीं की जाती है, जिसमें पूर्वी पाकिस्तान की भूमिका—पाकिस्तान की संस्कृति और यहाँ तक कि पाकिस्तान के निर्माण तथा अंग्रेजों के विरोध में—को पूरी तरह से नकार दिया गया था। प्रो. अजीज ने यह स्पष्ट कर दिया कि स्वयं ये पुस्तकें ही इस व्यवस्थित प्रवृत्ति का सबसे अच्छा उदाहरण हैं—संयुक्त पाकिस्तान की विकास योजनाओं में पूर्वी भाग की उपेक्षा के बारे में एक शब्द भी नहीं लिखा गया है और सचमुच, जनरल टिक्का खाँ के नेतृत्व में पाकिस्तानी सेना के उन अत्याचारों के बारे में भी एक शब्द नहीं लिखा गया है, जिसने मामले पर मुहर लगाई थी। विखंडन को भारतीयों और विशेषकर हिंदुओं के षड्यंत्र के परिणाम के रूप में प्रदर्शित किया गया है; उसमें पाकिस्तान के शत्रुओं—यू.एस.एस.आर., अमेरिका और कुछ बंगालियों को भी शामिल करके और प्रभावशाली बनाने का प्रयास किया गया है…।

प्रो. अजीज ने लिखा है कि तथ्यों को तोड़-मरोड़कर तथा उनमें मनगढ़ंत बातें जोड़कर अमर्यादित ढंग से प्रस्तुत करते हुए इन गाथाओं को सशक्त बनाने की कोशिश की गई है। कांग्रेस को सब जगह एक ऐसे संगठन के रूप में दिखाया गया है, जिसकी स्थापना हिंदुओं द्वारा अपने हितों की रक्षा के लिए की गई थी—

- पंजाब प्रांत की छठी कक्षा की पाठ्य-पुस्तक 'मुआश्रति उलूम'—'सन् 1885 में हिंदुओं ने अपने स्वयं के राजनीतिक दल—भारतीय राष्ट्रीय कांग्रेस—का गठन किया…।'
- सिंध प्रांत की छठी कक्षा की पाठ्य-पुस्तक 'मुआश्रति उलूम'—'हिंदुओं ने सन् 1885 में कांग्रेस की स्थापना की,' [जबकि इसके आगे तीन पृष्ठ की सामग्री के बाद यह भी लिखा गया है, 'सन् 1885 में श्री ए.ओ.ह्यूम नामक एक अंग्रेज ने भारतीय राष्ट्रीय कांग्रेस की स्थापना की थी।']
- पश्चिमोत्तर सीमा प्रांत की आठवीं कक्षा की पुस्तक 'मुआश्रति उलूम'—कांग्रेस की स्थापना 'हिंदुओं को राजनीतिक रूप से संगठित करने के उद्देश्य से' की गई थी।
- उच्चतर माध्यमिक कक्षाओं के लिए पश्चिमोत्तर सीमा प्रांत की पाठ्य-पुस्तक 'मुताला-ए-पाकिस्तान'—कांग्रेस ने 'हिंदुओं के अधिकारों के लिए संघर्ष किया।'

दूसरी कक्षा के विद्यार्थियों के लिए निर्धारित पाठ्य-पुस्तक 'जीद मुआश्रति उलूम' के अंतर्गत एक प्रश्न है—'जिन्ना के मन में पाकिस्तान के निर्माण का विचार किस प्रकार आया?' विद्यार्थियों को जबानी रटने के लिए इसका उत्तर दिया गया है—'भारत के लोग अंग्रेजों से आजादी की माँग कर रहे थे। 'पं. नेहरू ने कहा कि आजादी के बाद भारत में हिंदुओं की सरकार होगी।' कायदे आजम ने कहा कि यहाँ मुसलमान भी रहते हैं और उनकी अलग सरकार होनी चाहिए।'

इसके साथ ही, 'हमारे खिलाफ सभी लोग लगातार षड्यंत्र रचते रहे हैं' और 'हम षड्यंत्रों के शिकार हुए हैं।' ढेर सारी मनगढ़ंत कहानियों के आधार पर तैयार की गई विजयगाथा है। सन् 1965 की भारत के साथ लड़ाई एक गौरवपूर्ण जीत बन गई है—

- पश्चिमोत्तर सीमा प्रांत की चौथी कक्षा की पाठ्य-पुस्तक 'मुआश्रति उलूम'—पाकिस्तानी सेना इतनी विनाशकारी गति से आगे बढ़ रही थी कि 'अंत में उससे और पाकिस्तान के लोगों से डरकर भारत शांति की गुहार करने लगा।'
- पश्चिमी पाकिस्तान में पाँचवीं कक्षा में पढ़ाई जानेवाली पुस्तक 'मुआश्रति उलूम' (तारीख व शरीअत)—जिसकी 1,70,000 प्रतियों की माँग बताई गई है—सन् 1965 की लड़ाई में भारत को 'भारी नुकसान झेलना पड़ा' और 'उसके मारे गए लोगों की संख्या पाकिस्तान के मारे गए लोगों की संख्या से दस गुना ज्यादा थी।'

उच्चतर माध्यमिक कक्षाओं की पाठ्य-पुस्तक 'तारीख-ए-पाकिस्तान' में तो सन् 1971 की लड़ाई भी (पाकिस्तान की) शानदार जीत बन गई है—'पाकिस्तान के सशस्त्र बलों ने बहादुरी का नया कीर्तिमान रच डाला और भारतीय सेना को हर मोरचे पर मुँह की खानी पड़ी'—इसपर सवाल उठाते हुए प्रो. अजीज ने लिखा है, 'विजयी पाकिस्तानी सेना ने ढाका में भारत के सामने समर्पण क्यों किया?'[1]

इतनी ढेर सारी मनगढ़ंत कहानियाँ जोड़ने के साथ-साथ सचमुच तथ्यों को तोड़-मरोड़कर उनका किस तरह दुरुपयोग किया गया है। जो क्षेत्र आज पाकिस्तान में आता है, उसकी संस्कृति को पूरे इतिहास में एक अलग—शेष भारत से पूरी तरह भिन्न एक विशिष्ट संस्कृति के रूप में दिखाया गया है, जो इतिहास के आरंभ से ही

---

1. उसी पुस्तक में पृष्ठ 53।

पूर्ण-विशुद्ध इसलामिक संस्कृति की ओर बढ़ती रही है; और खासकर पाकिस्तान का वर्तमान स्वरूप सौ वर्षों के संघर्ष का परिणाम है! पश्चिमोत्तर सीमा प्रांत के पाठ्य-पुस्तक परिषद् द्वारा स्वीकृत और प्रकाशित आठवीं कक्षा की पाठ्य-पुस्तक 'मुआश्रति उलूम' में सन् 1857 के विद्रोह के बारे में लिखा गया है—

> अंग्रेजों ने इसे गदर का नाम दिया और अपने विरोधियों को उन्होंने 'विद्रोही' करार दिया। किंतु यह लड़ाई अंग्रेज सरकार के खिलाफ संयुक्त भारत का प्रथम प्रयास थी। इस लड़ाई में मुसलमानों ने सबसे आगे बढ़कर हिस्सा लिया था। इस लड़ाई से आजादी तो नहीं मिल सकी, लेकिन इसकी असफलता से मुसलमानों में एक नया उत्साह आया और अंतत: पाकिस्तान का शासन अस्तित्व में आया।

इसपर टिप्पणी करते हुए प्रो. अजीज ने लिखा है, 'सन् 1857 के विद्रोह को पाकिस्तान के निर्माण से जोड़ने का विचार तिकड़मबाजी से तैयार किया गया एक व्यंग्य-चित्रण है, जिसकी बेहूदगी को देखकर हर किसी की साँस रुक जाती है…।'[1] सर सैयद अहमद खाँ, जिसने अंग्रेजों की ओर से और भारत में उनका शासन जारी रहने के पक्ष में इतनी वकालत की थी, जिसने मुसलमानों को कांग्रेस से दूर रहने तथा अंग्रेज सरकार के प्रति वफादार बने रहने की चेतावनी दी थी; पाकिस्तान के निर्माण में उसके योगदान की बात कही जा रही है।

पश्चिमोत्तर सीमा प्रांत द्वारा ही प्रकाशित छठी कक्षा की पाठ्य-पुस्तक 'मुआश्रति उलूम' में बच्चों को सबक दिया जा रहा है, 'सर सैयद अहमद खाँ, अल्लामा इकबाल और अन्य मुसलिम नेताओं ने मुसलमानों के लिए अलग राज्य की आवश्यकता पर जोर देना शुरू कर दिया।' और ऐसा करके उन्होंने अपनी विलक्षण दूरदृष्टि का परिचय दिया।

इल्मी किताबखाना, लाहौर द्वारा प्रकाशित डिग्री कक्षाओं के लिए पाठ्य-पुस्तक 'मुताला-ए-पाकिस्तान' में विद्यार्थियों को जानकारी दी जा रही है—

> मुसलमान यह जानते थे कि यदि वे उपमहाद्वीप में आजादी प्राप्त कर लेंगे तो उनका नया मामलाकत (राज्य) पूरे विश्व के मुसलमानों की उम्मीदों

1. उसी पुस्तक में पृष्ठ 30।

का केंद्र और साथ-ही-साथ इसलाम का गढ़ बन जाएगा, इससे पूरब और पश्चिम के मुसलमानों में एकता आएगी और वे इतने शक्तिशाली बन जाएँगे कि वे उन क्षेत्रों को भी आजाद कराने में सक्षम होंगे, जो उस समय तक गैर-मुसलिम लोगों के नियंत्रण में थे।

इतिहास की पूर्व-नियत निष्पन्नता

प्रो. के.के. अजीज के सर्वेक्षण से पता चलता है कि पाकिस्तान में विद्यार्थियों को पढ़ाया जा रहा है कि जिन्ना के अतिरिक्त मुसलिम नेताओं ने अंग्रेजों के खिलाफ आंदोलन के आरंभ से ही एक इसलामिक देश के रूप में पाकिस्तान के निर्माण के अपने एक ही उद्देश्य के साथ आगे बढ़ रहे थे। सचमुच, जिन्ना के मन में शुरू से ही पाकिस्तान के निर्माण का लक्ष्य था—ऐसा पुस्तकों में लिखा गया है। इस प्रकार—

- ग्यारहवीं और बारहवीं कक्षा के लिए इतिहास के एक प्रोफेसर, जो प्रो. अजीज द्वारा लाहौर के सबसे प्रतिष्ठित कॉलेज के रूप में सूचीबद्ध किए गए एक कॉलेज में इतिहास के प्रोफेसर हैं, द्वारा लिखी गई इतिहास की पाठ्य-पुस्तक है—'पाकिस्तान का इतिहास'। इसमें विद्यार्थियों के लिए सबक है, अनेक यूरोपीय और हिंदू लेखकों ने उसे (औरंगजेब को) धार्मिक कट्टरता से युक्त शासक के रूप में प्रस्तुत करने का प्रयास किया है, जबकि यह सच नहीं है। उसने···अधिकांशत: उन्हीं नीतियों को अपनाया, जो अकबर के शासनकाल में शुरू की गई थीं···यहाँ तक कि उसके शत्रुओं ने भी यह स्वीकार किया है कि वह (औरंगजेब) एक सहिष्णु, उदार-हृदय और विनम्र शासक था।' और भी, 'वर्तमान सैन्य कानून (मार्शल लॉ) को (जिया-उल-हक की) सरकार ने देश में शासन की इसलामिक व्यवस्था लागू करने के लिए निश्चित किया था, जैसा कि कैद-ए-आजम ने देश को आश्वासन दिया था।'
- अल्लामा इकबाल ओपन यूनिवर्सिटी में पढ़ाई जानेवाली पुस्तक 'मुताला-ए-पाकिस्तान' (अनिवार्य) के अध्याय, जो जाने-माने विद्वानों-प्रोफेसरों द्वारा लिखित और कई सारे अन्य विद्वानों-प्रोफेसरों द्वारा संशोधित किए गए हैं; कार्यान्वयन के बदकिस्मत दोषों से युक्त उनके वर्णन एक स्पष्ट दृष्टि प्रस्तुत करते हैं—'पाकिस्तान के इतिहास का एक पहलू वांछनीय नहीं है—उसने राजनीतिक स्थिरता नहीं प्राप्त की है; और संसदीय शासन-प्रणाली, राष्ट्रपति शासन-प्रणाली तथा सैनिक शासन-प्रणाली के प्रयोगों के बावजूद अब तक

हम पाकिस्तान जैसे सिद्धांतवादी राष्ट्र के लिए एक सर्वमान्य, उपयुक्त प्रणाली तक नहीं पहुँच सके हैं। हमने उस राजनीतिक प्रणाली पर भी फैसला नहीं लिया है, जो इसलामिक शरिआ और जीवन के इसलामिक तौर-तरीकों के कार्यान्वयन में सहायक हो सके। परंतु यह संतोषजनक विषय है कि देश के सभी वर्ग अनेक मतभेदों के बावजूद इस विषय पर एकमत हैं कि पाकिस्तान इसलाम के नाम पर हासिल हुआ था और इसलिए इसका अस्तित्व इसलामिक व्यवस्था के गढ़ के रूप में होना चाहिए।' लेकिन नियति धीरे-धीरे अपना करिश्मा दिखाती है। पाठ्य-पुस्तक में विद्यार्थियों के लिए सबक है, 'मार्च 1977 में सभी विपक्षी दल आपस में मिल गए और उन्होंने निजाम-ए-मुस्तफा को अपने चुनाव घोषणा-पत्र के रूप में अपना लिया।...चुनाव प्रचार के दौरान विश्वास और वफादारी की भावना जागने के कारण प्रतिपक्ष द्वारा बाद में शुरू किया गया आंदोलन एक क्रांतिकारी आंदोलन बन गया। इस प्रकार यह सिद्ध हो गया कि सत्ता पक्ष के प्रति यह क्षोभ कोई सामान्य राजनीतिक काररवाई नहीं था बल्कि एक ऐसा माध्यम था, जिसके जरिए पाकिस्तानी जनता ने यह प्रमाण प्रस्तुत किया कि उन्होंने विपक्ष के चुनाव कार्यक्रम यानी निजाम-ए-मुस्तफा को पूरी निष्ठा से स्वीकार कर लिया था और वे किसी भी स्थिति में आंदोलन की उपेक्षा नहीं होने देंगे।'

और तब अल्लाह ने निर्णायक कदम उठाने का फैसला दिया—प्रो. अजीज ने खुलासा किया है कि पाठ्य-पुस्तक में लिखा है, 'सन् 1962 के संविधान की कई धाराएँ शरिआ के खिलाफ थीं; उदाहरण के लिए—बहुपत्नी प्रथा, तलाक, खुला और पौत्र का उत्तराधिकार'; जो भी सत्ता में आया वह देश में विशुद्ध इसलामिक व्यवस्था लागू करने में असफल ही रहा; क्योंकि उनमें से कोई भी ईश्वर के कानून के महत्त्व को समझने में ही कामयाब नहीं हो सका। वह शुभ दिन, जब ईश्वर के देश में ईश्वर का कानून लागू किया गया, 10 फरवरी, 1979 को आया और नियति ने जनरल जिया-उल-हक को देश में इसलामिक कानून लागू करने का श्रेय प्राप्त करने के लिए चुना। संक्षेप में, पाकिस्तान के निर्माण का वास्तविक उद्देश्य उस समय प्राप्त हुआ, जब जनरल जिया-उल-हक की सैनिक सरकार के द्वारा इसलामिक अध्यादेश जारी किए गए।

- डिग्री कक्षाओं के लिए निर्धारित पाठ्य-पुस्तक 'मुताला-ए-पाकिस्तान' (लाजमी) बराई भी कुछ कम नहीं है; उसमें भी अल्लाह की योजना का स्पष्ट चित्रण है—उसके अनुसार, पाकिस्तान के निर्माण के तुरंत बाद सारे अधिकार उन

लोगों के हाथों में पहुँच गए, जो इसलामिक व्यवस्था लागू करने के प्रति ईमानदार नहीं थे; उन्होंने देश के सैद्धांतिक पहलू को धर्मनिरपेक्षवाद (ला-दीनियत) की ओर मोड़ने का प्रयास किया।...इस घृणित कार्य में उन्हें कुछ विदेशी शक्तियों द्वारा मार्गदर्शन मिल रहा था।' लेकिन तभी एक नया मोड़ आया—'पूर्व सरकार के खिलाफ मार्च 1977 में शुरू किए गए निजाम-ए-मुस्तफा आंदोलन का इतिहास में कोई सानी नहीं,' पाठ्य-पुस्तक में आगे लिखा है—'इससे जनता के विचारों और उनकी इच्छाओं के बारे में जानकारी प्राप्त हुई है कि उस समय वे जीवन के इसलामिक तौर-तरीके (हासिल करने) में कोई कसर छोड़ने के लिए तैयार नहीं थे। वर्तमान सरकार जनता की इस भावना से पूरी तरह परिचित है।...आज इसलामिक व्यवस्था लागू करने की ओर उल्लेखनीय प्रगति हुई है।'

- बी.ए., बी.एस-सी. तथा प्रतियोगी परीक्षाओं के लिए अनिवार्य पुस्तक 'तामीर-ए-मुताला-ए-पाकिस्तान' में जिन्ना को दृढ़तापूर्वक सही ठहराया गया है। जिन्ना अत्यधिक गैर-मजहबी थे; अपने प्रथम संबोधन में उन्होंने संविधान सभा से विनम्रतापूर्वक कह दिया था कि पाकिस्तान धर्मतांत्रिक राज्य नहीं बनेगा; लेकिन पाठ्य-पुस्तक में लिखा है,' यह बहुत बड़ा दुर्भाग्य था कि विभाजन के बाद हजरत कायदे आजम और उनके कुछ पुराने साथियों के अलावा अन्य कोई भी ऐसा नहीं था, जो देश में इसलामिक व्यवस्था लागू करने की इच्छा रखता। संविधान सभा के अधिकांश सदस्य पाकिस्तान को 'लादीनी' (गैर-धार्मिक) राज्य बनाना चाहते थे।'

सभी मुसलिम संस्थाओं और आंदोलनों को सही ठहराया गया है। (मुसलिम) शहीदों को याद किया गया है। सर सैयद अहमद खाँ की अलीगढ़ की संस्थाएँ आरंभ से ही मुसलमानों के मन में अंग्रेज शासकों के प्रति वफादारी की भावना भरने और उनका (संस्थाओं का) इसलामीकरण करने के उद्देश्य से कार्य कर रही थीं। जामिया मिल्लिया इसलामिया की स्थापना अलीगढ़ स्कूल का विरोध करने के लिए की गई थी। जैसा कि उसके घोषणा-पत्र और संस्थापक सदस्यों द्वारा दृढ़तापूर्वक कहा गया था, उसकी स्थापना राष्ट्रीयता से भरे हुए मुसलिम तैयार करने के लिए की गई थी, जो अपने देशवासियों के कंधे-से-कंधा मिलाकर भारत को ब्रिटिश शासन से आजाद कराने के लिए लड़ाई लड़ सकें। लेकिन पाठ्य-पुस्तकों के अनुसार, सन् 1920 में भारतीय मुसलमानों ने 'इसलाम की शिक्षाओं के व्यापक प्रचार एवं

कार्यान्वयन की आवश्यकता महसूस की। इस उद्देश्य की पूर्ति के लिए जामिया मिल्लिया इसलामिया की स्थापना की गई…।' देवबंदियों ने भी मुसलिम लीग का विरोध किया था—इसलिए नहीं कि उनका इसलाम में विश्वास कम था, बल्कि इसलिए कि—उन्हें लगा कि पाकिस्तान की माँग करके मुसलिम लीग इसलाम के प्रभावों को उपमहाद्वीप के एक भाग तक सीमित कर देने जा रहा था; जबकि वास्तव में संपूर्ण भाग ही एक खुला क्षेत्र था। उन्होंने जिन्ना पर उनके गैर-इसलामिक तौर-तरीकों के लिए फबतियाँ कसीं। लेकिन पाठ्य-पुस्तकों में उन्हें भी पाकिस्तान आंदोलन में जोत दिया गया है: डिग्री कक्षाओं की पुस्तक, मुताला-ए-पाकिस्तान (लाजमी) बराई में लिखा है, 'पाकिस्तान आंदोलन के लिए देवबंद के दार-उल-उलूम की सेवाएँ अविस्मरणीय हैं।'

एक इसलामिक उम्मा को पश्चावलोकन प्रभाव के साथ याद किया गया है। 'माध्यमिक कक्षाओं के लिए पाकिस्तान अध्ययन' पुस्तक में विवरण है—'पाकिस्तान के निर्माण से पूर्व भारत में मुसलमानों की आजादी के लिए सऊदी अरब ने गहरी सहानुभूति दिखाई थी,' इसपर विवरण प्रस्तुत करते हुए प्रो. अजीज ने लिखा है, 'विद्यार्थियों को इस 'गहरी सहानुभूति का प्रमाण और कुछ उदाहरण दिए गए हैं। किसी देश की अधम चापलूसी, जिसने जनरल जिया-उल-हक की असंवैधानिक सरकार को गिरा दिया, के लिए किसी पाठ्य-पुस्तक में कोई स्थान नहीं होना चाहिए, बल्कि सच पूछा जाए तो किसी भी प्रकार की पुस्तक में नहीं…।'

शहीदों को मूर्तिमान कर दिया गया है। 'यह स्पष्ट हो गया है कि भारत के मुसलमानों ने आजादी प्राप्त करने के लिए बड़े-बड़े बलिदान किए।' इस पर प्रो. अजीज की टिप्पणी है—

> सच बात तो यह है कि सन् 1857 से लेकर 1947 तक के वर्षों के बीच 1858-60 तथा 1920-22 के वर्षों को छोड़कर मुसलमानों को शायद ही कभी किसी बड़ी मुश्किल का सामना करना पड़ा था। यह बात तो अब पूरी तरह भुला दी गई है कि (आरंभिक वर्षों में) मुसलिम लीग का सुरक्षा और संरक्षण के लिए प्रयास और (बाद के वर्षों में) एक स्वतंत्र राष्ट्र के लिए उसका संघर्ष पूरी तरह से संवैधानिक ही था—एक शांतिपूर्ण प्रचार एवं राजनीतिक लड़ाई, जो याचिका, ज्ञापन, चर्चा, चुनाव, संसदीय बहस और बातचीत पर आधारित थी। (चुनावी) लड़ाइयाँ लड़ी गईं और मत जीते गए। किसी भी मुसलिम लीगी नेता को जेल में यातनाएँ नहीं सहनी पड़ीं। मुसलिम जनता को अंग्रेजों की

गोलियाँ नहीं झेलनी पड़ीं। सन् 1947 में कई लोग जो मारे गए या भयानक मुश्किलों में पड़ गए थे, वे अपने घरों से इसलिए नहीं भाग रहे थे कि वे पाकिस्तान के निर्माण के लिए लड़ाई लड़ रहे थे, बल्कि वे इसलिए भागे हुए थे कि उनकी जान खतरे में थी। जो लोग हताहत हुए, वे सांप्रदायिक दंगों में ही हताहत हुए, न कि ब्रिटिश-विरोधी लड़ाई में।[1]

जैसे कोई अंतरराष्ट्रीय उम्मा इसका समर्थन कर रहा हो, शहीदों की तरह, इस नए राष्ट्र को एक संपर्क भाषा दे दी गई है। पश्चिमोत्तर सीमा प्रांत की पाठ्य-पुस्तक परिषद् द्वारा प्रकाशित पुस्तक 'मुआश्रति उलूम' के अनुसार, 'उर्दू भाषा ने धीरे-धीरे इतनी प्रगति की कि वह समूचे दक्षिण एशिया में बोली जानेवाली भाषा बन गई।' नौवीं और दसवीं कक्षा की पाठ्य-पुस्तक में इसी सबक को और सशक्त बनाकर पेश किया गया है—'आजादी से पहले भी उर्दू दक्षिण एशिया के उत्तरी हिस्से के लोगों द्वारा बोली जानेवाली भाषा थी और आज भी है।' नौवीं और दसवीं कक्षाओं के लिए ही सिंध पाठ्य-पुस्तक परिषद् द्वारा प्रकाशित पुस्तक में इसी मनगढ़ंत कहानी को सजा-सँवारकर कुछ इस तरह पेश किया गया है—

> उर्दू भाषा की एक प्रमुख विशेषता यह है कि इसे बोलनेवाले दक्षिण एशिया के कोने-कोने में ही नहीं, बल्कि इसे जानने और समझनेवाले भी दुनिया भर में मिल जाएँगे।...उर्दू धीरे-धीरे विकसित होकर उस अवस्था में पहुँच गई है कि आज इसे दुनिया की सर्वाधिक उन्नत भाषाओं में गिना जाता है। अरबी के बाद उर्दू ही एक ऐसी भाषा है, विश्व में जिसकी बराबरी करनेवाली कोई अन्य भाषा नहीं है। सच्चाई तो यह है कि आज अंग्रेजी और फ्रेंच भाषाएँ भी उर्दू के सामने अपनी महत्ता और लोकप्रियता खोती जा रही हैं।

ग्यारहवीं और बारहवीं कक्षा के विद्यार्थियों को पढ़ाया जाता है कि उर्दू में वे सभी विशेषताएँ हैं, जो अन्य भाषाओं में नहीं हैं; यह पाकिस्तान की ही संपर्क भाषा नहीं रही है बल्कि 'समूचे उपमहाद्वीप की भाषा थी और संभवत: आज भी भारत में इसकी वही स्थिति कायम है।' प्रो. अजीज के विश्लेषण के अनुसार, सच्चाई यह है कि सन् 1948 में जब उर्दू को पाकिस्तान की राष्ट्रभाषा घोषित किया गया था, उस

1. उसी पुस्तक में पृष्ठ 197।

समय यह देश की कुल जनसंख्या के मात्र 2 प्रतिशत लोगों की मातृभाषा थी; और सन् 1981 की जनगणना के अनुसार—यानी बँगलादेश के अलग होने के दस वर्षों बाद—भी यह पाकिस्तान की कुल जनसंख्या के मात्र 7.6 प्रतिशत लोगों की ही मातृभाषा थी।[1]

प्रो. अजीज ने इसी तरह की कुछ अन्य मजेदार विशेषताओं की ओर ध्यान आकर्षित किया है—पाठ्य-पुस्तकों में अलीगढ़ स्कूल और मुसलिम लीग के ब्रिटिश समर्थक दृष्टिकोणों तथा उनके जोड़-तोड़ को कितनी चालाकी से मिटा दिया गया है; खान अब्दुल गफ्फार खान के 'लाल कुरती' जैसे दलों के नामों तक को किस तरह मिटा दिया गया है; पाकिस्तान में बार-बार सरकार बदलने के साथ-साथ किस प्रकार उनके दृष्टिकोण और मापदंड भी बदलते रहते हैं; सैनिक शासन और युद्ध को किस प्रकार महिमामंडित किया गया है—युद्ध कुफ्र की जमीं या यों कहें कि भारत के खिलाफ। पंजाब और तत्कालीन संयुक्त प्रांत के योगदानों के अलावा अन्य क्षेत्रों के योगदानों, विशेषकर पूर्वी बंगाल के योगदानों, को पूरी तरह से मिटा दिया गया है।

स्थिति की पेचीदगी

अकसर कहा जाता है कि पाकिस्तानियों की वह पीढ़ी, जो भारत और भारतीयों के प्रति नफरत से भरी हुई थी, उसका प्रभाव समाप्त हो चुका है; और पाकिस्तान से ताल्लुक रखनेवाले सभी मामले अब एक नई पीढ़ी के हाथों में आ गए हैं, जो भारत के प्रति कोई विशेष द्वेष नहीं रखती है; और इसलिए अब (साथ-साथ मिलकर) दूरियाँ तय करने का समय आ गया है। नई पीढ़ी, जो देश का कर्णधार है, का प्रभाव उसके विपरीत हो सकता है। पाकिस्तान का निर्माण करनेवाली पीढ़ी के भारत तथा भारतीयों के साथ घनिष्ठ संबंध थे। जिसका उन्होंने निर्माण किया, उसके परिणाम से अब तक वे अपनी उन भ्रांतियों के प्रति जागरूक हो गए होंगे, जिसके आधार पर उन्होंने अपना मुद्दा तैयार किया था। अब तक वे इस सच्चाई पर विश्वास करने के लिए भी मजबूर हो चुके होंगे कि उनका रोष कितना अवास्तविक था, जिसे उन्होंने स्वयं ही उत्पन्न किया था। जो पीढ़ी आज पाकिस्तान को नियंत्रित और संचालित कर रही है, उसके संबंध भारत और भारतीयों के साथ नाममात्र के ही हैं। उनकी जानकारी और उनके विश्वास में वही

1. उसी पुस्तक में पृष्ठ 184।

सबकुछ है, जो पिछले पचास वर्षों से उनके दिमाग में कूट-कूटकर भरा गया है। भारत और हिंदुओं के बारे में तथा विदेशी शक्तियों के विश्वासघात के बारे में वे काल्पनिक सत्य, भेदभाव—सबकुछ अब तक राष्ट्रीय मानस-पटल का एक हिस्सा बन गया है। उन भेदभावों और पूर्व धारणाओं के आधार पर विकसित किया गया 'तर्क के तौर-तरीके' भी मानक स्तर तक पहुँच गए हैं—कारगिल के बारे में मुशर्रफ के फरेबों को ही देखिए।

आज भारत के कई लोगों ने तो भारत की ओर से थोड़ी सी भी अनिच्छा प्रकट करने पर उसकी निंदा करने को फैशन बना लिया है; इसके अलावा पाकिस्तानी नेतृत्व में विश्वास रखने और (उनके साथ मिलकर) दूरियाँ तय करने के लिए आग्रह करना भी उनके फैशन का एक हिस्सा है। अगर उन्हें भारत से संबंधित अपनी पसंद के किसी भी मामले को लेकर उसपर पाकिस्तानी प्रेस की टिप्पणियों को प्रकाशित करने के लिए कहा जाए तो वे देश के साथ क्या करेंगे; अगर उन्हें पाकिस्तान में पढ़ाई जानेवाली पाठ्य-पुस्तकों को उठाकर देखने और पाकिस्तानी बच्चों को भारत और भारतीयों के बारे में घोलकर पिलाई जानेवाली बातों का चित्रण करने के लिए कहा जाए तो वे देश के साथ क्या करेंगे।

वे अकसर पाकिस्तान की यात्रा पर होते हैं, वहाँ व्यापक संपर्क भी है। वहाँ उनकी सुनी जाती है, उनकी खबरें भी प्रकाशित होती हैं। भारत को मशविरा देने से पहले वे आखिर इन मौलिक बातों को समझ कैसे नहीं पाते।

चूँकि पिछले 57 वर्षों से नफरत से भरे ये बीकर पाकिस्तानी विद्यार्थियों के भीतर लगातार उड़ेले जाते रहे हैं और चूँकि इन मनगढ़ंत कहानियों को सच्चाई समझकर वे उनपर विश्वास करते आ रहे हैं, इसलिए मदरसों तथा इस तरह की अन्य संस्थाओं के साथ-साथ गैर-धार्मिक शिक्षण संस्थाओं से निकलनेवाले विद्यार्थी भी हर उस शासक के पीछे-पीछे चलने के लिए तैयार हो जाते हैं, जो भारत के खिलाफ रवैया दिखाता है और उन्हें भारत के खिलाफ उकसाता है। अब तक कुछ भी बेहतर स्थिति या संतुलन की ओर जाता हुआ नहीं दिखाई देता है।

सचमुच समय के साथ-साथ सबकुछ बद से बदतर ही होता चला गया है।

भेदभाव से नफरत और नफरत से जिहाद तक

पाकिस्तानी शिक्षाविदों के हाल के एक अध्ययन, 'द सटल सबवर्सन : द स्टेट ऑफ करिक्युला एंड टेक्स्टबुक्स इन पाकिस्तान' (The Subtle Subversion :

The state of curricula and textbooks in Pakistan)[1] से जानकारी मिलती है कि प्रो. के.के. अजीज के अध्ययन के बाद से अब तक पाठय-पुस्तकों की विषय सामग्री अत्यधिक विषाक्त होती चली गई है।

(उपर्युक्त पुस्तक के) लेखकों के अनुसार, 'मदरसे ही एकमात्र ऐसी संस्थाएँ नहीं हैं, जो (लोगों के मन में) घृणा, असहिष्णुता और दुनिया के प्रति विकृत मानसिकता को जन्म दे रही हैं। सरकार द्वारा संचालित विद्यालयों की शैक्षिक सामग्री इस संबंध में मदरसों से भी बढ़कर काम कर रही है। पाठ्य-पुस्तकें झूठी हैं। वे मन में नफरत और लड़ाई की भावना तथा और भी बहुत कुछ भरती हैं…।'

पाठ्य-पुस्तकों के लेखन में आधारभूत सिद्धांत, उदाहरण के लिए—'पाठ्यक्रम दस्तावेज, प्राथमिक शिक्षा, 1995' में निदेश है, 'अध्ययन सामग्री में धर्म एवं भौतिकता के बीच भेद की कोई अवधारणा न हो, बल्कि सभी सामग्री इसलामिक दृष्टिकोण में प्रस्तुत की जाए।'[2]

इस प्रकार समीक्षकों को निम्नलिखित सूचनाएँ प्राप्त होती हैं—

> तीन अनिवार्य विषयों के पाठ्यक्रम और उनकी पाठ्य-पुस्तकों में चार सशक्त तत्त्व उभरकर सामने आते हैं—
>
> 1. पाकिस्तान केवल मुसलमानों के लिए है।
> 2. कुरान के अनिवार्य पाठ के साथ-साथ इसलाम की शिक्षाओं को सभी विषयों में शामिल किया जाना है और इस प्रकार सभी विद्यार्थियों, वे चाहे जिस धर्म-संप्रदाय में विश्वास रखनेवाले हों, को बलपूर्वक इसे पढ़ाया जाना है।
> 3. पाकिस्तान की विचारधारा का आस्था के रूप में राष्ट्रीयकरण किया जाना है और भारत तथा भारतीयों के प्रति नफरत पैदा करनी है।
> 4. विद्यार्थियों से जिहाद और शहादत का रास्ता अपनाने के लिए अपील की जाती है।

---

1. 'द सटल सबवर्सन : द स्टेट ऑफ करिक्युला एंड टेक्स्टबुक्स इन पाकिस्तान', उर्दू, अंग्रेजी, सामाजिक अध्ययन एवं नागरिक शास्त्र, ए.एच. नैयर एवं अहमद सलीम (संपादकगण) सस्टेनेबल डेवलपमेंट पॉलिसी इंस्टीट्यूट, इसलामाबाद, 2002 www.sdpi.org.
2. पाठ्यक्रम दस्तावेज, प्राथमिक शिक्षा, कक्षाएँ—नर्सरी से पाँचवीं, 1995, पृष्ठ 41।

मुझे तो उम्मीद है कि पाठक इस विवरण को ध्यान में रखेंगे और उसका विस्तार से अध्ययन करेंगे। इन पाठ्य-पुस्तकों को पढ़नेवाले, यदि वे हमारे समर्थक नहीं हैं तो, भारत के बारे में प्रस्तुत की गई मनगढ़ंत कहानियों पर विश्वास कर लेंगे और साथ ही उन नीतियों एवं चालों पर भी विश्वास कर लेंगे, जिनके लिए उनके समर्थन की अपेक्षा की गई है। उन मनगढ़ंत कहानियों के पाँच मुख्य बिंदु हैं—

- यह धारणा कि सौ वर्षों से भी अधिक समय तक उपमहाद्वीप में तथा अन्य स्थानों पर रहनेवाले मुसलमानों ने पाकिस्तान के निर्माण के लिए संघर्ष किया है।
- यह धारणा कि पाकिस्तान का निर्माण इसलाम का गौरव बढ़ाने के लिए इसलामिक राज्य के रूप में किया गया है; जैसे कि यह आवश्यक रूप से गैर-इसलामिक राज्यों से विभेद नहीं रखता, ऐसे राज्यों के लिए यह साध्य है।
- यह धारणा कि सामान्य रूप से भारत और उसमें भी खासकर हिंदू धूर्त, चालबाज व विश्वासघाती हैं और वे सामान्य रूप से इसलाम एवं मुसलमानों तथा खासकर पाकिस्तान का सफाया करने में लगे हैं।
- जिहाद प्रत्येक मुसलमान का पावन कर्तव्य है; शहादत एक वरदान है, जिसके लिए सभी को कामना करनी चाहिए।
- इन सारांशों को मिथ्याभिमान से पूर्ण विवरणों से और सशक्त बनाया गया है, जिससे विद्यार्थियों में यह विश्वास पैदा हो कि पाकिस्तान ने भारत को धूल चटा दी है और ऐसा वह किसी भी समय क्षण भर में कर सकता है।

इन बिंदुओं के संदर्भ में मैं कुछेक उदाहरण ही प्रस्तुत करना चाहूँगा, जो समीक्षकों द्वारा इस उम्मीद में उद्धृत किए गए हैं कि उन्हें संक्षेप में ही पढ़कर पाठक पूरी जानकारी से अवगत हो जाएँगे।

प्राचीन समय से ही पाकिस्तान सभी मुसलमानों का लक्ष्य बन जाने के बाद पाठ्य-पुस्तकें तैयार करने के बारे में सरकारी निर्देश, और स्वयं पाठ्य-पुस्तकें भी, स्वाभाविक रूप से एक हास्यास्पद ऊँचाई तक पहुँच गए हैं। परिणामस्वरूप पाठ्य-पुस्तकों में उस विचारधारा को सँजोया गया है, जिसे समीक्षकों ने 'पाकिस्तान का अभूतपूर्व दृष्टिकोण' की संज्ञा दी है। यह एक प्रकार से इतिहास की निष्पन्नता बन गया है और मुहम्मद-बिन-कासिम को 'प्रथम पाकिस्तानी नागरिक' घोषित किया गया है। और शताब्दियों के कड़े संघर्ष के दौरान हिंदुओं का भी सहयोग मिला है, क्योंकि मुसलिम शासक मुहम्मद-बिन-कासिम से लेकर और खासकर औरंगजेब

सहित—सदैव ही उनके प्रति दयालु रहे, और क्योंकि उनका अपना समाज, धर्म तथा उनके शासक अत्याचारी थे।

- मुसलमान यह जानते थे कि दक्षिण एशिया के लोग काफिर थे और वे अपने मंदिरों में हजारों मूर्तियाँ रखते थे। सिंध के राजा दाहिर को निर्दयी और स्वेच्छाचारी शासक के रूप में वर्णित किया गया है। 'ब्राह्मणेतर वर्ग के लोगों ने राजा दाहिर की निर्दयता से तंग आकर मुहम्मद-बिन-कासिम से हाथ मिला लिया, क्योंकि उसका व्यवहार उनके प्रति काफी अच्छा था।' (नागरिक शास्त्र, कक्षा 9 एवं 10, पंजाब पाठ्य-पुस्तक परिषद्, लाहौर, मार्च 2001, पृष्ठ 19-20)
- सिंधु विजय से दक्षिण एशिया के इतिहास में एक नया अध्याय शुरू हुआ। वहाँ मुसलमानों का अनंत प्रभाव था···सिंध के लोगों को पहली बार इसलाम, उसकी राजनीतिक व्यवस्था और शासन-पद्धति की जानकारी हुई। वहाँ के लोगों ने तो बस हिंदू राजाओं के अत्याचार ही देखे-सहे थे।···सिंध के लोग मुसलमानों की उदारता से इतने प्रभावित हुए कि वे मुहम्मद-बिन-कासिम को अपना मसीहा मानने लगे···मुहम्मद-बिन-कासिम ने सिंध में तीन वर्षों तक शासन किया। सिंध से उसके प्रस्थान के समय स्थानीय जनता ने गहरा दुःख प्रकट किया। (उसी पुस्तक से)
- ···वास्तव में, पाकिस्तान उस समय स्थिर हुआ जब आठवीं शताब्दी के आरंभिक वर्षों में मुहम्मद-बिन-कासिम के नेतृत्व में अरबों ने सिंध और मुल्तान पर अपना कब्जा जमाया और दक्षिण एशियाई उपमहाद्वीप के इस हिस्से में मुसलिम शासन स्थापित किया। अरबों के समय में पाकिस्तान निचली सिंधु घाटी तक था। (पाकिस्तान स्टडीज की एक पाठ्य-पुस्तक, अनिवार्य, लेखक—एम.डी. जफर, लाहौर, पृष्ठ 4)
- ···ग्यारहवीं शताब्दी के दौरान गजनी साम्राज्य वर्तमान पाकिस्तान और अफगानिस्तान तक फैला हुआ था। बारहवीं शताब्दी में अफगानिस्तान उसके हाथ से छूट गया और गजनियों का शासन पाकिस्तान तक ही सीमित रह गया।···तेरहवीं शताब्दी तक पाकिस्तान का विस्तार समूचे उत्तरी भारत और बंगाल तक हो गया था···। खिलजियों के शासनकाल में पाकिस्तान दक्षिण में मध्य भारत और दक्कन तक फैल चुका था।···कई मंगोलों ने इसलाम धर्म अपना लिया। पाकिस्तान इसलाम के लिए एक सुरक्षित स्थान बना रहा।···सोलहवीं शताब्दी के दौरान भारत पूरी तरह से गायब हो गया और पाकिस्तान में शामिल हो गया। औरंगजेब के शासनकाल में पाकिस्तानियों का

उत्साह और अधिक बढ़ गया। इससे हिंदुओं में ईर्ष्या और विरोध की भावना उत्पन्न होने लगी।···सन् 1707 में औरंगजेब की मृत्यु के बाद मुगल शासन का विखंडन शुरू हो गया और इस प्रकार पाकिस्तान का उत्साह कमजोर पड़ गया··· । अठारहवीं शताब्दी में पाकिस्तान का स्वरूप लगभग वैसा ही था जैसा ग्यारहवीं शताब्दी में गजनियों के शासनकाल में था। (उसी पुस्तक से, पृष्ठ 4–8)

समीक्षकों ने लिखा है, यही नहीं, लेखकों ने आगे भी इसी तरह लिखा है—

- शाह वलीउल्ला ने अफगानिस्तान एवं 'पाकिस्तान' के शासक अहमद शाह दुर्रानी से अनुरोध किया कि वह मुगल भारत के मुसलमानों को मराठों के अत्याचारों से बचाने के लिए आए··· । सन् 1773 में अहमद शाह दुर्रानी की मृत्यु हो गई और उसकी मृत्यु के बाद मुगल भारत और पाकिस्तान दोनों के मुसलमानों के सामने अँधेरा हो गया। 'पाकिस्तानी' क्षेत्र में सिखों ने पंजाब में अपना सिर उठाया और धीरे-धीरे वे अहमद शाह दुर्रानी के उत्तराधिकारियों के लिए सिरदर्द साबित होने लगे। 'पाकिस्तानी' क्षेत्र में जहाँ सिख राज्य स्थापित हो गया था वहाँ मुसलमानों की धार्मिक आजादी छीन ली गई थी। 'मुजाहिदीनों' ने उत्तर-पश्चिमी सीमा प्रांत में एक इसलामिक राज्य की स्थापना की, जो पाकिस्तान की आत्मा का प्रकटीकरण था।···इस प्रकार उन्नीसवीं सदी के मध्य तक 'पाकिस्तान' और हिंदुस्तान दोनों का अस्तित्व समाप्त हो गया और उनके स्थान पर ब्रिटिश भारत अस्तित्व में आया। (एस.डी.पी.आई., इसलामाबाद स्टडी)
- यद्यपि पाकिस्तान का निर्माण अगस्त 1947 में हुआ, तथापि आज का पाकिस्तान कमोबेश एकल सत्ता के रूप में शताब्दियों तक अस्तित्व में रहा है। (उसी पुस्तक में, पृष्ठ 9–23)

चूँकि मुसलिम शासकों और स्वयं मुसलिम जनता ने भी पाकिस्तान के निर्माण के लिए हजार वर्षों तक संघर्ष किया है, इसलिए 'पाकिस्तान राज्य की प्रकृति' के बारे में कोई संदेह नहीं किया जा सकता है, जिसमें रहने का विद्यार्थियों को सौभाग्य प्राप्त हुआ है। यह एक इसलामिक राज्य है। यह मुसलमानों का इसलाम के लिए राज्य है। समीक्षकों ने निर्देश पर निर्देश दिए हैं, जिनके माध्यम से

सरकारी परिषदें दिशा-निर्देश जारी करती हैं कि पाकिस्तान का यह स्वरूप (प्रकृति) विद्यार्थियों के मन में गहराई तक भर दिया जाना चाहिए—

- बच्चों के मन में इसलामिक पहचान रखने और पाकिस्तानी होने के गौरव की भावना उत्पन्न करना। (राष्ट्रीय बाल शिक्षा पाठ्यक्रम (NECEC), शिक्षा मंत्रालय, पाकिस्तान सरकार, मार्च 2002, पृष्ठ 4)
- विद्यार्थियों के मन में यह भावना उत्पन्न की जाए कि वे एक मुसलिम राष्ट्र के सदस्य हैं; इसलिए इसलामिक परंपरा के अनुसार उन्हें सच्चा, ईमानदार, देशभक्त और जाँबाज मुजाहिद बनना है। (उसी पुस्तक में, पृष्ठ 41)
- पाकिस्तान की आगामी पीढ़ी को शिक्षित और प्रशिक्षित करके सच्चा मुसलमान बनाना। (राष्ट्रीय पाठ्यक्रम, अंग्रेजी (अनिवार्य), ग्यारहवीं एवं बारहवीं कक्षाओं के लिए, मार्च 2002, पृष्ठ 7)
- मुसलमान और खासकर पाकिस्तानी होने में गौरव की भावना का विकास करना। (राष्ट्रीय पाठ्यक्रम, नागरिक शास्त्र, ग्यारहवीं एवं बारहवीं कक्षाओं के लिए, शिक्षा मंत्रालय, पाकिस्तान सरकार, पाठ्यक्रम विभाग, इसलामाबाद, मार्च 2002, पृष्ठ 10)
- (पाठ्य-पुस्तक का उद्देश्य यह सुनिश्चित करना है कि विद्यार्थी) यह जानने में सक्षम हो कि राष्ट्रीय संस्कृति का अर्थ स्थानीय संस्कृति अथवा स्थानीय परंपरा नहीं है, बल्कि इसका अर्थ है—इसलाम द्वारा स्थापित संस्कृति। (पाठ्यक्रम दस्तावेज, प्राथमिक शिक्षा, कक्षाएँ—नर्सरी से पाँचवीं, 1995, पृष्ठ 52)
- हमारा देश है पाकिस्तान। हम अपने देश में रहते हैं। पाकिस्तान एक इसलामिक देश है। यहाँ मुसलमान रहते हैं। मुसलमान अल्लाह की एकेश्वरता में विश्वास रखते हैं। वे अच्छे कार्य करते हैं। (मेरी किताब, दूसरी कक्षा के लिए, पंजाब पाठ्य-पुस्तक परिषद्, लाहौर, 2001, पृष्ठ 36)
- मैं कौन हूँ? मैं एक मुसलमान हूँ। मैं पाकिस्तानी हूँ। मैं अपने देश और उसकी जनता से प्यार करता हूँ।...आप जानते हैं कि आप एक मुसलमान हैं और आपका धर्म इसलाम है। (अंग्रेजी छठी कक्षा के लिए, पंजाब पाठ्य-पुस्तक परिषद्, लाहौर, मार्च 2002, पृष्ठ 35-37)
- जीवन के इसलामिक तौर-तरीकों पर गर्व करें और इसलाम की शिक्षाओं को ग्रहण करने और उन्हें अपने जीवन में उतारने का प्रयत्न करें। (पाठ्यक्रम दस्तावेज, प्राथमिक शिक्षा, कक्षाएँ—नर्सरी से पाँचवीं, 1995, पृष्ठ 48)
- जीवन के इसलामिक सिद्धांतों को अपनाने का प्रयत्न करना चाहिए। (पाठ्यक्रम

दस्तावेज, प्राथमिक शिक्षा, कक्षाएँ—नर्सरी से पाँचवीं, 1995, पृष्ठ 52)

- मसजिदों में सलत बा जमात में भाग लेना, मुएज्जिन और इमाम के प्रति आदर की भावना विकसित करना। (राष्ट्रीय पाठ्यक्रम, पहली से पाँचवीं कक्षा के लिए सामाजिक अध्ययन, शिक्षा मंत्रालय, पाकिस्तान सरकार (पाठ्यक्रम विभाग), इसलामाबाद, मार्च 2002, पृष्ठ 8)
- कुरान का पाठ करें और उसका सम्मान करें। (पाठ्यक्रम दस्तावेज, प्राथमिक शिक्षा, कक्षाएँ—नर्सरी से पाँचवीं, 1995, पृष्ठ 48)
- इसलाम के इतिहास की घटनाओं पर ध्यान दें और उसमें रुचि लें। (पाठ्यक्रम दस्तावेज, पृष्ठ 48)
- जीवन के इसलामिक तौर-तरीकों को अपनाने का प्रयत्न करना चाहिए।
- इसलाम की शिक्षाओं और उसके कार्यों में विश्वास रखें।
- कुरान की शिक्षाओं को समझने के लिए धार्मिक पुस्तकें पढ़ें।
- इसलामिक अथवा राष्ट्रीय परंपराओं का सम्मान करें और दूसरों से भी ऐसा करने का आग्रह करें।
- ···इसलामिक परंपराओं के प्रति प्रेमभाव रखें।
- पाठ्य-पुस्तकों में ऐसे विषयों को पर्याप्त संख्या में शामिल किया जाए, जो इसलाम की महानता···और उसके महत्त्व पर बल देते हैं।
- इसलाम और राष्ट्रीय विषयों पर कार्यक्रम आयोजित करना तथा विद्यार्थियों को इस तरह की कविताओं···आदि याद करने के लिए कहना, जिनमें राष्ट्रीय और इसलामी जज्बात झलकता हो।

'और यह कभी न खत्म होनेवाली सूची है।' आगे और उदाहरण प्रस्तुत करते हुए समीक्षकों ने लिखा है—

- कुरान और इसलाम की शिक्षाओं को पाठ्यक्रम का एक अभिन्न हिस्सा बनाना, जिससे कुराने-पाक के संदेश को शिक्षा तथा प्रशिक्षण दोनों में ग्रहण किया जा सके।
- पाकिस्तान की आनेवाली पीढ़ी को एक सच्चे मुसलमान के रूप में शिक्षित और प्रशिक्षित करना, जो इक्कीसवीं शताब्दी तथा आगामी शताब्दी में ज्ञान, आत्मविश्वास और साहस के साथ प्रवेश करने में सक्षम बन सकें। (राष्ट्रीय पाठ्यक्रम अंग्रेजी (अनिवार्य), ग्यारहवीं एवं बारहवीं कक्षाओं के लिए, मार्च

2002, पृष्ठ 7)

- धर्म के प्रति प्रेम और व्यक्तियों के प्रति सम्मान की भावना उत्पन्न करना।
- ईश्वर (अल्लाह) की एकेश्वरता में विश्वास करना तथा यह मानना कि अल्लाह ने ही इस पूरे ब्रह्मांड की रचना की है।
- इसलाम के तौर-तरीकों को सर्वश्रेष्ठ मानना।
- ईश्वर के सभी दूतों के प्रति श्रद्धा भाव रखना—पैगंबर मुहम्मद साहब, उनके परिवार के सदस्य, उनके साथी, इमाम और नेता तथा उनकी शिक्षाओं को समझकर उन्हें अपने जीवन में उतारने का प्रयत्न करना।
- इसलाम की दुनिया के लिए समभाव कायम रखना।
- नेताओं, पुस्तकों, अन्य धर्मों के पूजा-स्थलों का सम्मान करना।
- जिहाद के महत्त्व के प्रति जागरूक होना और दिल में जिहाद के लिए जज्बा पैदा करना। (उर्दू पाठ्यक्रम (प्रथम एवं द्वितीय भाषा), छठी से आठवीं कक्षाओं के लिए, राष्ट्रीय पाठ्यक्रम एवं पाठ्य-पुस्तक ब्यूरो, शिक्षा मंत्रालय, पाकिस्तान सरकार, इसलामाबाद, 1986, पृष्ठ 13)

यह सबकुछ 'पाकिस्तान की विचारधारा' के रूप में प्रस्तुत किया गया है। यह 'विचारधारा' 'आजादी के बाद की रचना है।' समीक्षकों ने लिखा है, 'जो उन राजनीतिक शक्तियों की गलतियों को सुधारने के लिए तैयार की गई है, जो आरंभ से ही पाकिस्तान के निर्माण के प्रति द्वेष रखती थीं।' वे न्यायमूर्ति मुनीर की प्रसिद्ध रिपोर्ट का हवाला देते हैं कि यह पदबंध (विचारधारा) सन् 1947 से पहले तक बिलकुल भी नहीं जानी जाती थी और इसका प्रयोग पहली बार 1962 में एक विधायक द्वारा किया गया। किंतु अब, निर्देश पर निर्देश जारी करके पाठ्य-पुस्तकों के लेखकों और अध्यापकों के लिए इस 'विचारधारा' को 'यथार्थ' के रूप में स्वीकार करना अनिवार्य कर दिया गया है और साथ ही इसपर किसी प्रकार की बहस अथवा विवाद वर्जित कर दिया गया है; इसे 'विवादित और बहस के योग्य नहीं बनाया जाना चाहिए।' यह निर्देश जारी किया गया है कि पाठ्य-पुस्तकें और अध्यापन ऐसे होने चाहिए कि 'पाकिस्तान की विचारधारा युवा पीढ़ी में पूरी तरह व्याप्त हो जाए।' पाठ्य-पुस्तकें और अध्यापक 'पाकिस्तान की विचारधारा को महिमामंडित करते हुए उसकी व्याख्या करनेवाले होने चाहिए; विद्यार्थियों को···के संरक्षण में रुचि लेनी चाहिए; उसे 'इसलाम तथा पाकिस्तान के मत को समझना चाहिए और उसे दिल की गहराई में उतार लेना चाहिए; विद्यार्थियों को पाकिस्तान

की विचारधारा के प्रति 'प्रेम', 'गहरा प्रेम' दिखाना चाहिए; निबंधों-पाठों की रचना और संपादन इसलाम तथा पाकिस्तान की विचारधारा के प्रचार के दृष्टिकोण से किया जाना चाहिए…।' (एस.डी.पी.आई., इसलामाबाद स्टडी)

अब, समीक्षकों का उद्धरण, 'पाकिस्तान की विचारधारा पर जोर देने के साथ-साथ भारत और हिंदुओं के प्रति नफरत की भावना पर भी जोर दिया गया है।' समीक्षकों ने आगे लिखा है, 'पाकिस्तान की शैक्षिक सामग्री में नफरत के लिए भारत और हिंदुओं को निशाना बनाया गया है, साथ ही एक 'दुश्मन' देश से असुरक्षा की भावना तथा 'उसके' समक्ष अपने देश की राष्ट्रीय पहचान को परिभाषित करने का प्रयास किया गया है।'

- उर्दू, कक्षाएँ—9-10, पंजाब पाठ्य-पुस्तक परिषद्, लाहौर, मई 2002
  - * नजरिया-ए-पाकिस्तान (पाकिस्तान की विचारधारा) पृष्ठ संख्या 8-20—
    - (अ) जब अंग्रेज व्यापारी के रूप में आकर यहाँ (धीरे-धीरे) अपना शासन स्थापित करने लगे तो ऊँची जाति के हिंदुओं ने इसमें प्रत्यक्ष अथवा अप्रत्यक्ष रूप से उनका सहयोग किया। सिराजुद्दौला और टीपू सुलतान की पराजय में हिंदुओं का बहुत बड़ा हाथ था।
    - (ब) बहादुरशाह जफर की हार और सन् 1857 के स्वतंत्रता संग्राम के बाद अंग्रेजों व हिंदुओं के मध्य सहयोग और अधिक बढ़ गया, क्योंकि दोनों ही मुसलमानों से घृणा करते थे।
  - * अंग्रेजों का शासन स्थापित होते ही हिंदुओं ने अंग्रेजी भाषा सीखनी शुरू कर दी और अंग्रेजी साम्राज्य को मजबूत बनाने में औजार का काम करने लगे तथा उसके साथ-साथ ही मुसलमानों के प्रति अपनी पुरानी नफरत को जगाना जारी रखा। इस प्रकार उन्होंने मुसलमानों को सदैव के लिए अपना गुलाम बनाने की योजना तैयार कर ली।
- उर्दू, पाँचवीं कक्षा के लिए, पंजाब पाठ्य-पुस्तक परिषद्, लाहौर, मई 2002, पृष्ठ 108—
  - * वे (मुसलमान) यह जानते थे कि हिंदू हमेशा ही उनके दुश्मन रहे हैं। (वे यह भी जानते थे कि) यदि यहाँ उनका शासन स्थापित हो जाता है तो वे (मुसलमान) इसलाम के उसूलों के अनुसार अपनी जिंदगी गुजारने के लिए आजाद नहीं रह सकेंगे; और अंग्रेजों की गुलामी से छुटकारा पाने के बाद मुसलमान हिंदुओं की गुलामी में बँध जाएँगे।

समीक्षक लगातार इस सामग्री से भरे हुए अनुच्छेद पर अनुच्छेद से रू-बरू होते जाते हैं, जिसे वे 'नफरत की सामग्री' की संज्ञा देते हैं—

- हिंदू शुरू से ही इसलाम के दुश्मन रहे हैं। (उर्दू, पाँचवीं कक्षा के लिए, पंजाब पाठ्य-पुस्तक परिषद्, लाहौर, मार्च 2002, पृष्ठ 108)
- दिल्ली के सुलतान धार्मिक मामलों में अत्यधिक सहिष्णु थे। उन्होंने गैर-मुसलिम लोगों को कभी इसलाम धर्म स्वीकार करने के लिए बाध्य नहीं किया। हिंदुओं ने मुसलमानों की उदारता के कारण ही इसलाम धर्म स्वीकार किया।
- (बंदी बनाए गए एक भारतीय, संभवतः हिंदू पायलट के बारे में एक कहानी—'दुश्मन पायलट' के बारे में समीक्षकों ने विवरण प्रस्तुत किया है) उसे बस यही सिखाया गया था—मुसलमानों पर कभी दया मत दिखाओ, पड़ोसी मुसलमान को लगातार तंग करते रहो, उन्हें इस हद तक कमजोर बना दो कि उन्हें अपनी आजादी के बारे में कुछ भी याद न रह जाए, और दुश्मन को मिटाना ही बेहतर होता है। उसे याद था कि हिंदू अपनी देवी काली को प्रसन्न करने के लिए अन्य धर्मों के निर्दोष लोगों की बलि चढ़ाते थे और वे हर किसी को अछूत ही मानते थे। वह जानता था कि उसके देश भारत ने पाकिस्तानी मुसलमानों का खून बहाने और समूचे उपमहाद्वीप पर शासन करने के उद्देश्यों से पाकिस्तान पर रात के सन्नाटे में आक्रमण किया था। (उर्दू, छठी कक्षा के लिए, पंजाब पाठ्य-पुस्तक परिषद्, लाहौर, मार्च 2002, पृष्ठ 221)
- हिंदू प्राचीन सिंधु घाटी के लोगों के साथ बहुत बुरा बरताव करते थे। उन्होंने जबरदस्ती उनकी भूमि पर कब्जा कर लिया था। वे उनके घरों में आग लगाकर उन्हें जिंदा जला देते थे। जो हिंदुओं के इन अत्याचारों से बचे, उन्हें गुलाम बना लिया गया। प्राचीन उपमहाद्वीप के लोगों को पराजित करके हिंदू आपस में ही लड़ने लगे। (धीरे-धीरे) वे अलग-अलग जातियों में बँट गए। वे दूसरी जाति के लोगों से विवाह नहीं करते थे और न ही उनके साथ बैठकर खाना खाते थे।...हिंदू एक ईश्वर में विश्वास नहीं रखते थे। वे अपने मंदिरों में अनेक मूर्तियाँ रखते थे। (सामाजिक अध्ययन, पाँचवीं कक्षा के लिए, पंजाब पाठ्य-पुस्तक परिषद्, लाहौर, 1987, पृष्ठ 1-2)
- शुरू से ही अवसरवादी बने रहनेवाले हिंदुओं ने अंग्रेजों के साथ सहयोग किया था। (सामाजिक अध्ययन, छठी कक्षा के लिए, पंजाब पाठ्य-पुस्तक परिषद्, लाहौर, मार्च 2002, पृष्ठ 141)

- हिंदुओं ने ब्रिटिश शासन की प्रशंसा की और अपने भाषणों में उसे लाभदायक बताया।
- कांग्रेस में हिंदुओं की पहुँच बहुत ऊँची थी और उन्होंने अंग्रेजों के साथ अच्छे संबंध स्थापित किए। इस दल (कांग्रेस) ने हिंदुओं के हितों की रक्षा के लिए ही संघर्ष किया। धीरे-धीरे यह एक विशुद्ध हिंदू संगठन बन गई। कांग्रेस के ज्यादातर सदस्य उपमहाद्वीप में मुसलमानों की उपस्थिति तक बरदाश्त नहीं कर पाते थे। वे माँग करने लगे कि मुसलमान या तो हिंदू धर्म स्वीकार कर लें या फिर देश छोड़कर चले जाएँ।
- यह (कांग्रेस) सरकार के इतने करीब थी कि वह सरकार को मुसलमानों के हित का कोई भी काम नहीं करने देती थी। बंगाल-विभाजन इसका एक उदाहरण माना जा सकता है। (सामाजिक अध्ययन, छठी कक्षा के लिए, पंजाब पाठ्य-पुस्तक परिषद्, लाहौर, मार्च 2002, पृष्ठ 143)
- ···लेकिन हिंदुओं ने बहुत ही चालाकी से अंग्रेजों को इस विश्वास में ले लिया कि (सन् 1857 के) विद्रोह के लिए पूरी तरह से मुसलमान ही जिम्मेदार थे। (सामाजिक अध्ययन, आठवीं कक्षा के लिए, पंजाब पाठ्य-पुस्तक परिषद्, लाहौर, मार्च 2002, पृष्ठ 90)
- अंग्रेजों ने (मुसलमानों की) सारी भूमि जब्त करके उसे हिंदुओं को दे दी। (सामाजिक अध्ययन, आठवीं कक्षा के लिए, पंजाब पाठ्य-पुस्तक परिषद्, लाहौर, मार्च 2002, पृष्ठ 91) [समीक्षकों की टिप्पणी है, 'इस तथ्य—सभी बड़े-बड़े सामंत, जिन्होंने बाद में पाकिस्तान का स्वरूप तैयार किया, वे मुसलमान ही थे—के बावजूद ऐसा कहा जा रहा है।]
- दिसंबर 1885 में एक अंग्रेज मि. ह्यूम ने···एक राजनीतिक दल कांग्रेस का गठन किया, जिसका उद्‍देश्य हिंदुओं को राजनीतिक रूप से संगठित करना था। (सामाजिक अध्ययन, आठवीं कक्षा के लिए, पंजाब पाठ्य-पुस्तक परिषद्, लाहौर, मार्च 2002, पृष्ठ 94)
- इसलिए कांग्रेस और हिंदुओं को खुश करने के लिए अंग्रेज सरकार ने राजनीतिक सुधारों की घोषणा की। मुसलमानों को मत देने का अधिकार नहीं दिया गया था। हिंदू मतदाता कभी किसी मुसलिम प्रत्याशी को अपना मत नहीं देते थे, इसलिए···। (सामाजिक अध्ययन, आठवीं कक्षा के लिए, पंजाब पाठ्य-पुस्तक परिषद्, लाहौर, मार्च 2002, पृष्ठ 94-95) [समीक्षकों की टिप्पणी है, 'यह पूरी तरह से तोड़-मरोड़कर प्रस्तुत की गई और निरा झूठ बात है कि मुसलिमों

को मत देने का अधिकार नहीं था।']

- नेहरू रिपोर्ट से हिंदुओं की मानसिकता प्रकट होती है। (सामाजिक अध्ययन, आठवीं कक्षा के लिए, पंजाब पाठ्य-पुस्तक परिषद्, लाहौर, मार्च, 2002, पृष्ठ 102)
- कायदे आजम ने हिंदुओं की 'चालों' को भाँप लिया था। (सामाजिक अध्ययन, सातवीं कक्षा के लिए, पंजाब पाठ्य-पुस्तक परिषद्, लाहौर, पृष्ठ 51)
- कांग्रेस के शासन को हिंदुओं ने हिंदू शासन घोषित किया और मुसलमानों को आतंकित करना शुरू कर दिया। (सामाजिक अध्ययन, आठवीं कक्षा के लिए, पाठ्य-पुस्तक परिषद्, लाहौर, मार्च 2002, पृष्ठ 104)
- (कांग्रेस के शासन के दौरान) हिंदू गुंडों ने सरकार की ओर से मुसलमानों को मारना और उनकी संपत्ति को जलाना शुरू कर दिया (सामाजिक अध्ययन, आठवीं कक्षा के लिए, पंजाब पाठ्य-पुस्तक परिषद् लाहैर, मार्च 2002, पृष्ठ 104-5)
- हिंदुओं की इच्छा सदैव ही मुसलिम राष्ट्र को कुचलने की रही है। मुसलिम सभ्यता और संस्कृति को मिटाने के लिए हिंदुओं द्वारा अनेक बार प्रयास किए गए। हिंदी-उर्दू विवाद और 'शुद्धि' तथा 'संगठन' आंदोलन हिंदुओं की दूषित मानसिकता के उदाहरण हैं। (एम. इकरम रब्बानी एवं मोनावर अली सईद, 'एन इंट्रोडक्शन टु पाकिस्तान स्टडीज', द कारवाँ बुक हाउस, लाहौर, 1995, पृष्ठ 12)
- मुसलिम राष्ट्र को मिटाने के लिए हिंदुओं की सहायता से अंग्रेजों ने मुसलमानों के निर्वासन की क्रूरतापूर्ण नीति अपनाई।
- मुसलमानों के खिलाफ अंग्रेजों ने व्यापक पैमाने पर नर-संहार की नीति अपनाई।
- मुसलिम अल्पसंख्यक प्रांतों में मुसलमानों को बहुसंख्यक हिंदुओं के अत्याचार सहने पड़े।
- (मुसलमानों को) अपने धर्म के प्रचार की अनुमति नहीं थी।
- मुसलिमों और उनकी संस्कृति पर हिंदू राष्ट्रवाद थोपा जा रहा था।
- अखिल भारतीय कांग्रेस ने एक विशुद्ध हिंदू संगठन का रूप ले लिया।
- कांग्रेस संयुक्त भारत की छवि दिखाने के लिए संघर्षरत थी, जिसका मुख्य उद्देश्य मुसलमानों को भारतीय समाज से बाहर करना था।
- दो हिंदू संगठन (कांग्रेस और महासभा) मुसलमानों पर शासन करने और उन्हें

हमेशा के लिए गुलाम बनाने के लिए मुसलमानों के राष्ट्रीय चरित्र को बरबाद करने में लगे थे। (राष्ट्रीय पाठ्यक्रम, अंग्रेजी (अनिवार्य), ग्यारहवीं एवं बारहवीं कक्षाओं के लिए, मार्च 2002, पृष्ठ 6, 13, 31, 45, 7, 25, 8, 46, 48, 50)

- जहाँ मुसलमानों ने पाकिस्तान छोड़कर जाने की इच्छा रखनेवाले (हिंदुओं) को हर तरह की सहायता उपलब्ध कराई, वहाँ भारत के लोगों ने मुसलिम (शरणार्थियों) के साथ बर्बरतापूर्ण व्यवहार किया। उन्होंने मुसलमानों को ले जानेवाली बसों, ट्रकों और रेलगाड़ियों पर हमला किया तथा लूटमार की। (राष्ट्रीय बाल शिक्षा पाठ्यक्रम (NECEC), शिक्षा मंत्रालय, पाकिस्तान सरकार, मार्च 2005, पृष्ठ 85)
- पाकिस्तान में बस रहे हिंदुओं के साथ अच्छा व्यवहार किया जा रहा था, जबकि भारत में मुसलिम प्रवासियों के साथ अत्यंत अमानवीय व्यवहार किया गया। (सामाजिक अध्ययन, पाँचवीं कक्षा के लिए, पंजाब पाठ्य-पुस्तक परिषद्, लाहौर, पृष्ठ 85)
- क्रिप्स मिशन के बाद कांग्रेस ने 'भारत छोड़ो' का नारा बुलंद किया, जिसका अर्थ था कि अंग्रेज भारत छोड़ दें और सत्ता हिंदुओं के हाथ में सौंप दें। (सामाजिक अध्ययन, आठवीं कक्षा के लिए, पंजाब पाठ्य-पुस्तक परिषद्, लाहौर, मार्च 2002, पृष्ठ 110)
- सन् 1965 के युद्ध के बाद भारत ने बंगाल के हिंदुओं के साथ मिलकर एक चाल चली और वह बंगालियों में पश्चिमी पाकिस्तान के प्रति नफरत फैलाने में कामयाब हो गया; और अंत में उसने दिसंबर 1971 में पूर्वी पाकिस्तान पर स्वयं हमला कर दिया; इस प्रकार पूर्वी और पश्चिमी पाकिस्तान एक-दूसरे से अलग हो गए। (सामाजिक अध्ययन [उर्दू में], पाँचवीं कक्षा के लिए, पंजाब पाठ्य-पुस्तक परिषद्, लाहौर, पृष्ठ 112)
- अंग्रेजों ने भारत को जीतने के अपने उद्देश्य में हिंदुओं को अपने साथ मिला लिया। इससे हिंदू बहुत खुश हुए, क्योंकि वे मुसलिम शासन नहीं चाहते थे। दूसरी ओर, अंग्रेजों ने बड़ी चालाकी से कुछ मुसलमानों को रिश्वत देकर उन्हें अन्य मुसलमानों के खिलाफ और अपने पक्ष में कर लिया।...इन षड्यंत्रों और चालों के बल पर ही अंग्रेज भारत पर शासन करने में कामयाब हो सके। (सामाजिक अध्ययन, पाँचवीं कक्षा के लिए, पंजाब पाठ्य-पुस्तक परिषद्, लाहौर, 1987, पृष्ठ 89)
- हिंदुओं ने अंग्रेजों के साथ साँठ-गाँठ करके उन्हें अपने विश्वास में ले लिया।

इसके बदले में अंग्रेजों ने हिंदुओं के लिए अपनी सेवाओं के द्वार खोल दिए और उन्हें व्यावसायिक तथा राजनीतिक छूट दे दी। परिणामस्वरूप हिंदू जीवन के हर क्षेत्र में प्रगति करने लगे, जबकि मुसलमानों का राष्ट्रीय जीवन अपनी जीवनी शक्ति खो बैठा और धीरे-धीरे उसे निराशा ने घेर लिया। (पाकिस्तान अध्ययन, नौवीं एवं दसवीं कक्षाओं के लिए, बलूचिस्तान पाठ्य-पुस्तक परिषद्, क्वेटा, 2002, पृष्ठ 19)

- हिंदुओं ने अपने व्याख्यानों में ब्रिटिश शासन की खुलकर प्रशंसा की।
- उर्दू-हिंदी विवाद के साथ-साथ हिंदुओं ने कई सारे मुसलिम-विरोधी आंदोलन चलाए। सन् 1877 में दक्षिण भारत में आर्यसमाज द्वारा मचाई गई चीख-पुकार हिंदू मानसिकता का स्पष्ट संकेत थी। सर सैयद अहमद खाँ पूरी तरह समझ चुके थे कि हिंदू मुसलमानों की अमूल्य सांस्कृतिक धरोहर को नष्ट करना चाहते थे, ताकि वे अपनी अलग पहचान खो दें। (पाकिस्तान अध्ययन, नौवीं एवं दसवीं कक्षाओं के लिए, बलूचिस्तान पाठ्य-पुस्तक परिषद्, क्वेटा, 2002, पृष्ठ 23)
- इससे सर सैयद अहमद खाँ को गहरा आघात लगा। उर्दू को नष्ट करके हिंदू मुसलिम सभ्यता एवं संस्कृति को बरबाद करना चाहते थे। हिंदुओं की इस शत्रुता से सर सैयद यह समझ गए कि सम्मानपूर्वक जीवन व्यतीत करने के लिए मुसलमानों को एक अलग राज्य का दावा करना चाहिए। उनका विचार था कि हिंदुओं की बराबरी करने के लिए मुसलमानों को पाश्चात्य शिक्षा ग्रहण करना जरूरी है। (सामाजिक अध्ययन, छठी कक्षा के लिए, पंजाब पाठ्य-पुस्तक परिषद्, लाहौर, जनवरी 2002, पृष्ठ 142)

अब बात आती है व्यावहारिक विषय की। पाकिस्तान के एक इसलामिक राष्ट्र होने के नाते उसके प्रत्येक विद्यार्थी को यह शिक्षा दी जानी चाहिए कि वह इसलाम के सिद्धांतों पर चले, ऐसा निर्देश है सरकारी शिक्षा परिषदों का। उसे शिक्षा दी जानी चाहिए कि इसलाम में आवश्यक स्तंभों में भी प्रमुख स्तंभ है जिहाद। जिहाद और शहादत के लिए जज्बात पैदा करने की खास जरूरत है, क्योंकि पाकिस्तान इसलाम का गढ़ होने के कारण भारत, विशेषकर हिंदुओं, के निशाने पर है।

समीक्षकों ने कई निर्देशों और ऐसे 'क्रिया-कलापों' का हवाला दिया है, जिनमें संलग्न करके विद्यार्थियों में जिहाद और शहादत के लिए जज्बा भरना है।

समीक्षकों के अनुसार, 'इसलामीकरण से पहले के पाठ्यक्रमों और पाठ्य-पुस्तकों में इनका कोई उल्लेख नहीं है तथा सन् 1979 के बाद के पाठ्यक्रम एवं पाठ्य-पुस्तकों में जिहाद एवं शहादत को महिमामंडित किया गया है तथा विद्यार्थियों से मुजाहिद और शहीद बनने का आग्रह किया गया है…।' उदाहरण के तौर पर वे प्रस्तुत करते हैं—

- शिक्षा (ज्ञान) का उद्देश्य—जीवन के प्रत्येक क्षेत्र में जिहाद के महत्त्व को स्वीकार करना। (राष्ट्रीय पाठ्यक्रम, कक्षाएँ—एक-पाँच, शिक्षा मंत्रालय, पाकिस्तान सरकार [पाठ्य चर्चा विभाग], इसलामाबाद, मार्च 2002, पृष्ठ 34)
- शिक्षा का उद्देश्य : जिहाद के महत्त्व और उसके लाभों से परिचित होना (उर्दू पाठ्यक्रम, (अनिवार्य, वैकल्पिक एवं सरल पाठ्यक्रम), नौवीं एवं दसवीं कक्षाओं के लिए, राष्ट्रीय पाठ्यक्रम एवं पाठ्य-पुस्तक ब्यूरो, शिक्षा मंत्रालय, इसलामाबाद, 1988, पृष्ठ 8)
- जिहाद के महत्त्व से परिचित होना तथा दिल में जिहाद के लिए जज्बा पैदा करना। (उर्दू पाठ्यक्रम (प्रथम एवं द्वितीय भाषा), छठी से आठवीं कक्षा के लिए, राष्ट्रीय पाठ्यक्रम एवं पाठ्य-पुस्तक ब्यूरो, शिक्षा मंत्रालय, पाकिस्तान सरकार, इसलामाबाद, 1986, पृष्ठ 13)
- धारणा : जिहाद; प्रभावी लक्ष्य : जिहाद के लिए जज्बा। (सामाजिक अध्ययन पाठ्यक्रम, छठी-आठवीं कक्षाओं के लिए, राष्ट्रीय पाठ्यक्रम समिति, राष्ट्रीय पाठ्यक्रम एवं पाठ्य-पुस्तक ब्यूरो, इसलामाबाद, 1984, पृष्ठ 16)
- जिहाद, तबलीग (धर्मांतरण), शहादत, त्याग, गाजी, शहीद…के प्रति प्रेम एवं आकांक्षा। (सामाजिक अध्ययन, पाठ्यक्रम, छठी से आठवीं कक्षाओं के लिए, राष्ट्रीय पाठ्यक्रम समिति, राष्ट्रीय पाठ्यक्रम एवं पाठ्य-पुस्तक ब्यूरो, इसलामाबाद, 1984, पृष्ठ 21)
- जिहाद की प्रेरणा देने के लिए सरल कहानियाँ। (पाठ्यक्रम दस्तावेज, प्राथमिक शिक्षा, कक्षाएँ—नर्सरी से पाँचवीं, 1995, पृष्ठ 56)
- क्रिया-कलाप 4 : जिहाद और शहादत पर भाषण तैयार करना। (पाठ्यक्रम दस्तावेज, प्राथमिक शिक्षा, कक्षाएँ—नर्सरी से पाँचवीं, 1995, पृष्ठ 154)
- जिहाद पर भाषण तैयार करना। (राष्ट्रीय पाठ्यक्रम, पहली से पाँचवीं कक्षाओं के लिए, सामाजिक अध्ययन, शिक्षा मंत्रालय (पाठ्यक्रम विभाग), पाकिस्तान सरकार, इसलामाबाद, मार्च 2002, पृष्ठ 33)
- मूल्यांकन : जिहाद, मुसलिम इतिहास एवं संस्कृति पर भाषण देते समय उनकी

भावनाओं का परीक्षण करना। (राष्ट्रीय पाठ्यक्रम, पहली से पाँचवीं कक्षाओं के लिए सामाजिक अध्ययन, शिक्षा मंत्रालय (पाठ्यक्रम विभाग), पाकिस्तान सरकार, इसलामाबाद, मार्च 2002, पृष्ठ 35)

- अवधारणाएँ : जिहाद, अमर बिल मरूफ़ और नबी अनिल मुंकार। (राष्ट्रीय पाठ्यक्रम, पहली से पाँचवीं कक्षाओं के लिए सामाजिक अध्ययन, शिक्षा मंत्रालय (पाठ्यक्रम विभाग), पाकिस्तान सरकार, इसलामाबाद, मार्च 2002, पृष्ठ 34)
- जिहाद का महत्त्व। (राष्ट्रीय पाठ्यक्रम, पहली से पाँचवीं कक्षाओं के लिए सामाजिक अध्ययन, शिक्षा मंत्रालय (पाठ्यक्रम विभाग), पाकिस्तान सरकार, इसलामाबाद, मार्च 2002, पृष्ठ 34)
- प्रभावी लक्ष्य : पाकिस्तान की विचारधारा की अवधारणा, मुसलिम उम्मा और जिहाद। (राष्ट्रीय पाठ्यक्रम, पहली से पाँचवीं कक्षाओं के लिए सामाजिक अध्ययन, शिक्षा मंत्रालय (पाठ्यक्रम विभाग), पाकिस्तान सरकार, इसलामाबाद, मार्च 2002, पृष्ठ 35)
- कहानियाँ : 8 पाठ; लोककथाएँ (पौराणिक, नैतिक, इसलामिक, यात्रा और जिहादी)। (उर्दू पाठ्यक्रम (प्रथम भाषा), चौथी एवं पाँचवीं कक्षाओं के लिए, राष्ट्रीय पाठ्यक्रम एवं पाठ्य-पुस्तक ब्यूरो, शिक्षा मंत्रालय, पाकिस्तान सरकार, इसलामाबाद, मार्च 2002, पृष्ठ 18)
- पाँचवीं कक्षा उत्तीर्ण कर लेने पर बच्चा सक्षम होगा—
  * हिंदू-मुसलिम मतभेदों तथा इस संबंध में पाकिस्तान के लिए जरूरत के बारे में समझने में;
  * पाकिस्तान के खिलाफ काम कर रही ताकतों को पहचानने में;
  * अल्लाह के डर की व्याख्या करने में;
  * पाकिस्तान की सुरक्षा, अखंडता और विचारधारा के बारे में विस्तार से जानने में।
- विषय, विषय सामग्री एवं क्रिया-कलाप—
  * विषय 1 : हिंदू और मुसलिम मतभेदों को समझना तथा पाकिस्तान की तात्कालिक जरूरत का एहसास करना।
  * सामग्री 1 : संस्कृति से संबंधित हिंदू-मुसलिम मतभेद।
  * सामग्री 3 : पाकिस्तान की विचारधारा।
  * सामग्री 4 : पाकिस्तान के प्रति भारत की दुर्भावना (भारत के साथ तीन लड़ाइयाँ)।
  * क्रिया-कलाप 4 : जिहाद और शहादत पर भाषण तैयार करना।
  * क्रिया-कलाप 5 : मुसलिम इतिहास एवं संस्कृति पर प्रसारित होनेवाले विशेष

कार्यक्रमों को ध्यान से सुनना।

* क्रिया-कलाप 6 : समागम की प्रार्थनाओं में भाग लेना।
* क्रिया-कलाप 7 : इसलामिक गणतंत्र और मुसलिम भाईचारा पर भाषण करना।
* महत्त्वपूर्ण व्यक्तित्व : विषय सामग्री : मुहम्मद-बिन-कासिम, महमूद गजनवी, शाह वलीउल्ला, सैयद जमालुद्दीन अफगानी, मौलाना ओबैदुल्ला सिंधी, अहमद शाह अब्दाली···। (पाठ्यक्रम दस्तावेज, प्राथमिक शिक्षा, पाँचवीं कक्षा के लिए, 1995, पृष्ठ 151, 154, 160, 164)

पहली से पाँचवीं कक्षाओं हेतु सामाजिक अध्ययन के लिए शिक्षा मंत्रालय (पाठ्यक्रम विभाग), इसलामाबाद द्वारा जारी राष्ट्रीय पाठ्यक्रम में 'ज्ञान संबंधी विषय', 'हिंदू-मुसलिम मतभेदों के प्रति जानकारी का विकास तथा पाकिस्तान की तात्कालिक आवश्यकता के बारे में जानकारी', 'अवधारणाएँ' के अंतर्गत यह बल दिया गया है कि विद्यार्थियों को 'पाकिस्तान की विचारधारा; मुसलमान उम्मा; जिहाद को अपनाना चाहिए।' 'विषय सामग्रियों' के अंतर्गत 'संस्कृति के संबंध में हिंदू-मुसलिम मतभेदों; पाकिस्तान की विचारधारा; पाकिस्तान के खिलाफ भारत की चाल; पाकिस्तान की सुरक्षा की आवश्यकता' को शामिल किया जाना चाहिए; 'क्रिया-कलापों,' जिनमें विद्यार्थियों को संलग्न करना है—'पाकिस्तान की विचारधारा तथा कश्मीर मसले पर सामूहिक चर्चा में भाग लेना; सभाओं-समागमों में भाग लेना; जिहाद पर भाषण तैयार करना।' 'शिक्षा का उद्देश्य' के अंतर्गत पाठ्य-पुस्तकों और अध्यापकों को यह सुनिश्चित करना है कि—

- विद्यार्थियों को हिंदू-मुसलिम मतभेदों से संबंधित घटनाओं की जानकारी हो सके, जिसके कारण अंततः पाकिस्तान (एक इसलामिक देश के रूप में) उभरकर सामने आया।
- एक पाकिस्तानी के व्यवहार और कार्य के तौर-तरीकों का ज्ञान हो, जिससे पाकिस्तान की विचारधारा को सँजोकर रखा जा सके।
- विद्यार्थी कश्मीर मसले के बारे में विस्तार से समझ सकें।
- सन् 1956 (सन् 1956 की लड़ाई के बारे में समीक्षकों की प्रश्नसूचक टिप्पणी—'???'), 1965, 1971 की लड़ाइयों में भारत की भूमिका का मूल्यांकन कर सके।

किस आधार पर विद्यार्थियों का मूल्यांकन किया जाना है—इस संबंध में

उनका मूल्यांकन करनेवाले अध्यापकों को निर्देश है, 'जिहाद, मुसलिम इतिहास एवं संस्कृति पर भाषण देते समय उनकी भावनाओं को परखना।'

ध्यान रखें—ये निर्देश पहली से पाँचवीं कक्षा तक के बच्चों के संबंध में हैं।

राष्ट्रीय पाठ्यक्रम समिति, राष्ट्रीय पाठ्यक्रम एवं पाठ्य-पुस्तक ब्यूरो द्वारा प्रकाशित। छठी से आठवीं तक की कक्षाओं के लिए सामाजिक अध्ययन पाठ्यक्रम में 'अवधारणाएँ' के अंतर्गत 'जिहाद' को सूचीबद्ध किया गया है, जिसके लिए विद्यार्थियों को तैयार किया जाना है। 'प्रभावी उद्देश्य' के अंतर्गत पाठ्य-पुस्तकों और अध्यापकों का कर्तव्य निश्चित किया गया है, 'जिहाद के लिए जज्बा भरना।'

छठी से आठवीं कक्षाओं के लिए उर्दू पाठ्यक्रम में 'उर्दू शिक्षा के उद्देश्यों' के अंतर्गत एक उद्देश्य यह बताया गया है—

> जिहाद के महत्त्व और उसकी आवश्यकता के प्रति जागरूक होना और दिल में जिहाद के लिए जज्बा भरना।

और भी—भाषा-पाठन का उद्देश्य 'पाकिस्तान की विचारधारा के संरक्षण और देश के प्रति प्रेम का भाव जाग्रत् करना' है; और अंततः इसका उद्देश्य है विद्यार्थियों में 'यह विश्वास भरना कि पाकिस्तान इसलाम की विचारधारा और संस्कृति की रक्षा के लिए अस्तित्व में आया…;' और उन्हें इस सच्चाई से अवगत कराना कि 'पाकिस्तान की ताकत का आधार इसलाम ही है।'

नौवीं एवं दसवीं कक्षाओं के लिए उर्दू पाठ्यक्रम में निर्देश है कि पाठ्य-पुस्तकों और अध्यापकों को यह सुनिश्चित करना चाहिए कि विद्यार्थी 'मुसलिम समुदाय से प्रेम करें; जिहाद के फायदों से परिचित हों… ।'

चौथी एवं पाँचवीं कक्षाओं के लिए उर्दू पाठ्यक्रम में निर्देश है कि विद्यार्थियों के सामने 'सरल कहानियों' के माध्यम से 'जिहाद के बारे में उदाहरण प्रस्तुत किए जाएँ।' (पाठ्यक्रम दस्तावेज, प्राथमिक शिक्षा, कक्षाएँ—नर्सरी से पाँचवीं, 1995, उर्दू पाठ्यक्रम, चौथी एवं पाँचवीं कक्षाओं के लिए, पृष्ठ 56)

'क्रिया-कलाप' के अंतर्गत—

> उद्देश्य, विषय सामग्री और क्रिया-कलाप
>
> क्रिया-कलाप 4 : जिहाद और शहादत पर भाषण देना (उसी प्रकार में पृष्ठ 154)।

इसमें निर्देश है कि विद्यार्थियों को महत्त्वपूर्ण व्यक्तित्वों के बारे में जानकारी दी जाए : मुहम्मद-बिन-कासिम, महमूद गजनवी (उसी पुस्तक में पृष्ठ 164)

राष्ट्रीय पाठ्यक्रम, पहली से पाँचवीं कक्षाओं के लिए सामाजिक अध्ययन (शिक्षा मंत्रालय (पाठ्यक्रम विभाग), पाकिस्तान सरकार, इसलामाबाद, मार्च 2002, पृष्ठ 34) में विषयवस्तु की सूची है—

अवधारणा : जिहाद

विषयवस्तु : जिहाद का महत्त्व।

उर्दू पाठ्यक्रम (प्रथम भाषा), चौथी एवं पाँचवीं कक्षाओं के लिए, (राष्ट्रीय) पाठ्यक्रम एवं पाठ्य-पुस्तक ब्यूरो, शिक्षा मंत्रालय, पाकिस्तान सरकार, इसलामाबाद, मार्च 2002, पृष्ठ 3) में निम्न विषय शामिल किए गए हैं—

- अवधारणा : जिहाद

  क्रिया-कलाप : जिहाद पर भाषण तैयार करना।

  शिक्षा का उद्देश्य : सन् 1948, 1965, 1971 की लड़ाई में भारत की भूमिका का मूल्यांकन।

  मूल्यांकन : जिहाद पर भाषण देते समय उनके भावों की परख। 'मुसलिम इतिहास एवं संस्कृति' के अंतर्गत निर्देश दिया गया है कि विद्यार्थियों को पढ़ाया जाए—

- अवधारणा : जिहाद

  विषयवस्तु : मुहम्मद-बिन-कासिम, महमूद गजनवी।

  इस निर्देश के द्वारा जिस 'राष्ट्रीय लक्ष्य' की प्राप्ति की जानी है, उसकी घोषणा इस प्रकार की गई है—

> विद्यार्थियों में यह भाव उत्पन्न करना कि वे इसलामिक मिल्लत के सदस्य हैं। अत: इसलाम की परंपरा के अनुसार उन्हें सच्चा, ईमानदार, देशभक्त तथा जनसेवक और जाँबाज मुजाहिद बनना चाहिए।

छठी-आठवीं कक्षाओं में पहुँचने पर विद्यार्थी के पाठ्यक्रम में निर्देश होता है कि उसके मन में जिहाद के साथ-साथ शहादत के लिए भी जज्बात भरे, जाएँ। (उर्दू पाठ्यक्रम (प्रथम एवं द्वितीय भाषा), छठी से आठवीं कक्षाओं के लिए,

राष्ट्रीय पाठ्यक्रम एवं पाठ्य-पुस्तक ब्यूरो, शिक्षा मंत्रालय, पाकिस्तान सरकार, इसलामाबाद, 1986, पृष्ठ 38)। इसमें निर्देश है कि उर्दू पढ़नेवाले विद्यार्थी 'जिहाद के महत्त्व से परिचित हों और वे अपने दिल में जिहाद के लिए जज्बा पैदा करें।' (उसी पुस्तक में, पृष्ठ 13)

पाठ्यक्रम में सामाजिक अध्ययन को शामिल करने के साथ ही ये सभी विषय उसके अंतर्गत निर्धारित कर दिए गए हैं।

समीक्षकों ने परिणामों की एक बानगी पेश की है—

- सामाजिक अध्ययन, चौथी कक्षा के लिए—पाकिस्तान पाठ्य-पुस्तक भंडार, लाहौर, लेखक—मुहम्मद तारिक मलिक, पाक पब्लिशर्स, उर्दू बाजार, लाहौर—

  पृष्ठ 112-13 : भारत और हिंदू कितने बुरे हैं; (स्वयं) सारी लड़ाइयाँ शुरू की हैं; किस प्रकार मुसलमानों ने बहादुरी से लड़ते हुए उन्हें हटाया।

- सामाजिक अध्ययन, सातवीं कक्षा के लिए, पंजाब पाठ्य-पुस्तक परिषद्, लाहौर, जनवरी 2002—

  पृष्ठ 22 : युद्ध और विस्तारवाद को बढ़ावा दिया गया है, 'अपने विजय क्षेत्र का विस्तार करें'; पृष्ठ 28 : लड़ाई और जीत को महिमामंडित किया गया है।

- *नागरिक शास्त्र, नौवीं एवं दसवीं कक्षाओं के लिए,* पंजाब पाठ्य-पुस्तक परिषद्, लाहौर, मार्च 2001—

  पृष्ठ 114 : पश्चिमी पाकिस्तान में सेना की भूमिका को महिमामंडित किया गया है।

- पाकिस्तान का नागरिक शास्त्र, इंटरमीडिएट कक्षाओं के लिए, लेखक—मजहर-उल-हक, चतुर्थ संस्करण, 2001—

  पृष्ठ 257 : सन् 1981 की मक्का घोषणा की चर्चा की गई है तथा प्रथम

सिद्धांत के रूप में जिहाद की प्रतिज्ञा की गई है।

विद्यार्थियों के मन को जिन धारणाओं से पाटा जा रहा है, वे हैं—मुसलिमों, मुसलिम नेताओं तथा शासकों ने पाकिस्तान के निर्माण के लिए सौ वर्षों तक संघर्ष किया; इसका (पाकिस्तान का) निर्माण इसलाम की रक्षा करने तथा उसके विकास के लिए इसलाम के गढ़ के रूप में किया गया है; भारत, और खासकर हिंदू, पाकिस्तान तथा मुसलमानों को कुचल देना चाहते हैं, इन सब कारणों से जिहाद इसलाम का एक आवश्यक स्तंभ है। शहादत मुसलमानों के लिए एक महान् कार्य है, इसलिए विद्यार्थियों को इसकी कीमत समझनी चाहिए और इनसे संबंधित क्रिया-कलापों में शामिल होना चाहिए।

इस प्रकार, किसी विद्यार्थी की शिक्षा पूर्ण होने तक उसे इस विश्वास से भर दिया जाता है कि यदि वह हिंदू जैसे समुदाय या भारत जैसे देश के खिलाफ जिहाद में शामिल होता है तो जीत उसी की होनी है।

संकेतक

हमें इन संकेतों की ओर ध्यान देना चाहिए—

- यह सामग्री बच्चों के मन में बिलकुल शुरू से—पहली कक्षा से ही भरी जाने लगती है।
- विद्यार्थी जैसे-जैसे उच्चतर कक्षाओं में जाता है, पाठ्य-पुस्तकें और अध्यापक उसके मन में इस सामग्री को और अधिक गहराई तक भरने लगते हैं।
- सस्टेनेबल डेवलपमेंट पॉलिसी की इस रिपोर्ट में जिन पाठ्यक्रमों का सर्वेक्षण किया गया है, वे मदरसों के पाठ्यक्रम नहीं हैं; वे सरकारी स्कूलों के पाठ्यक्रम हैं, जो सरकारी शिक्षा परिषदों द्वारा निर्धारित किए गए हैं।
- पाठ्यक्रमों में पाकिस्तान के गैर-मुसलिमों; भारत जैसे पड़ोसी देशों और भारत के काफिर (नास्तिक) समुदायों (यानी हिंदुओं) के बारे में जो कुछ भी सूचनाएँ प्रस्तुत की गई हैं, उनमें कल्पना की कहीं कोई आवश्यकता नहीं है।
- दूसरी ओर, ये पाठ्यक्रम पाकिस्तान पर सेना, गुप्तचर एजेंसियों और इसलाम-पसंद संगठनों की पकड़ को मजबूत करने के लिए बहुत कीमती हैं।

आगे के इन तीन बिंदुओं को ध्यान में बैठा लेने की जरूरत है—

* ये पाठ्यक्रम सन् 1970 के दशक के उत्तरार्ध से और अधिक विषाक्त होते जा रहे हैं—जुल्फिकार अली भुट्टो से लेकर आगे तक का प्रत्येक नागरिक

शासक जब भी मुश्किल से गुजरने लगा, कोई-न-कोई सैनिक शासक शिक्षा-प्रणाली का इसलामीकरण करने में जुट गया;

* ये पाठ्यक्रम आज की तारीख में प्रयोग में हैं;
* एक के बाद एक घटनाएँ इस बात का सबूत पेश करती हैं कि बुराई की जड़ बहुत गहरी है।

ये तीन बातें स्थिति का खुलासा करती हैं—

* अपने कार्य के लिए तर्क प्रस्तुत करते हुए सस्टेनेबल डेवलपमेंट इंस्टीट्यूट की टीम कहती है, 'पहले की कोई भी पढ़ाई शिक्षा के संबंध में सरकार की नीतियों और सार्वजनिक बहस पर असर डालने में कामयाब नहीं हो सकी थी।' क्या होता रहा है उनकी रिपोर्ट का ? न्यूजलाइन की संपादकीय टिप्पणी में था, 'मुशर्रफ के शिक्षा मंत्री ने कहा कि पंद्रह सदस्यीय समीक्षा समिति द्वारा रिपोर्ट को अस्वीकृत कर दिया गया है, क्योंकि यह 'अतिवादी दृष्टिकोण' का प्रतिनिधित्व करती थी—सस्टेनेबल डेवलपमेंट पॉलिसी इंस्टीट्यूट का दावा था कि 9-6 के बहुमत से रिपोर्ट की पुष्टि की गई थी।'[1] किसने किस प्रकार मत दिया, यह एक अलग बात रही; बात यह नहीं है कि मतदान एक समिति में हुआ था, बल्कि बात यह है कि पाठ्य-पुस्तकें लिखने और कक्षाओं में पढ़ाई जानेवाली सामग्रियों से संबंधित जो निर्देश जारी किए गए थे, उन्हें रिपोर्ट में शामिल किया गया है या नहीं।
* अजय साहनी ने लिखा है, 'संघ लोक सेवा आयोग, जो देश के वरिष्ठ नौकरशाहों का चयन करता है, ने भी अपनी प्रतियोगी परीक्षा में (25 अगस्त, 2003 को जारी किए गए नियमों के अनुसार) इसलामियत पर पूरे 100 अंकों के एक अनिवार्य प्रश्नपत्र का प्रावधान रखा है, जिसमें 'इसलाम की परंपराएँ एवं रूढ़िवादी विश्वास' के अंतर्गत जिहाद की अवधारणा को शामिल किया गया है।'
* 'मार्च के शुरू में रूढ़िवादी गठबंधन, मुत्ताहिदा मजलिस-ए-अमल (MMA) ने नेशनल असेंबली को भंग करके बहिष्कार की काररवाई की—बहिष्कार का आधार था राज्य द्वारा निर्धारित जीव-विज्ञान की पाठ्य-पुस्तक के नए संस्करण में से जिहाद तथा कुरान से संबंधित कुछ संदर्भों

---

1. http://www.newsline.com.pk./News May 2004/editornote May 2004, htm.

का हटाया जाना। बाद में पंजाब टीचर्स यूनियन ने अपने निर्णय की घोषणा की कि उन संदर्भों को पुनः नहीं जोड़े जाने की स्थिति में वे 15 अप्रैल से गुजराँवाला से एक खिलाफत आंदोलन शुरू करेंगे। बहरहाल, शिक्षा मंत्री जुबैदा जलाल ने स्पष्ट किया कि जिहाद या शहादत से संबंधित कोई भी अध्याय अथवा अंश पाठ्य-पुस्तकों से हटाया नहीं गया है, जिहाद से संबंधित उस अंश विशेष को इंटरमीडिएट की कक्षाओं की जीव-विज्ञान की पाठ्य-पुस्तक से मैट्रिक स्तर की पाठ्य-पुस्तक में स्थानांतरित कर दिया गया है। पाकिस्तान के शिक्षा मंत्रालय ने इसकी जाँच की आवश्यकता नहीं समझी—जीव-विज्ञान की शिक्षा से परिचित अधिकांश लोग शायद यही करते—जीव-विज्ञान के पाठ्यक्रम में पहले पन्ने पर ही जिहाद का संदर्भ देने का औचित्य ही क्या था? चौंकनेवाली कोई बात नहीं है, क्योंकि शिक्षा मंत्रालय और उसके अधीनस्थ पाठ्यक्रम विभाग ने इन संदर्भों को वहाँ प्रस्तुत किया था।'[1]

इससे क्या निष्कर्ष निकाला जाना चाहिए? वही—जिसे हर कोई करने के लिए कहता है, उसका परिणाम और जिसे हर कोई प्रगति एवं 'मानव विकास' के लक्षण के रूप में लेता है, उसका परिणाम—इस शिक्षा प्रणाली पर बढ़ते खर्च का परिणाम।

चूँकि यह प्रणाली पाकिस्तानी राज्य एवं समाज के नियंत्रकों का हित-साधन करती है, ऐसे में इसे बदले जाने के क्या आसार हैं?

चूँकि यह सबकुछ 'साधारण', सरकारी स्कूलों में बच्चों के भीतर उड़ेला जा रहा है; ऐसी स्थिति में क्या वे लोग स्वयं को ही धोखा नहीं दे रहे हैं, जो यह मान बैठे हैं कि समस्या तो बस मदरसों से ही पैदा हो रही है?

लेकिन यहाँ एक और सच्चाई है, जिसे हम भारतीयों को ध्यान में रखना होगा। चूँकि पाकिस्तान में शिया और सुन्नियों द्वारा की जा रही हिंसा, अहमदियों पर बरसाया जा रहा रोष और मनगढ़ंत कहानियाँ, जो पाकिस्तान में विद्यार्थियों के मन में भरी जा रही हैं—सबकुछ केवल पाकिस्तान का ही किया-धरा नहीं है; ये मात्र मनगढ़ंत कहानियाँ हैं, जो उलेमाओं द्वारा भारत तथा पाकिस्तान दोनों में विभाजन के

1. देखें—अजय साहनी, 'वे हमसे नफरत क्यों करते हैं?' साउथ एशिया इंटेलीजेंस रिव्यू, अंक 2, संख्या 38, 5 अप्रैल, 2004, http:// www. satp.org/satporgtp/sair/Archives (ग्रंथालय)/238. htm # assessment (मूल्यांकन) 2.

पहले से विभाजन के बाद तक प्रकाशित की जाती रही हैं—हिंदू गंदे हैं, उनके साथ दोस्ती नहीं करनी है, वे विश्वासघाती हैं; भारत जंगली व असभ्य लोगों की भूमि थी, इसलाम के प्रादुर्भाव के बाद उसकी सभ्यता और संस्कृति चमक गई; अंग्रेजों के खिलाफ लड़ाई में मुसलमानों ने ही सबसे ज्यादा बलिदान दिए, मुसलमानों ने ही स्वतंत्रता संघर्ष का नेतृत्व किया—ये हैं उन इसलामिक ग्रंथों के विषय, जिनका भारत और पाकिस्तान दोनों में प्रकाशन किया गया है।[1] और हमें यह बात भी याद रखनी चाहिए कि जिन मदरसों में बच्चों के भीतर यह जहर उड़ेला जा रहा है—उदाहरण के लिए बिनौरी मसजिद और मदरसे—वे 'देवबंदी मदरसे' हैं, देवबंद-दार-उल-उलूम के संदर्भ में, देवबंद—जो भारत में बहुत अधिक है।

तो समस्या के दो पहलू हुए—

- आम जनता—यहाँ तक कि 'शिक्षित आम जनता'—के मन में भारत के खिलाफ वही भेदभाव का जहर उड़ेला गया है; यह है भी पर्याप्त मात्रा में—पाकिस्तान का हर शासक राष्ट्रीयकृत नफरत के जहर के इन कुओं से जहर खींचकर उसे भारत के खिलाफ प्रचार में इस्तेमाल कर सकता है। आतंकवादी नेता और विचारक जो कुछ भी कह रहे हैं, वह 'साधारण' स्कूलों की पाठ्य-पुस्तकों से बच्चों के मन में जो सामग्री परोसी जा रही है, उसी का विस्तार मात्र है। उन पाठ्य-पुस्तकों से शुरू होकर प्रो. सईद के जोरदार ऐलानों तक एक क्रम की निरंतरता है। कोई वयस्क, जो उन स्कूलों-कॉलेजों से गुजर रहा है, जिनमें ये पाठ्य-पुस्तकें प्रयुक्त हो रही हैं, वह स्वयं बंदूक नहीं उठा सकता; क्योंकि वह एक सामाजिक एवं आर्थिक वर्ग से जुड़ा हुआ हो सकता है, जो अपने सदस्यों को सीमा पार भेजकर उसकी जान जोखिम में नहीं डालना चाहता है। हाँ, उस वर्ग के लोग तैयार श्रोता जरूर हो सकते हैं—आतंकवादी शिक्षकों और विचारकों की घोषणाओं पर पूरा विश्वास रखनेवाले। वे क्या कर सकते हैं—माना वे किसी राज्य संघ में हैं तो वे महान् कार्य के लिए 'नैतिक एवं भौतिक सहयोग' प्रदान करना ही अपना कर्तव्य मानेंगे।
- आतंकवादी बस इससे कुछ आगे हैं—वे उन सबको कार्य-रूप में बदलने के लिए तैयार हैं; वे महान् कार्य के लिए 'मारने और मरने' के लिए तैयार हैं।

---

1. उदाहरण के लिए देखें मेरी पुस्तक, 'द वर्ल्ड ऑफ फतवाज', ASA, 1995, हार्परकोलिंस, 1997 : ऑन काफिर्स, पृष्ठ 165-217, 554-75; ऑन मुसलिम्स हैविंग लेड एंड मैंड द फ्रीडम स्ट्रगल; पृष्ठ 272-77; ऑन इसलाम सिविलाइजिंग इंडिया : पृष्ठ 272, और दूसरी पुस्तक 'इंडियन कंट्रोवर्सीज', ASA, 1993, हार्परकोलिंस, 1997, पृष्ठ 401-10।

और ये हमें अगले दो सवालों की ओर ले जाते हैं—

- एकत्रित विधायकों को जिन्ना की झिड़की का क्या हुआ, जिससे हटकर पाकिस्तान अविचल रूप से आगे बढ़ता हुआ नफरत से भरा घड़ा और आतंकवादियों का विश्वविद्यालय बन गया है?
- हमने पाकिस्तान में लोगों के भीतर तैयार की जा रही मानसिकता की एक झलक देखी। उलेमा, एजेंसियाँ और सैनिक शासकों के संगठन इसे किस तरह उभारते हैं? इन संगठनों द्वारा जिन सिद्धांतों का प्रचार किया जा रहा है, उन्हें उदारवादी लोग क्यों नहीं मान पा रहे हैं? रूढ़िवादी इसलाम के उदारवादी आलोचक और यहाँ तक कि ऐसे समाज में आतंकवाद भी कभी कहीं देखने को नहीं मिला है?

□

4

घातक तत्त्व

आतंकवादियों के पास हथियार और धन कहाँ से आता है, इसकी जानकारी महत्त्वपूर्ण है और हम जल्दी ही वहाँ तक पहुँच भी जाएँगे; लेकिन इन सबसे ज्यादा निर्णायक महत्त्व यह तथ्य रखता है कि आतंकवादियों की विचारधारा क्या है? यही वह तत्त्व है, जो उन्हें उद्वेलित करता रहता है, जो उन्हें शक्ति प्रदान करता है। जब उनकी इस विचारधारा को मान्यता मिल जाती है, उसका राष्ट्रीयकरण कर दिया जाता है तो वे एक मारक मशीन की तरह काम करने लगते हैं। और विरोधाभासों का भी विरोधाभास—वे इसी विचारधारा के धोखे में रहकर लोगों को धोखा देते रहते हैं, अपने हिंसक कारनामों को उचित ठहराते रहते हैं। आज पाकिस्तान के सीमा पार से भेजे गए आतंकवादियों में यह विचारधारा स्पष्ट देखी जाती है; लेकिन जो कुछ हमने देखा है, बात वहीं तक नहीं है। इसलिए सर्वप्रथम जरूरी यह है कि उनकी विचारधारा पर चोट की जाए। विचारधारा की असलियत को सामने लाया जाए।

इसके लिए हमें चार बातों से बचना होगा और छह अन्य कार्य करने होंगे—

1. झूठे तर्कों से बचना होगा—जब भी आतंकवाद फूटता है, तर्क दिया जाता है कि 'इसकी वजह है बेरोजगारी, खासकर शिक्षित युवकों में बेरोजगारी।' सन् 1980 के दशक को ही लें। उस समय पंजाब में बेरोजगारी उतनी नहीं थी जितनी अन्य राज्यों में थी। लेकिन आतंकवाद वहीं से क्यों फूटा, बिहार में क्यों नहीं फूटा? इसकी वजह थी वहाँ की राजनीतिक परिस्थितियाँ। हमारे राजनीतिक नेताओं ने वहाँ अपने पागलपन को दिखाते हुए जो परिस्थितियाँ निर्मित कीं, पाकिस्तान ने अवसर देखकर उसका पूरा फायदा उठाया। उस समय अकालियों पर धाक जमाने के लिए कांग्रेसी नेताओं ने

भिंडराँवाले को प्रश्रय दिया था; भिंडराँवाले हाथ से निकल गया था। पाकिस्तान ने मौके का फायदा उठाते हुए भिंडराँवाले को अपनी गिरफ्त में लेना शुरू कर दिया। पंजाब में बेरोजगारी आज भी कम नहीं है। उस समय से तुलना करें तो आज भी बेरोजगारी उतनी ही है। लेकिन आतंकवाद नहीं है। क्यों ? क्योंकि पाकिस्तान ने वहाँ अपना जो नेटवर्क खड़ा किया था, वह ध्वस्त हो चुका है। उस समय पंजाब में आतंकवाद पनपने का कारण क्या था ? आज कश्मीर में, पूर्वोत्तर के राज्यों में आतंकवाद के पनपने का कारण क्या है ? बेरोजगारी ! नहीं, उसका कारण है—अवसर। हमने अपने दुश्मनों के लिए एक खुला मैदान तैयार कर दिया है, जिसमें दुश्मन अपना खेल आसानी से बिना किसी अड़चन के खेल सकें।

कोई देश अगर यह देखे कि उसके दुश्मन देश ने अपनी आँखें बंद कर ली हैं, अपने हाथ बाँध लिये हैं, पाँवों में बेड़ियाँ पहन ली हैं और होंठों पर पत्थर रख लिया है—जैसा हमने कर लिया है—तो वह इस अवसर को हाथ से नहीं जाने देगा। 'विजय-पताका हाथ में है', यह विश्वास उसे आगे बढ़ने के लिए उकसाने लगेगा। जरा याद करें—पंजाब में जब आतंकवाद खत्म हुआ था तो एक भी तथाकथित 'सिख व्यथा' की बात नहीं उठाई गई थी और न ही एक भी सामाजिक, राजनीतिक अथवा आर्थिक कारक को शोक-संतप्त माने गए जाट-सिख समुदाय के हित में लगाया गया था। जैसा कि कुछ टिप्पणीकारों ने टिप्पणी की थी, 'वस्तुगत स्थितियों में कम ही परिवर्तन देखा गया, और पेश किए गए तर्कों अथवा (आतंकवाद के) उभारने के कारणों में से एक भी कारण दूर होता नहीं दिखा...आंदोलन खत्म होने पर एक बार तो हर कोई आश्चर्य में पड़ गया कि यह इस तरह अचानक कैसे खत्म हो गया—लड़नेवालों के प्रति सांस्कृतिक सहानुभूति का एक भी चिह्न छोड़े बिना।[1] इसी तरह, सामाजिक और आर्थिक 'वचन' आंध्र प्रदेश के तटीय क्षेत्र में नक्सलवादी प्रभाव के विस्तार की व्याख्या शायद ही कर सकता है—कुल मिलाकर यह क्षेत्र राज्य का सबसे समृद्ध भाग है।

2. सतही निदान से बचना होगा—हम कह सकते हैं कि हमें इस आधार से बचना होगा। जैसा कि आज कई विश्लेषकों का कहना है—'हमें उनकी नाराजगी और विद्रोही स्वरूप की जड़ में जाकर झाँकना है। उसकी असली वजह तलाशनी है।' साथ ही वे अपने तर्कों से इस निष्कर्ष पर पहुँचते हैं कि भारत, इजराइल या रूस

---

1. हरीश के. पुरी, परमजीत सिंह जज और जगरूप सिंह सेखों, टेररिज्म इन पंजाब : अंडरस्टैंडिंग ग्रासरूट्स रियलिटी, नई दिल्ली : हर आनंद पब्लिकेशंस, 1999, पृष्ठ 51।

जैसे देशों को कश्मीर, फिलिस्तीन या चेचन्या के मुद्दे पर थोड़ा-बहुत समझौतावादी रुख अपनाना चाहिए। लेकिन यह नाराजगी इस तरह के मसलों से नहीं उत्पन्न हुई है। वास्तव में इसकी जड़ न तो चेचन्या में है और न ही कश्मीर में। समस्या की जड़ कुरान से उठाई गई पंक्तियों में है, हदीस में है; जो कुछ सरकारी स्कूलों और मदरसों में उनके बच्चों के मन में घोला जा रहा है, उसमें है। इसी तरह कई बार यह कहा जाता है कि असंतुलित विकास भी किसी क्षेत्र में आतंकवाद के पनपने का एक प्रमुख कारण है। इन तर्कों को मानते हुए सरकार इस निष्कर्ष पर पहुँची कि पूर्वोत्तर और कश्मीर में अधिक-से-अधिक निवेश किया जाए। वहाँ उद्योग स्थापित किए जाएँ। इन क्षेत्रों में उद्योग लगानेवाले को प्रोत्साहित किया जाए; लेकिन व्यवहार में क्या होता है? सरकार जो पैसा निवेश करना चाहती है, वह वहाँ के आतंकवादियों के हाथों में चला जाता है। न केवल वहाँ की जनता बल्कि शासक वर्ग के लोग भी यह जानते हैं कि आतंकवाद से धन की उगाही हो सकती है, इस कारण अपनी धनलोलुप वृत्ति के पोषण के लिए वे हर बार कोई-न-कोई तात्कालिक कारण विकसित कर ही लेते हैं, जिससे क्षेत्र विशेष में आतंकवाद की लपटें उठती रहें। ऐसे में उनके मनसूबों को नाकाम करने के लिए उन्हें कुचलने की जरूरत है, न कि अधिक-से-अधिक निवेश की।

3. झूठे प्रचारकों से सावधान रहें—प्रचारक दो तरह के होते हैं—एक तो वे होते हैं, जो उदारवादी होते हैं और दूसरी तरह के प्रचारक वे होते हैं, जो पेशेवर प्रचारक होते हैं। जहाँ तक पेशेवर प्रचारकों की बात है, उनके कार्य तो जग-जाहिर हैं। हालाँकि उदारवादी समाजों में इनकी धूर्तता भरी तरकीबों और चिकनी-चुपड़ी बातों को कम करके आँका जाता है। इनकी धूर्तता की एक मिसाल कुछ इस प्रकार है। उनकी तरकीबों को पढ़कर एक औसत आदमी यह समझने लगता है कि उसने उनके दावों में कुछ कटौती करके अपनी सुरक्षा के लिए उपाय कर लिये हैं; इस विश्वास से कि उसने रोग-रोधी उपाय करके स्वयं को सुरक्षित कर लिया है, वह पूरी तरह जालसाजी में फँस जाता है। दूसरी ओर, उदारवादी प्रचारक और ज्यादा खतरनाक होते हैं। उनकी संख्या बहुतायत है। वे हमारे-आपके जैसे ही व्यक्ति होते हैं, इस कारण उनकी मान्यताओं और तर्कों से लोग और भी जल्दी प्रभावित हो जाते हैं और उनकी गिरफ्त में आ जाते हैं। उदाहरण के लिए—आजकल उदारवादी प्रचारकों का तर्क है—'कोई भी धर्म निर्दोषों को मारना नहीं सिखाता।' लेकिन उनकी नजर में 'निर्दोष' कौन है? जब उदारवादी 'निर्दोष' की व्याख्या करता है तो वह उस पुस्तक के आधार पर नहीं करता है जिस पुस्तक की शपथ आतंकवादियों

को प्रशिक्षण काल में दिलाई जाती है। उदाहरण के लिए—क्या वे उन्हें 'निर्दोष' कहेंगे, जिसे वे अपना धर्म और अपना मत अपनाने को कहें और वह मना कर दे? क्या वे उसे 'निर्दोष' कहेंगे, जो उनके संगठन को अपनाने से या स्वीकारने से मना कर दे? ऐसे लोग उदारवादी प्रचारकों की नजरों में 'निर्दोष' नहीं हैं; लेकिन उस धर्म या उस धार्मिक पुस्तक की नजरों में 'निर्दोष' हैं। उदारवादी प्रचारक कहते हैं—'ईश्वर ने धार्मिक ग्रंथ में ऐसा कहा है···आपके लिए आपका धर्म, मेरे लिए मेरा धर्म; ईश्वर ने घोषणा की थी—धर्म के नाम पर कोई जोर-जबरदस्ती नहीं।' उसका क्या अर्थ निकाला जाए, जब दो पक्तियाँ धार्मिक ग्रंथों में कही गई बातों के सूक्ष्म अंतर को ही दिखाती हैं? उदारवादी प्रचारक भी इस मुद्दे पर चुप्पी साधे रहते हैं। याद करें साम्यवाद के प्रचारकों की कोशिशों को। जब उन्होंने—'दि अर्लि मार्क्स', और 'पेरिस मैनस्क्रिप्ट' के बारे में अपने लेखों से स्तालिन की वास्तविकताओं को उजागर कर दिया था।

4. राजनीतिक शुद्धता से बचें—कुछ ऐसी बातें हैं, जिन्होंने पश्चिमी देशों को तत्कालीन इसलामिक आतंकवाद के खिलाफ उपयुक्त समय पर चौकन्ना होने से रोके रखा है। उनमें से एक है—इसलामिक आतंकवाद द्वारा प्रतिपादित धारणाएँ, जो राजनीतिक रूप से शुद्ध व उपयुक्त थीं। इन्हीं धारणाओं ने अध्ययनशीलता का गला घोंट दिया, बातचीत के रास्ते बंद कर दिए, इन्हीं धारणाओं के प्रभाव में आकर पश्चिमी देशों ने उस विचारधारा के प्रति अपनी आँखें मूँद लीं, जिनसे आतंकवाद भारत में भी बुद्धिजीवी वर्ग के लोगों—वामपंथियों—ने क्या सही है और क्या नहीं, की धारणा से मौखिक आतंकवाद को बढ़ावा दिया। इस प्रकार उन्होंने शासक वर्ग को आतंकवाद के खिलाफ कमजोर बनाने का ही काम किया और अंतत: देश को पंगु बना दिया। इस तरह पहले ही इस मौखिक आतंकवाद से जूझने की हमारी क्षमता को खत्म कर दिया गया। आज आतंकवाद के खिलाफ लड़ाई के लिए पहली जरूरत है—उस मौखिक आतंकवाद के खिलाफ आवाज उठाई जाए और उन जन्मजात धारणाओं की गिरफ्त से बातचीत के रास्तों को मुक्त कराया जाए।

इस संबंध में आगे हम प्रस्तुत कर रहे हैं चार ऐसी बातें, जो हमें 'नहीं करनी चाहिए' और छह ऐसी बातें, जो हमें 'करनी चाहिए'।

1. आतंकवादी विचारक और आतंकवादी संगठन जो कहते हैं, उनपर विश्वास करें—एक बात, जिसके लिए आतंकवादी विचारक और संगठन की तारीफ करनी चाहिए, वह यह है कि अपने लक्ष्य और उद्‍देश्य के मामले में वे बिलकुल स्पष्ट होते हैं। भूल—बल्कि घातक भूल—करते हैं उदारवादी समाज के

लोग। उदारवादी समाज के लोग आज तक भी इन संगठनों द्वारा घोषित उद्देश्यों की ओर से लगातार अपनी आँखें मूँदे आ रहे हैं। अपनी घोषणाओं में ये आतंकवादी संगठन अपने उद्देश्य और भावी गतिविधियों का उल्लेख करते हैं—प्रभुत्व, विजय, दार-उल-हर्ब का दार-उल-इसलाम में परिवर्तन। लेकिन ये उदारवादी लोग उन सबकी ओर उसी तरह ध्यान नहीं दे रहे हैं जैसे सन् 1930 के दशक में उन्होंने हिटलर और आगे चलकर स्तालिन की बातों की अनदेखी की थी। इसलिए इससे पहले कि आतंकवादी अपने मकसद में कामयाब हो जाएँ, लोगों के बीच आतंक फैला पाएँ, हमें उनकी घोषणाओं और उनके मुखपत्रों व पैंफलेटों पर गौर करते हुए समय रहते काररवाई शुरू कर देनी चाहिए।

2. वैचारिक आतंकवाद से जूझने के लिए जरूरी है कि हम उनकी विचारधारा को उकसानेवाले धर्मग्रंथों का पूरा ज्ञान रखें—सन् 1980 के दशक की शुरुआत में प्रचारक यह कहने लगे कि 'सिख हिदुत्व से ज्यादा इसलाम के करीब हैं।' ऐसे में यदि हमें इस वैचारिक वैमनस्य से जूझना है तो 'गुरु ग्रंथ साहिब' की पूरी जानकारी होनी जरूरी है। जब तक हम यह नहीं जानेंगे कि गुरुओं ने किन-किन बातों के लिए लड़ाई लड़ी और किन-किन लोगों के खिलाफ लड़ाई लड़ी तब तक हम इस तरह के झूठे प्रचार से कैसे लड़ सकेंगे? आगे चलकर टिप्पणीकार और प्रचारक तालिबान को 'देवबंदी' कहने लगेंगे और उनके बारे में व्याख्या करने कि वे कराची के मदरसों में से किस तरह सिक्के ढालने का कार्य करते थे। जब तक हम यह नहीं जानेंगे कि देवबंद में दार-उल-उलूम क्या मंथन करते थे, हम इस असलियत को कैसे जान पाएँगे। इसी तरह जब तक हम राजनीतिक नैतिकता से अपने को मुक्त नहीं कर पाएँगे तब तक इस तरह की धार्मिक अफवाहों और अन्य प्रकार के झूठे प्रचारों से देश की जनता को कैसे अवगत करा पाएँगे? उन्हें कैसे इनके खिलाफ जागरूक कर पाएँगे?

3. पूरे धर्मग्रंथ का अध्ययन करें, न कि उससे उठाई गई कुछ पंक्तियों के आधार पर निष्कर्ष निकालें—परिणाम के रूप में किस प्रकार की विचारधारा या मानसिकता उत्पन्न होती है, इसका निर्णय पूरे धर्मग्रंथ की शिक्षाओं, विश्वासों और मत के आधार पर ही किया जा सकता है, किसी निश्चित अनुच्छेद या कुछ पंक्तियों के आधार पर नहीं।

4. ग्रंथों का सीधा-साधा और स्पष्ट अर्थ निकालें, न कि उसका तोड़-मरोड़कर अर्थ निकालें, जैसे—प्रचारक निकालते रहते हैं। सीधे-सादे और स्पष्ट अर्थ ज्यादा विश्वसनीय होते हैं। ऐसा नहीं होना चाहिए कि अपने मन-मुताबिक

अर्थ निकालने के लिए उसपर मसाला चढ़ा दिया जाए। बिनौरी मदरसे के छात्र कुरान को अपना (शिक्षा का) आधार बनाएँगे या मौलाना आजाद के तरजुमन-अल-कुरान को?

5. उनके कथनों पर ध्यान दें, जो उस संगठन विशेष की ओर से बोलने के लिए अधिकृत किए गए हैं—उदाहरण के लिए—स्तालिन के रूस में सी.पी.एस.यू. (CPSU) इसलामिक संगठनों और देशों में उलेमाओं की बातें गौर फरमाने लायक होती हैं; ऐसा नहीं कि कुछ सेवानिवृत्त राजनीतिज्ञ या फिर किसी स्तंभकार ने जो कह दिया, वही मान बैठें। हालाँकि कई बार आतंकवाद-विरोधी अभियान के लिए समर्थन हासिल करने हेतु प्रेस वार्त्ता का सहारा लिया जाता है। यहाँ तक कि आतंकवादियों द्वारा जारी फतवे को शिकस्त देने के लिए भी प्रेस वार्त्ता की मदद ली जाती है; यह मेरी नजर में बिलकुल ही अनुपयोगी और प्रभावहीन है। ऐसी प्रेस वार्त्ता जारी करनेवालों को 'सरकारी संत' कहकर उनका मखौल उड़ाया जाता है और उनके कथनों को अस्वीकार कर दिया जाता है। यह अस्वीकार्यता उनके संगठनों के लोगों के बीच गहराई से पैठ बना लेती है। यदि वह किसी गुट या संप्रदाय—मुसलिम या साम्यवाद—से संबंध नहीं रखता है तो उसकी आलोचना स्वतः ही खारिज हो जाएगी—एक मामले में 'साम्राज्यवाद का अभिकर्ता' और दूसरे मामले में 'विचारधारा का दुश्मन' बनकर रहनेवाले से क्या उम्मीद की जा सकती है? जहाँ तक किसी गुट की बात है तो उस गुट का कोई व्यक्ति कभी भी गुट की विचारधारा पर सवालिया निशान नहीं लगाएगा और न ही व्यक्तिगत तौर पर किए जा रहे विनाश की प्रासंगिकता पर उँगली उठाएगा। यदि हिम्मत करके वह ऐसा करता भी है तो उसे एक सिरे से खारिज कर दिया जाएगा। यह कहा जाएगा कि उसने सीमा को लाँघ दिया है। उसे नास्तिक करार दिया जाएगा। यही कारण है कि कई दशकों से शायद ही किसी मुसलिम ने इसलामिक कट्टरपंथ के विरोध में आवाज उठाई हो।

6. उस विचारधारा की असलियत और बुराई की संभाव्यता को परखना हो तो यह देखें कि हाथ में सत्ता आने पर उसने क्या-क्या कदम उठाए थे—उदाहरण के लिए—हम जानना चाहते हैं कि साम्यवाद वास्तव में है क्या? तो हम यदि इसके लिए साम्यवादियों द्वारा भारत जैसे देशों में स्वतंत्रतापूर्वक रखे गए प्रस्तावों को देखते हैं, उनकी घोषणाओं को देखते हैं और उनके आधार पर साम्यवाद का मूल्यांकन करते हैं तो यह हमारी मूर्खता होगी। यदि हम वास्तव में साम्यवाद की विचारधारा की असलियत और सक्षमता को जानना चाहते हैं तो हमें देखना होगा

कि उनके देवताओं ने स्तालिन के रूस में क्या किया? माओ के चीन में क्या किया? यदि हम उनकी वास्तविक विचारधारा को जानना चाहते हैं तो हमें यह देखना होगा कि मध्यकालीन भारत में मुसलिम शासकों ने क्या किया? इमाम खुमैनी के शासनकाल में ईरान में क्या हुआ? अफगानिस्तान में तालिबानी क्या कर रहे थे?

आतंकवाद महज एक हथियार है। यह हथियारों की एक लंबी श्रृंखला की महज एक कड़ी है। यदि हम आतंकवादियों की एक कड़ी को ध्वस्त कर देते हैं या फिर आतंकवादियों की पकड़ से किसी एक देश को मुक्त करवा लेते हैं और ऐसा करके यह समझ बैठते हैं कि हमने आतंकवाद की समस्या से छुटकारा पा लिया तो यह हमारे लिए आत्मघाती होगा। आतंकवादियों का लक्ष्य महज एक विस्फोट करना नहीं है। उनका मकसद सिर्फ एक हत्या कर देने भर से पूरा नहीं होता। विस्फोट और कत्लेआम तो उनका एक साधन मात्र है। सच तो यह है कि आतंकवादी स्वयं ही एक साधन मात्र हैं—मार्क्सवाद-लेनिनवाद के समय में इतिहास का और आज अल्लाह की इच्छा का यही कारण है कि ओसामा बिन लादेन और अल कायदा को ध्वस्त कर आतंकवाद को जड़ से नहीं मिटाया जा सकता है। हाँ, यह सही है कि ओसामा बिन लादेन और अल कायदा को ध्वस्त करना जरूरी है। लेकिन इसलिए नहीं कि इससे आतंकवाद जड़ से मिट जाएगा, बल्कि इसलिए कि इनके ध्वस्त होने से पूरी दुनिया में यह संदेश जाएगा कि इस तरह के लोग और इस तरह के संगठन ज्यादा दिनों तक अस्तित्व में नहीं रह सकते। क्योंकि ये आतंकवाद की एक पहचान बन गए थे। आतंकवाद की असली जड़ तो आतंकवाद को जन्म देनेवाली विचारधारा है। हम एक बिन लादेन को मार देंगे, एक अल कायदा को ध्वस्त कर देंगे, पर जब तक यह विचारधारा अस्तित्व में रहेगी, फिर से दूसरा बिन लादेन पैदा हो जाएगा, फिर से दूसरा अल कायदा अस्तित्व में आ जाएगा।

ठीक इसी तरह कुछ लोग यह सोचते हैं कि चेचन्या को सौंपने से, हमास को कुछ रियायतें देने से, कश्मीर को पाकिस्तान से भेजे गए आतंकवादियों को सौंप देने से हम मुसलिमों की शिकायतें दूर कर पाएँगे, तो ऐसा सोचना सरासर मूर्खता है। आस्तिकों के लिए समस्या कश्मीर या चेचन्या नहीं है। उनके लिए समस्या तो यह है कि चौदह शताब्दियाँ गुजर चुकी हैं, फिर भी विश्व—भले ही वे मार्क्सवादी हों, लेनिनवादी हों या फिर मुसलिम—उनकी मानसिकता को समझ नहीं पाया है। उनका असली उद्देश्य चेचन्या, कश्मीर या येरूशलम की भू-संपत्ति नहीं है। उनका असली उद्देश्य है उन्हें सौंपे गए कर्तव्य को निभाना। उनको जो कर्तव्य सौंपा गया है, उसके अनुसार दार-उल-हर्ब, जंग की जमीं—अर्थात् वह जमीं जहाँ के लोग

अब तक भी उनकी विचारधारा को मानने से इनकार करते आ रहे हैं, को दार-उल-इसलाम में बदलना। वह आस्तिक तब तक वफादारी के प्रति सच्चा नहीं कहलाएगा जब तक वह अपना यह मकसद पूरा होने तक लड़ाई जारी नहीं रखता।

इस संबंध में इनके विचारकों और प्रचारकों के बीच कार्यों का सुस्पष्ट बँटवारा है। विचारधारा के निर्देशकों का कार्य है अपने मतावलंबियों को प्रेरित करते हुए यह बताएँ कि कैसे उनकी मुहिम को अभूतपूर्व बनाया जा सकता है। कैसे वे अपनी मुहिम से पूरी दुनिया पर काबिज हो सकते हैं। प्रचारकों का कार्य है शेष दुनिया में अपनी पैठ जमाएँ और साथ-ही-साथ दूसरा एकमात्र लक्ष्य—कश्मीर, फिलिस्तीन, चेचन्या पर ध्यान केंद्रित करें। नजर जितनी तेज होती है उतनी ही सूक्ष्म भी और उद्देश्य होता है अपने कार्यक्षेत्र में आम जनता के बीच यह बात फैलाना कि बस यही उनकी समस्या की जड़ है और यदि यही एक रियायत उन्हें दे दी जाए तो उनकी सारी समस्याएँ दूर हो जाएँगी। यह विलक्षण लक्ष्य और इस ओर केंद्रित सुझाव एक सुव्यवस्थित अभियान द्वारा लोगों के दिलो-दिमाग में भर दिया जाता है। इसमें अग्रणी संगठनों, बुद्धिजीवियों, अनुदेशकों का सहारा लिया जाता है। ये लोग पहले तो संबंधित मुद्दे पर बौद्धिक बहस छेड़ते हैं, फिर पीड़ित के मन में मुद्दे के प्रति जो नैतिक अधिकार की बात आती है, उसे ओझल कर देते हैं और उसकी जगह उसमें संशय की स्थिति पैदा कर देते हैं।

उनका यह हमला दोतरफा होता है। एक ओर आतंक और हिंसा—इसका उद्देश्य होता है पीड़ित को मौत और खून-खराबे के माहौल से त्रस्त कर देना। साथ-ही-साथ पीड़ितों के मन में उनके अधिकार की प्राप्ति के प्रति शंका भर दी जाती है। अपने तर्कों से उन्हें झुकने के लिए मजबूर कर दिया जाता है—'इतनी सी बात है, मान क्यों नहीं लेते? इसी से आखिरकार शांति बहाल हो जाएगी और उसके बाद हम भी आजादी से अपना काम करेंगे; किसी भी तरह से दुनिया हमारे मामले से पूरी तरह विश्वस्त नहीं है…।' यही तर्क सन् 1980 के दशक में पंजाब में दिए जा रहे थे, यही तर्क 1990 के दशक के उत्तरार्द्ध में कश्मीर में दिए जाने लगे।

जब आतंकवादी संगठन अपनी इस मुहिम में कामयाब हो जाते हैं तो वे फिर इसी क्रम से अपना अगला शिकार ढूँढ़ने लगते हैं और काफी सहजता से उसे भी अपने चंगुल में फँसा लेते हैं। इसके लिए कश्मीर और चेचन्या तो एक साधन मात्र था।

कट्टरपंथ

इस पंथ के समर्थक (आस्तिक लोग) निरंतर हिंसा की अपनी मानसिकता को अनिवार्य रूप से अंतरराष्ट्रीय स्तर पर एक पहचान देने की कोशिश करेंगे—जब तक इनकी विचारधारा में निम्नलिखित तत्त्व शामिल रहते हैं—

- वास्तविकता स्पष्ट है।
- यह एक व्यक्ति में झलकती है।
- उस व्यक्ति ने इसे एक पुस्तक में पिरोया है।
- उस पुस्तक का हर अंश एक ईश्वरीय मत है; वह एक परम सत्य है; इस पुस्तक में उल्लिखित किसी भी अंश पर यदि कोई विरोध जताता है तो वह न केवल एक गलती होगी बल्कि उसे शैतानी करतूत माना जाएगा; आस्तिकों को बरगलाने की एक साजिश माना जाएगा; जो बातें पुस्तक में उल्लिखित नहीं हैं, वे महत्त्वहीन हैं।
- पुस्तक में उल्लिखित बातों या उपदेशों का अर्थ दु:साध्य है।
- इसलिए आस्तिकों को जरूरत होती है एक मध्यस्थ की, चाहे वह कोई पार्टी हो या फिर चर्च या उलेमा।
- एक बार यदि मानव जाति उन बातों पर अमल करना शुरू कर दे, जो पुस्तक में उल्लिखित हैं तो शाश्वत शांति और खुशहाली का शुभारंभ हो जाएगा; जब तक सभी लोग उसे स्वीकार नहीं कर लेते, वह सुबह नहीं आएगी।
- इसलिए उन मध्यस्थों का कर्तव्य बनता है कि वे उन मान्यताओं को स्वीकार करने के लिए—दावत-अल-कुरान और उसके समतुल्य धर्मनिरपेक्ष प्रयोजनों के लिए आपको आमंत्रित करे।
- उनकी सच्चाई इतनी स्पष्ट है कि यदि एक बार आपको उसे अपनाने के लिए आमंत्रित किया गया और आप उसे नहीं अपना पाए तो आपको स्वाभाविक रूप से यह साबित कर दिया जाएगा कि आप शैतानी प्रवृत्ति के हैं; इसलिए न केवल उन मध्यस्थों का, बल्कि उस मत के प्रत्येक अनुयायी का कर्तव्य बनता है कि वह आपको हानि के रास्ते पर नहीं चलने दे। क्योंकि इससे आप एक नवयुग की शुरुआत में बाधक बन रहे हैं, इतिहास की गति को रोक रहे हैं; और आप इसलिए ऐसा कर रहे हैं, क्योंकि आपके अंदर शैतान का निवास है।
- चूँकि यह नियत कर्तव्य है, इसलिए अल्लाह के इतिहास के एजेंटों का अधिकार है कि वे जैसे भी हो, अपने कार्य में आनेवाली बाधा को दूर करें; इसके लिए वे हर तरह के साधन अपनाने के लिए तैयार रहते हैं।

जब तक पूरी मानव जाति इनके मत को स्वीकार करके इनकी विचारधारा की अंधभक्त न हो जाए, ये अपनी धारणाओं के पीछे-पीछे हिंसात्मक वृत्तियाँ जारी रखेंगे—ऐसी हिंसात्मक वृत्ति जो आतंकवाद का रूप ले लेती है। यह आतंकवाद उनके लिए महज उनकी पसंद का एक हथियार है, जिसे वे अपने उद्देश्य की पूर्ति के लिए धारण करते हैं। इसका प्रयोग वे विशेष परिस्थितियों में एक विशेष क्षेत्र में करते हैं।

इस विश्वास या मत के तीन अन्य तत्त्व हैं—

- यह लंबे—बल्कि शाश्वत—अपरिहार्य और हिंसात्मक संघर्ष के विकल्पों को पहले ही अवरुद्ध कर देता है। उदाहरण के लिए, अल्लाह ने बार-बार यह घोषणा की है कि उसके मत को न माननेवाले अर्थात् नास्तिक लोग स्वभाव से ही पथभ्रष्ट हैं। आस्तिकों के लिए वह सबकुछ संभव नहीं है, जो उनके लिए आसान है; क्योंकि अल्लाह का कहना है कि उसने स्वयं ही उन्हें (नास्तिकों को) अपने से विमुख किया है; आस्तिकों से उसका कहना है कि उसने आस्तिकों को जान-बूझकर उनके रास्ते में रखा है, ताकि वह उनकी (आस्तिकों की) परीक्षा ले सके। वह आस्तिकों को बताता है—नास्तिकों का एक ही लक्ष्य है, तुम्हें तुम्हारे विश्वास से डिगाना, अपनी बातों में तुम्हें बहलाना, धोखा देना। उनकी कोशिश होगी तुम्हें तुम्हारे सत्य से डिगाना, अपने मत के प्रति तुम्हारे अंदर घृणा पैदा करना।
- यह मत अपने अनुयायियों को विश्वास दिलाता है कि विजय न केवल निश्चित है, बल्कि वह अविलंब मिलनेवाली है। याद करो, पूँजीवाद का शीघ्र पतन कैसे हुआ था? कम्युनिस्ट पैंफलेटों का कमाल तुमने तो देख ही लिया है।
- लेकिन जब अनुयायी विजय नहीं प्राप्त कर पाते हैं तो भी उनका विश्वास उन्हें सांत्वना देता है, विफलता को तर्कसम्मत ठहराता है। इससे आस्तिकों को (यहाँ आशय आतंकवादियों से है) एक नई शक्ति मिलती है और सफलता या असफलता में एक समान जोशो-खरोश के साथ जुटे रहते हैं। जब उन्हें सफलता मिलती है तो उनका यह विश्वास और भी मजबूत हो जाता है कि 'ओल्ड टेस्टामेंट' में जिहोवा, कुरान में अल्लाह, मार्क्सवादी पुस्तकों में इतिहास सभी उनके पक्ष में हैं। असफलता की स्थिति में वे इस विश्वास पर आ जाते हैं कि जिहोवा (अल्लाह का एक रूप) उनकी परीक्षा ले रहा है। वह देखना चाहते हैं कि हार के कारण कहीं उसका विश्वास फीका तो नहीं पड़ रहा है, जबकि दूसरी ओर एक तटस्थ मत भी साथ-साथ चलता रहता है, जो यह भरोसा दिलाता है कि

विफलता सफलता का द्वार खोलती है।

इन संगठनों से लड़ाई लड़ने में एक बहुत बड़ी गलती कर दी जाती है—यह विश्वास कर लिया जाता है कि इनकी प्रतिक्रिया 'सामान्य' और तार्किक ही होगी। तार्किक गणना के आधार पर चंद सैकड़ा या फिर चंद हजार लोगों को मार देने भर से भारत जैसा विशाल देश विभाजित नहीं हो सकता है। लेकिन कट्टरवादियों की सोच और मान्यता ठीक इसके विपरीत होती है—उसका विश्वास होता है कि वह तो बस अल्लाह का हुक्म बजा रहा है और बदले में अल्लाह भी उसे कामयाबी देने के अपने वादे को निभाएगा। यदि तार्किक ढंग से सोचा जाए तो लगातार मिल रही हार की वजह से कट्टरवादियों को हिंसा का रास्ता छोड़ने पर मजबूर हो जाना चाहिए। लेकिन व्यवहार में होता है इसका उलटा—हारने के बाद तो अल्लाह के ये बंदे यह सोचने लगते हैं कि अल्लाह उनकी अग्निपरीक्षा ले रहा है। तार्किक ढंग से सोचनेवाला कोई आदमी मरने-मारने से बचता है; पर इन मतांधों के साथ तो ठीक इसका उलटा है। हिंसा पर उतारू इन लोगों के जेहन में शहादत की भी लालसा रहती है। एक समस्या यह भी है कि हमारे जैसे—खुले समाज में स्वतंत्रतापूर्वक रहनेवाले और तार्किक सोच रखनेवाले—लोग जिहादी माहौल को नहीं समझ सकते; हमारी समझ से तो परे यह भी है कि अभिभावक कैसे अपने बच्चों को खूनी संघर्ष में शामिल होने की खुली छूट दे देते हैं। एक ऐसे हिंसक संगठन में शामिल होने की छूट कैसे दे देते हैं, जो 'मारने और मरने' के लिए ही गठित होते हैं। हम उन परिस्थितियों को स्वीकार नहीं कर सकते हैं, जिनमें युवक अपने आपको मौत के मुँह में धकेलने के लिए तैयार हो जाता है; वैसे लोगों को मारने पर उतारू हो जाता है, जो कल तक उनके पड़ोसी हुआ करते थे।

एक बात तो साफ है कि जब इसके अनुयायी भ्रांतिजनक तथ्यों से बुरी तरह चिपके रहेंगे तो किसी एक आतंकवादी संगठन को कुचलकर आतंकवाद को समाप्त नहीं किया जा सकता है। उस संगठन के पूरे जाल को भी यदि नेस्तनाबूद कर दिया जाए तो भी आतंकवाद का सफाया नहीं हो सकता है। यदि एक आतंकवादी संगठन का सफाया हो जाएगा तो लोगों के बीच बैठी भ्रांतिजनक धारणाएँ फिर से एक अन्य आतंकवादी संगठन को खड़ा कर देंगी, जो पहलेवाले संगठन की तरह ही खतरनाक होगा और उसके सदस्य भी इसी तरह के जोशोखरोश से भरे हुए तथा शहादत को हँसकर गले लगानेवाले होंगे।

अजय साहनी ने अपनी बात पर जोर देते हुए ठीक ही लिखा है कि 'आतंकवादी

हिंसा सदैव सैद्धांतिक-वैचारिक लामबंदी की लंबी प्रक्रिया द्वारा ही सामने आई है और इस प्रकार की वैचारिक अथवा सैद्धांतिक लामबंदी को अधिकांशतः दबाया या रोका नहीं जा सका है। सचमुच, राज्य यह नहीं समझ पा रहे हैं कि उन्हें आतंकवाद का मुकाबला करने के लिए एक केंद्रित सैद्धांतिक प्रतिक्रिया का विकल्प तैयार करना है या फिर ऐसी प्रतिक्रिया के लिए साधन-सामग्री पर विचार करना है।' इस संबंध में उन्होंने कश्मीर का एक जीवंत उदाहरण प्रस्तुत किया है—

> कश्मीर के मुसलमानों के धार्मिक और सांस्कृतिक रीति-रिवाज जितना दक्षिण एशिया के रीति-रिवाजों से मिलते-जुलते हैं उतना वहाबी इसलाम—सऊदी अरब में अपने सैद्धांतिक स्रोत—से नहीं मिलते हैं, जो समकालीन अतिवादी इसलामवादियों में प्रमुख सैद्धांतिक शक्ति है। कश्मीरी इसलाम रहस्यवाद और भक्ति की सूफी व्यवस्था के मूल्यों से ओत-प्रोत था और कश्मीर घाटी को विभाजन तथा आजादी के दौरान और उसके बाद के दशकों में धर्मनिरपेक्ष मूल्यों का एक उत्कृष्ट और प्रेरक उदाहरण माना जाता था। राज्य में आतंकवाद घाटी की मसजिदों में केंद्रित लामबंदी और पुनरानुकूलन के दशकों बाद प्रकट हुआ। सन् 1980 के दशक के उत्तरार्ध में जब वहाँ आतंकवाद फूटा था तो मदरसों और मसजिदों ने ही प्रेरणा, नैतिक स्वीकृति और प्रोत्साहन दिया था—हिंसा को ही नहीं बल्कि घाटी से कश्मीरी पंडितों (अल्पसंख्यकों) के सफाए को भी। मजेदार बात तो यह है कि धर्मनिरपेक्ष स्कूलों का जाल आतंकवादियों के पहले निशाने में शामिल था, जिनमें से अधिकांश—विशेषकर ग्रामीण क्षेत्रों के—धमकियों में आकर ही बंद कर दिए गए। इससे बचे हुए शैक्षिक संस्थानों—मदरसों—नफरत के स्कूलों के बच्चों पर एक तरह का दबाव पड़ा, जिसके बारे में जेसिका स्टर्न (Jessica Stern) ने कहा था, 'इससे जिहाद के लिए नई 'आपूर्ति लाइन' तैयार हुई…।'

कश्मीर के इस उदाहरण से दो बातें स्पष्ट होती हैं। पहली, वायरस जब किसी क्षेत्र में प्रवेश करता है तो वह तेजी से फैलता हुआ पूरे क्षेत्र को अपनी गिरफ्त में लेने लगता है, जैसे कश्मीर में हुआ। इंडोनेशिया, फिलिपींस, मलेशिया और सिंगापुर के इसलाम को एक उदारवादी और समन्वयात्मक संस्कृति के रूप में देखा जा रहा था; सचमुच वह इस धारणा का सबूत बन गया था कि इसलाम उदारवादी, खुला और सहिष्णु धर्म है। जल्दी ही इसलाम ने कश्मीर की तरह ही इन क्षेत्रों में भी वही रंग पकड़ लिया, जिसे विपरीत प्रमाण के रूप में देखा जाता था।

दूसरी बात, राजनीतिज्ञों की अवसरवादी प्रवृत्ति और उनकी अदूरदर्शिता ने ही इसे उदारवाद से अतिवाद में बदलने के लिए अवसर उपलब्ध कराया है। ऐसा श्रीमती इंदिरा गांधी और उनके तत्कालीन मातहतों के कारण है, जिन्होंने भिंडराँवाले को अकालियों के खिलाफ रखने में अपनी चालाकी समझी थी कि सिखों का पूरा इतिहास और उनकी संस्कृति को पलटकर रख दिया गया—और वह भी छह महीनों में ही। ऐसा श्रीमती गांधी और उनके तत्कालीन मातहतों के कारण है, जो कश्मीर में खुले और निष्पक्ष चुनाव में हार जाने पर आपस में सहमति नहीं बना सके। जिन्होंने चुनाव के बाद बनी लोकप्रिय सरकार को भंग कर दिया और इस प्रकार घाटी को जमायत-ए-इसलामी के हाथों में सौंप दिया तथा इसके माध्यम से पाकिस्तान के लिए द्वार खोल दिए।

वास्तव में, यह सच है कि ऊपर प्रस्तुत की गई बातों के पीछे जो भी सिद्धांत रहा हो, वह हिंसा और उग्रवाद का ही रूप लेगा। इसलाम ही एकमात्र विचारधारा नहीं है, जिसे आज उग्रवाद में अंत:परिवर्तित कर दिया गया है—भारत में नक्सलवाद, नेपाल में माओवाद गैर-धार्मिक विचारधारा के ऐसे उदाहरण हैं, जो आज इसी रूप में सामने आ गए हैं। यह भी सच है कि व्यावहारिक रूप में इसलाम के कई रंग हैं। इसके बावजूद सूफियों की शिक्षाएँ और गाथाएँ भी इसमें शामिल हैं। लेकिन यह बात भी उतनी ही सच है कि इसलाम के स्वर्णकाल में इसलामिक देशों में सूफियों पर जो कुछ देखा गया, उससे अलग इसलाम का उदारवादी स्वरूप सब जगह नियंत्रित स्थिति में था—गैर-मुसलमानों द्वारा नहीं बल्कि 'प्रामाणिक इसलाम' के हिमायतियों के द्वारा।

यहाँ सवाल उदारवादियों द्वारा उग्रवादियों के खिलाफ खड़े होने का साहस जुटाने का भी नहीं है। उग्रवादी सिद्धांतों के वातावरण में प्रवेश करते ही उदारवादियों को उनके जवाब के लिए 'मानक साहित्य' की ओर मुड़ना पड़ा। कुल मिलाकर पूरी इमारत का—या यों कहें कि पाकिस्तान का—निर्माण इसलाम के नाम पर और इसलाम की बुलंदी के लिए किया गया है। उग्रवादी विभिन्न ग्रंथों के अध्यायों और पदों को प्रस्तुत करके अपनी बात रखते हैं और इन ग्रंथों को ही सर्वोच्च माना जाता है। दक्षिण एशिया में सुधारकों को 70 वर्षों तक इसी समस्या से जूझना पड़ा है। यही वह समस्या है, जिसका—शांति, प्रेम और भाईचारे के धर्म के रूप में इसलाम के उदारवादी स्वरूप को चाहनेवाले मुसलमानों को हल ढूँढ़ना है।

ऐसी स्थिति में हमें चाहिए कि हम चारों ओर स्थित मदरसों में बच्चों के मन में बोए जा रहे बीज का गहनता से अध्ययन और निरीक्षण करें। □

5

इनके बीस साल

'गृह मंत्रालय के आँकड़ों के अनुसार, देश में करीब 20,000 मदरसे चल रहे हैं। इनमें करीब 3 करोड़ विद्यार्थी पढ़ते हैं। इनमें 7,000 मदरसे देवबंदी संप्रदाय से संबंधित हैं, अधिकांश (आतंकवादी) लड़ाके इसी संप्रदाय से तैयार होकर निकले हैं। चार वर्ष और इससे अधिक की उम्र के लगभग 7,00,000 विद्यार्थी देवबंदी संप्रदाय के धार्मिक विद्यालयों में पढ़ रहे हैं। यह अनुमान लगाया जा रहा है कि मदरसों की संख्या में यदि इसी तरह वृद्धि होती रही तो सन् 2010 तक मदरसों की संख्या पाकिस्तान में सरकार द्वारा चलाए जा रहे प्राथमिक और उच्च विद्यालयों की संख्या के बराबर हो जाएगी।

…देवबंदी मदरसों से जुड़े लोगों का कहना है कि उनके मदरसों में बालिग (तरुणाई की उम्र, जो चेहरे पर मूँछों और दाढ़ी के बाल देखकर निश्चित की जाती है) होने तक विद्यार्थियों को मूल रूप से कुरान और उसकी व्याख्या पढ़ाई जाती है। जब वे बालिग हो जाते हैं तो उन्हें जिहाद के लिए प्रेरित किया जाता है। सूत्रों का कहना है कि इन मदरसों में आज की तारीख में कुल 3,00,000 विद्यार्थी ऐसे हैं, जिन्हें जिहाद के लिए प्रेरित किया जा रहा है।…'

—न्यूजलाइन, कराची; नवंबर 2001

'मदरसे का हर छात्र कुरान का पाठ करते समय एक-एक पद पर अपना सिर ऊपर-नीचे करते हुए ताल में ताल मिलाता रहता है। इस ताल के साथ ही वह पूरा कुरान कंठस्थ कर लेता है, जबकि तब तक उन्हें उसका अर्थ भी पता नहीं होता है…(यह समय आगे चलकर आता है…जब उन्हें कुरान के अर्थों

को समझाया जाता है और बताया जाता है कि यह किस तरह से जीवन के लिए एक मार्गदर्शक ग्रंथ है।)

हर रोज सुबह तीन घंटे और फिर दोपहर में तीन घंटे निर्बाध रूप से इसपर समय दिया जाता है। छह घंटे तक लगातार याद कराने की जद्दोजहद की जाती है। इस दौरान कहीं से विरोध का कोई स्वर नहीं उठता है…।

कुरान के फायदों पर चली बहुत लंबी बहस के बाद मैंने विद्यार्थियों से पूछा कि स्कूल की शिक्षा पाने के बाद उनमें से कौन-कौन डॉक्टर या इंजीनियर बनना चाहता है? जवाब में सिर्फ दो हाथ खड़े हुए।

जब मैंने यह पूछा कि बड़े होकर कितने लोग जिहाद के लिए लड़ना चाहते हैं? तब जवाब में हर विद्यार्थी ने अपना हाथ तपाक से उठा दिया। आश्चर्य की बात तो यह है कि उनमें से अधिकतर बच्चे थे। उनकी उम्र मुश्किल से दस वर्ष भी नहीं थी।

—पेशावर के बाहरी हिस्सों में चल रहे मदरसों का मुआयना करके एक दूरदर्शन कार्यक्रम में प्रसारित किया गया। इसे शंकर शरण के द्वारा पुस्तक 'द मदरसा क्वेश्चन एंड टेररिज्म' में उद्धृत किया गया था; गांधी मार्ग, अप्रैल-जून 2002।

'आतंकवादियों और उनके प्रशिक्षण शिविरों को अवैध घोषित कर दिया गया था। उन्हें छिन्न-भिन्न कर दिया गया था, लेकिन पाकिस्तानी मूल के उन इसलामिक संगठनों को, जो कश्मीर में भारत-विरोधी गतिविधियों में संलिप्त थे, उन्हें फिर से बुलाया गया और विवादास्पद राज्य में जिहाद करने को कहा गया। उन्हें फिर से बसाया गया। …लश्कर-ए-तैयबा को गैर-कानूनी संगठन घोषित किए जाने से हफ्ता भर पहले ही सईद ने आधिकारिक रूप से उसका नेतृत्व छोड़ दिया था। लेकिन जैसा कि सईद और उसके अनुयायियों ने कहा, उन्होंने एक नए बैनर तले जमात-उद-दावा के नाम से एक नया संगठन खड़ा कर लिया।…जमात-उद-दावा के सदस्य अबू मुजाहिद नदीम ने कहा कि 'लश्कर के आतंकवादी कश्मीर में तो सक्रिय हैं, लेकिन अभी पाकिस्तान में उनका कोई अस्तित्व नहीं है। इसकी कोई जरूरत नहीं है। हम सिर्फ धर्म की शिक्षा दे रहे हैं। लोगों को हम कुरान के अनुसार शिक्षित कर रहे हैं, जिसमें जिहाद का आह्वान किया गया है।'

—अमीर जिया, रियूटर्स, 'आउटलॉड पाक-बेस्ड मिलिटेंट्स राइज, कॉल फॉर जिहाद', दि एशियन एज, 28 मार्च, 2003

जरा सोचें! एक अबोध बालक है। उसकी उम्र महज चार से पाँच साल है। उसे मदरसा की दुनिया में पूरी तरह जकड़ दिया गया है। उसपर कड़ा पहरा रहता है। दस से बारह वर्षों तक वह इसी वातावरण में रहता है। उसे हर दिन घंटों कुरान के आयतों की घुट्टी पिलाई जाती है। आयतों को उसे रटवाया जाता है। उसके दिमाग में ये बातें भर दी जाती हैं कि जो तुम याद कर रहे हो, उसे यदि कोई नहीं स्वीकारता है तो तुम्हारा कर्तव्य है कि उसे इस बात के लिए तैयार करो, ताकि वह भी कुरान की आयतों में आस्था रखने लगे। दूसरे शब्दों में कहें तो, मदरसों के उन छात्रों में ये बातें कूट-कूटकर भर दी जाती हैं कि दूसरे के धर्म और व्यक्ति का अस्तित्व मिटा दो। उन्हें यह कंठस्थ करवा दिया जाता है कि वे नज (Najas) हैं। उनका सिर्फ और सिर्फ एक उद्देश्य है—अल्लाह ने जैसा कहा है, पूरी दुनिया को अपना बनाना है। हो सकता है कि कुछ लोग उनकी बातों का विरोध करें; लेकिन जब तक एक-एक करके सभी विरोधी उनके मत को नहीं मानने लगते, उनकी मुहिम जारी रहेगी। पुस्तकों के माध्यम से उन्हें यह भी शिक्षा दी जाती है कि जब सभी नास्तिक उनके मत में विश्वास करने लगेंगे या इस मुहिम में मिट जाएँगे तो चारों ओर अमन और खुशहाली आ जाएगी।

सबसे बुरा प्राणी

मदरसों में शिक्षा पा रहे बच्चों में यह बात कूट-कूटकर भर दी जाती है कि 'अल्लाह की नजरों में सबसे बुरा प्राणी वह है, जो अल्लाह को नहीं मानता है, जो उसमें विश्वास नहीं रखता है।' [8.55][1] 'वैसे लोगों को मरने के बाद जन्नत कभी नसीब नहीं होगी। उन्हें हमेशा-हमेशा के लिए दोजख की आग में रहना पड़ेगा।' [98.6] ऐसी बात नहीं है कि वे यह सब नहीं जानते हैं। उन्हें पता है। अल्लाह ने जिन लोगों को ग्रंथ देकर पहले भेजा है, उन्हें वे खूब अच्छी तरह जानते हैं, पर उनमें विश्वास रखने से इनकार कर देते हैं—'जिन्हें हमने कुरान भेंट की है, वे इसे उतना ही समझते हैं जितना वे अपनी संतान को।' फिर भी वे इसमें आस्था रखने से इनकार कर रहे हैं, क्योंकि वे अपनी आत्मा खो चुके हैं। [6.20]

बच्चों को यह सिखाया जाता है कि वे उनकी दिखाने की बातों से गुमराह

1. यहाँ से लेकर पृष्ठ संख्या 117 पर 'एक अति-दुर्बल शब्द' तक कोष्ठक में दी गई संख्याएँ कुरान के आयतों की संख्या का संकेत हैं।

नहीं हों—हो सकता है कि वे तुम्हें यह कहें कि वे इसमें विश्वास करते हैं, लेकिन दिल से उनकी आस्था इनमें नहीं होती है—

> उनमें से कुछ लोग कहते हैं—'मैं ईश्वर और मृत्यु में विश्वास करता हूँ', लेकिन वास्तविकता में वे विश्वास नहीं करते हैं।
>
> वे अल्लाह और अल्लाह में विश्वास रखनेवालों को कितनी खुशी से धोखा देते हैं, पर असलियत में वे स्वयं को ही धोखा देते हैं और वे इसे समझ नहीं पाते।
>
> उनके दिल में एक बीमारी होती है। अल्लाह उस बीमारी को और दुःखदायी बना देता है, क्योंकि वे स्वयं के प्रति ही ईमानदार नहीं हैं। [2.8-10]

अल्लाह इस तथ्य को सत्यापित करता है कि उनके दिल में रोग है। अल्लाह ने ही उनके दिल में यह बीमारी पैदा की है। यह बार-बार दोहराया जाता है। (उदाहरण के लिए—5.52; 8.49; 33.12,60; 47.20,29)

उनका शाश्वत शत्रु

अल्लाह ने जो कहा है, उसे बच्चों को बार-बार रटवाया जाता है जैसे—दूसरे लोग उनके प्रति, मुसलिमों के प्रति, उनके धर्म के प्रति विद्वेष की भावना रखते हैं। अल्लाह द्वारा बच्चों को यह निर्देश दिया जाता है कि 'वे सिर्फ यही चाहते हैं कि तुम्हारा विनाश हो; उनके मन में बैठा द्वेष उनकी जुबान पर साफ झलकता है; उनके दिल में जो बात छुपी बैठी है, वह बहुत ही निराशाजनक है। हमने तुम्हें संकेत दे दिए हैं और तुम उन्हें समझ सकते हो, बशर्ते तुम्हारे पास ज्ञान हो। [3.118] फिर आगे कहा गया—'तुम लोग उनसे प्यार करते हो, लेकिन वे तुम्हें प्यार नहीं करते हैं। हालाँकि वे तुम्हारे सामने कहते हैं कि मैं पूरे कुरान में आस्था रखता हूँ; लेकिन जब वे अकेले होते हैं तो उनकी आस्था वहीं खत्म हो जाती है। अल्लाह सभी के दिलों की बात जानता है।' [3.119] अल्लाह आगे उन्हें सचेत करते हुए कहता है—'जब तुम्हारे दिन अच्छे होते हैं तो इससे उन्हें (नास्तिकों को) दुःख पहुँचता है और तुम्हारे बुरे दिनों में वे खुशियाँ मनाते हैं…।' [3.120]

अल्लाह के उपदेशों के रूप में बच्चों को यह रटाया जाता है कि उनके (आस्तिकों) के भीतर दुष्टात्मा का वास रहता है और वह उनके मन में अल्लाह की

याद नहीं आने देती। वे दुरात्माओं की टोली का एक अंग बन गए हैं। सच तो यह है कि दुरात्माओं की टोली के इन्हीं अंगों का नाश होना है। [58.19] चूँकि तुम धर्मनिष्ठ हो, तुम धर्म के संवाहक हो, इसलिए शैतानों के उन समूहों को नष्ट करने के लिए जो भी साधन तुम अपनाओगे, वह न्यायपूर्ण ही होगा।

बच्चों को जो उपदेश दिए जाते हैं, वे बहुत चौंकानेवाले होते हैं। इससे भी चौंकानेवाली बात तो यह होती है कि उन्हें जो लोग उपदेश देते हैं, वे अल्लाह द्वारा अधिकृत बताए जाते हैं। तुम्हें धोखा देने के लिए उस तरह का कोई व्यक्ति अल्लाह को बुलाकर यह दिखाता है कि उसके दिल में क्या है। 'फिर भी वह सबसे विवादास्पद है। दुश्मन का सबसे बड़ा विवाद है। तुम्हारे सामने से हटते ही उसका लक्ष्य पूरी धरती पर उपद्रव मचाना और जान-माल का विनाश करना हो जाता है।...' [2.204-05]

बच्चों को कुरान के माध्यम से यह सिखाया जाता है कि जो व्यक्ति इसलाम को नहीं अपना पाता है, वह दुरात्माओं के कारण हमेशा लड़ता रहता है। वैसे लोग शैतान की सेना के सैनिक होते हैं। जैसा कि अल्लाह ने कहा है—'...आस्तिक लोग अल्लाह के लिए लड़ते हैं और नास्तिक हमेशा बुराई के लिए लड़ते हैं...। शैतान के मित्रों के खिलाफ लड़ते रहो—शैतानों की धूर्तता को कमजोर करते रहो। [4.76]

बच्चों को उन लोगों—जो अल्लाह में विश्वास रखने से इनकार करते हैं—की अल्लाह द्वारा बताई गई विशेषताओं को याद कराया जाता है। अल्लाह स्वयं कहता है कि हमारी स्पष्ट चेतावनी के बावजूद कि उनकी नास्तिकता के कारण उनका पतन निश्चित है—उन्हें इनसाफ के दिन मेरे सामने आने का भय नहीं है। 'सचमुच उनके विचार अहंकार से भरे होते हैं और उनका अविश्वास (नास्तिकता) बहुत मजबूत होता है।' [25.21]

बच्चों को यह सिखाया जाता है कि अल्लाह में आस्था नहीं रखनेवाले लोग ही मूलत: 'उपद्रव और अत्याचार' का कारण हैं। वे अल्लाह तक पहुँचने के रास्ते को रोकना चाहते हैं; वे अल्लाह को नकार देते हैं [2.217] उन्हें आगे सिखाया जाता है, 'जो लोग अल्लाह में विश्वास नहीं रखते हैं, वे अपने धन का प्रयोग अल्लाह के अनुयायियों के लिए मुश्किलें पैदा करने में करते हैं। वे धन को लगातार इसी तरह बहाते रहेंगे...लेकिन अंत में उनके हाथ निराशा ही लगेगी।' अल्लाह तालिबों, यानी विद्यार्थियों को विश्वास दिलाता है कि अंत में उन्हें (नास्तिकों को) हारना पड़ेगा—

अल्लाह के सारे विरोधी मिलेंगे

एक साथ जहन्नुम में;
पाक को नापाक से अलग करने के वास्ते,
पटकते हुए नापाकों को एक-दूजे के ऊपर,
जहन्नुम में···। [8.36-37]

यहूदी, ईसाई और पैगन

बच्चों को जब कुरान कंठस्थ कराया जाता है तब उन्हें यह सिखाया जाता है कि 'आस्तिकों से दुश्मनी रखनेवाले इनसानों में तुम्हें सबसे ताकतवर दुश्मन यहूदी और पैगन मिलेंगे।' विद्यार्थियों को सिखाया जाता है—'आस्तिकों से प्यार करनेवालों में सबसे निकट मिलेंगे ईसाई, जो स्वयं कहते हैं, 'हम ईसाई हैं'; क्योंकि उनके बीच तुम्हें ऐसे लोग मिलेंगे, जो ज्ञान के लिए समर्पित होते हैं और दुनिया का मोह त्याग चुके होते हैं तथा जो अहंकारी नहीं होते।' [5.82]

लेकिन इस प्रकार की रियायत क्षणिक होती है; क्योंकि साथ-साथ ही बच्चों को अल्लाह की चेतावनी भी आत्मसात् कराई जाती है—

ओ आस्तिको! (अल्लाह में विश्वास करनेवालो)
ये जो इसाई हैं, यहूदी हैं
मत मानो उन्हें तुम अपना दोस्त
क्योंकि वे तुम्हारी हिफाजत नहीं कर सकते—
वे तो दोस्त हैं बस अपनों के, अपनी जाति के
और हिफाजत भी उन्हीं की करते हैं।
तुममें से कुछ हैं, जो बढ़ाते हैं
उनकी ओर (दोस्ती का) हाथ
वे भी उन्हीं के जत्थों में हो जाते हैं शरीक।
सचमुच ऐसे अधर्मियों, अन्यायियों को
अल्लाह कभी रास्ता नहीं दिखाता। [5.51]

अब आपको यह अनुभव होने लगा होगा कि चेतावनियाँ और चरित्र-चित्रण किस प्रकार उग्रवादी-नेताओं के भाषणों का ताना-बाना बुनते हैं, जिन्हें हम पीछे के अध्याय (अध्याय 2) में पढ़ चुके हैं।

अल्लाह उन्हें और सभी मुसलिमों को चेतावनी देते हुए कहता है कि तुमसे

'यहूदी और ईसाई कभी भी संतुष्ट नहीं होंगे', 'जब तक तुम उनके धर्म के स्वरूप को नहीं अपनाओगे'''लेकिन क्या तुम इतनी शिक्षा पाने के बाद उनकी इच्छाओं के अनुसार चलोगे? ऐसे में तुम पाओगे कि वे न तो अल्लाह के मददगार हैं और न ही संरक्षक।' [2.120] छात्रों को यह बताया जाता है कि अल्लाह में विश्वास नहीं रखनेवाले किस तरह से अल्लाह की निंदा की हद तक पार कर जाते हैं। ऐसे आस्तिक लोग अल्लाह द्वारा दिए गए ग्रंथ को भी छुपा लेते हैं। [2.140]

बच्चों को अल्लाह और कुरान का हवाला देते हुए बताया जाता है कि अपनी गलत धारणाओं की वजह से वे अल्लाह के संदेशों का बेजा इस्तेमाल कर रहे हैं और वचन भंग कर रहे हैं। [5.14] उन्होंने ईसा की बात को भी ठुकरा दिया है, जिन्होंने उनसे कहा था कि वे अल्लाह की पूजा करें, न कि उनकी। [5.116-18] वे हमेशा छल-कपट के फिराक में लगे रहते हैं। [5.13] वे गलत तर्कों का सहारा लेते हुए कहते हैं कि वे तो पहले यहूदी या ईसाई थे, जबकि सच्चाई यह है कि वे सभी मुसलिम थे। [जैसा कुरान में कई स्थानों पर उल्लेख है, उदाहरणार्थ— 2.149] वे तुम्हें पथभ्रष्ट करने की कोशिश करते हैं। [3.69] वे सच्चाई को झूठ का जामा पहनाकर उसे ढकना चाहते हैं। [3.70,71]

बच्चों को पढ़ाया जाता है कि वे (नास्तिक) लोग अल्लाह और पैगंबर की निंदा करते हैं। वे अल्लाह की निंदा यह कहकर करते हैं कि ईसा मसीह भगवान् हैं और उनकी पूजा करनी चाहिए। [3.69; 5.17,72,116,117; 9.30-32] वे अल्लाह की निंदा यह कहकर करते हैं कि ईसा मसीह ईश्वर के पुत्र हैं। [5.72; 9.30; 19.36] और ऐसा कहकर वे अल्लाह के कोप का भाजन बनते हैं। [9.31; 10.68-69; 4.171] वे अल्लाह की निंदा यह कहकर करते हैं कि वह एक नहीं, तीन है। [4.171; 5.73]

वे 'झगड़ालू लोग' हैं। [43.58] ईसा तो महज एक धर्मप्रचारक थे। वे '(अल्लाह के) सेवक से अधिक कुछ नहीं थे।' [5.75; 43.59]

निष्कर्ष के तौर पर यह कहा जा सकता है कि कुल मिलाकर तालिब के द्वारा यह स्थापित किया जाता है कि ईसाई भी उन लोगों से भिन्न नहीं हैं, जो अल्लाह में आस्था नहीं रखते हैं। यदि वे कुरान और उसके उपदेशों को अंगीकार कर लेते हैं और अपने झूठे विश्वास को त्याग देते हैं तो ठीक है, अन्यथा उन लोगों से भी उसी तरह लड़ो जिस तरह आस्था नहीं रखनेवालों से लड़ते हो। और यह लड़ाई तब तक जारी रहे जब तक वे पूरी तरह से हार न मान लें।

ये वे बातें हैं, जो किसी चलते-फिरते आलिम ने नहीं बल्कि अल्लाह ने स्वयं कही हैं।

अल्लाह की घोषणा है—'(कुरान में) आस्था रखनेवाले और यहूदियों (के धर्मग्रंथों) का पालन करनेवाले तथा ईसाई और साबियंस के साथ-साथ अल्लाह और मृत्यु में विश्वास करनेवालों तथा अच्छे कार्य करनेवालों—सबको अल्लाह पुरस्कार देगा—उन्हें कोई डर नहीं होगा, कोई दुःख भी नहीं होगा।' [2.62; 5.69 में दोहराया गया है] लेकिन यदि वे कुरान और कुरान के उपदेशों का पूरी तरह पालन नहीं करते हैं, अर्थात् वे यदि ईसाई धर्म को छोड़कर मुसलिम नहीं बनते हैं तो उनके साथ कोई समझौता नहीं करना चाहिए—

उनसे लड़ो, जो विश्वास नहीं करते हैं
न तो अल्लाह में, न ही मृत्यु में
और न ही मनाही को मानता है
जो मनाही की जाती है
अल्लाह और उनके अनुयायियों द्वारा
न ही आस्था रखता है धर्म में
सत्य में (जबकि वो है)
धर्मावलंबी में, ग्रंथ में
जब तक जजिया अदा नहीं करता
अपनी हार्दिक इच्छा के साथ
और अपने को वशीभूत नहीं अनुभव करता। [9.29]

बच्चे कुरान से यह सीखते हैं कि 'यदि वे तुम पर हावी होने की स्थिति में होंगे तो वे तुमसे दुश्मन की तरह व्यवहार करेंगे और तुम्हारे खिलाफ तुम्हारी बुराई के लिए अपने हाथ और अपनी जुबान फैलाएँगे; और वे बस यही चाहेंगे कि तुम सत्य मार्ग को छोड़ दो।' [60.2]

अल्लाह की कृति

अल्लाह छात्रों को चेतावनी देते हुए कहता है कि वे सच्चे विश्वास के लिए लोगों को दावत-अल-कुरान में आमंत्रित करें। साथ ही, वह यह भी कहता है कि ऐसा करना व्यर्थ है। अल्लाह विद्यार्थियों को एक बहुत बड़ी मुश्किल के प्रति भी

सचेत करता है। वह कहता है कि उसने (अल्लाह) स्वयं इसे उनके मार्ग पर रखा है। उसने खुद ही ऐसा ताना-बाना बुना है कि जो आस्था नहीं रखते हैं, वे उपदेशों को मान ही नहीं सकते हैं। वह बार-बार यह कहता है कि उसने नास्तिकों के हृदय में रोग उत्पन्न कर दिया है। यह रोग ही है, जो उन्हें सत्य में विश्वास करने से रोकता है। 'और जो सत्य से इनकार करते हैं, उन्हें चेतावनी देना या न देना—एक जैसी बात है, वे यकीन नहीं करेंगे।' [2.6]

अल्लाह ने पूरे कुरान में जो कुछ भी कहा है, उसका तर्कसंगत निष्कर्ष कुछ ऐसा ही निकलता है—हर चीज अल्लाह की बनाई हुई है, उसकी आज्ञा के बिना कुछ नहीं होता, यहाँ तक कि एक पत्ता भी नहीं हिल सकता; जो कुछ लोग इसलाम को कुबूल नहीं करते हैं, वह भी अल्लाह की ही मरजी है। यह तर्क आस्तिकों के लिए पर्याप्त है। लेकिन सच्चाई यह है कि नास्तिकों के संदर्भ में अल्लाह और भी विशेषीकृत है—अल्लाह बार-बार कहता है कि वे आस्था नहीं रखते हैं, क्योंकि हम ऐसा चाहते हैं। और इसलिए वह अपने हर अनुयायी से माँग करता है—'क्या तुम उस व्यक्ति का मार्गदर्शन कर सकते हो, जिसे हमने पथ से डिगा दिया है ? जिसे अल्लाह ने मार्ग से डिगा दिया है, उसे तुम कभी रास्ता नहीं दिखा सकते।' [4.88] 'और अल्लाह ने जिसे भटकने के लिए छोड़ दिया है, उसे कोई रास्ता नहीं दिखा सकता।' [13.33] 'देखो, मैं तो तुम्हें यह चेतावनी देकर बस एक रहस्योद्‌घाटन कर रहा हूँ।' ऐसा कहते हुए अल्लाह अपने विश्वासपात्रों को याद दिलाता है कि ऐसा करना व्यर्थ है, 'लेकिन जब चेतावनी दी जाती है तो बहरा उनकी आवाज नहीं सुन सकता है।' [21.45] अल्लाह उनका मखौल उड़ाते हुए कहता है, अगर वे यह देखें कि आसमान का एक टुकड़ा (उनके ऊपर) गिर रहा है, तो वे यही कहेंगे—'बादलों का ढेर बन गया।' [52.43-46]

बच्चों को यह रटाया जाता है कि 'उनके दिल में एक बीमारी है और अल्लाह ने उनकी बीमारी को गंभीर (असाध्य) बना दिया है; क्योंकि वे अपने प्रति ईमानदार नहीं हैं।' [2.10] स्वयं अल्लाह ने ही 'उनकी ज्योति बुझा दी है और उन्हें घुप अंधकार में छोड़ दिया है, ताकि वे देख नहीं सकें। गूँगे, बहरे और अंधे होने के कारण वे अपने रास्ते पर नहीं लौट सकेंगे।' [2.17-18] और एक बार फिर 'आस्था नहीं रखनेवाले ऐसा नहीं सोचें कि हमने उन्हें जो रियायत दी है, वह उनके हित में है; बल्कि हमनें उन्हें रियायत इसलिए दी है कि वे अपने अत्याचार के क्षेत्र में और आगे बढ़ें; लेकिन उन्हें एक दर्दनाक सजा जरूर भुगतनी पड़ेगी।' [3.178] और भी, 'उनमें से कुछ ऐसे हैं, जो तुम्हारी बातें सुनने का बहाना तो

करते हैं, लेकिन हमने उनके दिल पर परदा डाल दिया है, उनके कान बहरे कर दिए हैं; इसलिए वे कुछ भी सुनते-समझते नहीं हैं; उन्हें एक-एक कर सारे संकेत दिए जाएँ तब भी वे विश्वास नहीं करेंगे; वे जब भी तुम्हारे पास आते हैं, बस झगड़ते ही हैं; नास्तिक लोग कहते हैं—'ये सब पुरानी कथाओं के सिवाय कुछ नहीं हैं।' [6.25] और भी, अल्लाह अपने इरादे की घोषणा करता है और यह भी बताता है कि इसके लिए उसने क्या कुछ किया है—'और हमने आग के संरक्षकों के रूप में और किसी को नहीं, बस फरिश्तों को लगाया है; और नास्तिकों की परीक्षा के लिए हमने उनकी संख्या निश्चित कर दी है, ताकि ग्रंथ के लोग (संरक्षक) निश्चित संख्या में आ सकें और आस्तिकों का विश्वास बढ़ सके; और ग्रंथ के संरक्षकों तथा आस्तिकों के बारे में शक की कोई गुंजाइश न बचे और जिनके दिल में बीमारी है, या यूँ कहें कि जो नास्तिक हैं, वे यह कहें कि 'अल्लाह इससे क्या इशारा करना चाहता है?' अल्लाह जिसे खुश नहीं करता है, उसे इसी तरह भटकने के लिए छोड़ देता है, जिसे खुश करता है, उसका मार्गदर्शन करता है—तुम्हारे मालिक की ताकत का अंदाजा कोई भी नहीं लगा सकता और यह इनसानों के लिए एक चेतावनी है, इसके सिवाय कुछ नहीं है।' [74.31]

अल्लाह आगे कहता है, 'यदि ऐसा करने का मेरा इरादा होता तो मैं उन सभी का मार्गदर्शन जरूर करता। [6.25, 35-36] अल्लाह आस्तिकों से सवाल करता है कि इन पाखंडियों (नास्तिकों) के खिलाफ लड़ाई करने की बात आती है तो तुम लोग दो खेमों में क्यों बँट जाते हो?

अल्लाह अपनी योजना के बारे में घोषणा करता है कि 'मेरी योजना के मुताबिक ही उन लोगों (नास्तिकों) ने झूठे देवताओं को अपना लिया है। [6.107] इस तरह हमने हर शहर में दुष्ट लोगों के बीच नेताओं को जाल बनाने (और गड्ढा खोदने) के लिए लगा दिया है; लेकिन वे अपने स्वयं के लिए ही यह जाल बनाते हैं, बस उन्हें इसका एहसास नहीं है।' [6.123]

अल्लाह कहता है, जिनका मुझे मार्गदर्शन करना है, उनके सीने को इसलाम के लिए मैं खुद ही खोल देता हूँ और जिन्हें भटकने के लिए छोड़ना है, उनके सीने को मैं खुद ही बंद कर देता हूँ। [6.125]

अल्लाह अपने वफादारों (आस्तिकों) से कहता है, 'जब तुम कुरान का पाठ करते हो तो मैं तुम्हारे और नास्तिकों के बीच में एक अदृश्य परदा डाल देता हूँ तथा उनके दिल (और दिमाग) को ढक देता हूँ, कहीं वे कुरान को समझ न लें; और उनके कानों में बहरापन...।' [17.45-46]

अल्लाह आस्तिकों के साथ-साथ स्वयं पैगंबर को भी सचेत करते हुए कहता है, 'अगर तुम उनका मार्गदर्शन करना चाहते हो तो यह जान लो कि अल्लाह उनका मार्गदर्शन कभी नहीं करेगा, जिन्हें वह भटकने के लिए छोड़ चुका है और ऐसे लोगों की कोई मदद भी नहीं करेगा।' [16.38-39] अल्लाह आगे खुलासा करता हुआ कहता है, 'उनमें से अधिकांश लोगों के खिलाफ मेरी एक और बात है, इसलिए वे कभी भी नहीं मानेंगे। उनके गले में हमने जंजीरें जकड़ दी हैं और उनका सिर ऊपर को उठ आया है। उनके आगे-पीछे हमने आड़ लगा दी है और उनके चारों ओर परदा लगा दिया है, ताकि वे कुछ भी न देख सकें।' [36.6-10]

अल्लाह का कहना है, 'मैंने उन्हें इसलाम को कबूल करने के वादे के एवज में एक रियायत दी थी; लेकिन उन्होंने वादा तोड़ दिया। इसीलिए उसने (अल्लाह ने) उनके दिल में पाखंड भर दिया है, जो इनसाफ के दिन ही खत्म होगा, जब वे उसके (अल्लाह के) सामने होंगे…।' [9.76-77]

बच्चों को याद कराया जाता है, 'उन्होंने अल्लाह का नाम लेकर कसम खाई थी कि जब कोई (संदेशवाहक) चेतावनी देने के लिए उनके पास आएगा तो वे अन्य लोगों से ज्यादा उसकी बातें मानेंगे—लेकिन जब भी कोई (संदेशवाहक) उन्हें चेतावनी देने के लिए आया, उनकी अच्छाइयों में कमी ही आई—उन्हें अहंकार और उनके कुचक्रों के कारण…।' [35.42-43] कारण? 'सचमुच हमने उनके दिल पर परदा डाल दिया है, उनके कानों को बहरा कर दिया है, ताकि वे कुछ सुन-समझ न सकें। अगर तुम उन्हें रास्ता दिखाने के लिए बुलाते भी हो, तब भी वे तुम्हारा मार्गदर्शन स्वीकार नहीं करेंगे।' [18.57]

अल्लाह बार-बार खुलासा करता है, 'हमने उनके पास संकेत भेजे, पर उन्हें यकीन नहीं हुआ।'

अल्लाह सचेत करते हुए आगे कहता है, 'सचमुच, उन्हें उस संकेत (संदेश) के बारे में विश्वास दिलाने की कोशिश करना उनकी धृष्टता को बढ़ाना ही है—यह तुम्हारे सामने तुम्हारे मालिक द्वारा किया गया रहस्योद्घाटन है, जो उनके (नास्तिकों के) जिद्दीपन, उनकी ईश-निंदा में वृद्धि करता है; लेकिन तुम ऐसे (नास्तिकों पर) रहम मत करो।' [5.68]

और भी,

जब कभी कोई सूरा आती है तो उनमें से कुछ लोग कहते हैं—'इससे

तुम लोगों में से किसका विश्वास उसके (अल्लाह के) प्रति बढ़ा है?' हाँ, विश्वास करनेवालों (आस्तिकों) का विश्वास बढ़ता है और वे खुशियाँ मनाने लगते हैं।

लेकिन जिनके दिल में बीमारी है, उनका शक इससे और बढ़ जाता है। वे (इसी तरह) नास्तिकता की अवस्था में ही मर जाएँगे। [9.124-25]

तुम्हारी कोशिशों से क्या हो सकता है? अल्लाह आस्तिकों से कहता है—'वे स्वयं अल्लाह को ठुकरा देते हैं—'हम उन्हें डराते हैं (और सचेत करते हैं), पर इससे उनका पाप और बढ़ता है।' [17.60]

अल्लाह उनसे (आस्तिकों से) सवाल करता है, 'क्या तुम देखते नहीं कि हम नास्तिकों को पाप के लिए उकसाने के इरादे से उनके पास शैतान को भेजते हैं?' [19.86] विद्यार्थियों को रटाया जाता है कि इसका नतीजा अल्लाह द्वारा पहले ही तय कर लिया गया है—सचमुच, अल्लाह ने जिनके खिलाफ फैसला सुनाया है। वे कतई (अल्लाह में) विश्वास नहीं करेंगे, भले ही उन्हें हर तरह से इशारा करके समझाने की कोशिश की जाए। लेकिन अगर तुम्हारा मालिक खुश होता तो धरती पर रहनेवाले सभी इनसान उसमें विश्वास करने लगते। क्या! तुम इनसानों को (अल्लाह में) विश्वास करने के लिए मजबूर करोगे? अल्लाह के हुक्म के बिना कोई भी विश्वास नहीं करेगा—और वह (अल्लाह) उन लोगों पर अपना गुस्सा उतारेगा, जो नहीं समझेंगे। [10.96-99]

अल्लाह ने नास्तिकों के दिल में बीमारी क्यों बनाई?

लेकिन अल्लाह ने इस तरह का भेद क्यों किया? अल्लाह कहता है, अगर मेरी यह ख्वाहिश नहीं होती तो मैं खुद-ब-खुद नास्तिकों से सजा वापस ले लेता। लेकिन मैं तुम आस्तिकों का इम्तिहान लेने के लिए तुम्हें उनके खिलाफ लड़ने देता हूँ। [47.4-6]

जब यह बात साफ है कि अल्लाह ने भेद किया है, यह भी साफ है कि नास्तिक किसी रहस्योद्घाटन से उसमें विश्वास करने के लिए तैयार नहीं होंगे, तो आखिर आस्तिक करे भी तो क्या?

उनकी हालत पर रंज मत करो

अल्लाह के माध्यम से बच्चों के मन में यह बात भरी जाती है—पहली बात, उनकी (नास्तिकों की) हालत पर किसी तरह का रंज या रहम मत करो—'जो

अविश्वास (नास्तिकता) की हद तक जा पहुँचे हैं, उनपर कतई रहम मत करो', अल्लाह सचेत करते हुए कहता है। [3.176] वह धर्म-प्रचारक की ओर मुखातिब होकर अपनी बात दोहराते हुए कहता है, 'ओ धर्म-प्रचारक! उनपर बिलकुल भी रंज मत करना, जो नास्तिकता में एक-दूसरे से भी आगे बढ़ते जा रहे हैं।' [5.41] अल्लाह आगे कहता है, 'उनके (नास्तिकों के) प्रति चिंता और गलतफहमी छोड़ दो, जो तुम्हें उनके रास्ते में रोशनी करने के लिए उकसाती हैं।'—अल्लाह के इरादों के खिलाफ कोई भी कोशिश करने का तुम्हें बिलकुल भी हक नहीं है। उनके दिल को पाक करने की अल्लाह की कोई ख्वाहिश नहीं है। उनके लिए तो दुनिया में शर्म-ही-शर्म है और जिंदगी के बाद उनके लिए कड़ी सजा तय है।' [5.41] उनपर किसी तरह का रहम या दुःख मत करो; क्योंकि वे अल्लाह और उसके मकसद के खिलाफ कुछ नहीं कर सकते हैं और उन्हें जो कुछ भी भुगतना पड़ रहा है, वह उनके अपने किए की सजा तथा यह सबकुछ अल्लाह के फैसले के मुताबिक ही हो रहा है। [3.176; 5.41; 27.70; 31.23; 36.76]

उनपर कभी भी भरोसा मत करना, उनके साथ कभी दोस्ती मत करना

दूसरी बात, उनपर कभी भरोसा मत करना; उन्हें कभी अपना मददगार या दोस्त मत बनाना। आस्तिकों को सचेत करते हुए अल्लाह कहता है, 'ओ आस्तिको! अपनी जाति के बाहर के लोगों से नजदीकियाँ मत बढ़ाना। [3.118] वे तुम्हारे भाई या बाप ही क्यों न हों, उनपर कभी यह भरोसा मत करना कि वे तुम्हारी हिफाजत करेंगे।' 'ओ आस्तिको! तुम्हारे बाप या भाई भी अगर नास्तिक हैं, अल्लाह में विश्वास नहीं रखते तो उन्हें कभी भी अपना संरक्षक मत समझना। अगर तुममें से कोई ऐसा करता है तो वह गलती करेगा। मान लो—तुम्हारे बाप, भाई, साथी, बच्चे या तुम्हारे द्वारा जमा किया गया धन, तुम्हारा व्यवसाय या तुम्हारा घर—यह सबकुछ तुम्हें अल्लाह से भी प्यारा है, उसके मकसद से भी ज्यादा जरूरी है तो अल्लाह के फैसले तक इंतजार करो; और अल्लाह विद्रोहियों को कभी रास्ता नहीं दिखाता है।' [1.23-24] सचमुच, अल्लाह धमकी देता है—

> उनकी ओर (दोस्ती के लिए) मत मुड़ना, जिन पर अल्लाह अपना गुस्सा उतार रहा है। वे न तुम्हारे हैं और न ही अपने हैं, वे जान-बूझकर झूठी बातों

पर कसम खाते हैं। खुदा ने उनके लिए कड़ा दंड रखा है—सचमुच, उनका काम ही बुराई है। अपनी कसमों को उन्होंने (अपने दुष्कर्मों का) परदा बना लिया है—इसी तरह वे लोगों को खुदा के रास्ते पर चलने से रोकते हैं—और इसके लिए उन्हें शर्मनाक सजा भुगतनी पड़ेगी।

उनका धन, उनकी दौलत, उनकी औलादें—खुदा के खिलाफ कुछ भी उनके काम नहीं आएँगे—उन्हें आग (दोजख की आग) में रहना पड़ेगा। एक दिन खुदा उन सबको (इनसाफ के लिए) बुलाएगा—तब वे खुदा की कसम खाएँगे, जैसे तुम्हारे सामने खाते हैं—और वे यही सोचेंगे कि उनके पास अपनी बात रखने के लिए कुछ तो है। लेकिन नहीं, वे तो बस झूठे ही हैं, उनपर (शैतान की) बुराई हावी हो गई है, इसीलिए वे अल्लाह को भी भूल बैठे हैं। वे तो बस शैतान की टोली हैं। सचमुच, शैतान की इस टोली को ही बरबाद होना है, मिटना है। जो अल्लाह और उसके धर्म-प्रसारक की खिलाफत करनेवाले हैं, उन्हें शर्मनाक सजा मिलेगी। [58.14-20]

अल्लाह बार-बार तालिब को सचेत करता है, उसे हुक्म देता है—'मेरे और अपने दुश्मनों को कभी दोस्त मत समझना। तुम उन्हें प्यार देते हो, जबकि वे उस सच्चाई को ठुकरा चुके हैं, जो तुम्हारे सामने आई है; और वे तुम्हें क्या स्वयं पैगंबर को घरों से बाहर कर चुके हैं, केवल इसलिए कि तुम अपने मालिक अल्लाह में विश्वास रखते हो…।' उन्हें कभी भी अपना दोस्त मत समझना—उनके साथ दोस्ती (या प्यार) की कोई गुप्त बात मत करना; मुझे तुम्हारी सब बातों की पूरी जानकारी होती है—जो बातें तुम गुप्त रखते हो, उनकी भी और जो बातें सबके सामने करते हो, उनकी भी। और तुम में से कोई भी अगर ऐसा करता है तो समझ लो कि यह सही रास्ते से भटक गया है। [60.1] विद्यार्थियों को अल्लाह द्वारा बार-बार दी जा रही चेतावनी को याद कराया जाता है, 'ओ आस्तिको! अल्लाह का गुस्सा जिन पर बरसनेवाला है, उनके साथ दोस्ती के लिए मत मुड़ना। जिंदगी के बाद उन्हें घोर निराशा मिलेगी, ठीक उसी तरह जैसे यहाँ अपने लोगों के कब्र में दफना दिए जाने पर उन्हें होती है।' [60.13] अल्लाह सभी आस्तिकों से सवाल करता है, 'आखिर, तुम्हें आस्तिकों के बजाय इन नास्तिकों से दोस्ती करने से क्या मिलेगा? क्या तुम्हें इससे इज्जत और शोहरत हासिल होगी?' इन नास्तिकों से दोस्ती करके तुम्हें किसी भी हालत में कोई आध्यात्मिक फायदा नहीं मिलनेवाला है तो क्या तुम उनसे कुछ भौतिक लाभ

की उम्मीद करते हो? अल्लाह खुद ही सवाल करके उसका जवाब भी पेश करता है—'नहीं, अल्लाह के साथ रहने में ही इज्जत और शोहरत है।' [4.139] तो इस तरह, आस्तिकों को नास्तिकों के साथ दोस्ती करके कुछ भी हासिल होनेवाला नहीं है, सिवाय जिंदगी के बाद नरक के और यहाँ इस दुनिया में अपमान और बेइज्जती के।

सब्र करो

तीसरी बात, तैयार रहो और इंतजार करो—अल्लाह अपने वफादारों को मशवरा देता है, 'वे (चेतावनी को) नकार देते हैं और (अपनी) ख्वाहिशों को पूरा करने में लगे रहते हैं, लेकिन हर बात के लिए एक निश्चित समय होता है।' [54.3-8] वह (अल्लाह) कहता है, उन्हें एक अंतिम चेतावनी दो; उन्हें बताओ कि '(अब भी) अगर वे (नास्तिकता से) बाज आ जाते हैं तो उनकी पुरानी सारी गलतियाँ माफ कर दी जाएँगी।'

और फिर उन्हें कत्ल कर दो

और अगर वे फिर भी मानने को न तैयार हों तो? क्योंकि उनका तो स्वभाव ही ऐसा है। उन्हें कत्ल कर दो—यह अल्लाह का दिया हुआ हुक्म है, जिसे विद्यार्थियों को याद कराया जाता है। और अल्लाह ने उन्हें कत्ल करने की वजह भी बताई है—वे 'उपद्रव और अत्याचार' करते हैं और उनका कत्ल करना बुरा नहीं है; अल्लाह स्वयं इसकी व्याख्या करते हुए कहता है, 'क्योंकि उपद्रव और अत्याचार कत्ल से भी बदतर हैं।' फिर अल्लाह अपने सभी वफादारों को सचेत करते हुए कहता है, 'वे तुम्हारे खिलाफ लड़ाई तब तक नहीं बंद करेंगे जब तक वे तुम्हें तुम्हारी वफादारी से न हटा दें, जबकि वे ऐसा कर नहीं सकते।' [2.217] अल्लाह आगे खुलासा करता है, 'उनका बस यही मकसद होता है कि वे अपनी तरह ही तुम्हें भी वफादारी के रास्ते से हटा दें।'

इसलिए मत करो उनसे दोस्ती तुम
और तब तक मत करो,
जब तक वे खुदा को कबूल कर
उसका रास्ता न कबूल कर लें।
और अगर वे कबूल नहीं करते

तो बस उन्हें जहाँ भी देखो, जैसे भी देखो,
पकड़ो और कत्ल कर दो उनका।
और मत करो उनसे दोस्ती तुम
किसी भी हालत में कभी मत करो…। [4.89]

'लेकिन अगर इनकार करते हैं तो इसकी सजा उनके लिए पहले से तैयार है (यह उनके (नास्तिकों) के लिए चेतावनी है)। उनसे तब तक लड़ो जब तक एक भी उपद्रव या अत्याचार दिखाई दे और जब तक सब जगह इनसाफ और अल्लाह में विश्वास न व्याप्त हो जाए।' [8.38-40] अगर वे अपने किए का प्रायश्चित्त कर लें और इसलाम को कबूल कर लें तो उनके लिए रास्ते खोल दो। जब वे मोहलत की मीयाद के बाद भी कुफ्र के लिए जिद करें तो काफिरों को जहाँ भी देखो, उन्हें पकड़कर उनके साथ लड़ाई करो और फिर उनका कत्ल कर दो। [9.5]

ऐसा भी हो सकता है कि कभी उनके साथ किसी तरह की युक्तिपूर्ण संधि करनी पड़े—याद करें, मुशर्रफ का संकेत, जो उन्होंने जनवरी 2002 में पाकिस्तान की जनता को संबोधित करते समय हुदैबा की संधि को लक्ष्य करते हुए दिया था, जिस पर पैगंबर ने यहूदियों के साथ समझौता करके हस्ताक्षर किए थे। मुशर्रफ ने कहा था, पैगंबर ने यहूदियों के साथ इसलिए संधि की थी, ताकि इस बीच इसलाम अपनी ताकत को और बढ़ा सके तथा समय आने पर आस्तिकों को काबू में कर सके। लेकिन जब कभी परिस्थितियाँ तुम्हें इस तरह का प्रबंध करने के लिए मजबूर करें तो दो बातें याद रखो—पहली, संधि की शर्तों का पालन तभी तक करो जब तक काफिर उसके प्रति ईमानदार बने रहें; दूसरी, ध्यान रहे कि यह अस्थायी समझौता कुछ लोगों के साथ ही है, जिन्होंने इसकी शर्तों का पालन करने की कसम खाई है; यह आम काफिरों के साथ नहीं है—यह अल्लाह की चेतावनी है, जो तालिबों को याद कराई जाती है। अल्लाह सवाल करता है, 'यह देखने पर कि वे तुम्हारे हालातों का फायदा उठा रहे हैं, वे न तो तुम्हारे साथ संबंधों का सम्मान कर रहे हैं और न ही अपने वादे का—कैसे (हो सकता है, उनके साथ इस तरह का कोई समझौता)?' तुम्हारे साथ मीठी बातें करके वे तुम्हें ललचाने की कोशिश करते हैं, लेकिन उनके दिल में तुम्हारे लिए बुराइयाँ ही होती हैं—और उनमें से अधिकांश विद्रोही और दुष्ट हैं। और तुम्हारे लिए ही नहीं—'अल्लाह के प्रमाणों को उन्होंने दुःखदायी कीमत पर बेच दिया है और (कई) प्रमाणों को उन्होंने अपने रास्ते से हटा दिया है—उनके

द्वारा किए गए काम सचमुच बुरे हैं।' [9.7-9]

तालिब को इस तरह तीन 'सच्चाइयाँ' समझाई जाती हैं—

- गैर-मुसलिमों की नास्तिकता धरती पर अल्लाह का राज्य स्थापित करने से रोक रही है;
- लेकिन यह नास्तिकता अल्लाह ने खुद उनके भीतर भरी है;
- एक मुसलमान होने के नाते उसका बस एक ही फर्ज है : पूरी धरती को दार अल-इसलाम बनाना।

निष्कर्ष अपरिहार्य है। अल्लाह का आदेश है, 'नास्तिकों एवं पाखंडियों के खिलाफ कड़ा संघर्ष करो और उनके खिलाफ हमेशा दृढ़ बने रहो। उनका रहने का स्थान नरक है—सचमुच बुराई का घर।' [9.73] 'इसलिए नास्तिक तुम्हें जब भी (लड़ाई में) मिलें, उनकी गरदन पर जोर का प्रहार करो। उन्हें पूरी तरह से काबू में करने के बाद (उनके ऊपर) कड़े प्रतिबंध थोप दो।'

सौदा

कुरान की पंक्तियों को रटते समय बच्चे लय में गाते हैं, 'अल्लाह ने आस्तिकों के व्यक्तित्व और उनकी अच्छाइयों को खरीद लिया है, (इसके बदले में) उनके लिए स्वर्ग में बगीचा है। वे अल्लाह के मकसद के लिए लड़ते हैं और मरते-मारते हैं।' तुम अपनी ओर से कोशिश करो और अल्लाह सौदे में तय की गई (अपनी) बात पर जरूर खड़ा होगा, क्योंकि 'अल्लाह से ज्यादा अपनी बात को रखनेवाला दूसरा कौन हो सकता है?' विद्यार्थी अल्लाह द्वारा कही जा रही बात को पढ़ते हैं, 'तो जो सौदा तुमने पक्का किया है, उसपर जश्न मनाओ, यह सबसे बड़ी उपलब्धि है।' [9.111]

और सौदा क्या है? यही कि तालिब अल्लाह के मकसद के लिए मारे और मरे तथा उसके बदले में अल्लाह उसे स्वर्ग के बगीचे में पहुँचाएगा। विद्यार्थी याद करते हैं, कर लो यह सौदा—इससे एक ओर तुम 'गंभीर सजा' से बच जाओगे—क्योंकि तुम्हारे सभी पाप—कर्ज को छोड़कर—माफ कर दिए जाएँगे और दूसरी ओर अल्लाह—'तुम्हें उस बगीचे में पहुँचा देगा, जहाँ सुंदर महल बने हैं और जिसके नीचे नदियाँ बहती हैं।' यही नहीं, अल्लाह तुम पर एक और मेहरबानी करेगा, 'जिसकी तुम्हें चाह है—अल्लाह की मदद और जल्दी जीत।' [61.11-13] विद्यार्थी आगे याद करते

हैं—नहीं, अल्लाह तुम्हारी हिफाजत करनेवाला है और सबसे अच्छा मददगार है।' नास्तिकों के दिल में जल्दी ही हम डर और आतंक भर देंगे···। [3.151]

विद्यार्थियों को सस्वर पाठ कराया जाता है, 'सचमुच, अल्लाह उनसे प्यार करता है, जो उसके (अल्लाह के) मकसद के लिए लड़ते हैं।' [61.4] जिंदा होने की हालत में आस्तिक के और उसके पीछे उसके संबंधियों के मुँह से यही बात निकलती है, 'उनके लिए चिंता करने की कोई जरूरत नहीं होती है, जो अल्लाह के रास्ते पर चलते हुए मारे जाते हैं।···' नहीं, वे जिंदा हैं, उनका अस्तित्व अपने मालिक की उपस्थिति के साथ-साथ रहता है; अल्लाह की मेहरबानी से वे जश्न मनाते हैं—और अपने पीछे छूटे लोगों के संदर्भ में, जो अब तक उनके साथ शामिल नहीं हो सके हैं, शहीदों को गौरवान्वित किया जाता है कि उन्हें किसी प्रकार का डर नहीं है, उनके लिए किसी को मातम नहीं मनाना चाहिए। वे अल्लाह के रहम एवं मेहरबानी को महिमामंडित करते हैं और साथ-साथ इस सच्चाई को भी महिमामंडित करते हैं कि अल्लाह द्वारा अपने वफादारों को दिया गया इनाम कभी खत्म नहीं होता।' [3.169-71]

चूँकि डर या किसी अन्य संभावना के कारण तालिब के अपने रास्ते से डगमगाने की स्थिति आ सकती है, इसलिए उसे अल्लाह की चेतावनी याद कराई जाती है— 'ओ आस्तिक! आखिर तुम्हारे साथ ऐसी क्या बातें हैं कि जब तुम्हें अल्लाह के मकसद के लिए आगे आने को कहा जाता है, तो तुम बहुत मजबूती से धरती से चिपक जाते हो? क्या तुम्हें इस जहाँ की जिंदगी उस (जिंदगी के बाद के) जहाँ की जिंदगी से ज्यादा अच्छी लगती है? लेकिन अगर दोनों की तुलना की जाए तो यह जिंदगी उस जहाँ की जिंदगी से बहुत कम आरामदायक है। अगर तुम (अल्लाह के मकसद के लिए) आगे नहीं आते तो वह तुम्हें गंभीर सजा देगा और तुम्हारी जगह किसी और को दे देगा। लेकिन तुम उसे (अल्लाह को) कोई नुकसान नहीं पहुँचा सकते, क्योंकि अल्लाह में हर ताकत मौजूद है।' [9.38-39]

अब जरा एक पल के लिए रुककर अध्याय 2 में प्रस्तुत किए गए भाषणों को याद करें—क्या वे सभी, अब जो कुछ हम पढ़ रहे हैं, उन्हीं की व्याख्या मात्र नहीं हैं?

दोजख (नरक) की आग में मिट जाने के डर, स्वर्ग के बगीचे में हमेशा रहने की आशा और जल्दी जीत के लिए अल्लाह की मदद के आश्वासन से तालिब अपने एकमात्र मकसद की ओर आगे बढ़ता है—वह अल्लाह की घोषणा को याद करता है, 'लड़ाई तुम्हारे लिए जरूरी है।' तुम इसे नापसंद करते हो, अल्लाह आगे

कहता है, 'लेकिन ऐसा भी हो सकता है कि तुम किसी ऐसी चीज को नापसंद करो, जो तुम्हारे लिए फायदेमंद है और किसी ऐसी चीज को पसंद करो, जो तुम्हारे लिए नुकसानदेह है'—जैसे जिहाद से यहाँ तुम्हारी जिंदगी चली जाती है, लेकिन असलियत यह है कि यह तुम्हें जन्नत में ले जाता है; 'लेकिन (असलियत) तो अल्लाह ही जानता है, तुम कुछ नहीं जानते हो।' [2.216]

इसलिए नास्तिकों को ऐसा सोचने का मौका मत दो कि वे तुम पर हावी हो सकते हैं। 'अपने और अल्लाह के दुश्मनों, जिन्हें तुम नहीं जानते, के दिल में आतंक पैदा करने के लिए उनके खिलाफ अपनी सारी ताकत लगा दो। अल्लाह के मकसद के लिए तुम जो कुछ भी खर्च करोगे, उसके बदले में तुम्हें उचित इनाम दिया जाएगा।' [8.60]

'अपने छोटे-बड़े साधन के साथ आगे बढ़ो और अपने आदमियों को साथ लेकर अल्लाह के मकसद के लिए लड़ो। अगर समझ सको तो यही तुम्हारे लिए सबसे अच्छा (रास्ता) है।' [9.41]

अत्यधिक हलका शब्द

मैंने लिखा है, तालिब 'याद करता है', उसके संबंधी 'याद करते हैं'। वास्तव में, 'याद करता है' शब्द मदरसों में जो कुछ हो रहा है, उसके लिए बहुत हलका है। बच्चों को कुरान कंठस्थ करवाना तो महज एक युक्ति है। शहीदों के जीवन-चरित्र, समान सामूहिक दबाव, मदरसों की बंद दुनिया में लगातार उकसाव—इन सबके अलावा बच्चे शेष दुनिया के बारे में ज्यादा कुछ नहीं जानते; उसकी स्थिति ऐसी होती है कि उसके मन में जो बातें गहराई से भरी जाती हैं, उनके अलावा शेष बातों की ओर से उनका दिल-दिमाग और आँखें बंद होती हैं।

'लेकिन ये आयतें (कुरान की पंक्तियाँ) विशेष संदर्भों में आई हैं; (जबकि) आप इन्हें संदर्भ से अलग करके प्रस्तुत कर रहे हैं'—ऐसा आरोप है उदारवादी प्रचारकों का। इस तर्क का केवल एक ही अर्थ निकलता है—या तो ये प्रचारक कुरान की उत्पत्ति और उसकी (वास्तविक) स्थिति से पूरी तरह अनभिज्ञ हैं या फिर उनके मन में यह धारणा है कि वे जिससे वार्त्तालाप कर रहे हैं, वे कुछ भी नहीं जानते। कुरान का एक-एक पद किसी-न-किसी खास मौके पर पैगंबर के सामने प्रकट हुआ था—जब वह अपनी किसी व्यक्तिगत समस्या या गलतफहमी में फँसे थे, लड़ाई के दौरान या उसके बाद जब वह विकट परिस्थितियों से घिर गए थे, आदि-आदि। यदि एक-एक आयत को उस खास मौके से जोड़कर देखा जाए या

उस खास सवाल के जवाब से जोड़कर देखा जाए, जिस पर वह प्रकट हुआ था तो इस दावे में क्या (दम) रह जाता है कि यह ग्रंथ हर काल और परिस्थिति के लिए संदेशों तथा शिक्षाओं से मुक्त है? इस दावे में क्या (दम) रह जाता है कि यह मूल (कुरान) का ही प्रस्तुतीकरण है, जो स्वर्ग में सोने के लाल की तरह सुरक्षित है? ऊपर वर्णित आदेश और चरित्र-चित्रण वास्तव में पैगंबर तक और पैगंबर द्वारा खास मौकों पर पहुँचाए गए हैं; लेकिन वे सभी शाश्वत हैं, हर मौके पर प्रासंगिक हैं; सचमुच, कुरान में आस्था का यही मुख्य बिंदु है।

इस तरह (कुरान की सारी) शिक्षाएँ शाश्वत हैं। उसके (कुरान के) आदेश हर परिस्थिति के लिए हैं। ये शिक्षाएँ और आदेश एक अन्य माध्यम से और अधिक गहराई में भरे जाते हैं—मदरसों में अध्यापन का तरीका और कट्टरवादियों की वाक्पटुता। वफादारों (आस्तिकों) की नजरों में कुरान का एक-एक शब्द एक अनिवार्य आदेश की तरह है। इसलिए मौलवियों और धार्मिक-राजनीतिक नेताओं को किसी आयत के बस एक अंश को उद्धृत करना होता है और अल्लाह की इच्छा आस्तिकों को स्पष्ट हो जाती है। इन आयतों या इनकी पंक्तियों का कोई एक (निश्चित) संदर्भ नहीं है। एक-एक आयत और उसका एक-एक अंश एक शाश्वत सत्य है; यह निरंतर चलनेवाला एक आदेश है—एक ऐसा आदेश, जो हर मौके और हर परिस्थिति के लिए जायज है।

अल्लाह के आदेशों को बल दिया जाता है; पैगंबर की घोषणाओं से उसे और दृढ़ बनाया जाता है।

पैगंबर के आदेश

बच्चों को पैगंबर की घोषणा कंठस्थ कराई जाती है, 'जिसके हाथ में मुहम्मद की जिंदगी है, वह सत्ता होने के कारण मुझे अल्लाह के रास्ते में लड़ना और मरना पसंद है, बार-बार लड़ना और बार-बार मरना पसंद है।' और भी, 'जिसके हाथ में मेरी जिंदगी है, वह सत्ता होने के कारण मैं अल्लाह के रास्ते में मारा जाना पसंद करता हूँ; और फिर जीवन धारण करना तथा मारा जाना पसंद करता हूँ...।'[1] और भी, 'जिसके हाथ में मेरी जिंदगी है, उसके लिए! मैं अल्लाह के मकसद के लिए शहीद होना और फिर से जीवन धारण करना तथा शहीद होना, और फिर से जीवन धारण करना तथा शहीद होना, और फिर

1. साहिह मुसलिम, 4626, 4631।

से जीवन धारण करना तथा शहीद होना पसंद करूँगा।।[1] पैगंबर को पूरा विश्वास है कि उनके समर्थक शहादत के लिए इस चाह से मर जाएँगे, 'मेरे समुदाय का एक हिस्सा अच्छाई के लिए लड़ेगा और अपने विरोधियों को पराजित करेगा।'[2]

बच्चे पैगंबर के आश्वासन को अपने दिल में उतारते हैं—'जो उसमें (अल्लाह में) विश्वास रखता हुआ और उसके प्रचारकों की सच्चाई को मानता हुआ उसके (अल्लाह के) रास्ते में लड़ने के लिए निकल पड़ता है, उसके सभी मामलों की देखभाल की जिम्मेदारी अल्लाह ने खुद ली हुई है। वह अपने इस कर्तव्य के प्रति कटिबद्ध है कि वह (अल्लाह) उसे या तो जन्नत तक पहुँचाएगा या फिर उसे घर तक वापस पहुँचाएगा, जहाँ से उसने इनाम या लूट के माल (में अपने हिस्से) के साथ अपना अभियान शुरू किया था। जिसके हाथों में मुहम्मद की जिंदगी है, (उसके रहमोकरम से) यदि कोई अल्लाह के रास्ते में घायल हो जाता है तो वह इनसाफ के दिन अपनी घायलावस्था में ही हाजिर होगा; (घाव का) रंग खून के रंग का होगा, लेकिन उसकी गंध (सुगंध) कस्तूरी की सुगंध जैसी होगी…।'[3]

इतने मजेदार हैं, वे इनाम जिन्हें अल्लाह जिहाद में शहीद हुए लोगों पर बरसाएगा; इतना बड़ा है वह सम्मान, जो अल्लाह द्वारा उन्हें दिया जाएगा; बच्चों को पैगंबर द्वारा आश्वस्त किया जाता है कि 'एक शहीद के अलावा कोई भी जो जन्नत में पहुँच जाता है, वह वहाँ से वापस इस दुनिया में नहीं आना चाहेगा, भले ही उसे धरती की सारी खुशियाँ क्यों न दे दी जाएँ; जबकि एक शहीद इस दुनिया में जो इतना बड़ा सम्मान प्राप्त करता है, उसके लिए वह दस बार भी इस दुनिया में वापस आकर मरना चाहेगा।'[4] पैगंबर के माध्यम से बच्चों को जानकारी दी जाती है, शहीदों की आत्मा हरी चिड़ियों के शरीर में निवास करती है, जो सर्वशक्तिमान (अल्लाह) के सिंहासन से लटकते हुए फानूसों में अपना घोंसला बनाती हैं। वे जन्नत में जहाँ जी चाहे, वहाँ से फल खाती हैं और उसके नए फानूसों में आराम करती हैं। इतना आनंदपूर्ण जीवन है उनका;

1. साहिह अल-बुखारी, 52.54; मुवत्ता इमाम मलिक, 973, 986।
2. सुनान अबू दाऊद, 2478।
3. साहिह मुसलिम, 4626; साहिह अल-बुखारी, 52.46, 59; मुवत्ता इमाम मलिक, 950, 976।
4. साहिह मुसलिम, 4635; साहिह अल-बुखारी, 52.53।

लेकिन जिहाद में मरने और मारने के लिए भी वे इतने उत्सुक हैं कि एक बार उनके मालिक ने उनपर नजर डालते हुए उनसे पूछा, 'क्या तुम्हारी कोई इच्छा है?' (जवाब में) उन्होंने कहा, 'इससे ज्यादा हमारी और क्या इच्छा होगी? हम जन्नत में जहाँ जी चाहे वहाँ से फल खाते हैं।' मालिक ने तीन बार उनसे यही सवाल किया। जब उन्होंने देखा कि उनसे लगातार यही सवाल किया जाएगा और उन्हें (इसका जवाब दिए बिना) छोड़ा नहीं जाएगा तो उन्होंने कहा, ओ मालिक! हमारी ख्वाहिश है कि आप हमारी आत्मा को हमारे शरीर में वापस लौटा दें, ताकि हम एक बार फिर आपके रास्ते पर (चलते हुए) मारे जाएँ। तभी अल्लाह को लगा कि शहीदों की आत्माएँ पूर्ण आनंद में थीं, इसलिए उसने उन्हें जन्नत का आनंद लेते रहने के लिए छोड़ दिया।[1]

और यह वरदान केवल शहीदों तक ही सीमित नहीं है—यह उनके रिश्तेदारों के लिए भी निर्धारित है; क्योंकि खुद पैगंबर का कहना है, 'एक शहीद की सिफारिश उसके परिवार के सत्तर सदस्यों के लिए मंजूर की जाएगी।'[2]

अब उस 'ख्वाहिश' को याद करें, जो लश्कर के रंगरूट ने अपने माँ-बाप को लिखकर भेजी थी और आपको उस पाखंड की झलक मिल जाएगी, जिसका मदरसों द्वारा इस प्रकार के आश्वासनों का प्रयोग करके प्रलोभन दिया जाता है।

बच्चों को पैगंबर का कथन याद कराया जाता है, जन्नत में ग्रेड (श्रेणियाँ) हैं और एक श्रेणी से दूसरी श्रेणी के बीच की दूरी 'धरती से आसमान की ऊँचाई के बराबर है।' और एक कार्य ऐसा है, जो आदमी की स्थिति को सौ श्रेणी ऊपर पहुँचा देता है। वह कौन सा कार्य है? पैगंबर से पूछा जाता है। 'अल्लाह के रास्ते पर जिहाद! पैगंबर का जवाब होता है।'[3]

किसी नास्तिक को मारना जन्नत सुनिश्चित करता है—बच्चों को सिखाया जाता है—क्योंकि खुद पैगंबर ने कहा है, 'एक नास्तिक और उसे मारनेवाला दोजख में कभी एक साथ नहीं मिलेंगे।'[4] यह धारणा बीजगणित का सरलतम सिद्धांत है। चूँकि नास्तिक के लिए शाश्वत नरक निश्चित है, इसलिए कोई वफादार (नास्तिक

---

1. साहिह मुसलिम, 4651; मिश्कत अल-मसाबिह, ग्रंथ अठारहवाँ, खंड द्वितीय, पृष्ठ 817-18।
2. सुनान अबू दाऊद, 2516।
3. साहिह मुसलिम, 4645; साहिह अल-बुखारी, 52.48; मिश्कत अल-मसाबिह में पैगंबर इसे दो नहीं बल्कि तीन बार दोहराते हैं—ग्रंथ अठारहवाँ, खंड द्वितीय, पृष्ठ 817।
4. सुनान अबू दाऊद, 2489।

को) मारता है, उसके लिए शाश्वत स्वर्ग का स्थान सुनिश्चित है।

यहाँ तक कि सबसे कम समय का जिहाद भी काफी फायदा देता है—पैगंबर की घोषणा है, 'जिसके हाथ में मुहम्मद की जिंदगी है, उसके रहमोकरम से अल्लाह के रास्ते पर (उसके मकसद के लिए) एक सुबह या फिर एक शाम ही इस पूरी दुनिया और इसमें मौजूद सभी चीजों से बढ़कर है, और तुम्हारे लिए लड़ाई में लगातार लगे रहना अल्लाह की साठ साल तक की प्रार्थना से बढ़कर है।'[1] पैगंबर आगे घोषणा करते हैं, 'मुसलमानों की एक दिन के लिए भी काफिरों से रक्षा करना इस पूरी दुनिया और उसकी सभी चीजों से बढ़कर है; और जन्नत में एक छोटा सा स्थान पूरी दुनिया और उसमें मौजूद सभी चीजों से बेहतर है; और अल्लाह के मकसद के लिए एक सुबह या एक शाम की यात्रा भी इस दुनिया और इसमें मौजूद सभी चीजों से बढ़कर है।'[2] पैगंबर की घोषणा के अनुसार—'जिहाद के दौरान किसी मुसलमान को मारनेवाला आदमी भी जन्नत पा सकता है, बशर्ते मुसलमान को मारने के बाद वह इसलाम को कबूल कर ले और जिहाद में खुद को शहीद कर ले।'[3]

पैगंबर से पूछे गए सवाल और उनके द्वारा पेश किए गए जवाब को बच्चे अपने दिल में उतारते हैं—इनसानों में सबसे अच्छा इनसान कौन है? 'वह इनसान, जो अपनी सारी धन-संपदा और अपनी जिंदगी दाँव पर लगाकर अल्लाह के रास्ते में लड़ता है (वही सबसे अच्छा इनसान है)।'[4]

बच्चों को उस आदमी के बारे में बताया जाता है, जिसने पैगंबर से कहा था, 'मुझे जिहाद के समतुल्य किसी दूसरे कार्य के बारे में बताइए;' और फिर पैगंबर के जवाब को बच्चों के दिल में उतारा जाता है—'मुझे ऐसा कोई भी कार्य दिखाई नहीं देता जो जिहाद के समतुल्य हो।'[5]

जो इनसान जिहाद के उद्देश्य से घोड़ा रखता है, 'उसे किसी चरागाह या किसी बगीचे में रस्सी से बाँधकर' उससे प्राप्त होनेवाले लाभों की व्याख्या करते हुए पैगंबर कहते हैं—'वह (घोड़ा) चरागाह या बगीचे में जो कुछ भी खाता है,

---

1. मिश्कत अल-मसाबिह, ग्रंथ अठारहवाँ, खंड द्वितीय, पृष्ठ 817; साहिह मुसलिम, 4639-43।
2. साहिब अल-बुखारी, 52.142
3. साहिब मुसलिम, 4558-60
4. साहिब मुसलिम, 4652, 4653; मुवत्ता इमाम मलिक, 952
5. साहिब अल-बुखारी, 52.44

वह उसके (घोड़ा रखनेवाले के) फायदे का काम होगा और अगर वह रस्सी तोड़कर एक-दो टीलों पर चढ़ जाता है तो उसके पदचिह्न और उसकी लीद उसके (मालिक के) लिए अच्छे होकर गुजरते हैं और उसका पानी पी लेता है तो उसे (घोड़ा रखनेवाले को) वह पानी पीने का सौभाग्य प्राप्त होगा।' और भी, 'अगर कोई आदमी अल्लाह की वफादारी से प्रेरित होकर उसके मकसद के लिए घोड़ा रखता है तो उसे पुनर्जीवन के दिन उसके घोड़े द्वारा खाई और पी गई चीजों तथा उसकी लीद और मूत्र के लिए भी इनाम दिया जाएगा।'[1] इस आश्वासन से भी बच्चों को खुद अल्लाह से सकारात्मक प्रमाण मिलता है। क्योंकि अल्लाह घोषणा करता है—

> जो (अल्लाह में) विश्वास रखते हैं और अपने सभी साधनों तथा अपने आदमियों के साथ पूरी ताकत से खुदा के मकसद के लिए बाहर निकलते हैं और संघर्ष करते हैं, उनका स्थान खुदा की नजरों में सबसे ऊँचा होता है—उन्हीं लोगों को (मोक्ष) प्राप्त होगा।
>
> उनका खुदा उन्हें अपने रहमोकरम से खुश करेगा, उनके लिए बगीचा होगा, जिसमें आनंद-ही-आनंद होगा—वे उसमें हमेशा के लिए रहेंगे। सचमुच, खुदा की मौजूदगी में रहना (उनके लिए) एक इनाम होगा—सबसे बड़ा इनाम। [9.20-22]

बच्चे पैगंबर को घोषणा करते हुए सुनते हैं, 'जन्नत के दरवाजे निश्चित रूप से तलवारों की धार के नीचे हैं।'[1] और उन्हें (बच्चों को) उस आदमी का अनुकरण करने की शिक्षा दी जाती है, जिसने दुश्मन का मुकाबला करते हुए पैगंबर से पूछा था, 'अगर मैं मार दिया जाऊँ तो मैं कहाँ रहूँगा?' जवाब में पैगंबर ने उसे बताया था, 'जन्नत में।' और तभी उसने 'हाथ में लिये हुए खजूर फेंक दिए और मर जाने तक लड़ता रहा है (अर्थात् वह खजूर खाकर समाप्त करने तक भी इंतजार नहीं कर सका)।'[2]

इसके विपरीत, बच्चे पैगंबर की आगे की घोषणा को याद करते हैं, 'जो

1. साहिब अल-बुखारी, 52.44, 49, 105; मुवत्ता इमाम मलिक, 951; मिश्कत अल-मसाबिह, ग्रंथ अठारहवाँ, खंड द्वितीय; पृष्ठ 822।
2. साहिह मुसलिम 4681; साहिह अल-बुखारी, 52.73; मिश्कत अल-मसाबिह, ग्रंथ अठारहवाँ, खंड द्वितीय, पृष्ठ 817।

आदमी मर तो गया, लेकिन अल्लाह के रास्ते में लड़ते हुए नहीं और न ही उसने जिहाद के लिए अपनी ख्वाहिश या इरादा दिखाया, वह (समझ लो) पाखंडी की मौत मर।'[1] और भी, 'जो आदमी (काफिरों के खिलाफ) लड़े बिना या उनसे लड़ाई करने को अपना फर्ज समझे बिना मर जाता है, वह एक तरह के पाखंड का अपराधी होता है।' और भी, 'जो आदमी लड़ाई की तरह के (इस जिहाद के) अभियान में शामिल नहीं होता, या किसी लड़नेवाले को सहायता नहीं पहुँचाता, या किसी लड़नेवाले के बाहर रहने पर उसके परिवार की देखभाल नहीं करता, वह अल्लाह द्वारा अकस्मात् किसी आपदा से मिटा दिया जाएगा।' पैगंबर आदेश देते हैं, इसलिए 'अपनी जायदाद, अपने आदमियों और अपनी जुबान का इस्तेमाल बहुदेववादियों के खिलाफ लड़ाई में करो।'[2] कश्मीर में जिहाद के लिए धन इकट्ठा करने के मकसद से जो समागम होते हैं, उनकी चेतावनी को हर कुछ मिनट पर सुनते रहो।

बच्चे यह भी याद करते हैं—वैसे तो जिहाद के लिए (साधन) उपलब्ध कराने से आदमी पुण्य का भागी बनता है, लेकिन यह पुण्य जिहाद करने से प्राप्त पुण्य का सिर्फ एक हिस्सा ही होता है। 'जो अल्लाह के मकसद के लिए अपना योगदान देता है और अपने घर में ही रहता है, वह जितने भी दिरहाम का योगदान देगा, हर दिरहाम के लिए उसे 700 दिरहाम मिलेंगे; लेकिन जो खुद लड़ता है और जिहाद के लिए योगदान देता है, उसे हर एक दिरहाम के लिए 7 लाख दिरहाम मिलेंगे।' इस प्रकार की घोषणा के बाद पैगंबर कुरान की इस पंक्ति को दोहराते हैं, 'और अल्लाह जिसे चाहेगा (उसके इनाम को) कई गुना बढ़ा देगा।'[3]

बच्चों को पढ़ाया जाता है—और याद रखो, जिहाद हमेशा-हमेशा के लिए निश्चित है—जब तक एक-एक कर सभी काफिर और सभी बहुदेववादी समर्पण करके इसलाम को कबूल नहीं कर लेते। पैगंबर की घोषणा है, 'मुझे लोगों से तब तक लड़ने का आदेश मिला है जब तक वे यह न मान लें कि अल्लाह के अलावा कोई और खुदा या देवता नहीं है, और मुहम्मद उसका सेवक और धर्म-प्रचारक है तथा जब तक वे हमारे किबला का सामना करें और हमारी तरह प्रार्थना न करें।' अगर वे ऐसा नहीं करते तो उनकी जिंदगी और जायदाद हमारे लिए नाजायज, गैर-कानूनी हैं।[4] तभी उन्हें मुसलिमों की तरह हक मिलेंगे। और मुसलमान की परिभाषा के अनुसार,

---

1. साहिह मुसलिम, 4678; मुवत्ता इमाम मलिक, 988।
2. साहिह मुसलिम, 4696।
3. सुनान अबू दाऊद, 2496-98।
4. मिश्कत अल-मसाबिह, ग्रंथ अठारहवाँ, खंड द्वितीय, पृष्ठ 818-19।

उनकी भी वही जिम्मेदारियाँ होंगी—बचे हुए दार अल-हर्ब को दार अल-इसलाम में परिवर्तित करने के लिए लड़ाई करना।

कुरान और हदीस के आधार पर तालीम लेनेवाला कोई बच्चा ओसामा बिन लादेन जैसे किसी आदमी की प्रशंसा कैसे कर सकता है, जबकि वह घोषणा करता है कि उसका मिशन, उसका मकसद है—यहूदियों और ईसाइयों को अरब प्रायद्वीप से बाहर करना? क्या तालिब ने पैगंबर द्वारा बार-बार की गई घोषणा को याद नहीं किया है—ईसाइयों और यहूदियों को प्रत्यक्ष रूप से संबोधित करते हुए? ओ यहूदियो! अगर तुम इसलाम को कबूल कर लेते हो तो तुम महफूज (सुरक्षित) हो जाआगे। यह जान लो कि यह जमीं अल्लाह और उसके फरिश्ते की है और मेरा तुम सबको इस जमीं से बाहर करने का इरादा है; इसलिए अगर तुममें से किसी के पास जायदाद है, (वह इसे बाहर नहीं ले जा सकता) तो वह उसे बेच दे। पैगंबर घोषणा करते हैं, बहुदेववादियों को अरब से बाहर निकाल दो। पैगंबर फिर घोषणा करते हैं, 'मैं यहूदियों और ईसाइयों को अरब से जरूर बाहर निकालूँगा, जिससे यहाँ सिर्फ मुसलिम ही बचें।' कुछ (खास) मौकों पर तो पैगंबर की घोषणा और भी व्यापक हो जाती है, ऐसे में वे अपने आदेश को अरब तक ही सीमित नहीं रखते; वे पूरी धरती की बात करने लगते हैं। यहूदियों को संबोधित करते हुए वे कहते हैं, 'तुम्हें मालूम होना चाहिए कि यह धरती अल्लाह और उसके धर्म-प्रचारक की है और मेरी ख्वाहिश है कि मैं तुम्हें इस धरती से दूर कर दूँ। तुममें से जिनके पास जायदाद है, उन्हें अपनी सारी जायदाद बेच देनी चाहिए, वरना वे जान लें कि यह धरती अल्लाह और उसके धर्म-प्रचारक की है (और उन्हें अपना सबकुछ छोड़कर यहाँ से जाना पड़ेगा)।[1]

मुसलमानों के लिए पैगंबर का आदेश है, 'तुम (मुसलमानों) यहूदियों से तब तक लड़ोगे जब तक उनमें से कुछ पत्थरों के पीछे छिप जाएँगे, (और उन्हें धोखा देते हुए) पत्थर कहेंगे, ओ अब्दुल्ला (अल्लाह के गुलाम)! यहाँ मेरे पीछे एक यहूदी छिपा हुआ है; इसलिए इसे मार डालो।'[2] क्या इस तरह के आदेशों को लगातार याद करनेवाले एक बच्चे के मन में किसी ओसामा बिन लादेन के मिशन की वैधता के बारे में शक की कोई गुंजाइश रह सकेगी?

---

1. सुनान अबू दाऊद, 2634-2636; 2636 में 'मुझे लोगों से लड़ने का आदेश मिला है', के स्थान पर 'मुझे बहुदेववादियों से लड़ने का आदेश मिला है' लिखा हुआ है।
2. साहिह मुसलिम, 4363-67; सुनान अबू दाऊद, 3023-24; मिश्कत अल-मसाबिह, ग्रंथ अठारहवाँ, खंड द्वितीय, पृष्ठ 865-66।

अगर यही हैं आदेश तो इनका जवाब क्या है?

जब ये अल्लाह के स्पष्ट और सख्त आदेश हैं, जब ये पैगंबर की स्पष्ट घोषणाएँ और उपदेश हैं, तो उदारवादी सुधारक विचारकों के कथन का किस तरह सामना करेंगे? कोई किस आयत या हदीस द्वारा कराची में बिनौरी मदरसा के युवा प्रशिक्षणार्थियों को अबू आला मौदुदी से बचाकर रखेगा, जबकि वह (अबू आला मौदुदी) घोषणा करता है—

- प्रार्थना, उपवास, दान और तीर्थयात्रा—ये सभी इतने महत्त्वपूर्ण हैं कि इन्हें इसलाम का आधार-स्तंभ माना गया है। वैसे, ये अन्य धर्मों के पूजन-संस्कार की तरह नहीं हैं। यह बात हमें अच्छी तरह से समझ लेनी चाहिए। न ही इनके बाहरी दिखावे से अल्लाह को खुश करने की बात है। पूजा के ये सभी कार्य वास्तव में हमें एक महान् उद्देश्य के लिए तैयार करने के मकसद से हैं···। प्रार्थना, उपवास, दान और तीर्थयात्रा—ये सब तुम्हें जिहाद के लिए तैयार करते हैं।[1]
- प्रार्थना, उपवास, दान और तीर्थयात्रा—ये सभी शक्ति धारण करने के लिए तैयारी और प्रशिक्षण उपलब्ध कराते हैं। जिस प्रकार सरकारें अपने सैनिकों, पुलिस बलों और नागरिक सेवकों को कार्य में नियुक्त करने से पहले उन्हें प्रशिक्षण देती हैं, उसी तरह इसलाम भी (मुसलमानों को) प्रशिक्षण देता है। यह स्वयंसेवकों को जिहाद में शामिल करने से पहले उन सभी को प्रशिक्षण देता है, जो खुदा की खिदमत (सेवा) करने की इच्छा रखते हैं।[2]
- किसी अन्य दीन की तरह अल्लाह का दीन तुम्हें उसकी सच्चाई में विश्वास करने और पूजा के निश्चित संस्कारों को पूर्ण करने के लिए ही नहीं है। अगर तुम इसलाम के सच्चे समर्थक हो तो तुम न तो किसी दूसरे दीन के सामने झुक सकते हो और न ही इसलाम को उसका साझीदार बना सकते हो; तुम्हारे पास इसे (इसलाम को) पूरी धरती पर फैलाने के लिए अपनी पूरी शक्ति लगाने के अलावा कोई और विकल्प नहीं है : तुम या तो (इसलाम को पूरी धरती पर) स्थापित करो या इस लड़ाई में अपना जीवन बलिदान करो।[3]

---

1. साहिह अल-बुखारी, 52.176, 177।
2. मौलाना सईद अबुल आला मौदुदी, 'फंडामेंटल्स ऑफ इसलाम' (संपादक खुर्रम मुराद), नई दिल्ली; मरकजी मकतबा इसलामी पब्लिशर्स, 2002, पृष्ठ 285
3. उसी पुस्तक में, पृष्ठ 291

- इसलामिक जिहाद का उद्देश्य गैर-इसलामिक शासन व्यवस्था को समाप्त करके उसके स्थान पर इसलामिक शासन लागू करना है। इसलाम की यह क्रांति किसी एक देश या कुछ देशों तक ही सीमित नहीं है, बल्कि यह पूरी दुनिया के लिए है। यद्यपि, यह मुसलिम वर्ग के प्रत्येक सदस्य का कर्तव्य है कि वह जहाँ भी रह रहा है वहाँ क्रांति के लिए कार्य करे; लेकिन अंतिम उद्देश्य तो बस विश्व-क्रांति है।[1]

या जब मसजिद का उपदेशक, शिक्षण संस्था का आलिम या फिर जमात-उद-दावा वल-इरशाद का प्रमुख सईद कुत्ब की घोषणा को याद करता है—

- इसलामिक जिहाद का आज के समय की लड़ाई से कोई संबंध नहीं है—न ही मकसद के मामले में और न ही उसके तरीके के मामले में। इसलामिक जिहाद के उद्देश्यों को इसलाम की प्रकृति, दुनिया में उसकी भूमिका, उसके उच्च आदर्शों में खोजा जाना चाहिए, जो उसे खुदा ने दिए हैं और जिसे लागू करने के लिए खुदा ने पैगंबर (उन्हें सुकून मिले) और अपने फरिश्ते को नियुक्त किया है तथा उन्हें पैगंबरों और फरिश्तों में अंतिम बताया है।[2]
- चूँकि इसलाम की शिक्षा का उद्देश्य मानव की स्वतंत्रता की निर्णायक घोषणा है, दार्शनिक आधार पर ही नहीं बल्कि जीवन की वास्तविक स्थिति में भी, इसलिए इसमें जिहाद को शामिल करना चाहिए।[3]
- उपर्युक्त पदों में जिहाद के जो उद्देश्य बताए गए हैं, वे इस प्रकार हैं—धरती पर खुदा का अधिकार स्थापित करना; खुदा द्वारा दिए गए मार्गदर्शन के अनुसार सभी इनसानी मामलों को सुलझाना; शैतानी ताकतों और जीवन की शैतानी व्यवस्था को समाप्त करना; एक इनसान के दूसरे इनसान पर मालिकाना हक को समाप्त करना, क्योंकि सभी इनसान खुदा के बंदे हैं और किसी को उन्हें गुलाम बनाने या उनके लिए कानून तैयार करने का हक नहीं है। जिहाद के लिए इतने ही कारण काफी हैं।[4]

---

1. उसी पुस्तक में, पृष्ठ 300
2. मौलाना सईद अबुल आला मौदुदी, 'कम लेट अस चेंज दिस वर्ल्ड' (Come Let Us Change This World), मरकजी इसलामी पब्लिशर्स, दिल्ली, 1995, पृष्ठ 106-7।
3. सईद कुत्ब, 'माइलस्टोंस' (Milestones), मरकजी मकतबा इसलामी पब्लिशर्स, दिल्ली, 2000, पृष्ठ 102-3
4. उसी पुस्तक में, पृष्ठ 113।

- जिहाद के कारण उसकी शिक्षा की प्रकृति में और मानव समाज की वास्तविक स्थिति में विद्यमान है, न कि सुरक्षा की आवश्यकता में, जो अस्थायी और सीमित क्षेत्र में हो सकती है। एक मुसलमान अपने धन और अपने आदमी को साथ लेकर 'खुदा के रास्ते में' इन्हीं मूल्यों की खातिर लड़ाई करता है, जिनमें न तो उसका कोई व्यक्तिगत हित होता है और न ही कोई लालच।[1]

ऐसे में, क्या जिहाद निकट भविष्य में खत्म होनेवाला है? क्या सईद कुत्व द्वारा दिए गए तर्क उस समय तक मान्य नहीं रहेंगे, जब पूरी दुनिया इसलाम के बहाव में आ जाएगी?

उदार आधुनिकवादी किस युक्ति से प्रो. सईद या सलाहुद्दीन (के सवालों) का जवाब पेश करेंगे, जब अगला हसन अल-बन्ना का आह्वान कर रहा है?

- जिहाद से मेरा मतलब उस जिम्मेदारी से है, जो इनसाफ के दिन तक चलती रहेगी और जिसके बारे में पैगंबर मुहम्मद ने कहा था, 'जो इनसान (अल्लाह की खातिर) जिहाद में लड़ाई किए बगैर मर जाता है और उसकी ऐसी कोई ख्वाहिश भी नहीं होती है, वह (वास्तव में) जाहिली हालत में मरता है।'
- जिहाद की सबसे निचली श्रेणी असत्य बात को नकारना है और इसकी सबसे ऊँची श्रेणी अल्लाह के रास्ते में अपना जीवन बलिदान करना है।[2]
- यह भी साफ हो कि इसलाम की पुकार जिहाद बिना कभी जिंदा नहीं रह सकती। अगर पुकार ऊँची और बहुआयामी है तो जिहाद की अहमियत बढ़ जाएगी। इस पुकार को लंबी और अधिक समय तक चलनेवाली बनाने के लिए हमें ऊँची कीमत अदा करनी होगी। इस मामले में जो बढ़-चढ़कर काम करेंगे, वे महानतम ईश्वरीय लाभों और पुरस्कारों के पात्र होंगे। इसलिए, ओ मुसलमान साथियो! अल्लाह के रास्ते में जिहाद करो और इसमें किसी प्रकार की असमर्थता मत दिखाओ, इस स्पष्टीकरण के बाद तो शायद तुमने अपने स्थायी नारे 'जिहाद हमारा पथ है' का अर्थ अच्छी तरह समझ लिया होगा।[3]

ये मानक ग्रंथ जो कुछ कहते हैं, क्या उदारवादी सुधारक उसके अधिक निकट हैं अथवा पाकिस्तानी ब्रिगेडियर जब अपने व्यापक प्रचारवाले 'द कुरानिक कांसेप्ट ऑफ वार' (युद्ध से संबंधित कुरान की अवधारणा) में बोलता है तो

---

1. उसी पुस्तक में, पृष्ठ 127।
2. उसी पुस्तक में, पृष्ठ 129।
3. प्रो. सईद हव्वा के 'इखवान-अल-मुसलिमून', उर्दू अनुवाद—ओबैदुल्ला फहाद फलही में उद्धृत, हिंदुस्तान पब्लिकेशंस, दिल्ली, 1996, पृष्ठ 222-23।

वह अधिक निकट होता है?

- दुश्मनों के दिल में भरा गया आतंक एक साधन मात्र नहीं है; यह स्वयं में साध्य है। विरोधी के दिल में एक बार आतंक पैदा कर दिया जाए तो मुश्किल से ही ऐसा कुछ बचता है, जो हासिल न किया जा सके। यही वह बिंदु है, जहाँ साधन और साध्य मिलते हैं और (एक-दूसरे में) समा जाते हैं। आतंक दुश्मन के ऊपर निर्णय थोपने का साधन नहीं है; हमारी ख्वाहिश तो उसके ऊपर निर्णय को थोपने की है।[1]

या जब वह अल्लाह बख्श ब्रोही का आह्वान करता है (तो अधिक निकट होता है)—

- कई पश्चिमी विद्वानों ने कुरान की पंक्तियों की ओर उँगलियाँ उठाई हैं कि (वे) यह विवाद उत्पन्न करने में समर्थ हैं कि इसलाम की दुनिया गैर-हिंदुओं के खिलाफ हमेशा चलनेवाले संघर्ष की स्थिति में है। उनके लिए यह जवाब तैयार करना काफी है, अगर कोई यह इशारा करता है कि एक ऐसे व्यक्ति द्वारा खुदा के अधिकार की रक्षा—जो उसका गुलाम है—उसको (गुलाम को) देशद्रोह का अपराधी बनने के जोखिम में दिखाता है—इसलामिक कानून के दृष्टिकोण से, सचमुच मानवता के उस अंग में कैंसर के रोग जैसी वृद्धि मानी जाए, जिसे 'कनाफ्सिन वाहिदातिन' बना दिया गया है—यानी एक, अकेली, अखंड आत्मा की तरह। अगर शेष मानवता की रक्षा के लिए इस दूषित विकार को दूर करना जरूरी हो जाता है—चाहे वह शल्य चिकित्सा से ही क्यों न हो—तो इसलाम के पैगंबर मुहम्मद के उम्मा का विचार भूभागीय प्रदेशों के मूल ढाँचे के भीतर लागू किए जाने के लायक नहीं है, जो कमोबेश पूरे विश्व को 'इसलाम की दुनिया' और 'युद्ध की दुनिया' के बीच ध्रुवीकरण के रूप में देखने का एक चिरकालिक आधार बना दिए गए हैं। इसलाम, मेरी समझ में, भूभागीय राज्य की अवधारणा को मान्यता नहीं देता है···।[2]

चार प्रश्न

जैसा कि हमने देखा, समस्या किसी सबूत या गवाह की कमी की नहीं है। समस्या तो यह है कि हम इन सबूतों—गवाहों के पहाड़ पर विश्वास नहीं

---

1. उसी पुस्तक में, पृष्ठ 223।
2. ब्रिगेडियर एस.के. मलिक का 'द कुरानिक कांसेप्ट ऑफ वार', हिमालयन बुक्स, नई दिल्ली, 1986, पृष्ठ 59।

करना चाहते, जो हमें लगातार घूरे जा रहे हैं। और हम विश्वास क्यों नहीं करना चाहते, इसका कारण ढूँढ़ने के लिए भी दूर जाने की जरूरत नहीं है—काश! हम उनपर विश्वास करते तो हम अपने तौर-तरीकों, व्यवहार में जरूर परिवर्तन कर लेते; अपने सरल, निद्रालु और बेखबर तौर-तरीकों तथा रास्तों को जरूर छोड़ देते हैं।[1]

यही एक ऐसी बात है, जो हम करना नहीं चाहते।

बड़े हिस्से में इस बदनामी के कारण कि तालिबान को उसके समर्थन की खबर दुनिया भर में पहुँच चुकी थी और इस कारण भी कि जिहादी संस्कृति देश के लिए जो कुछ कर रही है, वह बहुत हानिकारक हो गया था—परवेज मुशर्रफ की सरकार ने मदरसों में लागू किए जानेवाले उपायों की एक शृंखला की घोषणा कर दी। अब प्रश्न है—भारत में अगर कोई सरकार मदरसों पर शासन का कानून लगाती तो उसपर भारत में क्या प्रतिक्रिया होती? इस साधारण से प्रश्न का उत्तर इस असलियत को खोलकर रख देता है कि पचास वर्षों के 'धर्मनिरपेक्षवादी' व्याख्यानों ने हमें कितना कमजोर करके छोड़ा है।

दूसरी बात, मदरसों के पाठ्यक्रम को 'आधुनिक बनाने' की बात जोरों पर है। उनके अनुदान की राशि में इस उम्मीद से वृद्धि की जा रही है कि कंप्यूटर आदि उपलब्ध करा दिए जाने पर और कुछ आधुनिक विषय लागू कर दिए जाने पर स्कूल की शिक्षा ग्रहण करके निकलनेवाले विद्यार्थियों का मन-मस्तिष्क और विचार बदल जाएँगे। लेकिन इतना निश्चित है कि पाठ्य-पुस्तकों अथवा विषयों के आधुनिकीकरण इन संस्थाओं में अल्लाह के राजादेशों और हदीस का स्थान कभी नहीं ले सकता। अब प्रश्न है—हम ऊपर जिस प्रकार के आदेशों-घोषणाओं और चरित्र-चित्रणों की झाँकी देख चुके हैं, उन्हें यदि आधुनिक तकनीक से जोड़ दिया जाए तो उसका परिणाम क्या होगा?

तीसरी बात, ध्यान रहे कि ऊपर जिन आदेशों या घोषणाओं की बात की गई है, वे सभी कुरान तथा हदीस के प्रामाणिक संग्रहों से लिये गए हैं। वे किसी आलिम की व्याख्या नहीं हैं। अब प्रश्न है—धर्मनिरपेक्षवादी किस तर्क से वफादारों (आस्तिकों) को इन आदेशों-घोषणाओं के खिलाफ काम करने या उनका खंडन करने के लिए तैयार करेंगे?

---

1. अल्लाह बख्श के ब्रोही, ब्रिगेडियर एक.के. मलिक के 'द कुरानिक कांसेप्ट ऑफ वार' का 'आमुख', पृष्ठ 19-20।

चौथी बात, इन स्पष्ट, सख्त आदेशों के परिप्रेक्ष्य में इस तथ्य कि ये आदेश और घोषणाएँ प्रत्येक पुस्तक में बीस-बीस बार दोहराए गए हैं, जिन्हें विद्यार्थी मदरसों में कंठस्थ करते हैं—के परिप्रेक्ष्य में कोई उदारवादी प्रचारकों (खेद प्रकाशकों) के कथनों का क्या करें, जो हमें बताते हैं कि जिहाद, जैसा कि हम जानते हैं, यह महज 'छोटा (हलका) जिहाद' है और अल्लाह एक वफादार से जो आशा करता है, वह 'बड़ा जिहाद' है, जिसे ये प्रचारक आत्मा के शुद्धीकरण के लिए अंत:प्रेरित संघर्ष बताते हैं?

और, अब एक पाँचवाँ प्रश्न

इस तरह सवालों पर भी एक सवाल उठता है—अगर हम सुस्ती, बौद्धिक कायरता के चलते राजनीतिक औचित्य (सदाचार) की धारणा से लगाई गई रोक के कारण इन पाठ्य-पुस्तकों का अवलोकन नहीं करते तो हम यह जान भी कैसे पाएँगे कि इन संस्थाओं—मदरसों—में क्या कुछ ढाला जा रहा है? अगर उसी कायरता और उसी औचित्य की धारणा के चलते हम उन पुस्तकों को सार्वजनिक बहस का विषय नहीं बनाते तो हम उन लोगों को देश के सामने कैसे खड़ा कर सकेंगे, जिन्हें इन धारणाओं द्वारा शिक्षित-प्रशिक्षित किया गया है?

और एक कटु सच्चाई

यहाँ मन में बैठाने के लिए निर्णायक बिंदु है—एक ऐसा तथ्य, जो हमारी सुरक्षा के लिए स्वयं में उतना ही उलझा हुआ है जितना कि वह व्यक्ति, जो उन राजादेशों और घोषणाओं द्वारा वशीभूत कर लिया गया है, जिन्हें हम ऊपर पढ़ आए हैं। आतंकवादी, जो यह समझते हैं कि वे दुनिया को दार अल-इसलाम में बदलने के लिए निकले हैं, मात्र ऐसे लोग ही नहीं हैं, जिन्हें मारक मशीन बनाकर वशीभूत किया जा सके। धनु, जिसने राजीव गांधी की हत्या करने में खुद को भी उड़ा लिया था, कोई मुसलमान नहीं थी। माओवादी युवक, जो आज नेपाल में दंगा कर रहे हैं, कोई मुसलमान नहीं हैं।

नाउम्मीदीवाली कोई राय नहीं

विचारधारा का उग्रवाद वास्तव में सभ्य दुनिया के लिए एक सहयोगी उत्पन्न करता है। इस तरह के कार्य संपन्न करने के लिए आतंकवादियों को केवल उग्रवादी विचारधारा द्वारा ही प्रेरित किया जा सकता है। लेकिन जब इस तरह की कोई विचारधारा किसी संगठन में फैलती है या जब यह किसी संगठन या देश के

अस्तित्व के लिए तर्कसंगत आधार बन जाती है तो यह 'पवित्र' की खोज के लिए प्रवर्तित करती है। नेता, गुट और (राजनीतिक) षड्यंत्रकारियों के दल एक-दूसरे की निंदा करते हैं, उन्हें सत्ता से दूर करने की साजिश रचते हैं—यह आरोप लगाकर कि प्रतिद्वंद्वी नेता या गुट विचारधारा से हटकर काम कर रहा है। दर्जनों साम्यवादी देशों और दलों में फूट और शुद्धि इसका ताजा उदाहरण है। आतंकवादी संगठन और कट्टरवादी देश इसी 'शुद्धता की खोज' में लगे हैं। वे विचारधारा को एक हथियार जितना घातक बना देंगे।

चार बातें यह सुनिश्चित करती हैं कि ऐसे सिद्धांतवादी देश और दल तथा संगठन इसी तरह फूट की ओर बढ़ते रहेंगे। वह समय सीमा, जहाँ तक कोई इन पाठ्य-पुस्तकों और वक्तव्यों से चिपका हुआ है, वह समय, जहाँ तक पहुँचना एक व्यक्ति के लिए आस्तिकता का मापदंड मान लिया गया है, आता है; और वह कभी खत्म नहीं होता—पहले शिया (संप्रदाय के लोग) चौहद्दी से बाहर हुए, फिर सुन्नी के विभिन्न रंग; पहले अहमदियों को कानूनन गैर-मुसलिम घोषित किया गया, उसके तुरंत बाद माँग उठी कि शियाओं को गैर-मुसलिम घोषित किया जाए; उसके बाद यह माँग उठी कि इसमाइलियों को गैर-मुसलिम घोषित किया जाए; अपवित्रता की सुई एक दिन हाल के धर्म-परिवर्तकों की ओर संकेत करती है, दूसरे दिन धर्म-परिवर्तकों की ओर, जो किसी मुसलिम (इसलामिक) देश में बस चुके हैं…। कोई संगठन पवित्रता सुनिश्चित करने के प्रति जितना ज्यादा समर्पित होगा उतनी ही तेजी से वह हिंसा की ओर खिंचेगा।

फूट का दूसरा कारण उस शक्ल (लक्षण) के सिवाय कुछ और नहीं है, जो पहले उग्रवादी संगठन को शक्ति परीक्षण करता हुआ प्रतीत होता है। धन बहाया जाता है। संपत्तियाँ अर्जित की जाती हैं…। संगठन का विश्वास जितना गहरा होगा, उसके समर्थक भी उतने ही दिलेर होंगे; बहाए गए धन की राशि जितनी बड़ी होगी उतनी ही बड़ी-बड़ी परिसंपत्तियाँ होंगी। संगठन की पहुँच जैसे-जैसे बढ़ती है, जैसे-जैसे उसके कार्य की गति में वृद्धि होती है वैसे-वैसे नए-नए पदों का सृजन होता है और उनपर नियुक्तियाँ होती हैं…। जल्दी ही धन और संपत्तियों पर नियंत्रण को लेकर झगड़ा शुरू हो जाता है। भाई-भतीजावाद के आरोप लगाए जाते हैं। स्त्रियों (के मामलों) पर विवाद खड़े होते हैं—पुनर्विवाह ने लश्कर-ए-तैयबा में गहरी फूट पैदा कर दी है।

फूट की तीसरी चिनगारी है 'पीरी' और 'मीरी' का संयोग—धार्मिक

अधिकारों से युक्त धर्मनिरपेक्ष ताकत। जैसा कि जाना जाता है और उलेमा जिस ओर संकेत करते हुए थकते नहीं हैं—पैगंबर ने एक धर्म और एक राज्य—दोनों की स्थापना की थी। लेकिन धर्म किसी एक व्यक्ति अथवा गुट द्वारा नियंत्रित है—वही व्यक्ति या गुट उसे इसलाम के नाम पर संचालित और नियंत्रित करता है। उसका शासन इस दावे पर आधारित है कि वह सबसे अच्छा जमानतदार है, सचमुच इसलाम के हितों का एकमात्र जमानतदार। लेकिन शासकों और शासक गुटों में से ही विरोधी पैदा होते हैं। और कड़ी परीक्षा लेकर, जिसके अंतर्गत राज्य की स्थापना की गई है—इसलाम की, मार्क्सवादी-लेनिनवादी की—विरोधी शासक और उसके गुट का एक ही आरोप लगाकर विरोध कर सकते हैं कि वह इसलाम को क्षति पहुँचा रहा है, वह (इसलाम के सिद्धांतों से) विचलित हो रहा है, वह इसलाम को खतरे में डाल रहा है। इस प्रकार, एक अनिवार्य उद्देश्य—राज्य पर सत्ता के लिए लड़ाई—इसलाम के विवादग्रस्त स्वरूपों के बीच लड़ाई नहीं हो सकती। यह संघर्ष—जिसे अब धर्मांधपूर्ण विश्वास द्वारा, वफादारी के प्रति निष्ठा द्वारा हवा दी गई है—अत्यधिक प्रचंड बन जाता है। दूसरी ओर, विश्वास में दरार आ जाती है। अंत में, जब ये उत्तेजनापूर्ण विचारधाराएँ अपने आगमन से पूर्व के लक्षणों—अगर कहें तो जाहिलियत के समय के लक्षणों—को शामिल करने का दावा करती हैं, तो वे उन्हें मिटाने में कामयाब नहीं हो सकी हैं। कई तरह से तो वे उन्हें और अधिक उग्र बनाने का काम ही करती हैं; क्योंकि जब भी ऐसे किसी राज्य या देश की धर-पकड़ के लिए संघर्ष किया जाता है, गुट जाहिलियत के लक्षणों—भाषा, जाति, धर्म—के साथ संगठित हो जाते हैं।

इसलाम के इतिहास में ऐसा हम पैगंबर की मृत्यु के समय से देखते आ रहे हैं, सचमुच पैगंबर की मृत्यु के समय से लेकर आज पाकिस्तान में संप्रदायवादी खून-खराबे तक। परिणाम जितना अपरिहार्य है उतना ही स्पष्ट भी—सलीम मंसूर शोक प्रकट करते हुए लिखते हैं, 'अधिकतर मुसलमान मुसलमानों के द्वारा ही मारे गए हैं, अधिकतर मुसलमान मुसलमानों का ही शिकार हो रहे हैं, अधिकतर मुसलमान गैर-मुसलमानों की अपेक्षा मुसलमानों के हाथों मारे जाने के खतरे में अधिक हैं।'[1] जब आस-पास के साम्यवादी देश शांत थे तो उस समय हम

---

1. सलीम मंसूर, 'मुसलिम ऑन मुसलिम वॉयलेंस (मुसलिम हिंसा पर (उतारू) मुसलमान)—व्हाट ड्राइव्स इट?' सुरक्षा नीति केंद्र, वाशिंगटन डी.सी., सामयिक पत्र श्रृंखला, जून 2005; http://www.centerforsecuritypolicy.org.

'मुसलमान' शब्द को हटाकर उसके स्थान पर 'साम्यवादी' शब्द कर सकते थे और यह हमारे लिए बिलकुल ठीक होता है।

इस प्रकार आतंकवाद की बर्बरता, उसकी आस्था के बावजूद हमें निराश होने की जरूरत नहीं है। उसके तंत्र में कई दोषपूर्ण शृंखलाएँ हैं। हमें उन दोषपूर्ण शृंखलाओं के लक्षणों की पहचान करनी चाहिए और इतिहास को एक सहायक हाथ प्रदान करना चाहिए—विचारधारा के उग्रवादी होने को लेकर उसकी निंदा करने, उसे दोषी ठहराने के बजाय हमें उसकी न्याय-विरुद्ध माँगों पर पकड़ बनानी चाहिए और इसके द्वारा 'सैद्धांतिक (मतवादी) संघर्ष' को और गहन कर देना चाहिए; हमें 'लापरवाही' या 'चूक' के सबूत इकट्ठे करने चाहिए और प्रत्येक नेता तथा दल को यह सिद्ध करने का आधार प्रदान करना चाहिए कि अन्य लोगों की आस्तिकता अपूर्ण है।

लेकिन इनमें से किसी एक को भी कार्यरूप देने के लिए लक्षित पीड़ितों को—

- निद्राकारी, मादक द्रव्ययुक्त ओषधि को जानना चाहिए; हाथोहाथ उसका प्रचार करना चाहिए और ऐसा करके उसके आस्तिकों (अल्लाह में विश्वास रखनेवालों) के लिए चश्मा तैयार करना चाहिए, जिसके माध्यम से वे घटना को देखें।
- चश्मा तैयार करने के बाद लक्षित पीड़ितों को इस उम्मीद से चुप होकर पीछे नहीं बैठ जाना चाहिए कि वे (आस्तिक) घटनाओं को इस चश्मे के सहारे ही देखेंगे; लड़ाई के लिए हरकत में आने पर—विशेषकर उस समय जब आतंकवादी संगठन को हार का सामना करना पड़ा हो—उन्हें आतंकवादियों के तर्कों के खोखलेपन को सामने लाना चाहिए।

निस्संदेह, संगठन के पास अपनी हार के सबूतों को हटाने के तरीके भी होंगे। लेकिन ऐसा करके यह तो सिर्फ उस भ्रम को ही कमजोर करेगा, जिस पर उसकी इमारत खड़ी की गई है। पहले तक पाकिस्तानी बुद्धिजीवी और उलेमा तालिबान को एक महत्त्वपूर्ण सफलता के रूप में देख रहे थे। उनका दावा था, सेना और आई.एस.आई. ने पाकिस्तान के लिए 'रणनीतिक सुरक्षा' सुनिश्चित की है। वे लिख रहे थे, इसलाम के लिए एक महान् विजय शुद्ध, आदर्शवादी युवाओं का शासन स्थापित हो गया है—ऐसा शासन, जिससे लोगों को लगाव है; क्योंकि इससे शांति बहाल हुई है। इसने उन्हें अनैतिकता और कामुकता की खाई से बाहर निकाल दिया है। वर्षों तक दिन-रात बस यही गीत गाया जाता रहा। और तब पाकिस्तान को उसी

तालिबान को कुचलने के लिए अभियान में शामिल करने की युक्तिपूर्ण योजना के बारे में बताया गया। अधिक चालाकी दिखाने की कीमत चुकानी ही पड़ती है। स्तालिन के समय में कमिंटर्न जिन कलाबाजियों से काम निकाला करते थे, उन्हीं कलाबाजियों ने विचारधारा को अवैध बना दिया।

संक्षेप में कहा जाए तो जिस मत या विचारधारा के द्वारा आतंकवादियों को उत्तेजित किया जाता है, वह मत या विचारधारा ही सब हथियारों में अधिक शक्तिशाली है। ऐसा होने पर भी शेष विश्व आत्मविश्वास के साथ आगे बढ़ सकता है—बशर्ते इस मत या विचारधारा की जाँच की जाए, इसे प्रकाश में लाया जाए और जाँच के परिणामों को प्रसारित किया जाए।

□

6

आतंकवाद

पिछले कुछ वर्षों में हमने जिस आतंकवाद का मुकाबला किया है, वह पाकिस्तान द्वारा निर्देशित, प्रायोजित, सुसज्जित और वित्त-प्रदत्त था। लेकिन आज की तारीख में यह आतंकवाद अपने उत्कर्ष को प्राप्त हो चुका है—जैसा कि आधे से अधिक विश्व में अपने पाँव पसार चुके इसलामिक कट्टरपंथ से स्पष्ट है। आज अल्जीरिया से लेकर पाकिस्तान और बँगलादेश होते हुए मलेशिया और इंडोनेशिया समेत फिलीपींस तक इसलामिक कट्टरवाद अपने पाँव पसार चुका है। हम पिछले दो दशकों से इससे जूझ रहे हैं। इस संघर्ष के दौरान हमें कई तरह की बातें सीखने को मिलीं, जिनमें से कई बातें तो कटु सत्य थीं तथा उनसे सीख लेकर हमने काम भी किए; लेकिन कई बातों को अपनाने से हमने इनकार कर दिया। उनमें से कुछ बातें इस प्रकार हैं—

1. आज जिस आतंकवाद से पूरा विश्व जूझ रहा है, वह ऐसा युद्ध नहीं है जो '1 दिसंबर' को शुरू हुआ और '2 मार्च' को खत्म हो गया। यह एक 'स्थायी युद्ध' है। यदि हमें इस चिरकालिक युद्ध से निपटना है तो सबसे पहले हमें हर छोटे-से-छोटे विद्रोह या विद्रोही तत्त्वों के प्रति सजग रहना पड़ेगा। इसके लिए हमें चाणक्य की नीति को हमेशा के लिए दिलो-दिमाग में बैठा लेना चाहिए। कहा जाता है कि एक बार चंद्रगुप्त एक खेत से गुजर रहे थे। उन्होंने देखा कि थोड़ी दूर पर एक व्यक्ति बार-बार नीचे झुक रहा है और जमीन में कुछ डाल रहा है। ऐसा वह बार-बार कर रहा है। चंद्रगुप्त उसके पास पहुँच गए। वह व्यक्ति कोई और नहीं बल्कि चाणक्य था। चंद्रगुप्त ने उससे पूछा कि 'यह तुम क्या कर रहे हो?' चाणक्य ने कहा

कि 'वह एक-एक करके इस घास कुश की जड़ में मट्ठा डाल रहे हैं, ताकि उसे जड़ से समाप्त किया जा सके।' फिर चंद्रगुप्त ने पूछा, 'लेकिन क्यों?' इसपर उनका जवाब था, 'क्योंकि इसकी एक नुकीली पत्ती ने मेरे पाँव में चुभने का दुःसाहस किया है।'...चारों मोटे शब्द स्मरणीय हैं—**समूचे** खेत में मौजूद **प्रत्येक** नुकीली पत्ती को **पूरी तरह** समाप्त करना...।

2. अब तक ढेर सारे समूह आतंकवाद में संलिप्त हो गए हैं। न सिर्फ भारत में बल्कि पूरे विश्व में वे सभी आपस में तेजी से जुड़ रहे हैं। नशीली दवाओं की तस्करी को ही लें। यह व्यापार बहुत दिनों तक नहीं फल-फूल सकता है, बशर्ते वित्तीय कार्य संचालित करनेवालों से इसे सहायता और समर्थन मिलना बंद हो जाए—पुलिस से, राजनीतिज्ञों से, नौकरशाहों से और स्वयं मजिस्ट्रेटों-नागरिक अधिकारियों से। इसलिए जब आतंकवादी इनमें से किसी व्यवस्था में अपनी पहुँच बना लेते हैं, जो नशीली दवाओं के व्यापार में शामिल होते हैं, तो वे धीरे-धीरे पूरे देश में अपना जाल फैला लेते हैं। फिर वे लोगों की जिंदगी के साथ ज्यादा आसानी से खिलवाड़ करने में सक्षम हो जाते हैं। वे विस्फोटकों के माध्यम से जितने लोगों की जान ले पाते थे, उससे ज्यादा लोगों की जान अपेक्षाकृत आसानी से लेने में सक्षम हो जाते हैं। इस प्रकार वे देश की व्यवस्था में छेद कर देते हैं। समय के साथ-साथ कई गैंग आपस में जुड़ते जाते हैं। दो दशक पहले स्थिति यह थी कि दवाओं और सोने की तस्करी में जो गैंग संलग्न थे, वे एक-दूसरे से भिन्न थे। उनका उन गैंगों से कोई नाता-रिश्ता नहीं था, जो राजनीतिक उद्देश्य के लिए बंदूकें चलाते थे और लोगों की हत्याएँ करते थे। लेकिन आज परिस्थितियाँ बदल गई हैं। सभी गैंग आपस में एक-दूसरे से जुड़ गए हैं। उनकी गतिविधियाँ एक-दूसरे से क्रमवार जुड़ गई हैं। आई.एस.आई. या ऐसा कोई संगठन किसी एक संगठन को अपने से जोड़ लेता है और फिर पूरे नेटवर्क तक अपनी पहुँच बना लेता है। बात चाहे भरती की हो या वैचारिक समर्थन की या फिर अपनी योजना को कार्यरूप देने की, इसी नेटवर्क का सहारा लिया जाता है। उसे बंबई बम विस्फोट के लिए आतंकवादियों द्वारा आर.डी.एक्स. भेजने की जरूरत नहीं रह गई है—जो गैंग सोने की तस्करी कर रहा है, वही बहुत कुशलता से आर.डी.एक्स. भी गंतव्य तक पहुँचा देगा। इसी तरह यह भी ध्यान देने योग्य है कि अमेरिका में वर्ल्ड ट्रेड सेंटर और पेंटागन पर हमले के सिलसिले में किन क्षेत्रों से लोगों को गिरफ्तार किया गया था।

गैंगों के बीच इस गठजोड़ के कई पहलू उभरकर सामने आते हैं। भारत में जो समूह अपनी गतिविधियों को अंजाम दे रहे हैं, उन्हें उन एजेंसियों से प्रोत्साहन मिलता रहा है, जो भारत के प्रति वैर भाव रखते हैं। उदाहरण के लिए—आई.एस.आई. अन्य संगठनों की तरह ही नक्सलवादी संगठनों को भी एक-दूसरे के संपर्क में लाने के काम में लगातार लगी हुई है। पूर्वोत्तर में फैले विभिन्न संगठनों को मदद पहुँचाते हैं। इतना ही नहीं, कई ऐसे स्वाभाविक कारण भी हैं जिनसे ये सभी संगठन आपस में जुड़े रहते हैं। हो सकता है कि दोनों ही संगठन दवाओं की तस्करी करते हों। वे आपस में एक-दूसरे के संवाहक भी हो सकते हैं या फिर ग्राहक, आपूर्तिकर्ता भी या फिर एक-दूसरे के ग्राहक भी हो सकते हैं। यह भी हो सकता है कि दोनों ही संगठन हथियारों की आपूर्ति के लिए ही संगठन पर निर्भर हों। और इस तरह वे सभी एक-दूसरे को जानने लगते हों। ऐसे में वे काले धन को ठिकाने लगाने के लिए भी एक-दूसरे के चैनलों का सहारा लेते हैं।

3. इस युद्ध में न तो कोई 'आगे' होता है और न ही कोई 'पीछे'। आतंकवादी विभिन्न मापदंडों के आधार पर अपना लक्ष्य तय करते हैं। किसी समूह में या स्थान पर अपनी कोई भी करतूत करके आतंक फैला सकते हैं। ऐसी कोई भी संस्था या स्थान नहीं है, जिसे वे संपर्क से परे रखकर चलते हैं। एक बात गौर करने लायक है कि आतंकवादी कभी स्थिर नहीं होते। वे हमेशा घूमते रहते हैं। हवाई अड्डों पर कड़ी सुरक्षा के बीच भी वे अपनी गतिविधियों को अंजाम देने में सफल हो जाते हैं। वे आसानी से हवाई जहाज से एक स्थान से दूसरे स्थान तक चले जाते हैं। यदि कोई आतंकवादी रायपुर में अपने मिशन के लिए हवाई जहाज पर चढ़ता है तो वह आसानी से गंतव्य तक जा सकता है। इसी तरह एक वांछित आतंकवादी, जिसका दिल्ली में पीछा किया जा रहा है, वह बिहार के प्रशासनविहीन बीहड़ों तक आसानी से पहुँच सकता है। इतना ही नहीं, आतंकवादियों के लिए आम जनता और सुरक्षाकर्मियों के बीच कोई अंतर नहीं होता है। भरे बाजार में या किसी सरकारी कार्यालय में विस्फोट करना उनके लिए एक ही बात है, क्योंकि उनकी नजरों में आम जनता या तो सुरक्षाकर्मियों के लिए सूचना प्रदान करती है या फिर उससे संबद्ध रहती है। उनके निशाने पर आम जनता इसलिए भी होती है, क्योंकि जब आम जनता मारी जाती है तो उससे आतंक पैदा होता है, जिसे आतंकवादियों के मुख्य लक्ष्य से अलग नहीं रखा जा सकता और जो उनका एक तात्कालिक लक्ष्य भी होता है। साथ ही आतंकवादियों के लिए सुरक्षाकर्मियों की बजाय आम जनता को

मारना आसान होता है, विशेषकर अपनी माँगों को मनवाने के लिए अपहरण का रास्ता अख्तियार करने की स्थिति में उनके निशाने पर सामान्य जनता ही होती है। खासकर पूर्वोत्तर के राज्यों में धन की उगाही के लिए आतंकवादी इसे सबसे कारगर तरीका मानते हैं। सचमुच, इस प्रकार के अंतिम लक्ष्य-साधन से वे ही लोग जुड़ते हैं, जिनकी मदद की जरूरत आतंकवादी संगठनों को होती है। लेकिन यह 'निर्णायक' या 'अंतिम' बिंदु आतंकवादियों के क्षितिज से लगातार दूर ही होता जाता है।

4. आतंकवादी उन सभी हथियारों का उपयोग करने को तैयार होते हैं, जो उनके हाथ लग जाएँ और जिनसे वे अधिक-से-अधिक जान-माल की हानि पहुँचा सकें। यदि उनका वश चले तो विस्फोटकों की पूरी बेल्ट का इस्तेमाल करने लगेंगे। यदि जैविक वायरस से उनका मकसद पूरा होनेवाला हो तो वे उसका भी इस्तेमाल करने से पीछे नहीं हटेंगे। ऐसे में आतंकवादियों द्वारा चलाए जा रहे इस परोक्ष युद्ध को जीतने के लिए इस प्रकार के सभी संभव अस्त्र-शस्त्र और उसकी तकनीक की काट निकालनी होगी। यदि आतंकवादी जैविक वायरस छोड़ दें तो हमारे पास उनसे बचाव के लिए क्या कोई उपाय है और अगर है तो किस हद तक है? यदि आतंकवादी रासायनिक हथियारों का इस्तेमाल कर दें तो क्या सैनिकों के पास उस प्रकार के सुरक्षा-कवच हैं, जिससे वे प्रभावित इलाकों में घुसकर राहत पहुँचा सकें? यदि आतंकवादी किसी इलाके में वायरस या रासायनिक हथियारों से हमला कर देते हैं तो क्या हमारी सेना या सुरक्षाकर्मियों के पास वैसी सुरक्षित गाड़ियाँ हैं, जिनसे वे प्रभावित इलाकों में तत्काल पहुँच सकें? वैद्युत चुंबकीय आवेश को बचाकर रखने के लिए हमारे कंप्यूटर तंत्र किस हद तक सक्षम हैं? आतंकवादियों के इन हथियारों से मुकाबला करने में हमारे औजार, हमारी आधारभूत संरचनाएँ, हमारी सेना, हमारी जनता कितनी सक्षम है और उनका कितनी बार परीक्षण किया जाता है? कुल मिलाकर हमारी संपूर्ण व्यवस्था इतनी सक्षम होनी चाहिए कि वह इस प्रकार के किसी भी हमले का मुकाबला कर सके और जवाब में आतंकवादी संगठनों या संबंधित देश को इस सीमा तक नुकसान पहुँचा सके, जो उसकी सहन-शक्ति से ऊपर हो।

5. इसे सौभाग्य ही माना जाए कि भारत में सक्रिय आतंकवादी अभी तक जैविक हथियारों का इस्तेमाल नहीं कर रहे हैं। लेकिन वह दिन दूर नहीं, जब वे जैविक हथियारों से हमला बोलने में गुरेज नहीं करेंगे। इसके भी कई कारण हैं—

- व्यावसायिक रूप से उपलब्ध अंडे सेनेवाले रासायनिक परिवर्तनवाले उपकरणों

का प्रयोग करके वायरस का उत्पादन किया जा सकता है।

- उनको एक स्थान से दूसरे स्थान तक आसानी से लाया जा सकता है।
- हथियार के रूप में उपयोग करना चाहें तो उन्हें बहुत छोटी-से-छोटी वस्तु में फिट किया जा सकता है। उदाहरण के लिए—आजकल 'सूटकेस' आणविक हथियारों को देखें।
- यदि एक बार इन घातक हथियारों का निर्माण हो गया तो इनपर हमारी मरजी नहीं चलेगी।
- इन हथियारों से हमले को लेकर एक खास बात यह भी है कि यदि इनसे हमला किया जाता है तो यह पता लगा पाना मुश्किल होगा कि यह हमला किसने किया है। उदाहरण के लिए—यदि कोई देश या फिर आतंकवादी संगठन वायरस से हमला बोल देता है तो पहले वह वायरस अपना विनाशकारी रूप दिखाने में तीन से चार हफ्ते का समय लेगा। इतने समय में इसका कुप्रभाव बढ़ता जाएगा और जब तक हजारों लोग इसकी चपेट में आ चुके होंगे तब तक हमलावर बहुत दूर जा चुके होंगे। सचमुच, शुरू के कई दिनों तक यही पता लगा पाना मुश्किल होगा कि यह कोई हमला है या फिर कोई 'प्राकृतिक' प्रकोप।
- जैविक हथियार सिर्फ लोगों को ही नुकसान नहीं पहुँचाते, बल्कि फसलें भी व्यापक पैमाने पर बरबाद होती हैं।[1]

इससे भी ज्यादा महत्त्वपूर्ण तो यह है कि आतंकवादी संगठनों को छोड़ भी दें तो कई देशों के पास इन विनाशकारी हथियारों का जखीरा मौजूद है। नवंबर 1999 में एक सोवियत वैज्ञानिक, जिसने सोवियत संघ के जैविक हथियार कार्यक्रम पर 20 वर्षों तक कार्य किया था, ने अमेरिकी एयर फोर्स वार कॉलेज में एक पत्र

---

1. इन सब तथ्यों की विस्तृत जानकारी के लिए देखें, गिलमोर कमीशन की रिपोर्ट। यह रिपोर्ट आतंकवाद और व्यापक पैमाने पर क्षति पहुँचानेवाले हथियारों से लड़ने की आंतरिक क्षमता पर एक सलाहकार समिति द्वारा पेश की गई थी, जो अमेरिकी कांग्रेस के समक्ष पहली वार्षिक रिपोर्ट के रूप में दिसंबर 1999 में रखी गई थी। रिपोर्ट में न केवल जैविक हथियारों के निर्माण के दौरान संभावित खतरों के बारे में बताया गया है, बल्कि इन हथियारों से रक्षा में आनेवाली कठिनाइयों का भी उल्लेख किया गया है। इस बारे में सरसरी तौर पर जानकारी के लिए देखें, विलियम आर. शिलिंग की 'नॉनट्रेडिशनल वारफेयर', में जेम्स जे. वाल्ड्स का 'वुल्नेरैबिलिटी टू बायोलॉजिकल वीपंस इन नॉन ट्रेडिशनल वारफेयर', ब्रासीज इंक, वाशिंगटन डीसी, 2002, पृष्ठ 43-49, 48।

प्रस्तुत किया था। उसमें कहा गया था कि सोवियतों के पास करीब 100 टन से ज्यादा एंथ्रेक्स का भंडार है। इतना ही नहीं, इनके पास हर वर्ष हजारों टन एंथ्रेक्स बनाने की क्षमता भी है। इनके पास करीब 20 टन ऐसे जैविक हथियार भी हैं, जो व्यापक पैमाने पर चेचक और प्लेग फैला सकते हैं।[1] अमेरिकी रक्षा सचिव के कार्यालय से 'प्रोलीफरेशन—थ्रेट एंड रेस्पांस' (जनवरी 2001) का हवाला देते हुए एक RAND रिपोर्ट में आगे कहा गया था, 'इस बात की पुख्ता खबर है कि उत्तरी कोरिया के पास 2,500 से 5,000 टन रासायनिक हथियार हैं। इसी तरह ईरान के पास हजारों टन और रूस के पास 40,000 टन रासायनिक हथियार और हजारों टन जैविक तत्त्व हैं।'

संक्षेप में कहें तो—

- देश को आतंकवादियों और उन्हें शह देनेवाली ताकतों व तकनीक में आगे बढ़ना होगा।
- एक बात तो हमेशा अपने दिमाग में बैठा लेनी चाहिए कि भविष्य में युद्ध के लिए जो रणनीति बार-बार अपनाई जाएगी, वह सरहद के पीछे रहनेवाली असैनिक जनसंख्या के बीच भ्रम और रोष की स्थिति उत्पन्न करने तथा उनका मनोबल गिराने के लिए होगी। इसी क्रम में देश के विभिन्न हिस्सों में यही स्थितियाँ उत्पन्न करने के लिए ऐसे जैविक तत्त्वों से हमला बोला जाएगा, जो न केवल व्यापक पैमाने पर फसलों को नुकसान पहुँचाएँगे, बल्कि लोगों के बीच कई तरह की परंपरागत बीमारियाँ भी फैलाएँगे। अन्य गैर-सैनिक हथियारों के साथ प्रयुक्त किए जानेवाले ये हथियार—जिनका हम 'गैर-प्रतिबंधित युद्ध तकनीक' की चीनी संकल्पना के अंतर्गत आगे अध्ययन करेंगे—नागरिकों में भ्रम और रोष की स्थिति उत्पन्न करने तथा उनका मनोबल गिराने के लिए सबसे ज्यादा उपयुक्त हैं, जो रणनीतिकारों के अनुसार, सशस्त्र हमले का एक अच्छा विकल्प है।
- जहाँ तक इन परिस्थितियों से जूझने की हमारी क्षमता का सवाल है, हम लाखों की संख्या में सीमा पार कर भारत आ रहे बँगलादेशियों को रोकने तक में सक्षम नहीं है। इसलिए यह भी चौंकानेवाली बात नहीं है कि हम सीमा पार से भेजे

---

1. नवंबर 1999 में यू.एस.ए.एफ. एयर वार क़ॉलेज में पेश केनिथ एलीबेक की रिपोर्ट 'बायोलॉजिकल वीपंस', 20 मई, 1998 को अमेरिकी कांग्रेस की संयुक्त आर्थिक समिति के समक्ष प्रस्तुत उनका शपथ-पत्र भी देखें; और 29 नवंबर, 2001 को अमेरिकी सीनेट में प्रस्तुत साक्ष्य भी।

जानेवाले हानिकारक वायरस को कहाँ तक रोक पाएँगे।

6. आतंकवादियों और उनको शह देनेवाले देश जिन तकनीक और रणनीतियों का इस्तेमाल कर सकते हैं, वह हमारी परंपरागत सेना की समझ से बाहर है। सेना की परंपरागत तकनीक के तहत प्रशिक्षित लोगों से हम यह भी अपेक्षा नहीं कर सकते कि वे जैव तकनीक, रासायनिक इंजीनियरिंग, सूचना तकनीक इत्यादि क्षेत्रों में दक्ष हों। इसलिए आवश्यकता इस बात की है कि प्रतिरक्षा नियोजकों को समय-समय पर संबंधित उद्योगों (रसायन उद्योग, फार्मास्युटिकल, कंप्यूटर साइंस) के विशेषज्ञों से रू-बरू करवाया जाए।

7. अधिकांश देशों में यही होता है कि जब आतंकवाद से पीड़ित होने लगते हैं तो सबसे पहले पुलिस बल की मदद लेते हैं, फिर अर्धसैनिक बलों को तैनात किया जाता है और अंत में सेना की मदद ली जाती है; लेकिन आतंकवादियों द्वारा जो चुनौतियाँ पेश की जाती हैं, वे बिलकुल अलग होती हैं। ये उन परंपरागत चुनौतियों से, जो सीमा पार से किसी देश में पेश की जाती हैं या फिर कानून-व्यवस्था कायम रखने संबंधी जो चुनौतियाँ होती हैं, उनसे बिलकुल हटकर होती हैं। इन चुनौतियों से लड़ने के लिए जरूरत है विशेष बलों की, जो संगठनात्मक तकनीक और खास युक्ति तथा रणनीति के तहत आतंकवादियों को झाँसा दे सकें और सफलतापूर्वक उनका मुकाबला कर सकें। उन विशेष बलों को खास प्रशिक्षण देना होगा। उन्हें छोटे-छोटे समूहों में बाँटकर चल दस्तों की तरह जगह-जगह तैनात करना होगा। इसके अलावा उन्हें संबंधित क्षेत्र के लिए अनुकूल शस्त्रों और चौकसी उपकरणों से सुसज्जित करना होगा, बजाय इसके कि उन्हें किसी खास स्थान पर कैंप में परंपरागत तरीके से प्रशिक्षण दिया जाए, जिस पर आतंकवादी जम्मू-कश्मीर की तरह ही बार-बार हमला बोलने में सक्षम हों।

8. एक ही श्रेणी का प्रत्येक विशेष बल चुनौतियों के अनुसार अपने आप में एक-दूसरे से अलग होगा। उदाहरण के लिए—सन् 1980 के दशक में जो सिख आतंकवादी थे, वे 1970 के दशक के नक्सलियों से बिलकुल अलग थे; जम्मू-कश्मीर में जो आतंकवादी सक्रिय हैं, वे भिंडराँवाले के समर्थकों से बिलकुल अलग हैं।

9. आतंकवादी संगठन यदि एक बार अपने पैर जमा लेते हैं तो फिर उनका सफाया करना मुश्किल होता है। आज हम नक्सलियों के साथ भी इसी

समस्या से जूझ रहे हैं। उनकी संख्या काफी कम है और यह भी सच है कि भारत में माओवादी क्रांति की उनकी योजनाएँ कभी सफल होनेवाली नहीं हैं; लेकिन केंद्र और राज्य सरकारें उनका भी सफाया करने में कामयाब नहीं हो सकी हैं।

10. चूँकि हमारे साथ स्थिति कुछ अलग है, इसलिए उपर्युक्त अनुच्छेद की अंतिम पंक्ति हमें एक अन्य आवश्यकता की ओर इशारा करती है। भारत जैसे विशाल देश में लक्ष्य भी विशाल होते हैं। ऐसे में आतंकवाद से निबटने के लिए केवल केंद्र में विशेष तकनीक और हथियारों से लैस सुरक्षा बलों को तैनात कर देने भर से काम नहीं चलेगा। राज्य के सुरक्षा बलों को भी वहाँ की परिस्थितियों एवं चुनौतियों के अनुकूल सुसज्जित और प्रशिक्षित करना पड़ेगा। आज की तारीख में हमारे राज्यों में, जो सुरक्षा बल मौजूद हैं, वे वहाँ के आतंकवादियों से संघर्ष में पूरी तरह सक्षम नहीं हैं।

11. आज स्थिति यहाँ तक पहुँच गई है कि व्यापक पैमाने पर हिंसा फैलाने के लिए जरूरी तकनीक आसानी से मिलने लगी हैं। परंपरागत हथियारों—तोप, बमवर्षक, टैंक—के बनिस्बत आधुनिक हथियार और तकनीक सस्ते दामों पर उपलब्ध हैं। इन आधुनिक और विनाशकारी हथियारों की तकनीक को थोड़े से प्रयास के बाद ही खुले बाजारों में पाया जा सकता है। यहाँ तक कि इंटरनेट से भी इन्हें प्राप्त किया जा सकता है। इन तकनीकों से बहुत जल्दी और छोटी सी जगह में ही—यहाँ तक कि छोटी गाड़ियों में भी बैठकर—घातक हथियारों का निर्माण किया जा सकता है।

इससे दो मुख्य बातें उभरकर सामने आती हैं—

(क) जिस देश को निशाना बनाया जाता है, उसे हर संभावित हिंसात्मक गतिविधियों से अपनी रक्षा के लिए तैयार रहना होता है। हाल का ही एक उदाहरण लें, अमेरिका पर जब हवाई जहाज से ऊँची इमारत पर हमला बोला गया तो मिसाइल के रूप में वायुयानों के प्रयोग से लेकर एंथ्रेक्स, आत्मघाती बमवर्षकों को ले जानेवाले ट्रकों, जहाज पर से समुद्री हमलों और गुरिल्लों का प्रयोग किया गया था।

(ख) किसी भी उन्मुक्त समाज के लिए यह संभव नहीं है कि आतंकवादी जिस घातक तकनीक को पाना चाहते हैं, उस तकनीक को ही बाधित कर दिया जाए। ऐसे में एकमात्र व्यावहारिक उपाय तो यही है कि हम उस तकनीक से एक कदम आगे की सोचें, जिसे आतंकवादियों द्वारा प्रयोग किए जाने की आशंका

बनी रहती है।

इन सब सुरक्षात्मक उपायों से युक्त होना निस्संदेह किसी भी देश के लिए बहुत ही खर्चीला है, लेकिन आखिरकार उसे आज की दुनिया में अपना अस्तित्व भी तो बचाकर रखना है और इसके लिए उसे यही कीमत अदा करनी है। इसमें नुक्ताचीनी करना वैसे ही होगा जैसे वृद्धों के खिलाफ अपराधों से ग्रस्त किसी शहर में रहनेवाला कोई वृद्ध दंपती अपने घर के दरवाजे को बंद रखने में आनाकानी करे।

12. सभी संभावित हिंसात्मक गतिविधियों से अपनी रक्षा के लिए जरूरी है कि सशस्त्र सेनाओं की संरचना में परिवर्तन किया जाए; हथियारों की प्रकृति में परिवर्तन किया जाए; इनसे भी ज्यादा जरूरी है कि नियंत्रण संबंधी संरचना में परिवर्तन किया जाए; और सबसे ज्यादा जरूरी यह है कि इन मामलों पर जो प्राधिकार निर्णय लेता है, उसकी संरचना में भी परिवर्तन हो। इसमें इस हद तक परिवर्तन की जरूरत है कि वह पूरी तरह सक्षम हो और अनुकूल क्षमता से युक्त हो। इसमें इतनी क्षमता हो कि उन परिस्थितियों में भी, जिनका सामना आज तक नहीं किया गया है, वह सहजता से अपनी योजनाएँ बना ले और उसे कार्यरूप दे सके। दुश्मन हमें जितना सक्षम दिखाई देता है, उसे उतना ही मान लेना ठीक नहीं है। हम यों ही सतही व झूठे राजनीतिक बयानों के आधार पर दुश्मन की क्षमता का अनुमान लगाते रहते हैं। हमें यह जानकारी रखनी चाहिए कि हम जो भी कदम उठाएँगे, उसके जवाब में हमारा दुश्मन क्या कदम उठाएगा और इसका दोनों पर क्या प्रभाव पड़ेगा। हमें आवश्यक रूप से यह भी पता होना चाहिए कि हमारे दुश्मन की प्रतिक्रिया क्या होगी, जब उसका संपर्क हमारे साथ होगा, उस गठबंधन या गुट से होगा, जिस पर वह अब तक निर्भर रहा है; उन विपरीत परिस्थितियों या विरोधी पक्ष से होगा, जिसका उसे सामना करना पड़ सकता है। इसी तरह हमें यह भी पता होना चाहिए कि तकनीकी में अप्रत्याशित विकास होने पर उसकी क्या प्रतिक्रिया होगी और इस तरह हमें सेनाओं की कार्यभूमि की, उनके नियंत्रण मुख्यालय की और उन उच्च नागरिक संस्थाओं की, जहाँ से निर्णय लिये जाते हैं, संरचना इस हद तक विकसित और अनुकूल होनी चाहिए कि वह किसी भी अप्रत्याशित स्थिति में पूरी कुशलता से काम कर सके।

13. आजकल व्यापक हिंसा फैलानेवाली तकनीक अत्यधिक घातक हो गई है और इसे अत्यंत सूक्ष्म बना दिया गया है। इन तकनीकों से लैस उपकरणों

को एक व्यक्ति अकेला ही चला सकता है और व्यापक पैमाने पर हिंसा फैला सकता है। वह व्यक्ति उपयुक्त स्थान और अपने शिकार का चुनाव करके मौके के इंतजार में घात लगाकर बैठ सकता है। इन सब में कहीं से भी उसके उपकरण बाधा नहीं बनेंगे। इस तरह वह आसानी से अपने लक्ष्य में कामयाब हो जाता है। इस कारण किसी भी देश के लिए यह संभव नहीं है कि वह इन हिंसात्मक गतिविधियों से स्वयं को पूरी तरह बचा सके। आतंकवाद एक 'असंतुलित युद्ध' की तरह है, जिसके बारे में हम चीन के रणनीतिक सिद्धांत की चर्चा में पढ़ेंगे। इसके तहत एक ही व्यक्ति या कुछ—बिलकुल मुट्ठी भर—लोग अमेरिका जैसी बड़ी और अति विकसित तकनीकवाली शक्ति को चोट पहुँचा सकते हैं, उसे जड़ से हिला सकते हैं। हालाँकि आतंकवादियों की इस मुहिम को विफल बनाने में अतिविकसित गुप्तचर एजेंसियाँ काफी महत्त्वपूर्ण हैं; लेकिन सिर्फ श्रेष्ठ गुप्तचर व्यवस्था के माध्यम से ही आतंकवादियों पर पूरी तरह नकेल नहीं लगाई जा सकती है। इसके लिए यह भी महत्त्वपूर्ण है कि वह देश, जिसे आतंकवादी संगठन निशाना बनाते हैं, आतंकवादी गतिविधियों के जवाब में किस तरह प्रतिक्रिया करता है। आतंकवादियों के हमले का यह देश जितने स्पष्ट और जोरदार तरीके से जवाब देगा, उन्हें शह देनेवाले या उनके रास्ते पर चलनेवाले अन्य लोग उतने ही हतोत्साहित होंगे और यह जवाबी हमला तभी निर्णायक साबित होगा, जब यह व्यक्तिगत तौर पर भविष्य में भरती होनेवाले रंगरूटों को प्रभावित करे और साथ ही संगठनों के नियंत्रकों तथा उन देशों को भी प्रभावित करे, जो आतंकवादियों को शह देते हैं।

14. बड़ी-बड़ी हिंसात्मक गतिविधियों को भले ही एक व्यक्ति अंजाम दे दे, लेकिन आतंकवादी एक मुहिम के रूप में आतंक फैलाने का काम बगैर व्यापक नेटवर्क के नहीं चला सकते हैं। उन नर्सरियों से लेकर—जो बच्चे-युवाओं को शिक्षित-प्रशिक्षित करती है और उन्हें मारक मशीन के रूप में ढालती हैं—कूरियर, संदेशवाहकों, हथियारों और विस्फोटकों के आपूर्तिकर्ताओं, हथियार और विस्फोटकों की खरीद के लिए धन की व्यवस्था करने के लिए व्यापार करनेवालों तक। इनके अलावा आतंकवादियों को जरूरत होती है ऐसे लोगों की, जो सरकार का अंग रहते हुए भी उन्हें न केवल आवश्यक सूचनाएँ पहुँचाएँ, बल्कि जरूरत पड़ने पर मदद भी करें, साथ ही मीडिया को भी धोखे में रख सकें। आतंकवादियों और उन्हें प्रश्रय देनेवाले देश का पता लगाना जितना महत्त्वपूर्ण है उतना ही महत्त्वपूर्ण है उनके नेटवर्क का पता लगाना। आतंकवादियों ने कई मोरचे बना रखे हैं, यथा—मदरसे,

मसजिद, अनुसंधान संस्थान, चैरिटी फाउंडेशन। 11 सितंबर की घटना की छानबीन के दौरान अमेरिका और अन्य देशों को जिन-जिन क्षेत्रों पर नजर गड़ानी पड़ी, उससे साफ जाहिर होता है कि आतंकवाद—यहाँ तक कि एक ही ब्रांड का आतंकवाद—वैश्विक स्तर पर किस तरह जड़ जमा चुका है। अमेरिकी धर-पकड़ में आतंकवादियों को आर्थिक मदद करनेवाले और उन्हें प्रश्रय देनेवाले तथा मास्टर माइंडों के बारे में जो जानकारी मिली, उससे सहज ही अंदाजा लगाया जा सकता है कि मात्र एक बैनर तले काम करनेवाले आतंकवादियों का जाल अंतरराष्ट्रीय स्तर पर किस हद तक फैल चुका है। आतंकवादी अपनी इस मुहिम में शैक्षिक-धार्मिक संस्थानों, स्वास्थ्य केंद्रों और चैरिटी संस्थानों का बखूबी दुरुपयोग करते हैं। इसके लिए या तो वे ऐसे संस्थान स्वयं स्थापित कर लेते हैं या फिर किसी ऐसे संस्थान को निशाना बनाकर अपने मनोनुकूल उपयोग करने लगते हैं। दो कारक ऐसे हैं, जो उनकी इस मुहिम में उनके लिए सहायक साबित होते हैं। पहला, उनका तात्कालिक लक्ष्य जो भी हो, इस प्रकार की संस्थाओं के माध्यम से वे उन लोगों में व्यवस्था के खिलाफ रोष पैदा करते हैं और उनके भीतर जोश भरते हैं, सामान्य जिंदगी से उठकर कुछ अलग कर दिखाना चाहते हैं। फिर वे अपने मनोनुकूल कार्य उनसे करवाते हैं। उनके इस झाँसे में ऐसे लोग आसानी से आ जाते हैं, जो सामान्य स्तर की जिंदगी से ऊब जाते हैं। ऐसे लोग एक ही आवाज में अन्याय के खिलाफ लड़ने को तैयार हो जाते हैं। उनके उत्साह में दोगुनी वृद्धि तब हो जाती है जब उन्हें प्रशिक्षण देनेवाले संस्थान किसी धार्मिक संगठन के नाम पर चल रहे हों और उनका नेता स्थिति को कुछ इस तरह से पेश करे कि उन्हें बस यही लगे कि उनका धर्म खतरे में है। इस प्रकार धर्म और 'धार्मिक संगठन' ही उनका अड्डा बन जाते हैं। उदाहरण के लिए—हम देख सकते हैं कि भिंडराँवाले ने किस तरह स्वर्ण मंदिर को आतंक के मुख्यालय के रूप में परिवर्तित कर दिया था और अंत में वह आतंक का गढ़ बन गया था। इसका एक अन्य उदाहरण है पाकिस्तान, जहाँ चैरिटी संस्थाओं द्वारा जिहादी संगठनों के लिए धन इकट्ठा किया जाता है। आतंकवादियों और धार्मिक संस्थाओं का गठजोड़ इतना मजबूत है कि धार्मिक संस्थाओं की अपील के बाद अमेरिका रमजान के दिनों में बमबारी बंद करने पर मजबूर हो गया था। किसी देश की दुनिया में अपना अस्तित्व बनाए रखना है तो उसे संस्थानों पर से इन नकाबों को हटाना होगा तथा परदे के पीछे की हकीकत को सामने लाना होगा और उन्हें नष्ट करना होगा।

15. ऐसे आतंकवाद से जूझने के लिए निस्संदेह एक अपरिहार्य शर्त है—मानवीय बुद्धि; क्योंकि बहुत ही छोटा समूह, यहाँ तक कि एक व्यक्ति भी बहुत

बड़ी बरबादी का कारण बन सकता है तथा उसे भेद पाना और उसे रास्ते पर लाना बेहद मुश्किल है; क्योंकि इस समूह के सदस्यों को शिक्षण-प्रशिक्षण द्वारा मतांध बना दिया जाता है तथा उनके भीतर विद्वेष की भावना कूट-कूटकर भर दी जाती है। उनके दिमाग को इस तरह से परिवर्तित कर दिया जाता है कि वे अति उग्र हो जाते हैं। जैसे-जैसे हथियारों की सूक्ष्मता और विनाशकारी क्षमता बढ़ती जाती है, गुप्तचर एजेंसियों का महत्त्व उतना ही बढ़ता जाता है। आतंकवादियों के पास जो रासायनिक और जैविक हथियार मौजूद हैं, उनसे निपटने का एक कारगर तरीका यह हो सकता है कि उनके इस्तेमाल से पहले ही उन्हें नष्ट कर दिया जाए—इसके लिए गुप्तचर एजेंसियों की मदद से पहले तो यह पता लगाया जाए कि इन हथियारों का जखीरा कहाँ इकट्ठा किया गया है और फिर उन्हें इस तरह नष्ट कर दिया जाए कि वे उनके स्वयं के लिए ही हानिकारक बन जाएँ।

हथियारों की तत्काल और संतुलित तैनाती—जिससे हमले की तैयारी करते समय ही दुश्मन को लक्ष्य करके उसके सतर्क होने से पहले ही उसे वहाँ से हटा लिया जाए—भी गुप्तचर व्यवस्था जितनी ही महत्त्वपूर्ण है। भारत जैसा देश एक ओर तो निष्ठुर आतंकवादियों से जूझ रहा है, दूसरी ओर अपने परंपरागत दुश्मनों से। ऐसे में यहाँ गुप्तचर एजेंसियों को न केवल सेटेलाइट के सहारे उच्च स्तर की सूचनाएँ जुटानी होंगी बल्कि विरोधी देशों पर भी नजर रखनी होगी। दूसरी ओर, आतंकवादी बिलकुल ही स्थानीय स्तर पर अपने लोगों को तैनात किए रहता है। उसका काम मात्र इतना होता है कि स्थानीय स्तर पर चुपके से अपनी मुहिम को अंजाम दे सके—किसी पार्किंग स्थल पर कार खड़ी कर विस्फोट करा सके। सद्दाम के समर्थकों में यह क्षमता नहीं थी कि वे अमेरिका की तरह जमीन से लेकर सेटेलाइट तक की तसवीरें उतार सकते और उन्हें ऑस्ट्रेलिया भेज सकते, वर्जीनिया की पहाड़ियों में स्थित अपने केंद्र में भेज सकते। उनके पास यह क्षमता नहीं थी कि वे भारतीय उपमहाद्वीप के किसी समुद्री जहाज पर तैनात अपने लोगों के बीच संदेश भेजकर लक्षित स्थान पर मिसाइल से हमला करवा सकते। आतंकवादियों के पास इस प्रकार की कोई विकसित तकनीक नहीं होती है और न ही उन्हें इनमें से किसी की जरूरत होती है। उन्हें सिर्फ ऐसी तकनीक की ही जरूरत होती है, जिसके सहारे वे अपने चैनल की अगली कड़ी को अपना जरूरी संदेश पहुँचा दें।

भारत जैसे किसी देश को सर्वप्रथम अपने स्रोतों पर भरोसा करना होगा। हालाँकि यह हमारे हित में है कि हम जिस आतंकवाद का दंश झेल रहे हैं, उसकी टीस से दुनिया के कई अन्य लोग भी वाकिफ हो चुके हैं। इस आतंकवाद के

खिलाफ लड़ने का यही अच्छा मौका है; क्योंकि ऐसे में हमारे लिए आतंकवाद विरोधी मुहिम में अंतरराष्ट्रीय सहयोग आसानी से मिल जाएगा। थोड़ी देर के लिए उन क्षेत्रों में अपना ध्यान लगाएँ, जहाँ से आज की तारीख में एक ही संगठन—अल कायदा—की पहुँच देखी जा रही है। इसके व्यापक जाल का अनुमान इसी से लगाया जा सकता है कि महज एक घटना—9 सितंबर—के लिए आतंकवादियों ने एयरक्राफ्ट के प्रशिक्षण के लिए कई स्थानों का उपयोग किया था।…वर्ष 1988 में सुदूर पेरू में अबू निदाल की एक शाखा का पता लगाया गया था और वर्ष 2001 में पाकिस्तानी आतंकवादियों के एक अड्डे का पता चला था। यहाँ तक कि कई आतंकवादियों को कोलंबिया में प्रशिक्षण के दौरान पकड़ा गया था।[1] अल कायदा को ही लें। इसके कई उद्गम स्रोत हैं—अरब, सूडान, पाकिस्तान, फिलीपींस, इंडोनेशिया, तुर्की, ब्रिटेन। हमें अपने अनुभव से इतनी जानकारी है कि पूर्वोत्तर के क्षेत्रों में सक्रिय कितने ही आतंकवादी अपनी योजनाओं को अंजाम देने के लिए बैंकॉक का इस्तेमाल एक सुरक्षित स्थान के रूप में करते हैं, जहाँ वे आपस में मिल-बैठकर विचार-विमर्श करते हैं…लेकिन अब जाकर—जब दक्षिणी थाइलैंड में विस्फोट हुए—वहाँ की सरकार को पता चला कि उसकी अदूरदर्शिता और 'उदारवादी' रवैए से अन्य लोगों पर क्या गुजरी है। मध्य एशिया के देशों को भी कुछ इसी तरह की समस्या झेलनी पड़ रही है। मध्य एशिया में सोवियत शक्तियों के विघटन के बाद गणतंत्रों में इसलाम का उदय हुआ था। तब इस ओर किसी ने ध्यान नहीं दिया। अचानक कई राज्यों को स्वतंत्रता मिल गई। अर्थव्यवस्था चरमरा गई। नई व्यवस्था में जो नए शासक आए, उन्होंने दमन का रास्ता अख्तियार कर लिया। सरकार नाम की कोई चीज नहीं रह गई। सभी सक्षम कट्टरवादी संगठनों ने व्यवस्था को अपने मनोनुकूल ढालना शुरू कर दिया। अपने मन माफिक भरतियाँ करने लगे। इन क्षेत्रों में कट्टरपंथियों ने शीघ्र ही हेरोइन के व्यापार पर अपना कब्जा जमा लिया। इन कट्टरपंथियों को अफगानिस्तान में सोवियत संघ के खिलाफ लड़ाई के दौरान अमेरिकी मदद भी मिली थी। हालाँकि ये सारी बातें एक तरह से हमारे पक्ष में ही हैं। ये हमें इन देशों से सहयोग स्थापित करने के लिए एक मजबूत आधार प्रदान करते हैं, क्योंकि इन देशों के शासक वर्गों में आज भी पूर्व साम्यवादी मौजूद हैं, जो इसलामिक आतंकवाद के खिलाफ लड़ाई में मदद

1. 'कॉम्बेटिंग टेररिज्म, स्ट्रेटेजीज ऑफ टेन कंट्रीज', योनाह अलेक्जेंडर (संपादक), यूनिवर्सिटी ऑफ मिशिगन प्रेस, अन्न आर्बर, 2002, पृष्ठ 114।

करेंगे—आखिरकार, इसलामिक कट्टरवादी उनके शासन के लिए भी तो एक तात्कालिक एवं गंभीर खतरा बने हुए हैं।

ऐसे में तीन ऐसे महत्त्वपूर्ण क्षेत्र हैं, जहाँ कोशिश की जाए तो सकारात्मक परिणाम सामने आ सकते हैं—

- इन देशों के साथ गुप्त सूचनाओं के आदान-प्रदान के लिए आपसी सहयोग को और मजबूत किया जाए।
- इंटरपोल और अन्य संबंधित संगठनों को मजबूत किया जाए।
- आक्रमणकारियों और संदेह के घेरे में आए अपराधियों के प्रत्यर्पण के लिए अंतरराष्ट्रीय कार्य-प्रणाली को मजबूत बनाया जाए।
- आतंकवादियों को समर्थन देनेवाले देशों के खिलाफ अंतरराष्ट्रीय प्रतिबंध लगानेवाले कदमों का जोरदार समर्थन किया जाए।

संगठन और नेटवर्क के स्तर पर मजबूती लाना तो निस्संदेह बेहद जरूरी है, लेकिन ये सब महज एक साधन हैं—साध्य तो गुप्तचर व्यवस्था ही है। यह इतनी मजबूत हो कि आतंकवादियों की आगे की हर काररवाई की सूचना सरकारी महकमों में पहुँच जाए—'गणतंत्र दिवस समारोह के दौरान दिल्ली समेत कई राज्य की राजधानियों में आतंकवादी हमले की संभावना से इनकार नहीं किया जा सकता।' एक इजराइली विशेषज्ञ की राय है कि इस संबंध में जो भी सूचना दी जाए, वह पूरी तरह पुख्ता हो। उसमें संभावनाओं के लिए कोई जगह नहीं होनी चाहिए—'…संभावनाओं से इनकार नहीं किया जा सकता'। इजराइली अनुभवों के आधार पर श्लोमो गैजिट लिखते हैं—

> आतंकवाद के खिलाफ लड़ाई में गुप्तचर सेवा उतनी ही महत्त्वपूर्ण है जितनी अपराधियों से निपटने के लिए खुफिया जानकारी। गुप्तचर एजेंसियों को सूक्ष्म-से-सूक्ष्म जानकारियाँ देनी चाहिए। उन्हें यहाँ तक बताना चाहिए कि आतंकवादियों की गाड़ी-संख्या क्या है, उनका नाम क्या है, उनका पता क्या है, उनकी दिनचर्या क्या है…। ये जानकारियाँ पूरी तरह सटीक और विस्तृत तथा ताजा होनी चाहिए। इजराइल ने बार-बार यह सीखा है कि आतंकवादी गतिविधियों से संबंधित कोई भी जानकारी स्थायी नहीं होती।
>
> 'हमने सीखा है कि जब हम किसी मुहिम के तहत कार्य कर रहे होते हैं तो हमारी गुप्तचर संस्था को काफी चतुराई से काम करना होता है, जबकि

विभिन्न फिलिस्तीनी आतंकवादी संगठनों के उद्देश्यों, उनके बीच मौजूद वैचारिक मतभेदों और पड़ोसी अरब मुल्कों से उनके गठजोड़ एवं सहयोग के बारे में जानकारी रखना हमेशा फायदेमंद रहा है। लेकिन इस प्रकार की सूचनाएँ तत्काल तो बहुत ही कम उपयोगी साबित होती थीं।

इजराइल के लिए खुफिया जानकारी का सबसे महत्त्वपूर्ण स्रोत ह्यूमिंट (HUMINT) रहा है। आतंकवादियों के संगठन इतने ज्यादा खंडों में बँटे थे और वे अपनी विचारधारा के प्रति इतने कट्टर थे कि उनके बीच फूट डालना और उनमें से किसी एक को तोड़कर अपना स्रोत बनाना बहुत ही मुश्किल काम हुआ करता था। यदि किसी को तोड़कर अपना स्रोत बना भी लिया तो उनसे जो तथ्य प्राप्त हुआ करते थे, उनका क्षेत्र काफी सीमित हुआ करता था।'

'यह मानी हुई बात है कि गुप्तचर स्रोतों की प्रासंगिकता बहुत ही कम समय के लिए होती है। ह्यूमिंट (HUMINT) के मामले में तो यह बात और भी सच है। अधिकतर मामलों में यह होता था कि सूचनाएँ कारवाई के पहले चरण के बाद अप्रासंगिक हो जाया करती थीं।'

'इजराइल के लंबे अनुभव के अनुसार खुफिया जानकारियों का सबसे ठोस और समृद्ध स्रोत होता है—गिरफ्तार किया गया आतंकवादी। इसलिए हमने यही सीखा है कि यह ज्यादा महत्त्वपूर्ण है कि आतंकवादियों को जिंदा पकड़ा जाए। हमारी गुप्तचर एजेंसियों और इजराइली रक्षा बलों (आई.डी.एफ.) के बीच हमेशा से इस मुद्दे पर तकरार हुआ करती थी। गुप्तचर एजेंसियों की कोशिश यह होती थी कि आतंकवादियों को जिंदा पकड़ा जाए, ताकि उनसे कई गुप्त सूचनाएँ उगलवाई जा सकें, जबकि रक्षा बलों की इच्छा उन्हें मुरदा देखने की होती थी; क्योंकि वे नफरत और बदले की भावना से प्रेरित थे…।'

'हालाँकि हम लोग जिंदा आतंकवादियों को गिरफ्तार कर उससे कई गुप्त सूचनाएँ उगलवा लेते थे; फिर भी यदि मुठभेड़ में उसकी मौत हो जाती थी तो हम विस्तृत रूप से उसकी पहचान करते थे। उसके निवास-स्थान का पता लगाते थे, फिर परिवार का पता लगाते थे। कई मामलों में इन जानकारियों के माध्यम से हम दूसरे कई आतंकवादियों को पकड़ लेते थे।…[1]

16. किसी समाज या राष्ट्र का बिखराव प्राय: आतंकवाद को भड़काने में

---

1. श्लोमो गैजिट इजराइल द्वारा 'कॉम्बेटिंग टेररिज्म, स्ट्रेटेजीज ऑफ टेन कंट्रीज', योनाह अलेक्जेंडर (संपादक), यूनिवर्सिटी ऑफ मिशिगन प्रेस, अन्न आर्बर, 2002, पृष्ठ 227-59, 240-41

घातक भूमिका अदा करता है—कैलिफोर्निया और ब्रिटेन में खालिस्तानियों तथा समुद्र पार के श्रीलंकाई तमिलों···आदि कई कारकों की निर्णायक भूमिका होती है। अपने क्षेत्रों में रहकर समाज के कई वर्गों को जो दुःख मिलता था, वह सुदूर जाने पर समाप्त हो जाता था। सुदूर जाकर उन्हें पर्याप्त आय मिलती थी, धन मिलता था। ऐसे में वे उन विलासितापूर्ण कार्यों में संलिप्त हो जाते थे, जिसके नकारात्मक प्रभाव से वे अछूते रहा करते थे। जिस समाज में वे अब रह रहे हैं, वहाँ के कानून बहुत लचीले हैं और सामाजिक अनुबंध भी पर्याप्त उदारवादी हैं। वहाँ भाषण की स्वतंत्रता है, आपस में संगठन बनाने की भी स्वतंत्रता है। लोगों को इस प्रकार की सुविधा मुहैया कराना वहाँ के शासकों के लिए एक सुरक्षा-कवच का काम करता है। इसका साक्षात् प्रमाण हैं सऊदी अरब के राजकीय आँकड़े। ऐसी सुविधाएँ किसी की दुःखी अंतरात्मा के लिए एक मरहम के समान होती हैं। पंजाब में क्रांति की वकालत करनेवाले कैलिफोर्नियाई लोगों ने यहाँ पर्याप्त सम्मान पाया और सामाजिक बिखराव के समय रोष को दबाने में भी पर्याप्त भूमिका निभाई···।

17. आतंकवादी जिस तकनीक का उपयोग करने में माहिर हैं, वह है—जनसंचार की तकनीक। इसका प्रयोग वे अपने मकसद के प्रति लोगों में सहानुभूति जगाने के लिए करते हैं। देखें, फिलिस्तीन में हमास और कश्मीर में आतंकवादी तथा उनके नियंत्रक पश्चिमी मीडिया को नागरिक क्षतियों का फोटो लेने की छूट देकर कितनी चालाकी से अपने विरोधियों के कार्यों के प्रति लोगों में नफरत पैदा करते हैं। इसी संदर्भ में याद करें, भिंडराँवाले और उसके सहयोगियों ने स्वयं को स्थापित करने और अपने चारों ओर रहस्यमय वातावरण तैयार करने के लिए किस तरह मीडिया का प्रयोग किया था; पंजाब पुलिस को गलत साबित करने के लिए किस तरह उन्होंने 'नागरिक स्वतंत्रता' से संबंधित संगठनों का इस्तेमाल किया था। साथ ही, वे ऐसा जोरदार प्रभाव उत्पन्न करते हैं कि नीति निर्धारक भी अपने सख्त कदमों को बीच में छोड़ देते हैं। इसीलिए उन तकनीकों और संगठनों का पता लगाना हमेशा महत्त्वपूर्ण रहा है, जिनके माध्यम से वे ऐसे लक्ष्य को प्राप्त करते हैं। यही कारण था कि के.पी.एस. गिल के उन सुझावों को दरकिनार कर दिया गया, जिनमें उन्होंने कहा था कि सबसे पहले उन संगठनों या व्यक्तियों को गिरफ्तार किया जाए, जो विभिन्न 'नागरिक स्वतंत्रता' संगठनों को वित्तीय मदद पहुँचा रहे हैं। वे पंजाब के लोगों को देश की रक्षा के लिए लड़ रही पुलिस के खिलाफ भड़का रहे हैं। और अंततः इस लापरवाही का परिणाम आज भी हम भुगत रहे हैं।

18. हालाँकि भिंडराँवाले और उसके सहयोगियों के बारे में लोग यह भी कहा करते थे, 'भिंडराँवाले और उसके सहयोगी गलत लोगों के नेतृत्व में हैं, लेकिन उनके आदर्शवाद, सच्चाई के लिए मर-मिटने की उनकी तत्परता से भी इनकार नहीं किया जा सकता।' कुल मिलाकर कहा जाए तो वास्तविकता कुछ और ही है। आतंकवाद एक लाभदायक व्यवसाय बन चुका है। उदाहरण के लिए—पूर्वोत्तर के राज्यों को ही लें। यहाँ आतंकवादी संगठनों में शामिल होने का साफ मतलब है रातोरात अमीर बन जाना; विभिन्न आतंकवादी संगठनों द्वारा एकत्र किए जानेवाले 'टैक्स' और अपहरण से प्राप्त फिरौती से काफी आय होती है। मजे की बात तो यह है कि आतंकवादी अपनी इन करतूतों को न्यायपूर्ण ठहराने के लिए अपनी विचारधारा का आवरण ओढ़ लेते हैं, यहाँ तक कि आदर्शवादी होने का राग अलापते हैं। उदाहरण के लिए, हम पंजाब में ही देखें। वहाँ के आतंकवादी अपनी करतूतों पर धर्म का परदा डाल लेते थे, जबकि परदे के पीछे की हकीकत कुछ और थी—राज्य के उस पार वे नवयुवतियों के साथ क्या करते थे, उनके नेताओं ने कितनी सारी संपत्ति अर्जित कर ली थी। इससे पहले कि आतंकवादी अपने काले कारनामों को छुपा सकें, प्रशासन और विशेषकर मीडिया को इनका खुलासा करने के लिए अवश्य ही आगे आना होगा।

19. आतंकवादियों को पंगु बनाने के लिए हमें कई मोरचों पर लड़ना होगा। हमें उनके आर्थिक स्रोतों पर हमला बोलना होगा। उसे पूरी तरह बंद कराना होगा। हमें यह देखना होगा कि कौन-कौन से तत्त्व ऐसे हैं, जो आतंकवादियों को प्रश्रय देते हैं और उन्हें अपनी गतिविधियों के संचालन के लिए प्लेटफॉर्म प्रदान करते हैं। ऐसे तत्त्वों की पहचान कर उनका सफाया करना होगा अथवा उन्हें ऐसा करने से रोकना होगा। इतना ही नहीं, हमें उन तत्त्वों को भी पंगु बनाना होगा, जो आतंकवादियों को हथियार और विस्फोटक मुहैया कराते हैं। हमें आतंकवादियों के पूरे जाल को भी छिन्न-भिन्न करना होगा। इस तरह से हमें इन सभी मोरचों पर एक साथ हमला बोलना होगा।

20. इन सभी मोरचों पर लड़ाई को कामयाब बनाने के लिए देश की सभी संस्थाओं को एक ही दिशा में कार्य करना होगा; उन्हें मिल-जुलकर कदम बढ़ाना होगा। पुलिस आतंकवादियों को पकड़ने में लगी रहे और न्यायालय अपनी परंपरागत चाल से अपना काम करते रहें; वे भारतीय साक्ष्य अधिनियम और ऐसे अन्य अधिनियमों का हवाला देते रहें। सेना विस्फोटकों के गुप्त भंडार का पता लगाने में जुटी रहे, जबकि कस्टमवाले आर.डी.एक्स. लाने की अनुमति देते रहें। अगर ऐसा

ही होगा तो जीत आतंकवादियों के हाथों में निश्चित है।

21. आतंकवादियों को जरा भी ढील देने की गुंजाइश नहीं बनती है। जब तक हमारी सरकार ढुलमुल नीति अपनाती रहेगी, हम आतंकवादियों के खिलाफ सक्षम मुहिम को अंजाम नहीं दे सकते हैं। डेढ़ दशक गुजर गए। हम आज तक मुंबई बम-कांड के दोषियों को सजा नहीं दे पाए हैं। इससे निस्संदेह ही आतंकवादियों के हौसले बुलंद होते जाएँगे। जो कस्टम अधिकारी आज रिश्वत लेकर सोने की तस्करी करने की अनुमति देते हैं, वे ही कल रिश्वत लेकर हथियारों की तस्करी की ओर से भी आँखें मूँद लेंगे। जो पुलिसकर्मी आज रिश्वत लेकर बँगलादेशियों को सीमा पार से घुसपैठ करने दे रहे हैं, वे ही पुलिसकर्मी कल रिश्वत लेकर आई.एस.आई. को अपने देश में घुसपैठ करने देंगे।

कल्पना करें कि ओसामा बिन लादेन अफगानिस्तान से चुपके से भागता है। यदि वह चीन या ईरान में पलायन करता है तो अंतरराष्ट्रीय गठबंधन आश्वस्त रहेगा कि बिना किसी के कानों में खबर पहुँचे ही उसे फाँसी की सजा दी जा सकती है। यदि वह मध्य एशिया के किसी देश में पलायन करता है तो गठबंधन आश्वस्त रहेगा कि यदि वह उसपर मुकदमा चलाना चाहे तो उसे सौंपा जा सकता है। यदि वह पाकिस्तान भागता है तो गठबंधन यहाँ भी आश्वस्त रहेगा कि या तो पाकिस्तान सरकार उसे किसी 'दुर्घटना' में मृत करार दे देगी या फिर उसे गठबंधन को प्रत्यर्पित कर देगी। लेकिन यदि ओसामा भागकर भारत में आता है तो? एक उग्र विवाद शुरू हो जाएगा। ओसामा पर मुकदमा किस अधिनियम के तहत चलाया जाए—भारतीय साक्ष्य अधिनियम के तहत या फिर किसी अन्य कानून के तहत? साधारण कोर्ट में चलाया जाए अथवा किसी विशेष न्यायालय में? क्या सरकार अमेरिकी तानाशाही के दबाव में आकर काम नहीं कर रही है? लेकिन इसी बीच क्या होगा? एक और विमान अपहरण···मीडिया अपहृत यात्रियों के परिजनों की करुण नाद सुनाएगा, दिखाएगा।···सरकार ने यात्रियों को छुड़ाने के लिए ओसामा को आतंकवादियों के हाथों में फिर सौंप दिया··· ।

इसके अलावा जो सबसे खतरनाक तथ्य है, वह है पाकिस्तान के कब्जे में पल रहे आतंकवादी। पाकिस्तान चाहे तो कम-से-कम बीस ऐसे आतंकवादियों को भारत को सौंप सकता है, जो भारत में व्यापक पैमाने पर हत्याएँ कर चुके हैं; लेकिन इससे भी ज्यादा दुःखद बात है आतंकवादियों को नहीं मिलनेवाली सजा। कारण चाहे गुप्तचर एजेंसियों की क्षमता हो या हमारे न्यायालय की लंबी प्रक्रिया या फिर हमारे वकीलों की दक्षता, लेकिन आश्चर्य की बात है कि उनमें से किसी

भी आतंकवादी को आज तक किसी मामले में पूरी तरह दोषी ठहराते हुए सजा नहीं दी गई है।

22. इन सब कारणों के लिए सरकार की औपचारिक संस्थाओं को ही दोषी नहीं ठहराया जा सकता और न ही केवल सरकार या प्रशासन की पहल मात्र से इन समस्याओं से निपटा जा सकता है। हम जनता भी एकजुट होकर कुछ ऐसे कदम उठा सकते हैं, जिससे सरकारी कदम को ठोस समर्थन मिल सके, उसे अपनी काररवाइयों में मदद मिल सके। उदाहरण के लिए—बँगलादेशियों की घुसपैठ को रोकने के लिए सिर्फ सरकारी कोशिश ही काफी नहीं है। इसके लिए वहाँ के लोगों द्वारा भी पहल किए जाने की जरूरत है। वहाँ के लोग स्थानीय स्तर पर ऐसा माहौल बनाएँ, जिससे घुसपैठियों को यह आभास होने लगे कि इस क्षेत्र से दूर रहना ही बेहतर है। स्थानीय लोग घुसपैठियों को यह एहसास कराएँ कि यहाँ उनका जान-माल सुरक्षित नहीं है।

23. न केवल समाज सामान्य रूप से पहल करे, बल्कि व्यक्तिगत तौर पर एक नागरिक भी प्राधिकारियों को आतंकवाद-विरोधी मुहिम में मदद पहुँचा सकता है। कई लोग हैं, जो एयरपोर्ट पर तलाशी के दौरान आनाकानी करते हैं। कई लोग ऐसे भी हैं, जो अपने किराएदार के बारे में पड़ोस के पुलिस स्टेशन में यह सोचकर सूचना नहीं देते हैं कि इससे उनके व्यक्तिगत मामलों में हस्तक्षेप होता है। ऐसे लोग जाने-अनजाने आतंकवादियों की मदद कर रहे होते हैं। ऐसे में, एक ओर तो आतंकवादी के लिए यह सुविधाजनक हो जाता है कि वह एक सुरक्षित स्थान तलाश ले, जहाँ से वे अपने अगले कारनामे को अंजाम दे सकें और दूसरी ओर, औसत पुलिसवाले अपनी ड्यूटी के प्रति हतोत्साहित होते हैं।

24. इस तरह की किसी भी स्थिति में बहस का संतुलन उलटा हो ही जाता है—भारत के साथ तो यह और भी सच है, आतंकवाद का मुकाबला करने के लिए एक अध्यादेश जारी हुआ और उसके बाद जो पोटा अधिनियम पारित किया गया उसके तहत यह प्रावधान था कि इस अधिनियम के तहत गिरफ्तार लोगों का वकील पूछताछ के दौरान उनसे मिल सकता है। साथ ही यह भी प्रावधान किया गया कि यदि किसी पुलिसकर्मी ने अपने अधिकार का दुरुपयोग करते हुए पोटा का इस्तेमाल किया है तो उक्त पुलिसकर्मी को दो वर्ष तक की कैद हो सकती है। भले ही कोर्ट के कई चक्कर लगाने के बाद वह आरोप-मुक्त हो जाए। इसके जीते-जागते उदाहरण हैं—पंजाब के पुलिसकर्मी। इन प्रावधानों की वजह से ही आज यह अध्यादेश और कानून आलोचना का विषय बना हुआ है। जब इस कानून को अंतिम

रूप दिया जा रहा था तो कई रहस्यमयी भिन्नताएँ बरती गईं। अध्यादेश में यह प्रावधान था कि आतंकवादियों की संपत्ति को जब्त किया जा सकता है, लेकिन उसमें भी किंतु-परंतु जोड़ दिया गया था। इसमें यह भी कहा गया कि उन्हीं संपत्तियों को जब्त किया जाए, जो आतंकवादी गतिविधियों के द्वारा अर्जित की गई हों। इसका सीधा सा अर्थ यह हुआ कि उन संपत्तियों को नहीं जब्त किया जा सकता है, जिन्हें गिरफ्तार व्यक्ति ने वैध रूप से अर्जित किया हो अथवा उसके रिश्तेदारों ने अर्जित किया हो। इस तरह की मानसिकता के साथ हम आतंकवाद का मुकाबला कैसे कर सकेंगे?

25. अस्थायी उपायों का भी नकारात्मक प्रभाव पड़ेगा—सुल्फा (SULFA) कैडर के उग्रवादियों की हमने बहुत मदद की। उन्हें नौकरी दी गई। उन्हें हथियार रखने की छूट दी गई। नतीजा क्या निकला! इसका परिणाम हमें असम में देखने को मिला—वहाँ अब एक नहीं बल्कि दो उग्रवादी संगठन वजूद में हैं—एक तो उल्फा कैडर, जो भूमिगत रहता है और दूसरा वह कैडर, जिसने समर्पण का रास्ता अख्तियार कर लिया है। यही बात पश्चिमी देशों द्वारा आतंकवाद प्रभावित देशों को दी गई मदद के साथ भी देखने को मिल रही है। जब वे पाकिस्तान जैसे किसी तालिबानीकृत देश को 20 अरब डॉलर की राशि अनुदान में देते हैं तो इससे वे निकट भविष्य में पाकिस्तान के पड़ोसी देशों की समस्या को और उलझाने के सिवाय कुछ नहीं करते और अंततः अपने लिए भी समस्या तैयार करते हैं। आएदिन हो रही आतंकवादी घटनाओं ने ऐसी मदद की संकल्पना को पूरी तरह झुठला दिया है। फिर भी कई लोग इसे मानने के लिए आज भी तैयार नहीं हैं। इसके पीछे निश्चित रूप से एक कारण यह रहा है कि जिसके पास कोई संसाधन—माना, धन—है या फिर जिन्हें किसी एक क्षेत्र—माना, तकनीकी—में विशिष्टता हासिल है, वे स्वाभाविक रूप से यही सोचकर चलते हैं कि यह संसाधन विशेष—धन या तकनीकी—उनकी कूटनीति युक्ति के लिए अच्छा उपाय है।

26. आतंकवादियों को हर मोड़ पर और उनकी हर गतिविधि में परास्त करना होगा। मिसेज थैचर जब आई.आर.ए. युवकों से जूझ रही थीं तो उन्होंने सही ही कहा था, 'आतंकवादियों के लिए प्रचार एक ऑक्सीजन के समान है, जिसके सहारे वे जिंदा रहते हैं।' इसी तरह सफलता उनके लिए भोजन के समान है, जिनको पाने से उनकी ऊर्जा दुगुनी हो जाती है। अमेरिका के वर्ल्ड ट्रेड सेंटर पर हमले की घटना आतंकवादियों की गाथा में कई दशकों तक शामिल रहेगी; इसी की बदौलत वे अपने खतरनाक संगठन में भरती के लिए लंबे समय तक युवकों को आकर्षित

करते रहेंगे। आतंकवादियों को यदि एक बार सफलता मिल जाती है तो उनके लिए दूसरी तरह से भी सफलता का द्वार खुल जाता है। किसी वारदात के बाद लोग अपने दुःखों में डूब जाते हैं। कुछ समय के बाद वे फिर से अपने रोजमर्रा के कामों में जुट जाते हैं। उनका ध्यान फिर तभी टूटता है जब आतंकवादी किसी दूसरी घटना को अंजाम देने में कामयाब हो जाते हैं। वर्षों से यही सब देखा जा रहा है। संसद् का सत्र शुरू होनेवाला होता है तो आतंकवादी जम्मू-कश्मीर में कहीं किसी बड़ी घटना को अंजाम दे देते हैं, विपक्ष गृहमंत्री का सिर नोचने लगता है; सरकार तथ्यों की जाँच कराने का आश्वासन देती है, राजनेता घटना की प्रतिक्रिया में उसी दिन या अगले दिन अपना रटा-रटाया भाषण पढ़ देते हैं—'...क्रूरतापूर्ण...कायरतापूर्ण कारवाई है। इसकी सर्वत्र निंदा होनी चाहिए।...इस तरह निर्दोष और असहाय बच्चों, महिलाओं को मारना...अमानवीय है, सभ्यता के विरुद्ध है, किसी भी धर्म के सिद्धांतों के विरुद्ध है।...' फिर वे अपने को कॉफी पीने में मशगूल कर लेते हैं। जैसे-जैसे कॉफी खत्म होती जाती है वैसे-वैसे घटना की याद भी धूमिल होती जाती है। फिर से वही व्यवस्था कायम हो जाती है, जैसी पहले थी।

श्लोमो गैजिट ने अपने इजराइली अनुभवों के आधार पर बहुत ही पुख्ता तरीके से लिखा है—

> जहाँ यह दावा जायज है कि आतंकवाद का कोई सैनिक समाधान नहीं है, वहीं इजराइल की स्पष्ट नीति पर भी गौर करना महत्त्वपूर्ण है, जिसका दावा है कि आतंकवाद का कोई राजनीतिक समाधान नहीं है। इतना ही नहीं, इसके लिए ऐसे ऑपरेशन चलाने की जरूरत है, जो आतंकवादी संगठनों को हर संभव तरीके से कमजोर कर सकें...।
>
> इस लंबे युद्ध में सबसे महत्त्वपूर्ण हथियार है धैर्य, दृढ़निश्चय, चालाकी। इसके लिए सिर्फ सैनिक बहादुरी, साहस और चालाकी की ही जरूरत नहीं पड़ती। अपनी रणनीति में इजराइलियों को संयम और हलकी झड़पों को सहने की क्षमता भी शामिल करनी चाहिए थी...।
>
> लोगों के बीच अभी भी यह बहुत ही विवादास्पद मुद्दा है कि युद्ध का कोई और तरीका है या नहीं; जबकि इजराइल अपने अनुभवों से इस निष्कर्ष पर पहुँचा है कि रक्षात्मक कार्यों पर जो खर्च होता है, उसके मुकाबले आक्रामक कार्यों पर बहुत ही कम खर्च बैठता है। इजराइल सुरक्षा और रक्षात्मक क्षेत्रों पर जितना खर्च करता गया, आतंकवादियों को उतना ही लाभ मिलता गया। ऐसा पहले जॉर्डन और

बाद में लेबनान के सीमा पार से आतंकवादी कार्यों में देखा गया। इस दौरान कुछ खास मामलों में यह भी देखा गया कि आतंकवादियों को बिना कुछ किए ही कामयाबी मिल गई। दूसरी ओर, इस स्पष्ट धारणा के आधार पर कि आतंकवादियों के पास हमेशा बहुत ही सीमित संसाधन होते हैं, जब सैनिक फिलिस्तीनी आतंकवादियों के पीछे पड़ गए तो उन्हें छुपने के लिए जंगलों की ओर भागना पड़ रहा था। इससे आतंकवादियों की गतिविधियाँ बुरी तरह प्रभावित होती गईं। आतंकवादियों की इतनी बुरी दशा क्यों हुई ? उन्हें नए रंगरूटों को भरती करना मुश्किल हो रहा था, अपने संगठन को व्यवस्थित करना मुश्किल हो रहा था, अपने लोगों को प्रशिक्षण देने में दिक्कतें आ रही थीं, साथ ही नए संसाधन नहीं मिल रहे थे…।[1]

यदि इन परिस्थितियों में भी आतंकवादी अपने किसी कारनामे को सफलतापूर्वक अंजाम दे देते हैं तो वे उनका संगठन और उन्हें प्रश्रय देनेवाले संगठन—सभी दंड के अधिकारी हैं। उन्हें अपने द्वारा किए गए जान-माल के नुकसान का दंड भुगतने को तैयार रहना होगा। इस संदर्भ में हमें जनरल वेयांड द्वारा उल्लिखित बातों पर गौर करना होगा—

- युद्ध थोपना कोई दयापूर्ण तरीका नहीं है। युद्ध का अर्थ है मौत, विनाश और खून-ही-खून।

  जो युद्ध के विनाशकारी परिणामों से बचना चाहते हैं, उन्हें चाहिए कि वे उग्रवादी विचारधारा के एक ही संकेत पर अपने लोगों को लामबंद कर दें, ताकि आतंकवादियों की योजना को विफल किया जा सके और पूरे देश को उसमें शामिल करने की जरूरत न पड़े। वास्तव में वही लोग दयालु होते हैं, जो युद्ध शुरू होने पर गला फाड़कर चिल्लाते हैं, जो पहले ऐसे संगठनों की झूठी, मनगढ़ंत कहानियों में सत्याभास करवाते थे। इस संबंध में जनरल वेयांड ने एक बात पर जोर दिया है, जिसे हमें अपनी नीति में शामिल करना चाहिए—
- कोई भी युद्ध 'न्यूनतम बल' तैनात कर नहीं जीता जा सका है। आतंकवादी जब अपने कारनामों से लड़ाई के अलावा कोई और विकल्प नहीं छोड़ते तो उदारवादी इसी तरह का अनिश्चित कदम उठाते हैं। लड़ाइयाँ हमेशा विरोधी पर भारी

---

1. श्लोमो गैजिट 'इजराइल' द्वारा 'कॉम्बेटिंग टेररिज्म, स्ट्रेटेजीज ऑफ टेन कंट्रीज', योनाह अलेक्जेंडर (संपादक), यूनिवर्सिटी ऑफ मिशिगन प्रेस, अन्न आर्बर, 2002, पृष्ठ 227-59, 238-39

पड़कर, उससे अधिक शक्ति लगाकर जीती जाती हैं। आतंकवाद या उसे संरक्षण देनेवाले देश के साथ लड़ाई में भी यही सिद्धांत प्रश्रय देनेवाले देश के बीच युद्ध हो तो यह ब्रह्म वाक्य नहीं अपनाया जाता है—'एक आँख के बदले एक आँख; एक दाँत के बदले एक दाँत'; बल्कि 'एक आँख के बदले दोनों आँख; एक दाँत के बदले पूरा जबड़ा।

27. अगला सबक भी कुछ इसी तरह है, जिसकी उपेक्षा से बस निराशा ही मिल सकती है। किसी आतंकग्रस्त क्षेत्र या समय विशेष के लिए उन उपायों या कदमों का निर्णय लेना—जो किसी सामान्य स्थिति और शांत क्षेत्र के लिए उपयुक्त हैं—एक घातक भूल है। आज जो मानवाधिकार संगठन और न्यायविद् पंजाब में पुलिस के आचरण पर भाषण देते हैं, वे उस समय बताते कि ऐसे में पुलिस किस तरह लड़ाई जारी रखती—जब पंजाब में पूरी व्यवस्था चरमरा गई थी, आतंकवादियों के भय से न्यायपालिका भी चुप लगा बैठी थी, मजिस्ट्रेट आतंकवादियों से बुरी तरह खौफजदा थे, गवाह आतंकवादियों के डर से कुछ भी उगलने के लिए तैयार नहीं थे; जबकि उन्होंने अपनी आँखों के सामने अपने दोस्तों, रिश्तेदारों और करीबियों को आतंकवादियों द्वारा मौत के घाट उतारे जाते देखा था। उन्हें यह भय सताए जा रहा था कि यदि उन्होंने जुबान खोली तो उन्हें भी ऐसी ही मौत की नींद सुला दिया जाएगा। जब परिस्थितियाँ इस तरह बिगड़ गई हों तो हमें आदर्शवाद और अव्यावहारिक बातों में नहीं पड़ना चाहिए, रहस्यवादी कल्पनाओं का शिकार नहीं होना चाहिए। हमें आतंकवादियों की उन गतिविधियों के प्रति अति सतर्क होना चाहिए, जिसके तहत वे लोकतांत्रिक व्यवस्था को खत्म करने के लिए लोकतंत्र को ही अपना हथियार बना रहे हों। हमें हिटलर की 'वैधता शपथ' को हमेशा ध्यान में रखना चाहिए। उसने शपथ ली थी—सत्ता प्राप्त करने के लिए नाजी सिर्फ वैध साधनों का सहारा लेंगे, वह अपनी शपथ पर पूरी तरह कायम रहा। हमें भी सार्वजनिक रूप से यह घोषणा कर देनी चाहिए—'हाँ, हम आतंकवादियों के अधिकार के प्रति सचेत हैं—लेकिन वहीं तक जहाँ तक आतंकवादी अपने शिकारों के अधिकार के प्रति सचेत रहेंगे।' आंतरिक सुरक्षा के लिए गठित टास्क फोर्स, जिसके बारे में हम बाद में चर्चा करेंगे, ने वस्तुस्थिति को कुछ इस तरह प्रस्तुत किया है—

इसपर शायद ही कोई विवाद हो सकता है कि युद्ध, विद्रोह अथवा किसी अन्य

आंतरिक कलह से सफलतापूर्वक निपटने के लिए मैग्नाकार्टा के सिद्धांत उपयोगी हैं। सामान्य स्थिति में जन-सुरक्षा का प्रबंध सर्वोच्च प्राथमिकता होती है; लेकिन जब किसी बाहरी आक्रमण अथवा आंतरिक विद्रोह के कारण अव्यवस्था फैल जाए तो राज्य या देश का अस्तित्व पहली प्राथमिकता हो जाती है और राज्य के व्यापक हित में व्यक्तिगत स्वतंत्रता द्वितीयक प्राथमिकता बन जाती है।

28. आज, जबकि आतंकवादी संगठनों की गतिविधियाँ किसी एक देश की सीमा से बँधी नहीं हैं; इसलिए न सिर्फ किसी एक देश को बल्कि पूरे अंतरराष्ट्रीय समुदाय को अवसरवादी लोगों के प्रति सचेत होना चाहिए। हर बार कोई-न-कोई मध्यस्थ बीच में आ जाता है या फिर मानवाधिकार संगठन हस्तक्षेप करने लगता है। इससे आतंकवादी संगठनों को बल मिलता है। इन संगठनों के नेता अपने समर्थकों को इसी आधार पर समझाने में सक्षम हो जाते हैं कि 'हम सफलता की ओर अग्रसर हैं। हम लोग जो कर रहे हैं, उसे कुछ समय के लिए और जारी रखना है। बस, अब कुछ ही कुरबानियों की जरूरत है। उसके बाद हमारा मकसद कामयाब हो जाएगा।' चलते-फिरते वक्तव्यों से आतंकवादियों के मन में यह बात नहीं भरी जा सकती कि देश हिंसा या आतंक के साथ कोई समझौता नहीं करेगा। ऐसा तो तभी संभव है, जब हम दशकों तक दृढ़ बने रहें और उनपर ऐसा आघात करें कि उनके लिए यह सब असहनीय हो जाए।

29. इन आतंकवादी विचारधाराओं को बल देने के लिए इनमें एक और घातक तथ्य जुड़ गया है—पाकिस्तान जैसे राष्ट्र आतंकवाद को अपनी राष्ट्र-नीति के एक अभिन्न अंग के रूप में अपना चुके हैं। मुशर्रफ तो कई बार अपने बयानों में इस बात की पुष्टि भी कर चुके हैं—'जिहाद राष्ट्रीय नीति का एक साधन है।' ऐसे राष्ट्रों के लिए तो यह एक आकर्षक विचारधारा है; यह सस्ते में लड़ा जानेवाला एक युद्ध है। ऐसी विचारधारा है, जो इस तरह के साधनों से चलती है, जिसमें बंदूक की संस्कृति का प्रसार किया जाता है, पर अंततः वह विफल हो जाती है—जैसा पाकिस्तान के तालिबानीकरण से देखने को मिलता है। लेकिन यह भी उल्लेखनीय है कि यदि कोई देश राष्ट्र नीति के एक साधन के रूप में आतंकवाद को अपनाता है तो निस्संदेह यह अपने पड़ोसी देशों के हितों को कुचलते हुए यह फैसला करता है।' मुसोलिनी के भाड़े के गुंडों के बारे में जो कुछ कहा जाता था, वह आतंकवादियों के संदर्भ में दोगुना सच साबित होता है—'सत्ता के बिना उनका कोई अस्तित्व नहीं था, लेकिन सत्ता मिलने की स्थिति में वे बेलगाम थे।' आज के दौर में इस सिकुड़ती

दुनिया में हर देश ऐसे राष्ट्र का पड़ोसी है, इसलिए यदि कोई एक राष्ट्र आतंकवाद को अपनी राष्ट्र नीति के रूप में अपनाता है तो वह न सिर्फ पड़ोसी मुल्क के लिए खतरा है बल्कि पूरे विश्व के लिए भी जानलेवा है। 11 सितंबर की घटना के बाद यह बात पूरी तरह साबित हो चुकी है। इसलिए जो देश ऐसी सरकारों या देशों को प्रश्रय देते हैं, उन्हें अब सचेत होना होगा। खासकर, जो देश निकटस्थ पड़ोसी हैं, उन्हें पहल करनी होगी।

30. हम भारत के लोगों को यह याद दिलाने की जरूरत कतई नहीं है कि ऐसे आतंकवादी संगठनों को पाकिस्तान से लेकर सूडान तक कई देशों द्वारा संरक्षण मिल रहा है। लेकिन हमें यह भी याद रखना होगा कि ये संगठन सिर्फ वहीं नहीं फलते-फूलते हैं, जहाँ की सरकार उन्हें सक्रिय मदद देती है। उनके लिए तो जिस देश की सरकार कमजोर पड़ जाती है, उसी की सरजमीं उपयोगी साबित होती है। हमारे पड़ोस में तो ऐसे क्षेत्रों की भरमार है—बँगलादेश, म्याँमार, भूटान और नेपाल के विशाल भूभाग—और भारत के भीतर तो ऐसी विशाल पट्टी के बारे में तो कहने की आवश्यकता ही नहीं है। बँगलादेश को ही लें। वहाँ का इसलामीकरण एक कारण तो है ही; इसपर हम आगे विस्तार से चर्चा करेंगे। बँगलादेश का पाकिस्तान और चीन के साथ संबंध तथा स्वयं बँगलादेश में शासन की ढाँचागत कमजोरी भारत की सुरक्षा के लिए एक खतरा है। बँगलादेश के ही एक कूटनीतिज्ञ ने मुझसे कहा था—न केवल देश के बड़े हिस्से पर, बल्कि कई प्रमुख गतिविधियों पर भी वहाँ के एक बड़े माफिया डॉन का नियंत्रण है। उनका कहना है कि उनकी सेनाएँ और पुलिसकर्मी भी उतने ही भ्रष्ट हैं जितने हमारे यहाँ के। उन्होंने यहाँ तक बताया कि आप बँगलादेश में चौक-चौराहों पर ही आराम से केवल 10 हजार रुपए में बँगलादेशी पासपोर्ट खरीद सकते हैं। इस ढील या यों कहें कि भारत के खिलाफ साजिश की वजह से ही परेश बरुआ जैसे उल्फा नेता भारत के इर्द-गिर्द मँडराते रहते हैं। एक अन्य तथ्य से भी ये बातें स्पष्ट हो जाती हैं; अवैध हथियारों का अंबार। अनुमान है कि बँगलादेश में अवैध आग्नेयास्त्रों (बंदूक, पिस्तौल, राइफल आदि) की संख्या 2 लाख से 2.5 लाख तक है। ये हथियार वहाँ तक कई स्रोतों से पहुँचते हैं। बँगलादेश दवा-उत्पादक देशों के गोल्डन ट्राइएंगल (Golden Triangle) और शस्त्र-उत्पादक देशों—गोल्डन क्रीसेंट (Golden Crescent) के मध्य स्थित है। दवाओं के व्यापार में लगे सुस्थापित नेटवर्कों का इस्तेमाल बंदूकों के लिए भी किया जा रहा है। सीमा पार यातायात के कारण जहाजी बेड़ों से होते हुए बहुत से हथियार बँगलादेश तक पहुँच जाते हैं। 2 अप्रैल, 2004 को—बँगलादेश में अब तक हथियारों

और गोला-बारूदों की सबसे बड़ी जब्ती में—सेना ने चिट्‌टगोंग में कर्णफूली तट पर छोटी मशीनगनों, ए.के.-47 राइफलों और अन्य हथियारों तथा गोला-बारूदों से भरे 10 ट्रक बरामद किए थे। वहाँ बंदूक-निर्माण में संलग्न कुटीर उद्योग खूब फल-फूल रहा है। अस्त्र-उत्पादक चोरी के हथियारों की मरम्मत करके उनका संग्रह करते हैं और आग्नेयास्त्रों के पुरजे खंडहरों तथा छोटी-छोटी कार्यशालाओं में स्थापित फैक्टरियों में रखते थे। बड़ा चिट्‌टगोंग क्षेत्र में पचास से अधिक अस्त्र-उत्पादक कार्यशालाएँ हैं, जहाँ प्रमुख रूप से हाथ से चलाई जानेवाली बंदूकें तैयार की जाती हैं। चिट्‌टगोंग अंतरराष्ट्रीय पत्तन और कोक्स बाजार का तट अंतरराष्ट्रीय तस्करों द्वारा हथियारों की तस्करी के लिए प्रमुख समुद्री मार्ग हैं। चिट्‌टगोंग के बारे में भी खबर है कि वहाँ लगभग तीन दर्जन ऐसे संगठन हैं, जो हथियारों की तस्करी करते हैं। संक्षेप में, बँगलादेश से हमारे लिए समस्या की जड़ है—आई.एस.आई. (ISI), डी.जी.एफ.आई. (DGFI), बँगलादेशी सेना तथा इसलाम-पसंद संगठनों द्वारा सक्रिय सहयोग। वैसे बात यहीं तक नहीं है—क्योंकि परेश बरुआ बँगलादेश और उसके आस-पास बराबर धावा बोलता है, वहाँ रहता है, अपना व्यवसाय चलाता है। यह सब बँगलादेशी प्राधिकारियों की सक्रिय सहायता के बिना कैसे हो सकता है? दूसरा है अक्षम शासन। इसी तरह इंडोनेशिया को भी उदाहरणस्वरूप ले सकते हैं। वहाँ की सरकारें अक्षम हो गई हैं। प्रशासनिक संस्थाएँ पंगु हो गई हैं। राजनेता और राजनीतिक पार्टियों के बीच बिखराव पैदा हो गया है। ऐसे में इंडोनेशिया न तो इसलामिक आतंकवाद से सख्ती से निपट पा रहा है और न ही इसलामिक राष्ट्र के रूप में स्वतंत्रता चाहनेवालों से। फिलीपींस के मिंडानाओ प्रांत की कहानी भी इनसे अलग नहीं है। साथ ही, नेपाल के माओवादियों की सफलता की कहानी भी कुछ ऐसी ही है।

इस संदर्भ में स्वयं भारत की स्थिति भी खतरे के निशान से ऊपर पहुँच चुकी है। साधारण अपराधियों और यहाँ तक कि माफिया सरगना और आतंकवादियों—जो मजिस्ट्रेटों और लोक अभियोजन अधिकारियों तक को अपने रास्ते से उसी तरह हटा देने की ताकत रखते हैं जिस तरह वे गवाहों को अपने रास्ते से हटा देते हैं—से निबटने में भी हमारी आपराधिक न्याय प्रणाली अक्षम हो गई है। यह कमजोरी सिर्फ अदालतों के कारण ही नहीं है। यह कमजोरी पुलिस नियंत्रण तथा दस्तावेजीकरण और जाँच्-गड़ताल की प्रक्रिया के पूरे ढाँचे तथा जाँच की अदालती, वैज्ञानिक प्रक्रिया में कमी के कारण है। इसके अलावा ऐसे आँकड़ों—जो आधुनिक तकनीकी द्वारा ही उपलब्ध कराए जा सकते हैं—को 'ग्राह्य' साक्ष्य की परिधि में न

ला पाने के कारण भी यह कमजोरी है।[1] दूसरी ओर, भारत में कई राज्यों ने आतंकवादियों से बातचीत और आत्मसमर्पण से संबंधित अलग-अलग कई प्रक्रियाएँ लागू कर ली हैं, जिसका सीधा लाभ आतंकवादियों को मिलता है; इससे उन्हें 'वैध' व्यवस्था के तहत हां अपना प्रभाव जमाने, अपनी ताकत बढ़ाने और धन कमाने का आसान रास्ता मिल जाता है।[2]

सरकार को अवश्य ही एक सरकार के रूप में कार्य करना चाहिए। कई दशकों तक पूर्वोत्तर और जम्मू-कश्मीर की समस्याओं से निपटने के लिए दिल्ली ने एक संविदाकार (ठेकेदार) आदर्श के तौर पर कार्य किया है—आदर्श कि स्थानीय नेताओं को अपनी इच्छानुसार कार्य करने की छूट तब तक होनी चाहिए जब तक शासन में उनकी भागीदारी हो। यह तरीका अपना रास्ता नाप चुका है। पूर्वोत्तर और जम्मू-कश्मीर में स्थानीय प्रशासन इतना लचर हो गया है कि लोगों का विश्वास अब उनपर से उठ गया है। स्थिति यह है कि स्थानीय शासन सरकार के ढाँचे को बनाए रखने तक में सक्षम नहीं दिख रहा है। ऐसे में यह जरूरी है कि क्षेत्र के विकास में स्थानीय नेताओं की सहभागिता बढ़े। शिक्षा, स्वास्थ्य, जल-निकासी आदि समस्याओं के निपटारे में उनकी भागीदारी सुनिश्चित की जाए।

निस्संदेह, इसके अलावा और भी कई कदम उठाए जाने की जरूरत है। आतंकवादियों के विरुद्ध लड़ाई में हमारे सुरक्षा बल सफल हों—इसके लिए यह भी जरूरी है कि स्थानीय लोग आतंकवादियों को शरण देना बंद कर दें, उनकी मदद करना बंद कर दें, इसकी बजाय सुरक्षा बलों को आतंकवादियों के बारे में जानकारी दें, उनकी गतिविधियों के बारे में जो भी जानते हों, उसे सुरक्षा बलों को बताएँ। स्थानीय जनता ऐसा तभी करेगी, जब उसे इस बात की गारंटी दी जाए कि आतंकवादियों से उनकी रक्षा की जाएगी। उन्हें यह आभास कराया जाए कि सरकार आतंकवादियों से उनकी सुरक्षा करने में सक्षम है, यह गारंटी स्थायी

---

1. प्रमुख अपराधियों, जिन्हें वर्षों के प्रयास के बाद प्रत्यर्पित कराया जा सका था और जिनके खिलाफ मामला समाप्त हो चुका है, के बारे में विस्तृत जानकारी के लिए देखें, सजी चेरियन की पुस्तक 'फ्लाइट टु फ्रीडम' (Flight to Freedom), साउथ एशिया इंटेलिजेंस रिव्यू, खंड 3, संख्या 2, 26 जुलाई, 2004, http://www.satp.org/satporgtp/sair/Archires/Archires.htm.
2. संबंधित उदाहरणों के लिए देखें, अजय साहनी एवं विभु प्रसाद राउतराय की 'सुल्फा : टेरॅर बाइ एनॉदर नेम' (SULFA : Terror by Another Name), फाल्टलाइंस, खंड 9, आई.सी.एम.—बुलवर्क बुक्स, जुलाई 2001, पृष्ठ 1-38।

रूप से लोगों को दी जाए। ऐसा होने पर जब सैनिक उनके बीच से चले जाएँगे और आतंकवादी वहाँ वापस जाएँगे तो न केवल स्थानीय ग्रामीण, बल्कि दूर के कस्बों के निवासी भी सामने आएँगे और आतंकवादियों के बारे में सुरक्षा बलों को सूचना देंगे।

31. जैसा हम देख रहे हैं—नेपाल, श्रीलंका आदि हमारे पड़ोसी देशों की सरकार अपने यहाँ के विद्रोहियों को कुचलने में अक्षम हैं; लेकिन इसका खामियाजा हमें भुगतना पड़ रहा है। वहाँ की अक्षमता से मजबूत होते विद्रोही संगठन हमारे देश के लिए बड़ा खतरा बनते जा रहे हैं; इसलिए हमें स्वयं पहल करते हुए इन पड़ोसी देशों में सुरक्षा पुख्ता करने में मदद करनी चाहिए।

32. यहाँ एक तथ्य और भी है। हम यह मान बैठते हैं कि हम अविवेकपूर्ण कार्यों से ऊपर उठ चुके हैं। उदाहरण के लिए—जब हम शहादत की बात करते हैं तो हमारे दिमाग में उस व्यक्ति का खयाल आता है, जो वैसे लोगों की करतूतों की भेंट चढ़ गया, जो पिछड़े हैं। यानी हम मान बैठते हैं कि आतंकवादी या विद्रोही पिछड़े हुए हैं, वे मानव सभ्यता के आरंभिक चरण में हैं, जबकि वास्तविकता कुछ और है, जो 11 सितंबर की घटना से स्पष्ट हो जाती है। इसके अलावा, आतंकवादी दुनिया के दूर-दराज के हिस्सों में चल रही अपनी गतिविधियों में जिन कुशल तकनीकों का इस्तेमाल कर रहे हैं और जितनी तेजी से वे नई-नई तकनीकों का प्रयोग करने के लिए तत्पर दिखाई दे रहे हैं, उससे भी यह वास्तविकता स्पष्ट हो जाती है। जिस प्रकार के विस्फोटकों का प्रयोग वे करते हैं या फिर 11 सितंबर की घटना में उन्होंने जिस तरीके से हवाई जहाजों को मिसाइल के रूप में उड़ाया था, उससे साफ जाहिर होता है कि आतंकवादी संगठनों के पास अत्याधुनिक तकनीक मौजूद है। जितनी कुशलता से वे इंटरनेट का प्रयोग अपने विभिन्न कार्यों में करते हैं—सूचनाओं के आदान-प्रदान के लिए, धन इकट्ठा करने के लिए और उसे स्थानांतरित करने के लिए, विस्फोटक और जहर तैयार करने से लेकर हत्याओं को अंजाम देने, अपना लक्ष्य बेधने और डाटा चुराने तक के तरीकों को अपने पूरे नेटवर्क तक फैलाने के लिए, जनमत को अपने पक्ष में मोड़ने के लिए, जाली क्रेडिट कार्ड तैयार करने के लिए—उससे उनके 'अत्याधुनिक' होने की बात सिद्ध हो जाती है। सचमुच, इस तरह की कई तकनीकों में तो वे बड़ी महारत हासिल कर चुके हैं। एक अध्ययन के अनुसार, मनीला में आतंकवादियों के एक गुप्त अड्डे से कंप्यूटर से जब्त किए गए एक डाटा का पता लगाने में अमेरिकी जाँचकर्ताओं को लगभग दो वर्ष लग गए थे—इतनी चालाकी से उसे छिपाया गया था। आतंकवादी

संगठन अपने नेटवर्क और उसकी तकनीक को अधिक कुशल बनाने के लिए इंजीनियरों, कंप्यूटर विशेषज्ञों और विभिन्न तकनीकों में कुशल अन्य विशेषज्ञों की भरती कर रहे हैं। उनकी अपनी सैकड़ों वेबसाइट चल रही हैं। (प्रसंगवश, उन वेबसाइटों में, जैसा पाकिस्तानी आतंकवादी नेताओं का दावा है, अमेरिका, इजराइल और भारत को आम तौर पर करीबी दुश्मन के रूप में दिखाया गया है।) जितनी कुशलता से इन वेबसाइटों को व्यवस्थित किया गया है और उन्हें समय-समय पर अद्यतन बनाया जाता रहता है, जितनी कुशलता से उन्हें आपस में जोड़ा गया है, जितनी चालाकी और फुरती से वे जरूरत पड़ने पर दूसरी वेबसाइटों में बदल दी जाती हैं, जितनी चालाकी से विभिन्न डाटा और संदेशों को अन्य वैध वेबसाइटों में छिपा दिया जाता है—सबकुछ जानकर भी क्या हमें उनकी 'आधुनिकता' से सतर्क होने की जरूरत नहीं है ?[1] इतना ही नहीं, उनकी संगठनात्मक क्षमता इतनी प्रभावशाली है कि उनके आगे प्रबंधन के गुरु भी फीके पड़ जाएँ। उनकी प्रशिक्षण तकनीक इतनी उन्नत है कि एक अनुभवी व्यक्ति जिस कार्य को सफलतापूर्वक नहीं कर सकता है, उसे एक नवप्रशिक्षित व्यक्ति आसानी से निपटा डालता है।

33. हमने यह देखा है कि पाकिस्तान द्वारा आतंकवादियों के माध्यम से भारत के खिलाफ जो 'परोक्ष युद्ध' चलाया जा रहा है, उसके प्रति विश्व को जागरूक करना कितना मुश्किल रहा है। करीब बीस वर्षों तक हजारों की संख्या में लोग मारे जाते रहे, लेकिन जब अमेरिका या यूरोपीय देशों के प्रतिनिधि भारत आते थे तो कहते थे कि हमें प्रमाण दो कि इन आतंकवादियों के पीछे पाकिस्तान का हाथ है। अमेरिका और यूरोपीय देशों के इन नेताओं का यह ढोंग एक ही क्षण में तब टूट गया जब 11 सितंबर को अमेरिका के वर्ल्ड ट्रेड सेंटर और पेंटागन पर हमला हुआ। जब प्रत्यक्ष रूप से आतंकवादी हमारे देश में हजारों लोगों की जानें ले रहे थे तब हम विश्व समुदाय के समक्ष यह साबित नहीं कर पाए कि इनके पीछे पाकिस्तान का हाथ है। ऐसे में जब आतंकवादी वायरस के माध्यम से हमला करेंगे तो यह साबित करना हमारे लिए और भी मुश्किल होगा। एक कंप्यूटर वायरस हमारे पूरे नेशनल पावर ग्रिड को हिलाकर रख देता है। ऐसे भी वायरस हैं, जो

1. आतंकवादियों के अड्डों से बरामद किए गए कंप्यूटरों, अदालती साक्ष्यों जैसे खुले स्रोतों से एकत्र की गई तकनीक से संबंधित जानकारी के लिए देखें, ''एक्जामिनिंग द साइबर कैपेबिलिटीज ऑफ इसलामिक टेरॅरिस्ट ग्रुप्स,'' (Examining the Cyber Capabilities of Islamic Terrorist Groups), तकनीकी सलाहकार संगठन, सुरक्षात्मक तकनीकी अध्ययन संस्थान, डार्टमाउथ कॉलेज, नवंबर 2003/ मार्च 2004, www.ists.dartmouth.edu.

पहले दो-तीन वर्षों तक तो सुषुप्त रहते हैं, फिर सक्रिय होते हैं और पूरे वायु-मार्गों की नियंत्रण व्यवस्था को ध्वस्त करने लगते हैं। किसी इंटेग्रेटेड सर्किट के निर्माण के समय उसमें एक नैनो-अस्त्र रख दिया जाता है, जिसे फिर सर्किट के बनने पर तीन वर्ष बाद एक इलेक्ट्रोमैग्नेटिक पल्स द्वारा सक्रिय कर दिया जाता है; एक सूक्ष्म रोबोट जो हाइड्रो संयंत्र और नागरिक उड्डयन की नियंत्रण व्यवस्था को एक साथ चरमरा सकता है···ऐसी परिस्थितियों में हो सकता है कि हमें पता चल जाए कि इन वायरस हमलों में पाकिस्तान और चीन का हाथ है। लेकिन इस बात को हम विश्व समुदाय को कैसे समझा सकते हैं। हमने कटु अनुभवों से सीखा है, हम उस विश्व समुदाय को ऐसी बातें कैसे समझा सकते हैं, जो स्वयं ही समझना नहीं चाहते हैं। दूसरी ओर, एक सर्वविदित घटना है 11 सितंबर की, जब अमेरिका पर हमला हुआ। अमेरिका किसी के समक्ष इस बात का कोई प्रमाण नहीं पेश कर सका कि इस घटना के पीछे ओसामा बिन लादेन का हाथ है, फिर भी अमेरिका की क्रूज मिसाइलें अफगानिस्तान पर बरसनी शुरू हो गईं। उसके पास तो इस बात का भी कोई प्रमाण नहीं था कि सद्दाम हुसैन के पास जन-संहारक हथियारों का जखीरा है। लेकिन जब कमजोर राष्ट्रों की बारी आती है तो प्रमाण की जरूरत पड़ जाती है!

34. कई ऐसे लक्षण दिख रहे हैं, जिनसे खतरे का संकेत मिल रहा है—मानसिक तौर पर सम्मोहित किया जा रहा है, संगठनों को जाल में फँसाया जा रहा है, पाकिस्तान जैसे राष्ट्रों द्वारा प्रश्रय दिया जा रहा है, पड़ोसी देशों की सरकारों को कमजोर किया जा रहा है, अत्याधुनिक तकनीकें अधिगृहीत की जा रही हैं, सूक्ष्म-से-सूक्ष्म तकनीकें विकसित की जा रही हैं। ऐसे में हमें आश्वस्त हो जाना चाहिए कि आनेवाले दशक में ये कट्टरपंथी संगठन देश में जन-संहारक हथियार लाने में सक्षम होंगे और व्यापक तौर पर जन-संहार करेंगे। उन्हें इस बात की कोई परवाह नहीं रहेगी कि इसमें हजारों की जानें जाएँगी। उनपर सिर्फ यही जुनून सवार होगा कि यह सब अल्लाह की मरजी से हो रहा है। वे सिर्फ प्रत्यक्ष रूप से हत्या करनेवाले हथियारों का ही इस्तेमाल नहीं करेंगे बल्कि उनके पास लोगों को ब्लैकमेल करने का एक कारगर तरीका होगा। और हम उनका मुकाबला करके अपने देश की रक्षा करने के लिए कितने तैयार हैं—इसकी एक झलक उस समय मिल गई थी, जब आतंकवादियों ने इन हथियारों का प्रयोग करके मात्र एक विमान का अपहरण कर उसे कंधार पहुँचा दिया था और हमें उनकी माँगों के सामने झुकना पड़ गया था।

35. फिर, हिंसा तो उनकी विचारधारा, उनकी वफादारी के केंद्र में ही स्थित है। आतंकवादी किसी भी कीमत पर हिंसा पर उतारू हैं। और आधुनिक तकनीक

हिंसा या हत्याओं को और भी सार्वजनिक बना रही है—सचमुच एक ऑपरेशन की खबर अब तक दूरदर्शन कार्यक्रम की तरह घर-घर में पहुँच जाती है। 11 सितंबर की घटना की तसवीर को याद करें, जिसमें मारे गए लोगों के क्षत-विक्षत शरीर या गगनचुंबी टॉवरों को ध्वस्त होते देखा गया था।

36. आतंकवाद सभी के लिए एक खतरा है। आज उसने किसी एक देश को अपनी चपेट में लिया है तो कल किसी दूसरे देश को अपनी चपेट में लेगा। इसलिए अगर कोई देश किसी ऐसे देश का साथ देता है—जो आतंकवादियों को संरक्षण दे रहा हो, उन्हें वित्तीय सहायता दे रहा हो, उन्हें प्रशिक्षण दे रहा हो और उनके लिए हथियारों की व्यवस्था कर रहा हो—तो यह उसकी बुद्धिमानी कतई नहीं होगी। इसकी बजाय विभिन्न देशों को चाहिए कि वे एक-दूसरे के संसाधनों का प्रयोग करते हुए मिल-जुलकर आतंकवाद का मुकाबला करें। यही होना चाहिए। वास्तविकता की बात की जाए तो भारत जैसे देश को हमेशा यह याद रखना चाहिए कि उसे अपनी लड़ाई खुद लड़नी है, उसकी ओर से लड़ाई लड़ने के लिए कोई और नहीं आनेवाला है।

37. इस युद्ध में हमें यह ध्यान रखना होगा कि यह वैसा युद्ध नहीं है, जो किसी निश्चित तारीख को शुरू हुआ था और किसी निश्चित तारीख को खत्म हो जाएगा। यह लगातार नया रूप लेते हुए एक 'स्थायी युद्ध' है। इस युद्ध में हमेशा के लिए कोई विजयी नहीं होता है, इसलिए इससे थकना ठीक नहीं है। इसके लिए हमें आवश्यक रूप से और कोई एक नियमित प्रक्रिया अपनाने से बचना होगा।

38. आतंकवाद एक सतत जन्म लेनेवाला वायरस है, जो एक बार मार देने के बाद फिर से जिंदा हो जाता है। इसकी सीख अमेरिका को इराक में आतंकवादियों के साथ जूझने में मिली है।[1]

---

1. आतंकवाद पर कई लेख और पुस्तकें उपलब्ध हैं। दक्षिण एशिया में आतंकवाद से संबंधित जानकारी और विश्लेषण पर मेरे स्वयं के दो पत्र हैं—'फाल्टलाइंस', के.पी.एस. गिल एवं अजय साहनी (संपादक द्वय), संघर्ष प्रबंधन संस्थान, नई दिल्ली; एवं 'आक्रोश,' आतंकवाद एवं अंतरराष्ट्रीय संघर्ष पर प्रकाशित होनेवाला एक एशियाई पत्र, मेजर जनरल (सेवानिवृत्त) अफसीर करीम (संपादक), रणनीति एवं सुरक्षा अध्ययन फोरम, नई दिल्ली। आँकड़ों के लिए देखें, सुशांत सरीन की 'द जिहाद फैक्टरी, पाकिस्तान्स इसलामिक रिवोल्यूशन इन द मेकिंग' (The Jihad Factory, Pakistan's Islamic Revolution in the Making), ऑब्जर्वर रिसर्च फाउंडेशन, हर-आनंद पब्लिकेशंस, नई दिल्ली, 2005।

39. लड़ाई लड़ने के लिए एक मूल मंत्र है—विजयी होने पर अपने विरोधी पक्ष को कभी मत भूलो; लेकिन यह एक विडंबना और हमारा दुर्भाग्य है कि हम ऐसा करने के आदी हो गए हैं।

40. आतंकवादियों के पास एक और सूक्ष्म हथियार है, जिन्हें उनके नियंत्रकों को इस्तेमाल करते हुए हमने देखा है। यह एक ऐसा हथियार है, जिसे कोई उदारवादी समाज स्वीकार करने में भी संकोच करता है। आतंकवादी संगठनों की सफलता का एक रहस्य यह है कि वे बहुत ही ढीले-ढाले ढंग से संगठित रहते हैं। उनमें से कुछ लोगों की यदि मृत्यु भी हो जाती है तो उनका अस्तित्व खत्म नहीं हो जाता है—भले ही उनके विरोधी मरनेवाले को एक महत्त्वपूर्ण आतंकवादी करार दें। लेकिन इस हथियार—कट्टर विचारधारा; वे ग्रंथ जिन पर यह विचारधारा टिकी हुई है; वह विशाल ढाँचा, जो विचारधारा का प्रचार करने के लिए तैयार किया गया है—बँगलादेश, पाकिस्तान के भीतर तथा भारत की सीमा से लगे क्षेत्रों में चल रहे हजारों मदरसे; पाकिस्तान जैसे देश में 'सामान्य' शिक्षा का अंग बन चुकी कट्टर विचारधारा—से यह बात निश्चित हो जाती है कि यदि कोई एक आतंकवादी संगठन—एक अल कायदा—कुचल भी दिया जाता है तो भी आतंकवाद जड़ से खत्म होनेवाला नहीं है। ऐसे में तो बस यही कहा जा सकता है कि दोनों तरह के देश—जो उसे 'अपनी राष्ट्रीय नीति के माध्यम' के रूप में मान्यता देकर संरक्षण दे रहे हैं और जो उससे लड़ने के लिए निकले हैं—उन्हीं शासकों पर आश्रित हैं।

□

7

'हमारा कपटी शत्रु' या 'नया दिल'?

सोवियत संघ के विघटन ने हमारी रक्षा और विदेश नीतियों को चक्कर में डालकर रख दिया था। स्व. श्री नरसिम्हा राव ने बड़ी कुशलता से उन्हें स्थायित्व प्रदान किया। भारत की ओर से उन्होंने 'पूर्व की ओर रुख' करने का पहला कदम रखा। उन्होंने ईरान के साथ संबंधों को मजबूत किया और साथ ही अफगानिस्तान में उत्तरी गठबंधन की ओर भी रास्ता खोला...।

लेकिन अपनी आदत से मजबूर होने के कारण पाकिस्तान लगातार हमारी दोनों—रक्षा और विदेश नीतियों को विफल करने की कोशिश में लगा रहा। इतना ही नहीं, उसने भारत में आतंकवादियों को भेजकर हत्याएँ करवाना और निर्दोष लोगों को अपंग बनवाना भी जारी रखा। इसके लिए उसे अपने संरक्षकों—अमेरिका, चीन, सऊदी अरब—से भरपूर सहयोग मिलता रहा। कुल मिलाकर स्थिति गंभीर होती जा रही थी। श्री अटल बिहारी वाजपेयी और उनके सहयोगियों ने जब अपना कार्यभार सँभाला तो उन्हें पहले इसी गंभीर स्थिति का सामना करना पड़ा। उन्होंने देखा कि जब तक भारत पाकिस्तान से बँधकर रहेगा, वह अंतरराष्ट्रीय मामलों में कोई महत्त्वपूर्ण भूमिका अदा करने में सक्षम नहीं हो सकता। साथ ही, उन्होंने यह भी अनुभव किया कि भारत पाकिस्तान के संबंध में—उदाहरण के लिए, सीमा पार आतंकवाद पर—भी अगर कोई बात रखेगा

तो विश्व समुदाय उसे यह कहकर टाल देगा—'अरे, यह तो रोज-रोज की बकवास है—भारत और पाकिस्तान बस एक-दूसरे पर आरोप-प्रत्यारोप मढ़ रहे हैं।'

स्थिति का सामना करने के लिए उन्होंने बहुआयामी कदम उठाने का निश्चय किया—

- पाकिस्तान की करतूतों को नजरअंदाज करते हुए विकास की गति को तेज करना—यह अंततः पाकिस्तानी जनता की सूची के साथ दर्ज हो जाएगा।
- विभिन्न देशों और क्षेत्रों के साथ संबंधों को मजबूत बनाना—मध्य एशियाई गणराज्य, आसियान एवं अन्य।
- सैनिक क्षमता में निरंतर वृद्धि सुनिश्चित करना, ताकि पाकिस्तान जैसे ही भारत पर झपटने की कोशिश करे, उसे चारों खाने चित किया जा सके।

लेकिन पाकिस्तान को अमेरिका और चीन से मिलनेवाली मदद जारी रही; बल्कि अब तक मध्य एशिया के देशों से उसे मिलनेवाली मदद और बढ़ गई थी, जिससे उसका मनोबल बढ़ता ही गया। लेकिन बाद में अमेरिका ने जो कुछ किया, उससे इसपर विपरीत प्रभाव पड़ा। इस तरह, जरूरत पाकिस्तान से आगे बढ़ने या उसे मार गिराने की ही नहीं थी बल्कि भारत के लिए जरूरी था पाकिस्तान को चारों ओर से घेर लेना।

उसी दौरान तीन ऐसे निर्णय लिये गए और साथ ही कुछ अन्य आकस्मिक घटनाएँ भी घटीं, जिनसे रास्ता काफी साफ हुआ।

पहली बात तो स्पष्ट थी—पाकिस्तान एक आश्रित देश है। ऐसे में अमेरिका, चीन आदि की सहायता के बिना वह चल नहीं सकता। दूसरी बात जो थी, उसके बारे में अटकलबाजी लगाई जा रही थी—चूँकि आज अमेरिका चीन की बढ़ती शक्ति से स्तंभित है। ऐसे में अब से 15-20 वर्षों में वह अमेरिका के लिए प्रमुख चुनौती के रूप में उभरकर सामने आ सकता है; इसलिए अमेरिका उसकी बढ़ती शक्ति के लिए संभावित काउंटरों पर नजर रखेगा। तीसरी बात स्वयं चीन की चिंता के विषय में थी—सोवियत संघ के विघटन के बाद से ही उसकी पकड़ अमेरिका के आस-पास ही केंद्रित हो गई है—लंबे समय से यह विश्वास जताया जाता रहा है कि अमेरिका उसपर अपना दबदबा बनाने की फिराक में है, ऐसे में अपने इस लक्ष्य के लिए वह भारत जैसे देशों को हथियार के रूप में इस्तेमाल करेगा।

पूरी स्थिति के विश्लेषण के बाद निष्कर्ष निकाला गया—

- अमेरिका को इसमें शामिल किया जाए।
- इससे दक्षिण एशिया की ओर चीन के रुख का पता चलेगा।
- इन बदलावों से पाकिस्तान के रास्ते सीमित और सँकरे होंगे।

भारत के लिए रास्ता साफ करने में जिन आकस्मिक घटनाओं से मदद मिली, वे थीं—11 सितंबर की घटना और भारत में पाकिस्तानी आतंकवादियों द्वारा लगातार हमला। 11 सितंबर की घटना से अमेरिका को पहली बार जो अनुभव हुआ, वैसे ही अनुभव के बारे में भारत लंबे समय से उसे बताता आ रहा था। और वह अनुभव क्या था? अनुभव था—पाकिस्तान आतंकवाद का विश्वविद्यालय बन चुका है; जो कुछ भी हो रहा है, उसका कारण तालिबान और अन्य संगठनों के आतंकवादी नहीं हैं, क्योंकि वे तो पिछले पचास वर्षों से हो रहे पाकिस्तान और उसके समाज के तालिबानीकरण की उपज मात्र हैं। इसका कुछ फायदा मिला। इतनी दूर सुरक्षित बैठे अमेरिकी नीति-निर्धारकों ने पहले तनिक भी परवाह नहीं की। मुझे अच्छी तरह याद है—जैसा कि आतंकवाद के संदर्भ में मैंने उल्लेख किया था—जब अमेरिकी कूटनीतिज्ञ, सुरक्षा एवं गुप्तचर अधिकारी भारत दौरे पर आते थे और उन्हें पाकिस्तान की करतूतों के बारे में बताया जाता था—किस तरह पाकिस्तान आतंकवादियों को भारत में निर्दोष जनता की हत्याएँ करने के लिए प्रशिक्षण दे रहा है, उन्हें हथियार दे रहा है, उनकी वित्तीय सहायता कर रहा है और उन्हें अपने यहाँ शरण दे रहा है—तो उनकी बस यही टिप्पणी होती थी, 'लेकिन इसका सबूत कहाँ है?' कुल मिलाकर नजारा कुछ ऐसा ही था—

ऐ बाद-ए-बला उनको भी जरा, दो-चार थपेड़े हलके से,
जो लोग अभी तक साहिल से तूफाँ का नजारा करते हैं।

कुछ दिन पहले तक ही सबूत के लिए जो आवश्यक मानदंड हुआ करते थे, वे अब 11 सितंबर की घटना के बाद पूरी तरह बदल गए।

परिणामस्वरूप सबकुछ वैसा ही होता चला गया जैसा श्री वाजपेयी और उनके सहयोगियों ने सोचा था। पिछले पाँच वर्षों से अमेरिका की नीति का एक महत्त्वपूर्ण हिस्सा इस दृष्टिकोण पर टिका रहा है कि अब से 15-20 वर्षों बाद चीन सचमुच अमेरिका के लिए एक सशक्त चुनौती के रूप में उभरेगा और भारत जैसा कोई देश इस क्षेत्र में चीन की बराबरी कर पाने में सक्षम होगा। राष्ट्रीय गुप्तचर

परिषद् द्वारा प्रकाशित 'मैपिंग द ग्लोबल फ्यूचर' (Mapping the Global Future) में भी कुछ इसी तरह का मूल्यांकन है।[1]

दूसरी ओर, भारत और अमेरिका ने बातचीत तथा आपसी सहयोग की दिशा में जो कदम उठाए, वे निस्संदेह बीजिंग में दर्ज हैं। इससे कुछ ऐसे संकेत उभरकर सामने आए हैं, जो यह सुनिश्चित करते हैं कि भारत अमेरिका के लिए एक हथियार के रूप में कार्य नहीं करनेवाला है, जैसा कि चीन की नजरों में वह यू.एस.एस.आर. (USSR) के लिए बन गया था।

परिणाम क्या हुआ—मुशर्रफ का दिल ही बदल गया। 'फिर वही दिल नहीं लाया हूँ।'—अप्रैल 2005 में अपने भारत दौरे में उन्होंने दिल्ली में यह बात कही थी—'मैं नया दिल लाया हूँ।'

समाचार-पत्रों के मुखपृष्ठ पर हेडलाइनें छपीं—'मुशर्रफ : मैन ऑफ द मैच'; 'मुशर्रफ का नया दिल' ; 'एक दिवसीय मैच को मिला पाक की ओर से बोनस'; 'मुशर्रफ ने फिरोजशाह कोटला मैदान में लगाई हिट।'

यह तो प्रथागत अतिशयोक्ति थी। लेकिन पाकिस्तान में जिहाद की जिस विचारधारा के बारे में हमने पहले पढ़ा, उससे और यहाँ तक कि कुछ प्रमुख टिप्पणीकारों की ओर से जो पुष्टीकरण हुआ, वह उल्लेखनीय है।

'मुशर्रफ ने भारत को खुश करने में सारी सीमाएँ पार कर दीं'—यह टिप्पणी थी लश्कर-ए-तैयबा के संस्थापक प्रो. हाफिज सईद की, जो उन्होंने 'नवाएवक्त' और 'जमात-उद-दावा' के कार्यकर्ताओं के साथ बातचीत में की थी। उन्होंने आरोप लगाया कि मुशर्रफ की ओर से भारत को जो विश्वास दिलाने की कोशिश की गई, उससे जाहिर होता है कि जिस कश्मीर मसले को पाकिस्तान ने हमेशा अपने पक्ष में कायम रखा है, उस 'सिद्धांतपूर्ण स्थिति' से मुशर्रफ हटने जा रहे हैं। आगे बातचीत करते हुए उन्होंने मुशर्रफ पर यह आरोप भी लगाया कि वह संयुक्त राष्ट्र के जिन प्रस्तावों की अवहेलना के लिए तैयार हो गए हैं, वे ही कश्मीर मसले पर पाकिस्तान को अपनी बात रखने का आधार हैं; इस सबसे अलग, मुशर्रफ की ओर से भारत का विश्वास जीतने के लिए जो कदम उठाए गए हैं, उनसे और स्वयं उनके वक्तव्यों से पाकिस्तानी और कश्मीरी जनता के बीच अविश्वास उत्पन्न हुआ है। उन्होंने आगे कहा कि अपनी ही जनता को अविश्वास में डालकर भारत के विश्वास को मजबूत करना कोई बुद्धिमानी नहीं है। चार आतंकवादी संगठनों ने

---

1. 'मैपिंग द ग्लोबल फ्यूचर—रिपोर्ट ऑफ द नेशनल इंटेलीजेंस कौंसिल्स 2020 प्रोजेक्ट', http:\\www.cia.gov/nic/nic_globaltrend2020.html.

अपने एक वक्तव्य में कहा कि मुशर्रफ ने 'व्यापार और पर्यटन के लिए कश्मीर को ही बेच दिया।' उन्होंने आगे कहा, 'पाकिस्तान के इतिहास में यह पहला मौका है, जब देश का कोई प्रमुख भारत के सामने झुका है। हम जिहाद को तब तक नहीं बंद करेंगे जब तक कश्मीर आजाद नहीं हो जाता।' जनरल हामिद गुल मुशर्रफ के इस कदम से कुछ ज्यादा ही परेशान थे। उन्होंने ऐलान किया—

> भारत-पाक संयुक्त बयान से जाहिर होता है कि हमारी सरकार ने कश्मीर मामले पर अपनी स्थिति और अपना अंतिम लक्ष्य भी खो दिया है। बयान में कहा गया है कि हम कश्मीर को हासिल करने की बजाय आजाद कश्मीर को भी भारत को देने के लिए तैयार हैं। इससे तो लगता है कि आजाद कश्मीर बरबाद होने वाला है…। हम अपनी स्थिति से विचलित हो गए हैं। इसका परिणाम बहुत खतरनाक होगा…। हमारे लिए दुःख की बात है कि यह निर्णय एक ऐसे शासक द्वारा लिया गया है, जो स्वयं सेना का अधिकारी है। सेना ने ही कश्मीर मसले को अब तक अपना आत्मनिश्चय प्राप्त करने के लिए बनाए रखा है। लेकिन पाकिस्तानी सेना और कश्मीरी जनता के बलिदानों को नजरअंदाज करके अब भारत के पक्ष में निर्णय स्वीकार किए जा रहे हैं। इस घोषणा में न तो कश्मीरी जनता की इच्छाओं का खयाल रखा गया है और न ही पाकिस्तानी जनता की भावनाओं की कद्र की गई है। यह और कुछ नहीं, बस धोखा है।

पाक अधिकृत कश्मीर में जमात-ए-इसलामी के प्रमुख एजाज अफजल भी कम खफा नहीं थे। उन्होंने कहा, 'मुशर्रफ की योजना राष्ट्रीय कश्मीर नीति को ही समाप्त कर देने की है। वह पार्लियामेंट को विश्वास में लिये बिना ही कश्मीर को भारत को सौंपने जा रहे हैं।' उन्होंने माँग की कि पार्लियामेंट की कश्मीर कमेटी को कश्मीर मसले पर अपनी नीति स्पष्ट करनी चाहिए। आगे बोलते हुए उन्होंने कहा कि 'मुशर्रफ ने नीति में जो परिवर्तन किया है, उसमें पाकिस्तान की मिल्लत की कोई भूमिका नहीं है।' उन्होंने आगाह किया, 'यदि राजनीतिक दल अपनी ताकत को बनाए रखने के लिए चुप बैठे रहते हैं तो कश्मीर का पाकिस्तान तक पहुँचना बहुत मुश्किल हो जाएगा।' अफजल ने आगे कहा, 'भारत कश्मीरी जनता के बलिदान और दृढ़-निश्चय के बल पर बातचीत के मंच पर आया है। यह न तो मुशर्रफ का कोई करिश्मा है और न ही कोई कूटनीतिक

उपलब्धि।' उन्होंने आगे कहा, 'अगर हम मुजाहिदीनों की भूमिका को नजरअंदाज कर देते हैं तो भारत अपनी धूर्तता और झूठे दावों को अपना पवित्र कार्य मान बैठेगा।' संयुक्त नियंत्रण और कश्मीर का विभाजन जैसे विकल्प मुशर्रफ के मस्तिष्क की उपज हैं। ये विकल्प जितने अव्यावहारिक हैं उतने ही खतरनाक भी हैं…। जमात-ए-इसलामी से ही संबद्ध एक संगठन ने इसका श्रेय भारत की सफल नीति को इसलिए दिया, क्योंकि भारत ने अपनी स्थिति से बिलकुल भी हिले बिना पाकिस्तान को कश्मीर मामले पर अपने सिद्धांतपूर्ण दावे से हटाने का प्रबंध कर लिया है। 'नवाएवक्त' ने मुशर्रफ के कदमों की आलोचना करते हुए कहा, 'पाकिस्तान ऐसा कोई भी कदम—जो भारत के हित में हो, जो कश्मीर मामले को नीचे धकेल दे और 'कोर' (मुख्य) मुद्दे को 'कोढ़' में बदल दे—उठाने के लिए तैयार है…।'

कुछ प्रमुख टिप्पणीकार बहुत खफा दिखाई दिए, अयाज आमिर ने 'डॉन' में लिखा था—

> कश्मीर में लड़ाई के लिए जा रहे हो? बिलकुल नहीं। पहले बेवकूफी हुई, अब तो ऐसा कोई विकल्प ही नहीं रहा। लेकिन कश्मीर को इस तरह छोड़ देना तथा भारत की धुन पर नाचना, कश्मीरी जनता को उसकी हालत पर छोड़ देना और बदले में कुछ भी न हासिल करना—यह सब सियाचिन या बगलिहार बाँध विवादों को हल नहीं कर सकते। शांति स्थापित करने का यह रास्ता बिलकुल काल्पनिक है।
>
> क्रिकेट में हमने भारत को भले ही पीट दिया हो, लेकिन पाकिस्तान के अपने ही कदमों से कूटनीति के क्षेत्र में जो झटका उसे मिला है, वह क्रिकेट में जीत के मुकाबले बड़ी हार है। मुशर्रफ यह सुनने के लिए कि 'कश्मीर में फिर से सीमा-निर्धारण नहीं हो सकता है'—कतई दिल्ली जाने की जरूरत नहीं थी। वह भारतीय रेखा है, हमेशा रही है, मनमोहन सिंह के प्रधानमंत्री बनने के बहुत पहले से रही है।
>
> एक ओर जहाँ भारत को अपनी पसंद की स्थिति चुनने का मौका दिया गया है, वहाँ पाकिस्तानी नेताओं को भी कश्मीर में जनमत-संग्रह के संयुक्त राष्ट्र के प्रस्तावों पर अपनी बात न रखने के लिए बाध्य नहीं किया जाना चाहिए था। ऐसे में, जहाँ तक कश्मीर विवाद का सवाल है, जनमत/आत्मनिश्चय सिद्धांत का जो दाँव था, उसमें पाकिस्तान के पास खड़ा होने के लिए पाँव नहीं रह गया है।

लेकिन पाकिस्तान के सैनिक राष्ट्रपति का मशवरा है, 'यह कोठरी से बाहर निकलकर सोचने का समय है।' यह मशवरा अच्छा तो तब होता जब द्विपक्षीय प्रक्रिया के तहत पाकिस्तान ही नहीं बल्कि भारत भी ऐसा करने के लिए तैयार होता। लेकिन बजाय इसके, हम क्या देख रहे हैं? सैन्य नेतृत्व में पाकिस्तान सबकुछ कर रहा है; न केवल अपनी कोठरी के बाहर की सोच रहा है, बल्कि उछलकर कोठरी से बाहर ही आ गया है और कश्मीर नीति से लेकर अरब सागर के जल तक के मामले में भी अपना रुख बदल चुका है। लेकिन दूसरी ओर भारत अपनी कोठरी से ही चिपका बैठा है, अपनी जगह से एक सेंटीमीटर भी हिलने के लिए तैयार नहीं है।

मुशर्रफ स्वयं दिल्ली क्यों गए? सोमनाथ के कौन से दरवाजे वापस लाने की उम्मीद थी उन्हें? क्या मिला उन्हें? उन्हें मिला बस एक सबक—भारत की कूटनीति से। मनमोहन सिंह ने इस बारे में कि कश्मीर की भौगोलिक स्थिति बेसुधी में निश्चित की गई थी और सबसे ज्यादा जो उम्मीद की जानी है, वह 'छिद्रिल सीमाओं' के नए मंत्र से ही की जानी है—भारत की स्थिति पर दो-टूक बात भी नहीं की।

हमारे दृष्टिकोण से ये साक्ष्य काफी हैं। तो, क्या मुशर्रफ का दिल बदल गया है? क्या किसी आदमी के बदले हुए दिल पर विश्वास कर लेना बुद्धिमानी है?

नए मुशर्रफ

बताया जा रहा है कि दो बार हत्या के प्रयास से बचने—पहले कराची में सेना कमांडर पर और बाद में प्रधानमंत्री शौकत अजीज पर हुए हमले—के बाद मुशर्रफ 'एक बदले हुए इनसान हो गए हैं।' अब उन्हें लगता है कि वह भारत में फैलाए जा रहे आतंकवाद को संरक्षण नहीं दे सकते और पाकिस्तान के भीतर आंतरिक झटकों से नहीं बच सकते, इसीलिए वह भारत के साथ समायोजना करना चाहते हैं।

कारगिल युद्ध के पीछे जो विश्वासघात हमारे साथ किया गया है, उसे इतनी जल्दी हम अपने मन से कैसे निकाल सकते हैं? वह कोई ऐसा आक्रमण नहीं था, जो स्वयं हो गया था और न ही जोश में आकर अचानक किया गया आक्रमण था। वह एक सोची-समझी योजना थी। लंबे समय से ऐसी योजना बनाई जा रही थी। आक्रमण की यह योजना स्वयं मुशर्रफ ने तैयार की थी।

मुशर्रफ ने उस ऑपरेशन (कारगिल हमला) के बारे में दुःख प्रकट करते हुए कोई दूसरा विचार भी तो नहीं व्यक्त किया। उलटा अपने वेबसाइट[1] पर वह भारत को 'हमारा कपटी शत्रु' के रूप में दिखाते हैं और दावा करते हैं कि कारगिल ऑपरेशन 'भारत के लिए एक सबक और कश्मीर की वास्तविकता के बारे में दुनिया के लिए एक जागृति साबित हुआ।'

बदले हुए इनसान?

आइए देखें, अंतरराष्ट्रीय आपदा संगठन की 18 अप्रैल, 2005 को—लगभग उसी समय, जब हमें नए मुशर्रफ में विश्वास रखने के लिए कहा जा रहा था—जारी रिपोर्ट, 'द स्टेट ऑफ सेक्टेरियनिज्म इन पाकिस्तान' (The State of Sectarianism in Pakistan—पाकिस्तान में संप्रदायवाद की स्थिति)।[2]

'स्वयं को सिपह, जैश और लश्कर कहनेवाले धार्मिक लड़ाके सेना के साथ-साथ नहीं चल सकते'—यह एक सम्मेलन में बोलते हुए मुशर्रफ का वक्तव्य था। पाकिस्तान में हमारी सेना सिर्फ सिपह और लश्कर हैं। यह विरोधाभास! और सच्चाई?

> पाकिस्तान में सांप्रदायिक आतंकवादी धार्मिक असहिष्णुता का वातावरण तैयार कर रहे हैं, जिसके लिए वहाँ की सैनिक सरकार को दोषी ठहराया जाना चाहिए। जनरल मुशर्रफ ने बार-बार अपनी वचनबद्धता दोहराई है कि वह धार्मिक उग्रवाद और संप्रदायवाद को मिटाकर पाकिस्तान को एक उदारवादी राज्य में बदलेंगे। सत्ता की खातिर उन्होंने इसके विपरीत ही काम किए हैं…। उदारवादी, लोकतांत्रिक आवाजों को सशक्त बनाने की बजाय सरकार ने धार्मिक अधिकार का विकल्प चुना है और नागरिक विरोधों का मुकाबला करने के लिए वह इसी पर कायम है…।

निष्कर्ष के रूप में रिपोर्ट में लिखा गया था—'सांप्रदायिक अलगाववादियों से निपटने के लिए पहले जो छिटपुट प्रयास भी किए गए थे—जैसे सन् 1995 में बेनजीर भुट्टो द्वारा और 1997 तथा 1998 में नवाज शरीफ द्वारा—वे भी मुशर्रफ की

---

1. http://www.presidentofpakistan.gov.pk
2. अंतरराष्ट्रीय आपदा संगठन एशिया रिपोर्ट, 'द स्टेट ऑफ सेक्टेरियनिज्म इन पाकिस्तान', नवंबर 1995, 18 अप्रैल, 2005, www.crisisgroup.org.

वर्तमान नीतियों की अपेक्षा अधिक व्यापक थे।' रिपोर्ट में आगे लिखा था, 'राष्ट्रपति मुशर्रफ के सुधार एजेंडे में धार्मिक उग्रवाद और संप्रदायवाद को मिटाया जाना शामिल है; उन्होंने पाकिस्तान को एक उदारवादी मुसलिम राष्ट्र में बदलकर जिया-उल-हक की शासन नीति को समाप्त करने का वादा किया है। इसके बावजूद पिछले पाँच वर्षों में उनके द्वारा किए गए कार्य जनरल जिया के कार्यों से अलग नहीं हैं। मुशर्रफ के शासनकाल में सत्ता कायम रखने के लिए धार्मिक औचित्य पर उनकी निर्भरता के कारण इसलामिक उग्रवाद लगातार बढ़ रहा है। अत्यधिक उतार-चढ़ाववाले पाकिस्तान के इतिहास में मुल्ला कभी भी इतने शक्तिशाली नहीं रहे हैं जितने वे आज हो गए हैं—आज चार में से दो प्रांतीय सरकारों पर उनका नियंत्रण है और साथ-ही-साथ नेशनल असेंबली में अपनी उपस्थिति के माध्यम से वे राष्ट्रीय राजनीति पर भी अपना प्रभाव बनाए हुए हैं।'

इतना सब होते हुए भी, 'जिया-उल-हक द्वारा किए गए इसलामीकरण उपाय और धार्मिक उग्रवाद तथा सांप्रदायिक संघर्ष का प्राथमिक स्रोत भी पूरी तरह अनछुआ रह गया है। जनरल जिया के शासनकाल की तरह ही आज भी मदरसों को बड़ी मात्रा में सार्वजनिक आर्थिक सहायता मिल रही है। उस समय मदरसों को अफगानिस्तान के लिए जिहादी तैयार करने के लिए पुरस्कृत किया गया था तो आज, कम-से-कम दिखाने के लिए ही, उन्हें जिहाद छोड़ देने के लिए प्रोत्साहन दिया जा रहा है।' यहाँ 'दिखाने के लिए' वाक्यांश गौर फरमाने लायक है; क्योंकि रिपोर्ट में इसपर विस्तार से लिखा हुआ है कि न तो मदरसों और न ही आतंकवादी संगठनों को किसी तरह से असुविधा देने या उन्हें कमजोर बनाने के लिए कुछ किया गया है। रिपोर्ट में लिखा है, 'सन् 2007 तक राष्ट्रपति और सेना प्रमुख—दोनों पदों पर बने रहने के लिए अपने निर्णय को उचित ठहराते हुए मुशर्रफ ने कहा था, 'उग्रवाद के आंतरिक स्रोतों से निपटने और इस गलत धारणा कि हम असहिष्णु समाज के लड़ाका हैं, को दूर करने के लिए पाकिस्तान को एकता की आवश्यकता है।' उनका सुधारवादी राग बिलकुल वैसा ही है जैसे कुल मौजूद सुरक्षा उपायों में से कुछ को दबा देने की सेना की प्राथमिकताएँ।

जी हाँ, मुशर्रफ द्वारा दिखावे के लिए प्रतिबंधों की घोषणा की गई थी। लेकिन सच्चाई?

> प्रतिबंधित संगठनों के कार्यालय सील तो कर दिए गए हैं, लेकिन उनमें से अधिकांश या तो दोबारा खुल गए हैं या फिर उन्हें दूसरी जगह स्थानांतरित

कर दिया गया है। निस्संदेह, इन कार्यालयों के दोबारा खुल जाने से संप्रदायवादी संगठनों में अलगाववादी संघर्ष तेज हो गए हैं। प्रतिबंधित आतंकवादी संगठनों का ढाँचा और आतंकवादी हमलों की उनकी क्षमता अक्षुण्ण बनी हुई है, जो सन् 2004 के दौरान सांप्रदायिक हमलों से स्पष्ट हो जाता है…।

बेनजीर के समय में मदरसों के और अधिक पंजीकरण पर रोक लगा दी गई थी। मुशर्रफ ने एक बार फिर उनके पंजीकरण की अनुमति दे दी—इससे उन्हें (मदरसों को) देश से अनुदान प्राप्त करने का मौका मिल गया है। इतना ही नहीं, उनके द्वारा दी गई अंतिम उपाधियाँ विश्वविद्यालय की उपाधियों के समतुल्य हो गई हैं। मदरसों पर जिस तरह धन बहाया जा रहा है, उससे 'इनकी संख्या तेजी से बढ़ेगी'—आपदा संगठन ने सचेत किया है। इससे मुशर्रफ अपने दो अन्य मकसद पूरा करना चाहते हैं। इस संबंध में रिपोर्ट में लिखा है—

> मदरसों को मुख्यधारा से जोड़ने संबंधी याचिका पर रोक लगाने से सरकार को अपने चुनिंदा मदरसों को वित्त-पोषित करने का मौका मिल गया है। इस प्रक्रिया से पाँचों संप्रदायों के पुरोहित वर्गों के मध्य संसाधनों को लेकर प्रतिस्पर्धा और बढ़ेगी।

और उनके बीच यह प्रतिस्पर्धा मुशर्रफ व सेना के लिए मदरसों की उपयोगिता को अधिकतम करेगी। रिपोर्ट में स्पष्ट किया गया है कि किस प्रकार उनकी सरकार द्वारा स्थापित आयोगों की अनुशंसाओं को स्वयं मुशर्रफ ने ही नजरअंदाज कर दिया है। पक्षपातपूर्ण कानूनों में कुछ सुधार किए गए हैं—वह भी सिर्फ अंतरराष्ट्रीय समुदाय को धोखा देने के लिए; क्योंकि स्त्रियों के संदर्भ में जो सुधार किए हैं, वे पूरी तरह 'सतही' हैं; और एक विशेष विधेयक के संदर्भ में नेशनल असेंबली में विपक्ष के एक सदस्य के अनुसार, 'अंतरराष्ट्रीय अनुदानकर्ताओं को खुश करने के अपने प्रयासों में सरकार ने इस बिल में 'धर्मनिंदा', 'जिना' (अपराध) और 'आदरपूर्ण' आदि शब्दों का प्रयोग किया है; जबकि (वास्तव में) ऐसा कोई कदम नहीं उठाया गया है।'

अंतरराष्ट्रीय आपदा संगठन के अनुसार, यद्यपि राष्ट्रपति मुशर्रफ 'प्रबुद्ध उदारता' की बात अकसर करते रहे हैं, लेकिन उनकी सरकार ने अभी तक नफरत फैलानेवाले भाषणों पर प्रतिबंध लगाने संबंधी कोई कानून नहीं लागू किया है।

इसके विपरीत, जिहादी मीडिया को कार्य करने की छूट दे दी गई है। नफरत जगानेवाले ऑडियो, वीडियो टेप, पुस्तकें और पैंफलेट प्रतिबंधित आतंकवादी संगठनों के पास मुफ्त में उपलब्ध हैं…।' रिपोर्ट में लिखा है, 'विपक्ष के एक वरिष्ठ राजनीतिज्ञ और सांसद जावेद हाशमी को सशस्त्र बलों पर आलोचनात्मक टिप्पणी करने के लिए जेल में डालकर रखा गया है, जबकि प्रतिबंधित लश्कर-ए-तैयबा के प्रमुख हाफिज सईद सार्वजनिक रैलियों में जिहाद पर लगातार भाषण दे रहे हैं। लाहौर में कादिसिया मसजिद में अपने नियमित तकरीर के दौरान एक बार उन्होंने कहा था, 'हम आघातों से डरनेवाले नहीं हैं। जिहाद को दुनिया भर में फैलने से कोई नहीं रोक सकता।'

पूरा विवरण पढ़ने के बाद एक बात स्पष्ट हो जाती है—इसके पीछे मुशर्रफ का एक मकसद है। मुशर्रफ का यह मकसद भी बिलकुल वैसा ही है जैसा उनसे पूर्व के अन्य सैनिक शासकों का रहा है—धार्मिक कट्टरवादियों को संरक्षण देना और उनसे जुड़ना। मुशर्रफ उन्हें धन बाँटते हैं और सत्ता में भी उन्हें स्थान देते हैं; बदले में वे मुशर्रफ को नागरिक विरोधों से निपटने में मदद देते हैं और साथ-ही-साथ पाकिस्तान से बाहर जिहाद के लिए साधन उपलब्ध कराते हैं।

रिपोर्ट में जो कुछ लिखा है, वह उन लोगों के लिए स्पष्ट चेतावनी है, जो 'नया दिल' में विश्वास करना चाहते हैं।

अंतरराष्ट्रीय आपदा संगठन ने अपने सिंहावलोकन के बाद आगे लिखा है—

> पाकिस्तान में सांप्रदायिक संघर्ष देश के इसलामीकरण और धर्मनिरपेक्ष लोकतांत्रिक शक्तियों की उपेक्षा की नीतियों का ही परिणाम है। सैनिक सरकारों द्वारा सह-विकल्प अपनाने और धार्मिक दलों को संरक्षण देने से पाकिस्तान आज ऐसी स्थिति में पहुँच गया है, जहाँ धार्मिक कट्टरवाद से देश और समाज की नींव तक के नष्ट हो जाने का खतरा बना हुआ है। चूँकि आतंकवाद के खिलाफ लड़ाई में राष्ट्रपति परवेज मुशर्रफ की भूमिका की प्रशंसा की गई है, इसलिए उनके अपने ही देश में सांप्रदायिक आतंकवाद की बुराई लगातार बढ़ रही है।
>
> …लोकतांत्रिक शक्तियों को किसी भी भूमिका से वंचित करते हुए और राज्य की नीतियों की जरूरत को नजरअंदाज करते हुए—जिससे निस्संदेह देश की धार्मिक विभिन्नता प्रकट होती है—सरकार ने धार्मिक कट्टरवादी और जिहादी संगठनों तथा मदरसों को छूट प्रदान कर दी है, जिससे उन्हें फूलने-

फलने के लिए असीमित भरती करने का मौका मिल रहा है। सरकार अपनी संवेदनशील न्याय प्रणाली को सुरक्षा प्रदान करने और अपने नियम-कार्यान्वयन अभिकरणों को सांप्रदायिक आतंकवाद समाप्त करने के लिए आवश्यक संसाधन उपलब्ध करा पाने में असफल हो गई है।

···राज्य द्वारा इसलाम का राजनीतिक उपयोग विभिन्न शिया और सुन्नी संप्रदायों के भीतर सरकारी संरक्षण के लिए आक्रामक प्रतिस्पर्धा को बढ़ावा देता है, जिसमें प्रमुख संप्रदायों और उपसंप्रदायों द्वारा अपनी स्वयं की राजनीतिक पार्टी स्थापित करना, जिहादी लड़कों की संख्या बढ़ाना, मदरसा नेटवर्कों को व्यापक बनाना सरकार का एक हिस्सा बन गया है। अन्य सभी पाकिस्तानी सैनिक सरकारों की तरह ही मुशर्रफ की सरकार ने भी धर्मनिरपेक्ष और लोकतांत्रिक शक्तियों को कमजोर किया है।

लड़ाका संगठनों के खिलाफ प्रशासनिक और न्यायिक कारवाई आतंक के व्यापक ढाँचे को उखाड़ फेंकने में असमर्थ रही है। सभी उग्रवादी संगठन नए बैनर तले चल रहे हैं, यद्यपि उनके पुराने नाम भी इस्तेमाल में हैं। जिहादी मीडिया फूल-फल रहा है और उग्रवादी सुन्नी संगठनों के महत्त्वपूर्ण नेता अपनी जिहादी विचारधारा का प्रचार करने के लिए स्वतंत्र हैं। प्रतिबंधित आतंकवादी संगठन, जैसे—लश्कर-ए-तैयबा, सिपह-ए-सहाबा और जैश-ए-मुहम्मद कानून की पहुँच से अलग रहकर काम करते हुए दिखाई दे रहे हैं। उन्हें अपनी उग्रवादी विचारधारा का प्रचार करने के लिए नया मौका मिल गया है, क्योंकि जिहाद के प्रमुख संरक्षक—जामियात उलेमा-ए-इसलाम और जमात-ए-इसलामी—को मुशर्रफ के राजनीतिक ढाँचे में प्रमुख और शक्तिशाली भूमिका मिल गई है।

और भी—

दिखाने भर के लिए कुछ 'सुधारे गए' मदरसों के अलावा परिवर्तन का अन्य कोई चिह्न नहीं दिखाई दे रहा है। मुल्लाओं की राजनीतिक उपयोगिता के कारण—पाठ्यक्रमों में परिवर्तन से लेकर पंजीकरण के नए कानून तक—सभी प्रस्तावित उपाय मुत्ताहिदा मजलिस-ए-अमल और उसके सहायक मदरसों के विरोध के कारण स्थगित कर दिए गए हैं। मुल्लाओं को मिलनेवाले आर्थिक और राजनीतिक प्रोत्साहन से उनके प्रभाव अधिक बढ़ गए हैं। धार्मिक उग्रवाद

की ओर सरकार की पहुँच जनजातीय क्षेत्रों में उग्रवादियों के साथ किए गए सौदे के द्वारा काफी बढ़ गई है। यह सौदा जामियात उलेमा-ए-इसलाम की मध्यस्थता से आतंकी सरगनाओं को रिश्वत देने के बाद तय किया गया है···।

रिपोर्ट से एक मूलभूत तर्क सामने आता है—

राष्ट्रपति मुशर्रफ की न्यायपूर्णता की कमी से सेना को संरक्षण की राजनीति पर आधारित धार्मिक अधिकार के साथ सुविधाजनक गठजोड़ पर निर्भर रहने के लिए मजबूर होना पड़ा। अंतरराष्ट्रीय समर्थन के अभाव में उदारवादी, धर्मनिरपेक्ष और लोकतांत्रिक दल राजनीतिक रूप से प्रभावहीन बने रहेंगे। पाकिस्तान जिस विकल्प का सामना कर रहा है, वह सेना और मुल्लाओं के मध्य का विकल्प नहीं है, जैसा पश्चिम में सामान्यतया माना जा रहा है; यह वास्तविक लोकतंत्र और एक सेना-मुल्ला गठबंधन के मध्य है, जो कई तरह के धार्मिक उग्रवाद को उत्पन्न करने और उन्हें बनाए रखने के लिए जिम्मेदार है।

नए मुशर्रफ? 'नया दिल' वाले मुशर्रफ?

किसी भी मामले में हमें कितनी बार यह याद दिलानी होगी कि बात पाकिस्तान के इस शासक या उस शासक की नहीं है। पहले हम सारा दोष जिन्ना की दुष्टतापूर्ण चाल को देते थे। उसके बाद यह सारा दोष लियाकत अली की दुश्मनी की भावना पर मढ़ा जाने लगा। फिर सुहरावर्दी के विलक्षण रोग-विज्ञान (पैथोलॉजी) पर; उसके बाद भुट्टो की सहज अविश्वसनीयता पर; फिर जिया के अंतर्निहित विश्वासघात पर; उसके बाद बेनजीर के दौरों (मिरगी के) पर; और फिर स्वयं को एक मोहाजिर से बड़ा साबित करने की मुशर्रफ की जरूरत पर सारा दोष मढ़ने लगे हैं।

पाकिस्तान की राजकीय और सामाजिक प्रकृति

पहली सच्चाई, जो मन में रखी जानी चाहिए, वह है—पाकिस्तान राज्य। पाकिस्तान में सत्ता व्यक्तियों और संस्थाओं के हाथ में रहती है—सेना, आई.एस.आई. और इस तरह की अन्य एजेंसियाँ—जिनकी ताकत और अहमियत भारत के साथ शत्रुता पर निर्भर करती है। अभी तक इसका कोई भी लक्षण नहीं दिखाई पड़ा है कि सत्ता उनके हाथ से पूरी तरह खिसक गई है। उन्हें थोड़ी सी भी मुश्किल का सामना नहीं

करना पड़ा है। इसके विपरीत, भारत पर हरेक 'कामयाब' हमले से उनकी ताकत में वृद्धि ही हुई है। इससे संबंधित एक तथ्य को हमें मन में रखना चाहिए—सेना का आंतरिक जाल और गुप्तचर एजेंसियाँ इसलाम-पसंद संगठनों तथा पार्टियों को संरक्षण देती हैं, जिसकी शुरुआत वे आर्थिक सहायता से करती हैं। याद करें, आई.एस.आई. के भूतपूर्व प्रमुख हामिद गुल एवं असद दुर्रानी और मिर्जा असलम बेग जैसे भूतपूर्व सेना प्रमुखों की खुली स्वीकृति, जिसमें उन्होंने खुलेआम स्वीकार किया था कि उन्होंने चुनावों के दौरान गैर-धार्मिक दलों को हराने के लिए धार्मिक दलों को पैसे दिए थे। उसके बाद उन्हें गैर-लड़ाका दलों पर प्रतिबंध के दौरान भी कार्य करने की स्वतंत्रता प्रदान की गई; और फिर सरकार तथा शैक्षिक संस्थाओं में उन्हें स्थान दिया गया; इससे भी अधिक अहम बात—उन्हें 'विदेशी सहायता' में हिस्सा दिया गया, उदाहरण के लिए, तालिबान के निर्माण में अमेरिकियों द्वारा दी गई सहायता में। मुशर्रफ द्वारा दी जानेवाली सहायता और उनके साथ किए गए गठजोड़ के कारण ही आज इसलामिक पार्टियाँ चार में से दो प्रांतों—उत्तर-पश्चिम सीमा प्रांत और बलूचिस्तान—में सत्ता पर काबिज हैं, जहाँ हर लाभदायी मंत्रालयों पर उनका पूरा नियंत्रण है; इसके अलावा संघीय स्तर पर भी उन्हें शासन में भागीदारी दी गई है। बदले में उलेमा अपने नियंत्रण की राजनीतिक पार्टियों और संगठनों तथा मदरसा-मसजिद नेटवर्क के माध्यम से हर सैनिक शासन को वैधता देते हैं; सैनिक शासकों द्वारा शुरू की गई हर लड़ाई अथवा अभियान को न्यायोचित करार देते हैं; कश्मीर, अफगानिस्तान में जिहाद के लिए साधन उपलब्ध कराते हैं; सेना के गैर-सैनिक विरोधियों को मजदूर बनाकर उनसे काम करवाते हैं। ये गैर-सैनिक विरोधी वे ही हैं, जिन्होंने सन् 1977 में जुल्फिकार अली भुट्टो की सरकार के खिलाफ हिंसा और नुक्कड़ सभाएँ की थीं, जिन्होंने 1989 में बेनजीर भुट्टो की सरकार को हटाने का अभियान चलाया था, जिन्होंने 1999 में मुशर्रफ के तख्तापलट को वैध करार देने के लिए कठिन परिश्रम किया था। ऐसा नहीं है कि इन अभियानों से सेना को ही लाभ पहुँचा, अभियान सेना की ओर से चलाए गए थे और सेना तथा एजेंसियों द्वारा लगाए गए संसाधनों के बल पर वे आगे बढ़े। और निस्संदेह, धार्मिक नेता तथा संगठन भारत के खिलाफ जज्बात जगानेवाले प्रमुख माध्यमों में से थे।[1]

1. विस्तृत अध्ययन के लिए देखें, अंतरराष्ट्रीय आपदा संगठन की एशिया रिपोर्ट 'पाकिस्तान : द मुल्लाज एंड द मिलिट्री', रिपोर्ट सं. 49, 20 मार्च, 2003, इसलामाबाद/ब्रुसेल्स, www.crisisweb.org.

ऐसा भी नहीं है कि पाकिस्तान की यह राजकीय स्थिति हवा में तैर रही है। इसका बाकायदा आधार तैयार किया गया है, जिस पर पाकिस्तानी समाज को टिकाया गया है। आम जनता का इस हद तक तालिबानीकरण किया गया है कि एक स्वतंत्र व्यक्ति या भारत, अमेरिका, यूरोप जैसा कोई स्वतंत्र समाज उसकी कल्पना तक नहीं कर सकता—ठीक उसी तरह जैसे हम पाकिस्तान में आई.एस.आई. और सेना द्वारा उत्पन्न की गई भयावहता की कल्पना नहीं कर सकते। अंतरराष्ट्रीय आपदा संगठन ने मौलाना और मदरसों की संख्या में होनेवाली तीव्र वृद्धि का आँकड़ा प्रस्तुत किया है—'सन् 1995 तक पाकिस्तान में सर्वश्रेष्ठ मदरसा प्रमाण-पत्र धारक 20,000 मौलाना और 40,000 स्थानीय धार्मिक विद्वान् थे। सन् 1989 से 30,000 से अधिक विद्यार्थी अकेले देवबंदी वक्फ द्वारा आयोजित अंतिम परीक्षाओं में भाग ले चुके हैं। सन् 1989 से लगभग 25 लाख लोगों ने हिफ्ज (कुरान को कंठस्थ करने) की परीक्षा पास की है···।' संगठन के अनुसार, सन् 1950 में बलूचिस्तान में सिर्फ 7 मदरसे थे, जबकि 2003 में वहाँ मदरसों की संख्या 1045 हो गई थी। 1950 तक कराची में मदरसों की संख्या केवल 4 थी, जो अब बढ़कर 979 हो गई है···। मुशर्रफ के मंत्रिमंडल में धार्मिक मामलों के मंत्री एजाजुल हक का कहना है कि आज मदरसे 10 लाख विद्यार्थियों को धार्मिक शिक्षा प्रदान कर रहे हैं।[1] और यह तो हम जान ही चुके हैं कि इन मदरसों और गैर-धार्मिक सरकारी स्कूलों में बच्चों के दिल और दिमाग में क्या कुछ भरा जा रहा है। यह सबकुछ इसलामीकरण तक ही सीमित भी नहीं है।

पाकिस्तान अभी तक 'भारत नहीं' के अलावा ज्यादा कुछ सोचने में समर्थ नहीं है; इसके अलावा अगर वह कुछ जानता है तो बस यही कि वह एक ऐसा देश है, जिसका मकसद है—भारत को मिटाना। इसमें इसलामीकरण द्वारा यह आरोप और जोड़ दिया गया है कि भारत के खिलाफ शत्रुता धार्मिक दृष्टि से जायज है; धार्मिक दृष्टि से पाकिस्तान का मकसद है विभाजन की गलती को मिटाना और उपमहाद्वीप को जीतकर उसे इसलाम के हवाले करना। सन् 1971, कारगिल तथा अन्य लड़ाइयों के बावजूद पाकिस्तान पर राज करनेवालों को यही विश्वास रहा है कि वे भारत को तोड़ सकते हैं; अगर वे भारत को तोड़ नहीं सकते तो कम-से-कम उसका इतना खून बहा सकते हैं कि धीरे-धीरे वह समाप्त हो जाए; और अगर वे भारत के समाप्त होने की हद तक उसका खून नहीं भी बहा

1. समीना अहमद, 'जगलिंग फीगर्स, इग्नोरिंग फैक्ट्स', http://www.crisisgroup.org.

सकते तो कम-से-कम उसे इस हालत में जरूर पहुँचा सकते हैं कि वह पाकिस्तान जैसा हो जाए।[1]

सचमुच, जहाँ तक उनकी सोच की बात है, पाकिस्तान ने पच्चीस वर्षों तक भारत के खिलाफ कुशल रणनीतिक आक्रामकता दिखाई—बहुत कम खर्च करके उसने भारतीय सेना के एक बड़े हिस्से को उलझाकर रखा है। उसने भारत में व्यापक पैमाने पर हिंसा फैलाई है और ऐसी हिंसा, जिससे भारत की राष्ट्रीय अखंडता को आघात पहुँचा है, जिससे हजारों-लाखों लोगों की मौत हुई है; फिर भी भारत की ओर से पाकिस्तान पर कोई प्रतिशोधात्मक आक्रामकता नहीं दिखाई गई।

इस बात पर भी ध्यान दिया जाना चाहिए कि पाकिस्तान ने जितनी मुश्किलें उपस्थित की हैं उतने ही अवसर भी दिए हैं—शीतयुद्ध के दौरान सोवियत संघ के बारे में अमेरिकी चिंताओं से लेकर चीन के साथ अमेरिकी संपर्क को सुगम बनाने में पाकिस्तान की भूमिका के कारण उपस्थित अवसर तक और उस स्थिति तक, जिससे अंततः तालिबान का पतन हुआ, पाकिस्तान से कोई-न-कोई लाभ जरूर निकला है। इसलामिक विश्व के लिए पाकिस्तान ने स्वयं को एक रसायनशास्त्री के रूप में प्रस्तुत किया है—रसायनशास्त्री से यहाँ तात्पर्य एक ऐसा देश, जिसके पास मुसलिम देशों के धन को वास्तविक शक्ति में परिवर्तित करने का दिमाग है। अमेरिकियों—और उसी तरह चीनियों—के लिए भी इसने स्वयं को एक ऐसे देश के रूप में प्रस्तुत किया है, जो इसलामिक विश्व तक उनकी पहुँच को आसान बना सकता है।

यह भी निश्चित रूप से नहीं बताया जा सकता कि अफगानिस्तान की स्थिति किस तरह सामान्य होगी। काबुल में सरकार अभी तक पूरी तरह अमेरिकी नियंत्रण में है। अमेरिकी कब तक इसी तरह चलते रहेंगे? इस दृश्य का दूसरा पहलू यह है कि अमेरिका की तर्ज पर ही भारत ने भी उत्तरी गठबंधन से अपना नाता पूरी

---

1. भारत-पाकिस्तान के बीच हुई चारों लड़ाइयों के बारे में लिखते हुए अल्ताफ गौहर ने 'द नेशन' में लिखा था, 'मुख्य बिंदु यह है कि ये सभी सैनिक अभियान एक ही धारणा के आधार पर चलाए गए थे कि भारतीय इतने डरपोक और कुसंगठित हैं कि वे कोई भी जोरदार सैनिक प्रतिक्रिया नहीं कर सकते, जिससे पाकिस्तान के लिए खतरा उत्पन्न हो। अयूब खान का विश्वास था कि हिंदुओं का मनोबल इतना ऊँचा नहीं है कि वे ठीक समय पर और ठीक स्थान पर किए गए दो प्रहार भी सह सकें···।' अल्ताफ गौहर, 'फोर वार्स, वन असंप्शन', http://www.pakistanlink.com/opinion/99/सितंबर/10/01/html

तरह तोड़ लिया है। और ईरान ने भी—शायद आई.ए.ई.ए. की घोषणाओं और वाशिंगटन से जारी अनिष्टसूचक वक्तव्यों में मशगूल होने के कारण—हेरात में इसमाइल खान और अन्य लोगों को छोड़ दिया है। रूस भी कमोबेश इस परिदृश्य से हट चुका है—सिवाय इसके कि उसे यह एहसास करा दिए जाने पर भी कि यहाँ उसकी अपनी ही सुरक्षा के लिए कितनी मुश्किलें हैं, वह अब अपनी उपस्थिति को पुन: दर्ज कराने की कोशिश कर रहा है। उदाहरण के लिए, 'दुशांबे समझौता' को ही लें, जिसके अनुसार 5,000 सैनिकों का एक स्थायी अड्डा स्थापित करने की अनुमति है; और उसका मध्य एशिया सहयोग संगठन (CACO) में शामिल होने का निर्णय देखें। उसके इन बढ़ते कदमों से उसकी पुरानी मुश्किलें फिर से उपस्थित हो सकती हैं। थोड़े से शब्दों में बात की जाए तो रूस, ईरान और भारत—सभी ने अफगानिस्तान का मामला पूरी तरह से अमेरिका को सौंप दिया है और अमेरिका बहुत हद तक पाकिस्तान पर निर्भर है। अलग-अलग कई दिशाओं में आगे बढ़ चुका अमेरिका क्या अफगानिस्तानी रणनीतिक प्रबंध पाकिस्तान को वापस कर पाएगा? एक 'उदारवादी तालिबान', जैश-उल-मुसलिम को अफगानिस्तान की सरकार में साझीदार बना पाएगा? क्या पाकिस्तान को फिर से अफगानिस्तान पर अपना प्रभाव स्थापित करना चाहिए? क्या वह एक बार फिर अपनी संतानों का, भारत के प्रति कट्टरवादियों की विदेशी भावना को जगाने के लिए, दिशा-निर्देशन करेगा?

हमें यह बात भी नहीं भूलनी चाहिए कि पाकिस्तान भारत के भीतर अपने एजेंटों और विध्वंसकों का एक व्यापक नेटवर्क स्थापित करने में समर्थ रहा है। ऐसे तथ्यों—जैसे दो वर्षों, सन् 2002 और 2003, में भारतीय गुप्तचर एजेंसियों ने 161 आई.एस.आई. मापदंडों को ध्वस्त किया—पर प्रसन्नता जाहिर करते हैं। सचमुच यह एक बड़ी संख्या है; लेकिन हर बार जब भी हम यह घोषणा करते हैं—'161 आई.एस.आई. सेल ध्वस्त'—तो हमें यह बात भी निश्चित रूप से माननी पड़ती है कि पाकिस्तान इन्हें इतनी संख्या में स्थापित करने में किस तरह कामयाब रहा है। भारत के लिए यह तथ्य भी कम अनिष्टसूचक नहीं है कि देश का मुश्किल से कोई हिस्सा ऐसा बचा होगा, जहाँ से इन मापदंडों का पता न लगा हो। अगर देखा जाए तो ये 161 मापदंड उन कुल मापदंडों का मात्र एक छोटा सा हिस्सा हैं, जो पाकिस्तान पूरे भारत में स्थापित कर सकने की क्षमता रखता है। मुशर्रफ ने इतने व्यापक नेटवर्क में से कुछ कड़ियाँ निकालने की बात की या निकाल ही लीं तो उससे क्या हो जाता है?

क्षमता की बात तो अपनी जगह है, अगर मुशर्रफ के जुमले का इस्तेमाल किया जाए तो इरादा तो छोटी सी खबर पर ही बदल सकता है। विकल्पों पर नजर डालें। पाकिस्तान को एहसास हो गया कि वह कश्मीर को लड़ाई के बल पर नहीं जीत सकता है। इसीलिए उसने परोक्ष युद्ध शुरू किया—घाटी में अपने आतंकवादियों, अपने राजनीतिक एजेंटों के माध्यम से। जहाँ तक पाकिस्तान के दृष्टिकोण की बात है, वह इसमें कामयाब भी रहा है। भारत यह मानने को तैयार हो पाया है कि कश्मीर एक विवाद है; वह यह भी मानने को तैयार हो गया है कि इस विवाद में पाकिस्तान दूसरा पक्ष है; भारत यह मान चुका है कि अगर वह इस विवाद को सुलझाना चाहता है तो उसे पाकिस्तान के साथ समझौता वार्त्ता करनी होगी। अब अंतरराष्ट्रीय स्थिति आज जैसी बन गई है, उसमें पाकिस्तान अपनी इस रणनीति का इस्तेमाल पूरी ताकत से नहीं कर सकता; वह भारत के भीतर पूरे देश में अपने आतंकवादी नहीं भेज सकता। तो ऐसे में वह अपने इस मकसद के लिए—कश्मीर को पाकिस्तान में मिलाने के लिए—इस चार चरणीय रणनीति का सहारा क्यों नहीं ले सकता?

- भारत को आधे कश्मीर में 'सरल'—या इससे भी बेहतर—'खुली' सीमाओं के लिए राजी किया जाए।
- जब भारत 'खुली' सीमाओं की बात पर पूरी तरह कायम हो जाए तो 'स्वायत्तता' की माँग करते हुए इंतिफदा की तरह का आंदोलन छेड़ दिया जाए।
- और फिर पूरे क्षेत्र पर इसलाम का कब्जा करवा दिया जाए; बस मकसद पूरा। पूरी घाटी पहले ही हिंदुओं से खाली करा दी गई है; वहाँ इसलामिक नेटवर्क भी बुरी तरह से फैलाया जा चुका है। ऐसे में कश्मीर के नागरिक समाज में ऐसा कुछ भी नहीं है, जो इस रास्ते में रोड़ा बन सके।
- और यह प्रक्रिया भी ठीक ही चल रही है—शांति वार्त्ता जारी रहे और किसी भी दूसरे फॉर्मूले की बात आए तो उसका आरोप सीधा भारत पर मढ़ा जाना निश्चित हो। बिलकुल जिन्नावाली युक्ति! उन्होंने भी यह सुनिश्चित कर दिया था कि कोई भी नया फॉर्मूला निकालने का आरोप सीधा कांग्रेस पर ही आए; और हर नए प्रस्ताव के लिए उन्हें पंडितजी का यह कथन सामने लाना था—'स्थायी रूप से नकारात्मक उत्तर।' तब तक उनकी पाकिस्तान की माँग साकार हो गई। यदि कहें, मुशर्रफ ने कितने नपे-तुले और स्थिर शब्दों में कहा था कि समाधान होना चाहिए। उन्होंने कहा था, आप कहते हैं कि सीमाओं को बदला नहीं जा सकता; हम कहते हैं कि एक समस्या—

यानी नियंत्रण रेखा—कभी हल नहीं बन सकती; तीसरी बात, लड़ाई कोई विकल्प नहीं है।

ऐसे में, क्या वह चार चरणीय युक्ति थोड़ी भी उपयुक्त बैठती है? वह युक्ति पूरी तरह से इन नपे-तुले स्थिर शब्दों में ही नहीं आती है; पाकिस्तान हर बार यह दावा करने में सक्षम हो जाएगा कि अमुक कदम तो सिर्फ 'कश्मीर की जनता की इच्छाओं' को व्यक्त करता है।

लेकिन क्या अमेरिका ऐसा होने देगा?

कुछ लोग पूछते हैं, 'लेकिन क्या अमेरिका ऐसा होने देगा?' सचमुच, जैसा कि हमने देखा, भारत के संदर्भ में अमेरिका के मापदंड में बदलाव आया है। लेकिन यह बदलाव अमेरिका के लिए इतने उपयोगी देश, पाकिस्तान पर तत्काल नियंत्रण या रोक के रूप में सामने आएगा? क्या इंतिफदा की तरह के आंदोलन के दौरान यह दावा कि 'हर कदम सिर्फ कश्मीर की जनता की इच्छाओं को व्यक्त करता है'—पाकिस्तान के समर्थकों को यह तर्क उपस्थित करने का आधार नहीं प्रदान करेगा कि जो कुछ भी हो रहा है, वह लोकतंत्र की प्रक्रिया को आगे बढ़ाने की अमेरिका की योजना को आगे बढ़ाता है? आखिर अमेरिकियों को कितनी बार यह साबित करना होगा कि वे भारत को 'दीर्घावधि में' जो भी महत्त्व दे सकते हैं, वे—जैसा कि हम चाऊ एन-लाई के साथ हुई किसिंगर की बातचीत में जल्दी ही देखेंगे—रुकनेवाले नहीं हैं—

- उनका हित, हमारा नहीं।
- उनके तात्कालिक हित से—जैसा कि वे समझते हैं, न कि हमारे तर्कों के अनुसार।
- उनके तात्कालिक हित से—जैसा कि उनमें से आधा दर्जन समझते हैं—इराक के भीतर उनका हस्तक्षेप देखें।
- उनके तात्कालिक हित से—जैसा कि वे ही आधा दर्जन ऐन मौके पर समझते हैं—वे अपना नजरिया कल तक बदल भी सकते हैं, लेकिन तब तक कारवाई शुरू हो चुकी होगी या कदम उठ चुका होगा—ऐसा कदम, जिससे वैकल्पिक रास्ता कम ही बचेगा।

अमेरिका के सामने जो तात्कालिक समस्याएँ हैं, वे हैं—इराक का प्रबंध

करना, अफगानिस्तान का प्रबंध करना और कुछ महत्त्वपूर्ण इसलामिक आतंकवादियों को पकड़ना या उन्हें मार गिराना। इस मकसद के लिए वह पाकिस्तान का सहयोग अपरिहार्य समझता है। अंततः क्या पाकिस्तान केवल अपनी पी.आर. (P.R.) मशीनरी की कुशलता के द्वारा ही अपनी अधिक-से-अधिक संख्या में आतंकवादी पैदा करने की गतिविधियों की ओर से ध्यान हटा सका है? क्या ऐसा नहीं है कि अमेरिका आदि देश पाकिस्तानी अस्वीकृति पर विश्वास की उम्मीद छोड़ चुके हैं? ऐसा भी नहीं है कि अमेरिकी सरकार ने, ए.क्यू. खान एंड कंपनी के बारे में जो कुछ भूमिका बनी है, उसकी ओर से अपनी आँखें बंद कर ली हैं। अमेरिकी मीडिया अन्य मामलों की ओर भी तेजी से मुड़ गई।

हाल का ही एक उदाहरण लें—एक ऐसी बात, जिसके परिणाम हमें भारत के किसी-न-किसी हिस्से में हर दूसरे हफ्ते देखने को मिल जाते हैं। 11 सितंबर की घटना के बाद से जिहाद के लिए रोज-रोज किया जानेवाला आह्वान एक मुश्किल भरा काम हो गया है। मुशर्रफ ने जिहाद के अनौचित्य पर एक भाषण भी दिया था। उन्होंने घोषणा की थी कि वह पाकिस्तानी नियंत्रणवाले किसी क्षेत्र का इस्तेमाल किसी भी देश के खिलाफ आतंकवादी हमले में नहीं करने देंगे। लेकिन जहाँ तक भारत के खिलाफ आतंकवादी काररवाई करनेवाले संगठनों की बात है, पाकिस्तान सरकार ने बस उन्हें अपना बैनर—नामपट्टिका—बदल लेने के लिए तैयार किया है। इस बात को स्पष्ट करती पाकिस्तान के 'द डेली टाइम्स' में छपी एक खबर है—

> जिहाद ने लिया नया, 'सौम्य' (हलका) रूप 'द डेली टाइम्स', लाहौर, 25 फरवरी, 2004, अमीर राणा कश्मीरी जिहादी संगठनों के गठबंधन, मुत्ताहिदा जिहाद काउंसिल (MJC) के ढाँचे में परिवर्तन करके उसे नया रूप दिया गया है। अब इसमें विभिन्न ऐसे संगठनों का प्रतिनिधित्व करनेवाले—जो अब 'जिहाद', 'लश्कर', 'जैश' अथवा 'मुजाहिदीन' शब्दों का अपने नाम के साथ प्रयोग नहीं करेंगे, ताकि वे लड़ाका संगठन की अपेक्षा राजनीतिक संगठन अधिक लगें—छह छोटे-छोटे गठबंधनों को शामिल किया गया है। ये छोटे गठबंधन हैं—कश्मीर रिसिस्टेंट फोरम (KRF) 1, 2 और 3 तथा कश्मीर फ्रीडम फोरम (KFF) 1 और 2, जबकि केवल एक संगठन हिज्ब-उल-मुजाहिदीन (HM) को ही अपने मूल नाम का प्रयोग करने की अनुमति दी गई है। एक जिहादी नेता ने बताया, 'हमसे कहा गया है कि ये नाम विदेशों में और साथ-ही-साथ कश्मीर के स्वतंत्रता आंदोलन में भी पाकिस्तान की छवि को बिगाड़ रहे हैं।

यह पूछे जाने पर कि हिज्ब-उल-मुजाहिदीन को अपना मूल नाम प्रयोग करने की अनुमति क्यों दी गई है, उसने बताया, 'हिज्ब-उल-मुजाहिदीन जिहादी गठबंधन का नेतृत्व भी करता है, वह इस गठबंधन का अध्यक्ष है और विदेश में स्थित इसका मुख्यालय इसे ही कश्मीरी स्वतंत्रता आंदोलन का प्रतिनिधि मानता है। सूत्रों ने बताया कि यह निर्णय अक्तूबर 2003 में लिया गया था, जिसे जनवरी 2004 में कार्यरूप दिया गया। कश्मीर रिसिस्टेंस फोरम 1 (KRF 1) लश्कर-ए-तैयबा ब्रिगेड 313 (कमांडर इलियास कश्मीरी के नेतृत्व में एक हरकत उल जिहाद-ए-इसलामी गुट), लश्कर-ए-इसलाम और अल-बदर-मुजाहिदीन का प्रतिनिधित्व कर रहा है, जबकि KRF 2 अल-जिहाद, अल-फतह, हिज्ब-उल्ला और मुसलिम जाँबाज फोर्स का एक गठबंधन है। KRF 3 में हरकत-उल जिहाद-ए-इसलामी (मौलाना मुजफ्फर गुट), जामियात-उल-मुजाहिदीन (JM) और जमीयत-उल-अंसार (JA) शामिल हैं, जबकि KFF 1 जैश-ए-मुहम्मद और अल-उमर-मुजाहिदीन का एक गठबंधन है और KFF 2 में इसलामिक मोरचा, जमात-उल-फुरकान, तहरीक-ए-जिहाद (TJ), अल-बर्क और तहरीक-उल-मुजाहिदीन (TM) शामिल हैं। इस नए 'समायोजन' को 'मुवाखात' का नाम दिया गया है। सूत्रों ने बताया कि यह जिहादी गुटों के आपसी मतभेदों को भी कम करेगा। सूत्रों के अनुसार, 'इन संगठनों की नई पहचान उन्हें राजनीतिक रूप देगी और साथ ही उनकी छवि को भी सुधारेगी।' मुत्ताहिदा जिहाद काउंसिल (MJC) में 15 संगठन पहले से ही शामिल थे—HM, TM, JM, अल बर्क, हिज्ब उल्ला, अल-जिहाद, अल-फतह, हरकत-उल-जिहाद-ए-इसलामी (HJM मुजफ्फर गुट), IF, L1, जम्मू-कश्मीर लिबरेशन फ्रंट (जम्मू-कश्मीर मुक्ति मोरचा), अल-उमर, JA, TJ—ये सभी संगठन कश्मीर आधारित संगठन हैं। पाँच पाकिस्तान आधारित संगठन—LT, JM, ब्रिगेड 313, अल-बदर मुजाहिदीन और JF पहले इसमें शामिल नहीं थे, लेकिन नए ढाँचे में उन्हें शामिल किया गया है। एक जिहादी नेता ने बताया, 'MJC (मुत्ताहिदा जिहाद काउंसिल) के विधान ने पाकिस्तानी संगठनों को गठबंधन से बाधित कर दिया था, लेकिन परिस्थितियाँ बदल गई हैं। हमें एकता की जरूरत है और जिहाद में उनकी भूमिका से कोई इनकार नहीं कर सकता।' सूत्रों ने यह भी बताया कि सैयद सलाहुद्दीन अगले पाँच वर्षों तक MJC के अध्यक्ष बने रहेंगे। सूत्रों के अनुसार, पाकिस्तानी गुटों ने MJC में शामिल होने के लिए पहले भी कहा था; और यह पहला मौका नहीं है, जब MJC का पुनर्गठन किया गया

है। जनवरी 2002 में इनके सम्मिलन के लिए एक फॉर्मूला लागू किया गया था, लेकिन छोटे और पाकिस्तानी गुटों ने उसे स्वीकार करने से इनकार कर दिया था। वे अपनी स्वतंत्र पहचान कायम रखना चाहते थे और अधिकांश जिहादी नेता छोटे कश्मीरी संगठनों के अधीनस्थ होने के लिए तैयार नहीं थे। सूत्रों के अनुसार, 'यह गठन वर्ष 2002 के फॉर्मूले का विस्तार है और इसके अंतर्गत अब इन संगठनों के नेता अन्य नेताओं के साथ अपनी जिम्मेदारियाँ नहीं बाँटेंगे।' सूत्रों ने बताया कि ये छोटे गठबंधन कश्मीर में भारतीय बलों के खिलाफ ऑपरेशन चलाएँगे, लेकिन MJC नेताओं की अनुमति के बाद।

ऐसी खबर खुलेआम उपलब्ध है, यह पाकिस्तानी अखबारों में आम जनता के लिए छप रही है। इसपर भी पश्चिमी देशों ने—जो अपने हित के मामलों में सहयोग के लिए पाकिस्तान पर आश्रित हैं—इस ओर से अपनी आँखें बंद की हुई हैं। ऐसे में, यह मानकर चलना कि अमेरिका पाकिस्तान का सहयोग लेने की बजाय हमारी समस्या सुलझाएगा—हमारी बड़ी मूर्खता होगी और इसकी कीमत के रूप में वह भारत के संबंध में जो कुछ भी करने दिया जाए—यह भी उतनी ही मूर्खता होगी। कुल मिलाकर यह एक ऐसी कीमत है, जिसका भुगतान अमेरिकियों को नहीं, हमें करना होगा। सचमुच, ऐसे कई अमेरिकी कूटनीतिज्ञ होंगे, जो पाकिस्तान के इस तर्क को जायज करार देंगे कि उसे कश्मीर के भीतर आतंकवादियों की शृंखला बनानी चाहिए; और वे कूटनीतिज्ञ उन आतंकवादियों के लिए कुछ मामलों में जीत सुनिश्चित कराना चाहते होंगे, ताकि ऐसे लोगों का मुँह बंद किया जा सके, जो अमेरिका को पाकिस्तानी सहयोग की खिलाफत कर रहे हैं और अमेरिकी अभियान को लोगों में 'इसलाम के खिलाफ लड़ाई' के रूप में प्रस्तुत कर रहे हैं।

अगर हम इन सबकी अवहेलना करते हुए अपनी दृष्टि से 'शांति-प्रक्रिया' पर अपना ध्यान केंद्रित भी करते हैं तो हमें अमेरिकी नीति के कार्य-सिद्धांत को अपने मस्तिष्क में रखकर चलना होगा, जो एक ही बार में दो ऐसे देशों के निकट संपर्क में है, जिनका आपस में वैर भाव है। भूतपूर्व राष्ट्रीय सुरक्षा सलाहकार हेनरी किसिंजर (Henry Kissinger) और जिग्निव ब्रजेजिंस्की (Zbigniew Brzezinski) के वक्तव्य के अनुसार, इस तरह की स्थितियों में अमेरिकी नीति-निर्धारकों का उद्देश्य यह सुनिश्चित करना है कि अमेरिका दोनों देशों के अधिक निकट है—अपेक्षाकृत उससे, जितना वे एक-दूसरे के निकट

हैं, या हो सकते हैं। इसी बात से हम अंदाजा लगा सकते हैं कि अमेरिका पाकिस्तान पर इस तरह का कोई दबाव नहीं बनाएगा, जो हमारी सुरक्षा चिंताओं के लिए जरूरी हो।

और फिर, पाकिस्तान के 'बड़े और विश्वासपात्र मित्र' चीन का अंकुश और आर्थिक सहायता भी तो है; ऐसे संबंध के लिए प्रोत्साहन है, जिसे चीनियों ने होंठ और दाँत के बीच का संबंध करार दिया है।

एक मौका, अगर हम उसका फायदा उठाएँ

इसलिए एक 'बदले हुए दिल' पर भरोसा करने की बजाय हमें जिन बातों पर नजर रखनी चाहिए, वे हैं—

- क्या पाकिस्तान में सत्ता-परिवर्तन का अधिकार उन लोगों के हाथ से बाहर हो चुका है, जिनकी ताकत और अहमियत भारत के खिलाफ दुश्मनी पर निर्भर करती है?
- क्या पाकिस्तानी समाज के तालिबानीकरण में कमी आई है?
    * क्या वहाँ के मदरसों में कुछ बदलाव आया है?
    * क्या वे पाठ्य-पुस्तकें, जिनकी सामग्री बच्चों के मन में भरी जा रही है, बदल गई हैं?
    * क्या जिया-कानून और अध्यादेश हटा दिए गए हैं या उनमें संशोधन कर दिया गया है?
    * क्या इस बात के कुछ लक्षण हैं कि पाकिस्तान अपनी नई पहचान प्राप्त कर रहा है? उदाहरण के लिए, क्या वह विकास में रुचि ले रहा है?

    इसके साथ-साथ ही हमें चाहिए कि—
- इस उम्मीद से अत्यधिक चिंतित न हों कि आनेवाले वर्षों में पाकिस्तान और आर्थिक 'इसलामिक' बन सकता है। यह उम्मीद कि पाकिस्तान धीरे-धीरे और अधिक इसलामिक होता जाएगा—अन्यों को भी खड़ा हो जाने के लिए मजबूर करेगी, विशेषकर उन्हें जो उसके परमाणु अस्त्रों के इसलामिक कट्टरवादियों के हाथों में पड़ जाने को लेकर चिंतित हैं। सचमुच इसलामिक मत में शामिल होने के लिए पाकिस्तान पर कटाक्ष करते हुए कहने को बहुत कुछ है कि इसलामीकरण के संदर्भ में उदाहरण के लिए, अर्थव्यवस्था का इसलामीकरण, वह अब भी अपने पाँव खींच रहा है। इसलाम-पसंद पचास वर्षों से यह माँग करते आ रहे हैं कि 'रिबा' को समाप्त किया जाए और सभी

क्षेत्रों में खुदा द्वारा मुकर्रर (निश्चित) 'शरिया' लागू किया जाए। इस तरह की माँगों के बारे में चिंतित होने की बजाय हमें उनके मंगल की कामना करनी चाहिए। हम पाकिस्तान के लिए ऐसा कुछ भी नहीं कर सकते, जो इस तरह के 'सुधार' उसके लिए करेंगे।

- साथ-ही-साथ हमें पाकिस्तान के पत्रकारों, विधायकों, न्यायाधीशों, शिक्षाविदों को मौका देना चाहिए कि वे भारत आएँ और उसे अपनी दृष्टि से देखें। इससे उन्हें इस हकीकत का अंदाजा होगा कि जो कुछ उन्होंने पढ़ा है या समझा है, या फिर 'पाकिस्तान की विचारधारा' जो रही है और पूरे पाकिस्तान भर में इसलाम का जो स्वरूप व्याप्त है, उसमें कितना झूठ है?
- जम्मू-कश्मीर के प्रशासन में सुधार करना चाहिए।

और 'कश्मीर को पाकिस्तान के मुकाबले' तैयार करने की क्षमता हासिल करनी चाहिए। जब तक अमेरिका को अफगानिस्तान से तालिबान को खदेड़ने और महत्त्वपूर्ण आतंकवादियों को पकड़ने में पाकिस्तान की सहायता की जरूरत महसूस हुई तब तक पाकिस्तान की मान्यता 'एक असफल राज्य' के रूप में रद्द की गई।

अमेरिका को पाकिस्तानी शासकों की मदद की जरूरत हुई कि 'स्वतंत्र' मीडिया और विचार-विश्लेषकों के विश्लेषण एकदम गायब! लेकिन दोषयुक्त बिंदु रह जाता है। पाकिस्तान अधिकृत कश्मीर में और गिलगित-बाल्टिस्तान में ऐसे शक्तिशाली संगठन हैं, जो अपने क्षेत्रों में जनता के साथ पाकिस्तान द्वारा किए जा रहे बरताव से तंग आ चुके हैं; और इसलिए वे पाकिस्तान से अलग होने की वकालत करते हैं। पख्तून यह देख ही रहे हैं कि किस प्रकार उन्हें इस्तेमाल किया गया है। उन्होंने राष्ट्रपति करजई की जीत को भी देखा है। सरायकी अप्रभावित रहता है। अफगानिस्तान में की गई कारवाई ने वजीरिस्तान और शेष एफ.ए.टी.ए. (FATA) में गंभीर प्रतिक्रिया को जन्म दिया है। बलूचिस्तान में जुल्फिकार अली भुट्टो के समय के निर्मम अत्याचार की स्मृतियाँ लोगों के मन में अब भी ताजा बनी हुई हैं; और उन्होंने उस मुठभेड़ की गलती को फिर से न दोहराने का निश्चय कर लिया है—जब सेना को कुछ ही शहरों में केंद्रित करके जुल्फिकार अली भुट्टो ने आंदोलन को कुचल दिया था। इस बार उपद्रव की तरह का आंदोलन उस पूरे विशाल क्षेत्र में फैल गया है। देश के पश्चिमी और उत्तरी-पश्चिमी हिस्सों में इतनी अव्यवस्था फैल गई है कि पाकिस्तान को

भारत से लगी सीमाओं से बड़ी मात्रा में सैनिकों को हटाकर उन्हें इन क्षेत्रों में तैनात करना पड़ा है। सिंध में, लोगों की उपेक्षा और उनके साथ किए जा रहे भेदभाव से उत्पन्न रोष में अब पारिस्थितिक आपदा का मँडराता हुआ खतरा भी जुड़ गया है—सिंधु के पानी के अत्यधिक शोषण के कारण विशाल क्षेत्रों में जल का खारापन, समुद्र का अंत:प्रवेश, जल की कमी। यह मसला बिलकुल विस्फोटक स्थिति तक पहुँचनेवाला है। और वह भी, सिर्फ सिंध में ही नहीं। अगर वे (पाकिस्तानी लोग) भारत में रहे होते तो वे इन विकास की स्थितियों को किस दृष्टि से देखते? सचमुच पाकिस्तान आज भारत में जहाँ दबाव की स्थिति बनाता है, उसका किस तरह इस्तेमाल करता है?

□

8

पूर्व में इसलामीकरण

इस क्षेत्र के इसलामिक समाज में कट्टरपंथियों की वापसी के कारण जिन थोड़े-बहुत लोगों को परेशानी हुई है, उनका ध्यान मुख्य रूप से पाकिस्तान पर केंद्रित हो गया है। लेकिन बँगलादेश में इस दिशा में जो भी विकास हुआ है, उससे इस क्षेत्र के लिए—और विशेषकर भारत के लिए—अपेक्षाकृत ज्यादा खतरा है। वर्ष 1975 में मुजीबुर रहमान की हत्या के बाद से इसलामीकरण का बहुत ही निष्ठुरता से विकास हुआ है। वर्ष 1976 में पाकिस्तान समर्थक इसलामिक संगठनों पर से प्रतिबंध उठा लिया गया। 'धर्मनिरपेक्षवाद' को संविधान में राज्य के एक सिद्धांत के रूप में शामिल किया गया था, लेकिन सन् 1977 में उसे संविधान से औपचारिक रूप से हटा लिया गया। राष्ट्रपति इरशाद द्वारा जून 1988 में इसलाम को राष्ट्र-धर्म घोषित कर दिया गया। इस तरह इसलामीकरण की दिशा में कई कदम समय-समय पर उठते रहे—हर समारोह में कुरान का पाठ किया जाने लगा, रविवार की जगह शुक्रवार को साप्ताहिक अवकाश होने लगा। और इस तरह का हर कदम उठाया जाना एक सामान्य सी बात हो गई। शासक जिस काम को सरकारी प्रक्रिया से नहीं निपटा पाता था, उसे वह आगे इसलामिक कदम उठाकर निपटा देता था। इसी प्रकार के परिवर्तन देश की विदेश नीति में भी देखने को मिले। इसलामिक देशों के संगठन में बँगलादेश बहुत ही बढ़-चढ़कर हिस्सा लेने लगा। दिसंबर 1990 में इरशाद खुद भी तख्ता-पलट का शिकार हो गया।

उसके बाद तो और भी ज्यादा अनिष्टकारी परिवर्तन देखने को मिले। सन्

1971 के युद्ध के बाद जमात-ए-इसलामी की मान्यता बँगलादेश में रद्द कर दी गई थी। इसके पीछे तर्क दिया गया कि बंगालियों के उत्पीड़न में वह पाकिस्तान का समर्थन करता था। आलम यह हो गया कि उसके नेता पाकिस्तान भाग गए। बाद में वे वापस आए नहीं बल्कि उन्हें वापस आने का निमंत्रण दिया गया। अब जमात-ए-इसलामी (बँगलादेश) फिर से एक राजनीतिक शक्ति के रूप में उभरने लगा। वह भी लुके-छिपे नहीं बल्कि खुलकर। इसके विपरीत जो लोग बँगलादेशी राष्ट्रवादियों को कुचलने के लिए कुख्यात थे, उनमें से कई लोगों को जमात-ए-इसलामी (बँगलादेश) में महत्त्वपूर्ण पदों पर बैठा दिया गया। अब्दुल कादर मुल्ला जैसे व्यक्ति, जिसे लोग 'मीरपुर के कसाई' के रूप में घृणा की नजरों से देखते थे, को इस संगठन का प्रचार सचिव बना दिया गया। मौलाना मोतिउर रहमान निजामी, जिसे निर्दोषों का कत्ल करनेवाले एक घृणित संगठन अल-बदर का प्रमुख होने के कारण पाकिस्तान भाग जाना पड़ा था—अब जमात-ए-इसलामी (बँगलादेश) का प्रमुख बन गया।

इस प्रकार के कदम उठाते हुए जमात-ए-इसलामी लगातार अपना विकास करता गया। सन् 1991 व 1996 में हुए चुनावों में मुख्य राजनीतिक दलों—पहले बँगलादेश नेशनलिस्ट पार्टी और फिर अवामी लीग—ने इसकी मदद भी ली। सन् 2001 के चुनावों तक जमात-ए-इसलामी (बँगलादेश) इतना शक्तिशाली हो गया कि बँगलादेश नेशनलिस्ट पार्टी ने औपचारिक रूप से उससे गठबंधन कर डाला। चुनावों का बिखरा हुआ परिणाम आया, जिसका जमात-ए-इसलामी (बँगलादेश) को काफी लाभ मिला। बँगलादेश नेशनल पार्टी ने अपने गठबंधन दलों के साथ 40.9 प्रतिशत मत प्राप्त किए, जमात-ए-इसलामी (बँगलादेश) ने 4.28 प्रतिशत और इसलामी ओइक्या जोते (सात कट्टरवादी इसलामिक संगठनों का एक गठबंधन) ने 0.68 प्रतिशत मत प्राप्त किए। दूसरी ओर, विपक्षी दल अवामी लीग को कुल मतों का 40.1 प्रतिशत प्राप्त हुआ। इस प्रकार, किसी एक दल को बहुमत न मिलने—बिखरे हुए मतों—के कारण उग्रवादी इसलामिक दलों का झुकाव बँगलादेश नेशनल पार्टी (BNP) की ओर हो गया।

तभी से जमात-ए-इसलामी को शासन में प्रतिनिधित्व प्राप्त हो गया है। कुछ दिन पहले तक जो 'मीरपुर के कसाई' कहे जाते थे वे अब नियमित रूप से संवाददाता सम्मेलन बुलाने लगे। कुछ दिन पहले तक जो 'अल-बदर' के प्रमुख हुआ करते थे वे अब सरकार में मंत्री बन बैठे!

एक और परिवर्तन देखने को मिल रहा है; और बँगलादेश की स्थिति उसे और भी मुश्किल बना रही है। 'व्यक्तिगत रूप से'—धर्मनिरपेक्ष राजनीतिज्ञ और पार्टियाँ इसलामवादी बहस का विरोध नहीं कर सकते, क्योंकि इसलामिक उग्रवाद के संबंध में की गई कोई भी आलोचना आसानी से राजनीतिक अखाड़े तक पहुँच जाती है और उसे इसलाम पर सीधा हमला मान लिया जाता है। परिणामस्वरूप 'धर्मनिरपेक्ष' राजनीतिक दलों को भी इसलामवादी रुख अपनाना पड़ गया है और साथ ही चुनावों के दौरान उन्हें इसलामवादियों का समर्थन भी ढूँढ़ना पड़ता है। बँगलादेश में आज कोई भी ऐसा दल नहीं है, जो इसलामिक उग्रवादियों से टक्कर लेने की हिम्मत रखता हो। इससे इसलामवादी पार्टियों का राजनीतिक प्रभाव बहुत ज्यादा बढ़ गया है और उन्हें अपनी स्थिति को मजबूत बनाने में भी मदद मिली है।

पूरे विश्व के इसलाम समर्थित संगठनों से जमात-ए-इसलामी का गहरा और व्यापक रिश्ता बन गया है। विशेषकर सऊदी अरब जैसे देशों के ऐसे संगठनों से, जो धर्मांतरण और रूढ़िवाद के लिए कोष इकट्ठा करने में लगे। वह राबिता-अल-आलम-अल-इसलामिया नामक संगठन से भी गहराई से जुड़ा हुआ है। यह संगठन सऊदी शासकों द्वारा स्थापित किया गया था। इसके बारे में जग-जाहिर है कि यह कट्टरपंथी संगठनों के लिए धन का एक प्रमुख स्रोत रहा था। न केवल इससे बल्कि ऐसे कई संगठनों, जैसे—इंटरनेशनल इसलामिक फेडरेशन ऑफ स्टूडेंट ऑर्गेनाइजेशन, वर्ल्ड असेंबली ऑफ मुसलिम यूथ—से इसका गहरा संबंध है। ऐसा माना जाता रहा है कि इसे इंटरनेशनल इसलामिक रिलीफ ऑर्गेनाइजेशन, बेनेवालेंस फाउंडेशन एंड बेनेवालेंस इंटरनेशनल, इसलामिक रिलीफ वर्ल्ड वाइड जैसे गैर-सरकारी संगठनों और राहत संगठनों को पर्याप्त मात्रा में धन मिलता है।

जमात-ए-इसलामी का मुख्य संगठन है इसलामिक छात्र शिबिर—आई.सी.एस.। इसकी स्थापना सन् 1977 में की गई थी। आगे चलकर इसके संबंध सिमी (SIMI)—प्रतिबंधित स्टूडेंट ऑफ इसलामिक मूवमेंट ऑफ इंडिया—और पूर्वोत्तर भारत में कार्य कर रहे अन्य कट्टरपंथी संगठनों से हो गए। आज की तारीख में आई.सी.एस. के अनुयायियों की संख्या 2.5 लाख से 3 लाख के बीच मानी जाती है। पकड़े जानेवाले आतंकवादियों से पूछताछ से पता चलता है कि सिमी (SIMI) और आई.सी.एस. दोनों एक-दूसरे के सदस्यों को न केवल

आश्रय देते हैं बल्कि उन्हें कई अन्य सुविधाएँ भी प्रदान करते हैं।

भारत-विरोधी विचारों को फैलाने तथा बँगलादेश में कट्टरपंथ को प्रसारित करनेवाले अन्य संगठनों में शुमार है—इसलामिक ओइक्या जोते। इसकी स्थापना सन् 1990 में की गई थी। आज की तारीख में इसके सदस्यों की संख्या 4.5 लाख तक पहुँच गई है। इनका मानना है कि बँगलादेश में तालिबान की तरह का एक युद्ध होना चाहिए और इसलाम-विरोधी शक्तियों को बँगलादेश से बाहर खदेड़ा जाना चाहिए। आई.ओ.जे. के प्रमुख मौलाना अजीजुल हक हरकत-उल-जिहाद-ए-इसलामी-बँगलादेश (HUJI-BD) के सदस्य भी हैं।[1]

ऐसे कई अन्य संगठन भी हैं, जो इस तरह की मुहिम में जुटे हैं। उनमें से प्रत्येक की कई शाखाएँ हैं और उनके सदस्य जिहाद के कट्टर समर्थक

---

1. इसलामिक ओइक्या जोते (IOJ) की स्थिति और उसका नेतृत्व अब कुछ स्पष्ट हो गया है—और विरोधाभास-स्वरूप इससे उग्रवादी संगठनों में उसका प्रतिनिधित्व बढ़ता है। यह—उग्रवादी संगठनों में फूट की प्रवृत्ति के संदर्भ में हमने जिस उम्मीद के बारे में पढ़ा था—उसके तर्क की एक मिसाल भी प्रस्तुत करता है। स्थापना के समय आई.ओ.जे. में सात दल शामिल थे—खिलाफत मजलिस, निजाम-ए-इसलाम, फरैजी जमात, इसलामी मोरचा, उलेमा कमेटी, एन.ए.पी. (NAP) का एक अलग हुआ गुट (भाषनी) और इसलामी शासनतंत्र आंदोलन के पदों को लेकर संघर्ष के चलते आई.ओ.जे. में फूट पड़ गई। अब आई.ओ.जे. दो गुटों में बँट गया है, एक गुट का नेतृत्व शैखुल हदीथ अजीजुल हक के हाथों में है। अजीजुल हक हुजी (हरकत-उल-जिहाद-ए-इसलामी) के परामर्शदात्री समिति के सदस्य भी हैं। दूसरे गुट का नेतृत्व मुफ्ती फजलूल हक अमीनी करते हैं। अमीनी हुजी की कार्यकारिणी समिति के सदस्य भी हैं। इसके अलावा वह अपनी ही राजनीतिक पार्टी जमायत-उल-अंसार का नेतृत्व भी करते हैं। अजीजुल हक और अमीनी—दोनों के अफगानी अभियानों और तालिबान से घनिष्ठ संबंध थे। हिंसात्मक गतिविधियों में लिप्त कितने ही गुट और गठबंधन हैं। खबर है कि अब तक अनुमानतः 13 इसलामवादी उग्रवादी संगठन बँगलादेश में सक्रिय हैं—शहादत-ए-अल-हिकमा, जमातुल मुजाहिदुल बँगलादेश, जमात-ए-याहिया अल ट्रस्ट, हिजबुल तावहिद, अल-हयाकत-अल-इसलामिया, अल मरकजुल अल इसलाम अल इसलामी, जमातुल फलाइया, तावहिदी जनता, वर्ल्ड इसलामिक फ्रंट, जमातुल अल-सादत, शहादत-ए-नबूअत, हरकत-उल-जिहाद-ए-इसलामी-बँगलादेश और अल खिदमत। निस्संदेह, इन संगठनों के प्रायोजक या यों कहें कि आई.एस.आई. संचालन की सुविधा के लिए इन्हें विभाजित कर सकते हैं या फिर इनमें से कुछ को एक साथ जोड़ सकते हैं।

हैं। उनमें से एक है हरकत-उल-जिहाद-ए-इसलामी (HUJI-BD)। इसकी स्थापना सन् 1988 में हुई थी। आज की तारीख में इसके सदस्यों की संख्या 15 से 20 हजार के करीब पहुँच गई है। पाकिस्तान में हुजी की तरह ही हुजी-बीडी वास्तविक और कट्टर जिहाद का हिमायती है। यह इसलामिक आधिपत्य स्थापित करने के प्रति दृढ़ संकल्प है। यह इस सिद्धांत पर कार्य करता है कि मुसलिम कोई और नहीं बल्कि उम्माह हैं, जिनके देश की कोई सीमा नहीं होती, न ही संस्कृति और न ही भौगोलिक विभाजन उनके बीच होता है; और सभी मुसलिमों का एक ही दायित्व है कि वे इसलाम का पालन करें तथा इसके लिए ऐसे प्रयास करें कि पूरे विश्व में इसलाम का आधिपत्य स्थापित हो सके। यह 'सार्वभौमवाद' आगे चलकर उसी तरह लाभकारी सिद्ध होगा, जैसे कॉमिंटर्न (Comintern) के दिनों में 'अंतरराष्ट्रवाद' हुआ था। बँगलादेश क्राइम इन्वेस्टिगेशन डिपार्टमेंट (CID) की सन् 1999 की एक रिपोर्ट के अनुसार, ओसामा-बिन-लादेन ने कैडरों की भरती और उनके प्रशिक्षण तथा बँगलादेश में आतंकवादी गतिविधियों के संचालन के लिए 20 करोड़ टका की राशि मंजूर की थी। धन का हस्तांतरण एक पाकिस्तानी नागरिक और दक्षिण एशिया में लादेन समर्थक आतंकवादी संगठनों के समन्वयक मुहम्मद साजिद के माध्यम से किया गया था। धनराशि का वितरण हरकत-उल-जमाते-इसलामी-बँगलादेश के स्थानीय नेताओं के माध्यम से 421 ऐसे मदरसों को किया गया था, जो भरती और प्रशिक्षण की प्रक्रिया में उसकी सहायता कर रहे थे। खबर थी कि हुजी-बीडी (हरकत-उल-जमाते-इसलामी-बँगलादेश) को बिन-लादेन की मौद्रिक सहायता ढाका स्थित सफरिंग ह्यूमैनिटी इंटरनेशनल (Suffering Humanity International) के सेवकों के माध्यम से पहुँची थी। बड़ी संख्या में मदरसे—जो खाड़ी के देशों में कई चैरिटी संस्थाओं और सरकारी स्रोतों से प्रत्यक्ष रूप से धन प्राप्त करते हैं—भी उसमें से कुछ अंश हुजी-बीडी को हस्तांतरित करते हैं। माना जाता है कि लश्कर-ए-तैयबा, जैश-ए-मुहम्मद और हुजी-पाकिस्तान जैसे आतंकवादी संगठनों ने भी मौका पड़ने पर धन उपलब्ध कराया है। पाकिस्तान, अफगानिस्तान और सऊदी अरब द्वारा दी जानेवाली आर्थिक सहायता आदर्श कुटीर, अल फारूक इसलामिक फाउंडेशन, हतद्दीन, अलफुर्जियारी वेल्फेयर एसोसिएशन, वेनेवॉलंस इंटरनेशनल फाउंडेशन, ग्लोबल रिलीफ फाउंडेशन तथा इसलामिक हेरिटेज

सोसाइटी समेत अन्य कई मुसलिम गैर-सरकारी संगठनों के रास्ते पहुँचती थी। जून 2004 में जब अमेरिका ने सऊदी अरब पर अल हरमायन नामक संगठन को बंद करने के लिए दबाव डाला—क्योंकि इस बात की जानकारी थी कि यह संगठन अल कायदा और इसलामिक जिहादी संगठनों को वित्तीय मदद पहुँचाता था—तो बँगलादेश ने देश में अल हरमायन की गतिविधियों को बंद करने का आदेश दे दिया। इस निषेधाज्ञा में कुछ गिरफ्तारियाँ जरूर हुईं, लेकिन गिरफ्तार लोगों को जल्दी ही बिना किसी आरोप के छोड़ दिया गया, तब से उनका कुछ अता-पता नहीं है।

हुजी-बीडी की पकड़ में मुख्य रूप से मदरसे, सेकंडरी स्कूल और अन्य इसलाम-पसंद संगठन हैं। अफगानिस्तान में तालिबान के पतन के बाद से इसके वजूद को तालिबान के कुछ लड़ाकों द्वारा बचाकर रखा गया है और अब इसकी अमेरिका-विरोधी आवाज और तीखी हो गई है। चौंकनेवाली बात नहीं है—अफगानिस्तान में तालिबान के पतन के बाद तालिबानियों से भरा एक जहाज बँगलादेश लाया गया था और वहाँ उन्हें गुप्त अड्डों में भूमिगत कर दिया गया था। भारतीय गुप्तचर एजेंसी की रिपोर्ट से पता चलता है कि हुजी-बीडी हरकत-उल-जिहाद-ए-इसलामी के समर्थकों के लिए भारत में—असम, पश्चिम बंगाल, मणिपुर एवं कश्मीर तथा म्याँमार में अफगान और बँगलादेश में चिट्टगोंग के पहाड़ी क्षेत्रों में आर्थिक स्रोत तैयार करना चाहता है। लेकिन बाद में इनके बीच कुछ संशय की स्थिति बन गई। पाकिस्तानी एजेंसियों और संगठनों से इसके गहरे रिश्ते ने ही उन्हें इस अंतर्द्वंद्व में रख दिया कि क्या उन्हें पाकिस्तान के भीतर भी जूझना पड़ेगा—संगठन को अमेरिका की भर्त्सना तो करनी ही है, लेकिन साथ-ही-साथ पाकिस्तान में अपने उन आश्रयदाताओं का साथ भी छोड़ना पड़ेगा, जो अमेरिका की आर्थिक मदद पर जिंदा हैं। सन् 2003 में अमेरिका ने आतंकवादी संगठनों की अपनी सूची में हुजी-बीडी को भी दर्ज कर लिया।[1] लेकिन—जैसा कि ऐसे संगठनों के साथ पाकिस्तान में होता रहा है—इसकी गतिविधियों पर कोई नकारात्मक असर नहीं पड़ा।

---

1. समन्वयक, प्रतिआतंकवाद के कार्यालय का प्रकाशन, पैटर्न्स ऑफ ग्लोबल टेररिज्म, 2001; और बर्टिल लिंटनर की 'बँगलादेश : एक्सट्रीमिस्ट इसलामिक कंसोलिडेशन', फाल्टलाइंस, खंड 14, जुलाई 2003, पृष्ठ 1-27 भी देखें।

जमात-ए-इसलामी (बँगलादेश) ने जब से सरकार में हिस्सेदारी कर ली, तब से उसे अपनी आवाज को थोड़ा नरम करना पड़ा है। इसके मजबूत कंधों और हिंसक गतिविधियों को एक अन्य संगठन जमायत-उल-मुजाहिदीन (JUM BD) संचालित करने लगा। यह संगठन भी उसकी तरह जिहाद के प्रति पूरी तरह समर्पित है। लिहाजा उसकी गतिविधियों पर कोई फर्क नहीं पड़ा। बँगलादेश में पहले की तरह ही उसकी भारत-विरोधी मुहिम जारी रही और साथ ही उसका गैर-मुसलिम विरोधी संघर्ष भी चलता रहा। मई 2003 में इसके आठ सदस्य दीनाजपुर में गिरफ्तार किए गए थे। उनसे पूछताछ के बाद संगठन के जिहादी एजेंडा का पता चला और साथ ही यह भी पता चला कि जुम-बीडी हमारी सीमाओं पर स्थित आठ जिलों में अपना व्यापक नेटवर्क स्थापित कर चुका है। उन गिरफ्तार सदस्यों ने उन 39 मदरसों के बारे में भी विस्तार से बताया, जिन्हें जुम-बीडी संचालित कर रहा है और अपने हित साधने में उनका प्रयोग कर रहा है।

जैसा कि यह स्वयं दावा करता है और इसके प्रकाशनों में भी कहा गया है, शहादत-ए-अल-हिकमा (एस.ए.एच.) लश्कर-ए-तैयबा से जुड़ा है और उसकी विचारधारा का अनुसरण करता है। इसके पोस्टर और पैंफलेट भी स्पष्ट रूप से यह दरशाते हैं कि इसके प्रगाढ़ संबंध नेपाल के माओवादियों और पूरे विश्व में अल कायदा से भी हैं। जैसा कि यह स्वयं कहता है, संगठन का मुख्य उद्देश्य है बंगाल पर अपना आधिपत्य जमाना। इसके पीछे उसका तर्क है कि बंगाल बँगलादेश का ही एक हिस्सा है।

एक तो पहले से वहाँ काफी घृणा और धार्मिक उन्माद का माहौल बना रहता है। उसपर से इन संगठनों के सदस्य उन लेखकों और सामाजिक कार्यकर्ताओं की जान के पीछे पड़ जाते हैं, जिनके लेखों या कार्यों में थोड़ी सी भी धर्मनिरपेक्षता की झलक मिल जाती है। उनमें से कइयों को तो अपनी जान से हाथ धोना पड़ता है। इनके बारे में बोलना या उनका पक्ष लेना तो बहुत दूर की बात है। हिंदुओं के मंदिरों को नष्ट कर दिया जाता है। उनकी पहचान को मिटा दिया जाता है। उपर्युक्त उग्रवादी विचारधारा का यदि विश्लेषण किया जाए तो स्पष्ट हो जाएगा कि जो मुसलमान इन संगठनों द्वारा कायम किए गए इसलाम के स्वरूप को नहीं मानते, उनपर भी इनकी गाज गिरती है। जैसा

पाकिस्तान में होता रहा है—मुसलमानों में अहमदियों को बुरी तरह सताया जाता रहा है।[1]

मदरसों की संख्या दिन दूनी रात चौगुनी बढ़ी है। एक आकलन के मुताबिक, आज की तारीख में मदरसों की संख्या करीब 64,000 पहुँच गई है। उनमें से करीब 7,000 मदरसों के बारे में कहा जाता है कि वे चंद सामान्य विषयों को नियमित रूप से पढ़ाते हैं। शेष मदरसों की गतिविधियों के बारे में

---

1. एक इसलामिक कट्टरवादी गठबंधन हिफाजते खातमे नबूवत आंदोलन (एच.के.एन.ए.) ने धमकी दी थी कि यदि सरकार अहमदियों को 9 जनवरी, 2004 तक 'गैर-मुसलिम' नहीं घोषित करती तो वह अहमदियों के खिलाफ जिहाद छेड़ देगा। 9 जनवरी को गृह मंत्रालय ने अहमदिया मुसलिम जमात बँगलादेश के सभी प्रकाशनों पर प्रतिबंध लगा दिया। इस मामले पर अमेरिकी दूतावास और कई मानवाधिकार संगठनों ने गहरी चिंता जताई, इसलिए सरकार ने मार्च में उस प्रस्तावित कानून को स्थापित कर दिया, जो पाकिस्तानी मॉडल पर आधारित एक ईश निंदा कानून का रूप लेनेवाला था। आई.ओ.जे. के. नेताओं के नेतृत्व में एच.के.एन.ए. द्वारा चलाया गया अहमदिया-विरोधी अभियान पूरे बँगलादेश में अहमदिया मसजिदों पर कब्जा करने के लिए छेड़े गए एक आंदोलन का प्रमुख हिस्सा रहा है। इस प्रकार के विरोधों से उत्तेजित होकर इसलामवादी अपनी रैलियों और मार्च के माध्यम से गलियों में भी अपना रोष प्रकट कर रहे हैं। सरकार ने उनकी माँगों को रखने के कुछ प्रयास किए हैं, क्योंकि उसके अपने गठबंधन गुट भी धर्मयुद्ध का नेतृत्व कर रहे हैं। अल्पसंख्यकों, बुद्धिजीवियों और अन्य गुट-बहिष्कृतों के खिलाफ आंदोलन उग्रवादी इसलामिक एजेंडे का एक अभिन्न हिस्सा बन गया है। इस संदर्भ में 'बँगलाभाई' एक सुंदर उदाहरण प्रस्तुत करता है। देखें, सजी चेरियन की 'रीइन्वेंटिंग द टेरॅर', साउथ एशिया इंटेलिजेंस रिव्यू, खंड 2, संख्या 46, http://www.satp.org./satporgtp/sair/Archives/2_46.htm. बँगलाभाई के जाग्रत् मुसलिम जनता बँगलादेश (JMJB–जे.एम.जे.बी.) के भी व्यापक अंतरराष्ट्रीय सबंध हैं। इस संगठन के 'अमीर' मौलाना अब्दुर रहमान ने अपना राजनीतिक कैरियर इसलामी छात्र शिबिर से शुरू किया था, बाद में वह इसके संरक्षक संगठन जमात-ए-इसलामी में शामिल हो गया। सन् 1980 के दशक में उसने सऊदी अरब में मैडिना इसलामी यूनिवर्सिटी में अध्ययन किया; उसके बाद उसने ढाका में सऊदी दूतावास में पाँच वर्षों—1985 से 1990—कार्य किया। उसके बाद रहमान ने दो इसलामिक गैर-सरकारी संगठनों—रबीता-ए-इसलाम और इसलामी ऑयतिज्झो संगस्थ से आर्थिक सहायता लेकर एक मसजिद और एक मदरसा स्थापित किए। इन संगठनों से उसके संबंध आज भी हैं।

एक सर्वेक्षक ने कुछ इन शब्दों में कहा है—

> काफी संख्या में देवबंदी मदरसे बहुत ही परंपरागत हैं; उनमें इसलामिक अध्ययन पर अधिक जोर दिया जाता है और उन्हें उर्दू (पाकिस्तान की राष्ट्रभाषा), फारसी व अरबी पढ़ाई जाती है। शिक्षा पूरी करने के बाद विद्यार्थी मुख्यधारा के किसी भी व्यवसाय में काम करने में अक्षम रहते हैं; नतीजतन मदरसे व मसजिदें उनके रोजगार का एकमात्र साधन बन जाते हैं। एक बँगलादेशी पत्रकार सलाहुद्दीन बाबर ने कहा था—'मदरसा से शिक्षा पूरी करने के बाद विद्यार्थी मुख्यधारा के व्यवसाय में काम करने में बुरी तरह अक्षम रहते हैं। ऐसे में विद्यार्थियों को कट्टर धार्मिक संगठन आसानी से अपनी ओर आकृष्ट कर लेते हैं। इस तरह वे आधुनिक मुसलमान बनने की बजाय कट्टर, रूढ़िवादी मुसलमान बन जाते हैं।[1]

इन परंपराओं के बीच एक अच्छा संकेत है कि वर्ल्ड इज्तेमा लगातार अपना पैर पसार रहा है, जिसकी स्थापना वर्ल्ड तबलीग जमात की बँगलादेश इकाई ने की है। तोंगी के आस-पास हर वर्ष आयोजित होनेवाला यह समागम धीरे-धीरे विकसित होते हुए वर्तमान में विश्व का दूसरा सबसे बड़ा मुसलिम समागम बन गया है। सन् 2002 में इसका समागम 19 जनवरी से 21 जनवरी तक हुआ था। संगठन ने घोषणा की थी कि इस समागम में 64 देशों से आए हुए लगभग 40 लाख लोगों ने भाग लिया था। इस समागम के समापन समारोह में बँगलादेश के राष्ट्रपति, प्रधानमंत्री और कैबिनेट मंत्रियों समेत विपक्षी दल के नेता—सभी ने हिस्सा लिया था।

इस दौरान महज एक परिवर्तन हुआ है। बँगलादेश सरकार इस प्रकार की गतिविधियों को लेकर थोड़ा सतर्क हो गई है; क्योंकि 11 सितंबर की घटना के बाद इस प्रकार की गतिविधियों पर कड़ी निगरानी रखी जाने लगी है। बँगलादेश ने यह कोशिश की है कि औपचारिक संबोधनों में सिर्फ धर्म से संबंधित बातों को शामिल किया जाए। लेकिन दूसरी ओर कहानी कुछ और ही बयाँ करती है—बँगलादेश से युवाओं को सूडान, पाकिस्तान, अराकान और फिलीपींस में तबलीग कार्यों के बहाने से प्रशिक्षण के लिए भेजा जाता है; इस तरह अमेरिका पर प्रत्यक्ष हमले की बजाय युक्तिपूर्ण लड़ाई उनके लिए बेहतर विकल्प है; यहूदी समुदाय पर पूरे विश्व

1. बर्टिल लिंटनर की 'बँगलादेश : एक्सट्रीमिस्ट इसलामिक कंसोलिडेशन', पृष्ठ 16।

में हमला किया जाना चाहिए और इसलामिक संगठन को मीडिया पर अपनी पकड़ बनानी चाहिए, विशेषकर इलेक्ट्रॉनिक मीडिया पर, ताकि मुसलिमों को आतंकवादी करार नहीं दिया जाए; तालिबान और अल कायदा को नए नामों से अपनी पहचान बनानी है। और तबलीग जमात इसलाम के प्रसार के लिए एक संपूर्ण और असंदेहास्पद माध्यम है—ये कुछ ऐसे ब्रह्म वाक्य हैं, जिनका आदान-प्रदान प्रतिनिधियों के बीच हुआ था। जमात-ए-इसलामी-बँगलादेश (JEI-BD) के नेतागण विदेशों से आए एक प्रतिनिधिमंडल से मिले। उन्होंने उनसे इजराइल, अमेरिका और भारत में चल रही इसलाम-विरोधी गतिविधियों के विरोध में एकजुट होने की अपील की। भारत में मुसलमानों पर हो रहे अत्याचारों के खिलाफ लड़ाई के लिए धन इकट्ठा करने का आग्रह किया गया।'''

बँगलादेश में अपने समकक्षों के साथ पाकिस्तानी सेना और गुप्तचर एजेंसियों के बीच के गठबंधन ने सन् 1971 के उग्र आंदोलन में अहम भूमिका निभाई थी। उसके बाद से वे पूरी तरह पुनःस्थापित हो गए और वर्तमान में बँगलादेश आई.एस.आई. की गतिविधियों का एक प्रमुख अड्डा बन गया। अपने ठोस साक्ष्यों के आधार पर आंतरिक सुरक्षा बल इस निष्कर्ष पर पहुँचा कि—

> अब यह पूरी तरह साबित हो गया है कि बँगलादेश हथियारों और गोला-बारूदों के स्थानांतरण का एक प्रमुख माध्यम बन गया है। ये हथियार और गोला-बारूद सिंगापुर व थाइलैंड के रास्ते पूर्वोत्तर के विद्रोही गुटों तक पहुँचते हैं। बँगलादेश में जमात-ए-इसलामी चिट्टगोंग के पहाड़ी क्षेत्रों में स्थापित मदरसों में सुरक्षित स्टोरेज मुहैया कराता है। और इस तरह हथियारों की तस्करी की व्यवस्था बँगलादेश राइफल्स और डी.जी.एफ.ई. की मिलीभगत से आई.एस.आई. के दिशा-निर्देशन में जमात-ए-इसलामी करता है। आई.एस.आई. के कई गैर-सरकारी संगठनों (एन.जी.ओ.) से भी संबंध हैं, उदाहरणार्थ—इसलामिक रिलीफ ऑर्गेनाइजेशन, जुनुदुल मुकावत अल इसलामिया और कौमी मदरसे। ढाका में पाक मिशन से गुप्तचर ऑपरेशनों के दिशा-निर्देशन के अलावा आई.एस.आई. एजेंट पूर्वोत्तर के विद्रोही संगठनों को न केवल प्रशिक्षण देते हैं, बल्कि उन्हें हथियार और वित्तीय मदद भी मुहैया कराते हैं। बँगलादेश इन विद्रोही संगठनों के लिए एक सुरक्षित शरण-स्थली है।'''

ये संबंध बँगलादेश में ही समाप्त भी नहीं हो जाते; क्योंकि बँगलादेश के

कट्टरपंथी संगठन पाकिस्तान स्थित अपने समकक्ष संगठनों से गहराई से जुड़े हुए हैं, लिहाजा पाकिस्तान की आई.एस.आई. और पाकिस्तानी सैनिकों से भी उसका गठजोड़ होना लाजिमी है। इन संगठनों और इनके माध्यम से आई.एस.आई. तथा अन्य पाकिस्तानी एजेंसियों ने देख लिया है कि इसलामिक कट्टरपंथ फैलाने के लिए भारत और बँगलादेश की खाई को चौड़ा करना सबसे अचूक हथियार है। इन संगठनों के कई सदस्य भारत में पकड़े जा चुके हैं। उनसे लंबी पूछताछ की जा चुकी है। पूछताछ के दौरान उन्होंने खुलासा किया कि—

- उन्होंने हथियारों का प्रशिक्षण पाकिस्तान और कंधार में प्राप्त किया है।
- सीमा के दोनों ओर के मदरसे और मसजिदों के बीच निकट के संबंध हैं—खिलाफत मजलिस नेता मुमताज करीम ने दावे के साथ कहा, 'भारत के सुरक्षा-घेरे का करारा जवाब मकतब और मदरसे देंगे।'
- पाकिस्तानी गतिविधियों के इस नेटवर्क का नियंत्रण—विशेषकर कार्यकर्ताओं की भूमिका के मामले में—ढाका स्थित पाकिस्तानी दूतावास से होता है।
- अपनी मुहिम के दौरान वे भारत के मदरसों और मसजिदों में शरण लेते हैं।
- बँगलादेश में और सीमा पर स्थित भारत के जिलों में मदरसों और मसजिदों का प्रयोग हथियारों व गोला-बारूदों के भंडारण व स्थानांतरण के रूप में किया जाता है।
- चिट्टगोंग पहाड़ी क्षेत्रों में प्रशिक्षण के लिए भारतीय मुसलिमों को इन्हीं नेटवर्कों के माध्यम से भेजा जाता है।
- पूर्वोत्तर में इसलामिक संगठनों के बीच स्थापित संबंधों के बारे में।
- भारत के अलगाववादी नेताओं की उपस्थिति और गतिविधियों के बारे में।
- पाकिस्तानियों द्वारा भारत में और भारत के बाहर अपनी गतिविधियों को संचालित करने के लिए बँगलादेश का प्रयोग किया जाता है। हम यह कैसे भूल सकते हैं! विमान अपहरण कांड में हमने अपहृत यात्रियों को छुड़ाने के बदले जिन तीन आतंकवादियों को रिहा किया था, उनमें से एक था—जैश-ए-मुहम्मद का प्रमुख मौलाना मसूद अजहर। यह वही अजहर है, जो सन् 1993 में बँगलादेश गया था, ताकि भारत में ऑपरेशन के लिए योजना बनाई जा सके। 29 जनवरी, 1994 को वह फिर से ढाका गया और फिर वहाँ से दिल्ली के लिए रवाना हुआ था। इस दौरान उसने पुर्तगाली पासपोर्ट का इस्तेमाल किया था, जिस पर वह वाली अदम इस्सा के नाम से यात्रा करता था।

- इन आतंकवादी गतिविधियों के ऐसे कई संचालक पकड़े गए हैं, जिन्होंने पूछताछ में बताया कि उन्हें सिर्फ भारत के सुरक्षा बलों के बारे में गुप्त जानकारियाँ मुहैया कराने की जिम्मेदारी सौंपी गई थी। उदाहरण के लिए—सिलीगुड़ी क्षेत्र में सुरक्षा की गुप्त जानकारियाँ इकट्ठी करने के लिए भेजा गया और फिर से उन्हें बँगलादेश वापस भेज दिया जाता था।

आंतरिक सुरक्षा के लिए गठित टास्क फोर्स ने इस मुद्दे पर पाया कि—

> आई.एस.आई. ने विध्वंसात्मक गतिविधियों को अंजाम देने के लिए अपना नेटवर्क सिलीगुड़ी क्षेत्र में फैला रखा है; क्योंकि नेपाल और बँगलादेश से लगती इस सीमा पर चौकसी उतनी कड़ी नहीं होती है। भारत-बँगलादेश और भारत-नेपाल सीमा पर मदरसों की संख्या में लगातार बढ़ोतरी हो रही है। यह भारत में विध्वंसात्मक गतिविधियों को अंजाम देने के लिए ही उठाया जानेवाला एक और कदम है। मुसलिमों के अड्डे माफिया की गतिविधियों के केंद्र के रूप में विकसित होते रहे हैं। इन्हीं अड्डों से तस्करी, हथियारों का संचालन, हवाला, नशीली दवाओं का कारोबार और भारतीय बाजार में नकली भारतीय मुद्रा के समावेश जैसी गतिविधियाँ संचालित होती हैं। इन क्षेत्रों में पहले से जम चुके बँगलादेशी मुसलिम इन गतिविधियों के समर्थन के लिए एक मजबूत आधार तैयार करते हैं। हाल में खतरे के कई गंभीर संकेत मिले हैं। इसलाम समर्थक लोगों द्वारा लगातार कई लड़ाका और सांप्रदायिक संगठनों की स्थापना की जा रही है, जैसे—स्टूडेंट इसलामिक मूवमेंट ऑफ इंडिया (SIMI), स्टूडेंट्स इसलामिक सेवक संघ और ऑल इंडिया मिल्ली काउंसिल ने बँगलादेश के इसलामिक मूल्यों का बखूबी इस्तेमाल किया है। भारत-बँगलादेश सीमा पर अपना नेटवर्क स्थापित करने के लिए वह इसलामिक कट्टरपंथी संगठनों, जैसे कि जे.ई.आई. और इसके अन्य अग्रणी संगठनों, का इसलामिक छात्र शिबिर खूब प्रयोग कर रहा है। उपर्युक्त दोनों संगठनों के पाकिस्तान से भी पुख्ता संबंध हैं।

जैसा कि हमने ऊपर देखा, अपनी गतिविधियों को अधिक-से-अधिक घातक बनाने के लिए आई.एस.आई. कई संगठनों को अपने साथ मिलाता रहा है। इन गतिविधियों में होनेवाली वृद्धि के बारे में न केवल पूछताछ में खुलासा किया,

बल्कि प्रत्यक्ष रूप से भी इस संबंध में जानकारियाँ इकट्ठी की गई हैं। इन स्रोतों द्वारा जो साक्ष्य सामने आए हैं, उनसे यह खुलासा हुआ है कि बँगलादेश हमारे पूर्वोत्तर के राज्यों और उत्तरी म्याँमार में चल रहे विभिन्न इसलाम-पसंद संगठनों की गतिविधियों को एक साथ मिलाकर अपने हितों में इस्तेमाल करने के लिए आई.एस.आई. कड़ी मेहनत कर रही है। इन प्रयासों के ही प्रतिफल हैं 'इसलामिक सोलिडरिटी बँगलादेश' और 'बँगलादेश इसलामिक मंच'। आगे चलकर इनका उद्देश्य असम के नौ जिलों और म्याँमार के मुसलिम बाहुल्य क्षेत्रों को मिलाकर एक बृहत् बँगलादेश बनाने का है। म्याँमार के प्राधिकारियों ने खुलासा किया है कि पिछले तीन वर्षों में बँगलादेश से बड़ी संख्या में उलेमा आकर अराकान प्रांत में स्थापित हो गए हैं और उन्होंने क्षेत्र के निर्दोष जनजातीय मुसलमानों को भड़काना शुरू कर दिया है।

पूर्वोत्तर के संगठन

पूर्वोत्तर में इसलामिक कट्टरपंथी और आतंकवादी संगठनों के गिरफ्तार सदस्यों से पूछताछ के दौरान यह खुलासा हुआ कि उनकी एक ठोस और दीर्घकालिक योजना है। उन गिरफ्तार लोगों ने यह बताया कि किस तरह उन्हें पाकिस्तान, बँगलादेश और म्याँमार के अराकान प्रदेश में प्रशिक्षण दिया गया। उन्होंने यह भी बताया कि वे किन रास्तों से बँगलादेश गए थे और किन रास्तों से उन्हें वापस लाया गया था। उन्होंने उन मदरसों के बारे में भी बताया, जिनका प्रयोग यात्रा के दौरान कैंप के रूप में किया गया था। उन्होंने यह भी खुलासा किया कि किस तरह उन्होंने पूर्वोत्तर में विस्फोटकों और हथियारों की तस्करी के दौरान मदद पहुँचाई, साथ ही किस तरह सीमा पार में प्रशिक्षण के लिए युवाओं की भरती में मदद पहुँचाई। उन्होंने यह भी रहस्योद्घाटन किया कि किस तरह उन्हें पूर्वोत्तर में सैनिकों की तैनाती और आंदोलन के बारे में सूचनाएँ इकट्ठी करने की जिम्मेदारी सौंपी जाती थी।

ये संगठन अपने जिन मकसदों को कामयाब बनाने का दावा करते हैं, उनसे हमें उस खतरे के प्रति सचेत हो जाने की तत्काल जरूरत है, जो हमारे ऊपर पहले से ही मँडरा रहा है। इन संगठनों के प्रकाशनों, प्रचार और गिरफ्तार किए गए आतंकवादियों के कमानों से इकट्ठा किया गया एक नमूना देखें—

- 'असम को भारत से स्वतंत्र कराकर एक अलग मुसलिम राष्ट्र' की स्थापना करना।

- 'मुसलिमों, विशेषकर बँगलादेश से आकर बसे मुसलिमों, के हितों की रक्षा' करना।
- मुसलिमों के लिए असम में एक 'उचित स्थान' सुनिश्चित कराना।
- 'मुसलिम-विरोधी ताकतों' से लड़ना।
- असम के नवगाँव, धुबरी, कामरूप और करीमगंज जिलों तथा कछार जिले के हैलाकंडी भाग को मिलाकर एक अलग 'स्वदेश' की स्थापना करना।
- इसलामिक शासन स्थापित करने के लिए तथा भारत के हिंदुओं और भारत की सरकार के विरुद्ध एकजुट होकर कार्य करने के लिए मुसलिमों को एकजुट करना।
- भारत सरकार के विरुद्ध सशस्त्र संघर्ष चलाकर पूर्वोत्तर में इसलामिक राष्ट्र की स्थापना करना।

ये हैं वे अंतिम लक्ष्य, जिन्हें ये संगठन प्राप्त करना चाहते हैं। अपनी धूर्ततापूर्ण चालों के तहत इन संगठनों ने कुछ तात्कालिक माँगों और उद्देश्यों का निर्धारण कर रखा है, जिनके इर्द-गिर्द उनकी गतिविधियाँ चल रही हैं। इनमें शामिल हैं—

- पूर्वोत्तर में एक 'इसलामिक विश्वविद्यालय' की स्थापना की माँग।
- केंद्र और राज्य सरकारों की नौकरी में मुसलिमों के लिए 30 प्रतिशत आरक्षण सुनिश्चित कराना। इसी तरह मेडिकल कॉलेजों में 25 प्रतिशत सीट मुसलिम छात्रों के लिए आरक्षित कराना। इसके अलावा असम विधानसभा में भी उनके लिए सीटें आरक्षित हों।
- 'असम में मतदाता-सूची में से मुसलिम मतदाताओं के नामों को हटाने की काररवाई को रोकना।'
- मुसलिमों के जान-माल की सुरक्षा की पूरी गारंटी प्राप्त करना।
- मुसलिमों के विवादों के निपटारे के लिए एक विशेष इसलामिक न्यायालय की स्थापना करना, जो शरीअत के मुताबिक फैसला करे।
- मदरसों और ईदगाहों के रख-रखाव के लिए पर्याप्त धन अधिकृत करना।
- 'नेशनल डेमोक्रेटिक फ्रंट ऑफ बोडोलैंड और बोडो लिबरेशन टाइगर फोर्स ऑन मुसलिम्स की बर्बरता के खिलाफ मुसलिमों को एकजुट करना'।
- राज्य में 'राजनीतिक पहचान' बनाने के लिए मणिपुर के मुसलिमों को एकजुट करना और इस उद्देश्य की प्राप्ति के लिए पीपुल्स लिबरेशन आर्मी जैसे संगठनों के साथ काम करना।

इसके उदाहरण हर जगह देखे जा सकते हैं, यथा—स्थानीय लोगों के बीच तनाव, हिंसा के लिए की जानेवाली प्रत्यक्ष कारवाई, चुनावी प्रक्रिया में बाधा। इस मामले में चुनाव आयोग ने समय-समय पर सावधान करते हुए कहा है कि मतदाता-सूचियों में घुसपैठियों के भी नाम जोड़े जा रहे हैं। अपनी समीक्षा में श्री टी.वी.राजेश्वर राव (इंटेलीजेंस ब्यूरो के पूर्व प्रमुख और पश्चिम बंगाल के पूर्व राज्यपाल तथा वर्तमान में उत्तर प्रदेश के राज्यपाल) ने याद दिलाई कि सन् 1989 में एक अध्ययन से यह बात सामने आई थी कि पश्चिम बंगाल विधानसभा में 52 सीटें ऐसी हैं, जहाँ कौन जीतकर आएगा—इसका फैसला बँगलादेशी घुसपैठिए करते हैं। इसके अलावा 100 अन्य सीटों पर उम्मीदवारों की जीत-हार में बँगलादेशी घुसपैठिए अहम भूमिका निभाते हैं। संक्षेप में कहा जाए तो राज्य विधानसभा की आधी से ज्यादा सीटों पर बँगलादेशी घुसपैठिए निर्णायक भूमिका निभाते हैं।

ऐसे में भी क्या हमें पश्चिम बंगाल के राजनीतिज्ञों के 'धर्मनिरपेक्षवादी' राग की जड़ों को पहचानने के लिए किसी दूसरे जटिल निष्कर्ष की जरूरत पड़ेगी?

नेपाल

ठीक इसी तरह की स्थिति आजकल नेपाल में दोहराई जा रही है। नेपाल में जिस दर से सामान्य लोगों की जनसंख्या बढ़ रही है, उससे तीन से चार गुना ज्यादा दर से मुसलिमों की जनसंख्या बढ़ रही है—सन् 1981 में मुसलिमों की संख्या पूरी जनसंख्या का 2 प्रतिशत थी; आज की तारीख में यह संख्या बढ़कर 6 से 8 प्रतिशत तक पहुँच गई है। मुसलिमों की जनसंख्या में इस तरह की वृद्धि के लिए कई तरह के कारण जिम्मेदार माने जा रहे हैं—इनमें से एक है बँगलादेश की तरफ से लगातार हो रही घुसपैठ। बँगलादेश की तरह ही नेपाल में भी मदरसे आई.एस.आई. के लिए अपनी भारत-विरोधी गतिविधियों का केंद्र बनते जा रहे हैं। पिछले 20 वर्षों में वहाँ 118 नए मदरसे स्थापित हुए हैं। इन नए मदरसों की स्थिति, उनके उद्देश्यों को स्वयं बयाँ कर रही है। एक उदाहरण लें। झापा जिला पूर्वी नेपाल की सीमा पर स्थित है और सिलीगुड़ी गलियारे (कॉरीडोर) के रूप में सामरिक दृष्टि से महत्त्वपूर्ण है। इसमें 33 मदरसे स्थापित हैं। इनमें से 25 मदरसे तो सन् 1980 के बाद स्थापित किए गए हैं!

पाकिस्तान के तबलीग जमात इन संस्थानों में हमेशा से अहम भूमिका निभाते रहे हैं। भारत में हम जिन माँगों और आरोपों को सुनते-सुनते थक चुके हैं, उन्हीं माँगों और आरोपों की आवाज आजकल नेपाल में बार-बार सुनने को मिल रही

है—देश में मुसलिमों को दोयम दर्जा दिया जा रहा है; अन्य नियमित विषयों के अलावा उर्दू और फारसी को पाठ्यक्रम में शामिल किया जाए; नेपाली सरकार मदरसों द्वारा जारी प्रमाण-पत्रों को मान्यता प्रदान करे; नेपाली सरकार मदरसों को भी उसी तरह वित्तीय मदद दे, जिस तरह वह अन्य विद्यालयों को दे रही है।

हमारी एजेंसियों ने नेपाल में ऐसे 73 मदरसों की पहचान की है, जिनका भरती, अभिप्रेरण, प्रशिक्षण और शरण-स्थली के रूप में प्रयोग किया जा रहा है। उन्होंने स्पष्ट कर रखा है कि किस मदरसे का प्रयोग किन गतिविधियों में किया जा रहा है—मदरसा 'क' पाकिस्तान समर्थित उन आतंकवादियों की बैठकों का आयोजन करता है, जो कश्मीर में अपना अभियान चला रहे हैं। मदरसा 'ख' हरकत उल-अंसार के अड्डे के रूप में कार्य करता है। मदरसा 'ग' काठमांडू में पाकिस्तानी दूतावास के लिए एक कड़ी का कार्य करता है। उनमें से एक मदरसे का प्रयोग इसलामिक युवा संघ, नेपाल के लिए किया जाता है। इस संघ के सदस्य पाकिस्तानी संगठन अहले हदीस के प्रति अपनी निष्ठा जताते हैं। एक मदरसा उन लोगों के प्रशिक्षण के अड्डे के रूप में कार्य करता है, जो धर्मांतरण करके आतंकवादी व कट्टरपंथी संगठनों में नए-नए दाखिला लेते हैं। एक दूसरे मदरसे का प्रयोग भारत-विरोधी आवाजों को बुलंद करने के लिए एक केंद्र के रूप में किया जाता है। एक अन्य मदरसे को यह जिम्मेदारी दी गई है कि वह पाकिस्तान और अफगानिस्तान के आतंकवादियों को भारत में घुसपैठ की सुविधा प्रदान करे। एक मदरसे का प्रयोग कैदियानी मुसलिमों के विरोध में अभियान के लिए किया जा रहा है। ये... 'ज्ञान के केंद्र' पाकिस्तान एवं सऊदी अरब से वित्तीय और अन्य मदद प्राप्त करते रहते हैं। कई बार तो उन्हें कुवैत जैसे खाड़ी के देशों से भी वित्तीय मदद मिल जाती है। उनमें से कई ऐसे लोगों की पहचान की गई है, जिन्होंने बिहार में धार्मिक नेताओं और अन्य से अपने प्रगाढ़ संबंध बना रखे हैं। इन तथ्यों की सूची हमारी गुप्तचर एजेंसियों द्वारा कई बार प्राधिकारियों को सौंपी गई है; लेकिन परिणाम के रूप में अभी तक कुछ सामने नहीं आया है।

घुसपैठ द्वारा पकड़ मजबूत करना

'पूर्वी पाकिस्तान/बँगलादेश से लगातार कई दशकों से हो रहे भारी संख्या में अवैध प्रवास से देश का जनसंख्या स्वरूप ही बदलता चला जा रहा है। इसने दोतरफा खतरे को जन्म दिया है। एक तो इससे असम के लोगों की अपनी पहचान

खतरे में पड़ गई है; दूसरी, इससे राष्ट्रीय सुरक्षा पर भी खतरा मँडराने लगा है। समय-समय पर गठित होनेवाली केंद्र और राज्य सरकारों में से किसी ने भी इस चुनौती को गंभीरता से नहीं लिया।…मैं समझता हूँ कि मेरा राष्ट्र के प्रति यह दायित्व है कि जनसंख्या के स्वरूप पर लगातार हो रहे इस मौन हमले से उत्पन्न खतरे की जानकारी आप तक पहुँचाऊँ।…' यह किसी सामान्य पत्रकार ने या ए.ए.एस.यू. के किसी कार्यकर्ता ने नहीं लिखा है, बल्कि यह लिखा है—लेफ्टिनेंट जनरल एस.के. सिन्हा ने, जो असम के तत्कालीन राज्यपाल और भारतीय थल सेना में डिप्टी चीफ ऑफ स्टाफ थे और वर्तमान में जम्मू-कश्मीर के राज्यपाल हैं। उन्होंने यह रहस्योद्‌घाटन भी किसी लेख में नहीं किया है, बल्कि अपनी आधिकारिक रिपोर्ट में ये बातें लिखी हैं। यह रिपोर्ट देश के राष्ट्रपति को सौंपी गई थी।

राज्यपाल सिन्हा ने राष्ट्रपति से कहा था, 'जैसे त्रिपुरा और सिक्किम में हुआ है, उसी तरह असम में भी वहाँ के मूल निवासियों के अल्पसंख्या में आ जाने का खतरा है।'

उन्होंने सतर्क करते हुए कहा था कि 'लंबे समय से दिल में सँजोए हुए बृहत् पूर्वी पाकिस्तान/बँगलादेश के सपने को साकार करने के लिए असम के साथ सड़क-मार्गों के माध्यम से शेष देश के हिस्सों को जोड़ने की रणनीति पर अमल किया जा रहा है। इससे समूचे पूर्वोत्तर के देश से अलग हो जाने का खतरा पैदा हो गया है। यदि ऐसा हो गया तो यह रणनीतिक और आर्थिक तबाही मचानेवाला होगा।'

जनरल सिन्हा ने गहराई से छानबीन करके देखा कि बँगलादेश से सटे जिलों में एक-एक करके जनसंख्या संतुलन बिगड़ता जा रहा है। इस आधार पर वह इस निष्कर्ष पर पहुँचे—

> असम में जनसंख्या के स्वरूप पर हो रहे निर्बाध, किंतु मौन आक्रमण के परिणामस्वरूप हम असम के निचले हिस्से के जिलों, जो भू-सामरिक दृष्टि से अति महत्त्वपूर्ण हैं, को खो भी सकते हैं। बड़ी संख्या में अवैध प्रवासियों की वजह से ये जिले मुसलिम बाहुल्य क्षेत्र का रूप लेते जा रहे हैं। ऐसे में वह दिन दूर नहीं, जब वे लोग अपने जिले को बँगलादेश में मिलाने की माँग करने लगें। तेजी से उभर रहे इसलामिक कट्‌टरपंथी संगठन उनकी इस माँग को बल प्रदान कर सकते हैं। इस संदर्भ में यह जान लेना भी प्रासंगिक है कि बँगलादेश काफी समय पहले ही धर्मनिरपेक्षवाद को त्याग

चुका है और इसलामिक राष्ट्र के विकल्प को चुन चुका है। असम के निचले हिस्सों को खो देने पर शेष भारत से पूर्वोत्तर के क्षेत्रों को अलग होने का खतरा गंभीर हो जाएगा।[1]

दो वर्ष पहले सरकार में किसी का ध्यान इस ओर आकर्षित करने में विफल रहने के बाद पश्चिम बंगाल के पूर्व राज्यपाल और गुप्तचर ब्यूरो के पूर्व प्रमुख टी.वी. राजेश्वर राव ने मामले को सार्वजनिक करने का मन बना लिया। इसके तहत उन्होंने सन् 1996 में अपने लेखों की एक पूरी शृंखला में यह दरशाया कि किस तरह से असम, पश्चिम बंगाल के कुछ सीमावर्ती जिलों और बिहार के कुछ भागों को मिलाकर वृहद् इसलामिक बँगलादेश बनाने की दीर्घकालिक योजना है। अपने लेखों में इस योजना के पक्ष में तर्क देते हुए उन्होंने यह भी दिखाया कि किस तरह इस योजना को कार्यरूप देने के लिए लंबे समय से सुनियोजित ढंग से व्यापक पैमाने पर अवैध घुसपैठ कराई जा रही है। वस्तुतः उन्होंने इस बात पर जोर दिया कि जिस तरह से यह घुसपैठ हो रही है, सीमा के निकट के क्षेत्रों में जिस तरह से मुसलिमों का वर्चस्व बढ़ता जा रहा है, खासकर जिस तरह से बँगलादेशी मुसलिमों का बहुमत होता जा रहा है, ऐसे में इस भारतीय उपमहाद्वीप में एक तीसरे मुसलिम राष्ट्र की माँग की पृष्ठभूमि पूरी तरह तैयार हो चुकी है।

उन्होंने उन बातों की याद दिलाई जो बंगाल के मुसलिम लीग प्रमुख नजीमुद्दीन ने प्रांत के गवर्नर आर.जी. कैजी से कही थी। इसपर कैजी ने नजीमुद्दीन की बातों को वाइसराय लॉर्ड वैवेल के समक्ष कुछ इन शब्दों में रखा था—

> नजीमुद्दीन ने मुझसे कहा है कि यदि सिर्फ पूरे बंगाल और पूरे असम को मिला लिया जाए तो मुसलिमों का बहुमत 51 प्रतिशत से बढ़कर 58 प्रतिशत हो जाएगा। उन्होंने मुझसे यह भी कहा कि हिंदुओं के मुकाबले मुसलिमों की जनसंख्या तेजी से बढ़ती है, इसलिए अगले कुछ वर्षों में उनकी 58 प्रतिशत जनसंख्या 60 प्रतिशत को पार कर जाएगी। उन्होंने विश्वास जताते हुए कहा

1. लेफ्टिनेंट जनरल एस.के. सिन्हा (सेवानिवृत्त), 'रिपोर्ट ऑन इलीगल माइग्रेशन इनटु असम सब्मिटेड टु द प्रेसीडेंट ऑफ इंडिया बाई द गवर्नर ऑफ असम', 8 नवंबर, 1998, पृ.(i)1,18,

कि यदि एक बार पूर्वोत्तर पाकिस्तान की स्थापना हो जाती है तो सिवाय हिंदुओं के सीमा पर कोई भी ऐसा नहीं होगा, जो इसके प्रति पैनी निगाह रखता है। उन्होंने यह भी विश्वास जताया है कि संभव है, बर्दवान संभाग भी पूर्वोत्तर पाकिस्तान में शामिल हो जाए।

इस संदर्भ में श्री राजेश्वर कई अन्य तथ्यों का जिक्र भी कर सकते थे। जुल्फिकार अली भुट्टो ने अपनी पुस्तक 'मिथ ऑफ इंडिपेंडेंस' में जो कुछ लिखा है, उसके बारे में अजय साहनी ने मुझे याद दिलाई थी। एक बानगी देखें—

> भारत के साथ हमारा विवाद कश्मीर समस्या पर ही नहीं। असम में मुसलिम-बाहुल्य जिले हैं, जिन्हें विभाजन के समय पाकिस्तान को दिया जाना चाहिए था; लेकिन उन जिलों को भारत में शामिल करके गलती की गई है…।[1]

मुजीबुर रहमान—वही मुजीबुर रहमान, जिन्हें हम भारत का परम मित्र मानते हैं और जिसके बारे में कई लोग यह भी कहते हैं कि भारत की मदद करने के कारण ही उन्हें कभी देश नहीं मिला—ने स्वयं कहा था—

> पूर्वी बंगाल की जनसंख्या चिंताजनक गति से बढ़ती जा रही है। यहाँ के निवासियों को भूमि की कमी की गंभीर समस्या का सामना करना पड़ रहा है। बंगालियों को भूमि की आवश्यकता है, जो असम द्वारा पूरी की जा सकती है। असम के चारों ओर सुंदर वन और मनोरम प्राकृतिक छटा है। यदि कुछ बँगलादेशी प्रवासी असम में आकर स्थायी रूप से बस जाएँ तो बहुत अच्छा होगा। सचमुच, असम को पूर्वी पाकिस्तान में शामिल किया जाना चाहिए था।[2]

लेकिन राजेश्वर ने बात को अधिक विस्तार न देकर किसिंजर की उग्र चेतावनी का ही जिक्र किया था—क्या यह 'शुभकामना' होनी चाहिए?

---

1. जुल्फिकार अली भुट्टो, 'मिथ ऑफ इंडिपेंडेंस', ऑक्सफोर्ड यूनिवर्सिटी प्रेस, कराची, 1969।
2. मुजीबुर रहमान, 'ईस्टर्न पाकिस्तान : इट्स पॉपुलेशन एंड इकोनॉमिक्स', पाकिस्तान रिनेसांस सोसाइटी, कलकत्ता।

बँगलादेश का अवश्यंभावी उदय—जिसे हमने मान लिया।

कितने सुंदर शब्दों का प्रयोग किया गया है! 'जिसे हमने मान लिया।' असलियत में क्या हुआ था, हम आगे जल्दी ही पढ़ेंगे। उन्होंने चाऊ और हुआंग हुआ से कहा था कि अमेरिका बँगलादेश का स्वतंत्र देश के रूप में उदय नहीं होने देगा।

भारत के समक्ष गंभीर और स्थायी समस्या पैदा कर दी गई। क्योंकि बँगलादेश वास्तव में पूर्वी बंगाल था, जिसे भारत के सबसे ज्यादा कलहप्रिय और अलगाववादी राज्य पश्चिम बंगाल से सिर्फ धर्म के आधार पर अलग किया गया था। जबकि उनकी भाषा एक थी, वेशभूषा एक ही थी, एक ही संस्कृति थी और इन सबसे ऊपर उनका एक ही राष्ट्रीय चरित्र था। एक स्वतंत्र राष्ट्र के रूप में गठित होने के बाद भी लंबे समय तक बँगलादेश पर भारतीय रंग चढ़ा रहेगा। यह अन्य मुसलिम देशों के लिए एक उदाहरण बन सकता है। एक बार यदि यह स्वतंत्र हो जाए तो इसकी मुसलिम विरासत पाकिस्तान की ओर झुक जाएगी।

आगे श्री राजेश्वर ने उन बिंदुओं की ओर संकेत किया, जो पहले प्रकाश में आ चुके थे।

सन् 1951 में भारत में मुसलिमों की जनसंख्या 9.9 प्रतिशत थी। सन् 1971 में यह 10.8 प्रतिशत हो गई। सन् 1981 में बढ़कर यह 11.3 प्रतिशत हो गई। और सन् 1991 में आँकड़ा 12.1 प्रतिशत पर पहुँच गया। वर्तमान में असम में मुसलिमों की जनसंख्या 28 प्रतिशत है और पश्चिम बंगाल में 25 प्रतिशत। वर्ष 1991 में पश्चिम बंगाल के सीमावर्ती जिलों (दक्षिण और उत्तर 24 परगना) में मुसलिमों की जनसंख्या 56 प्रतिशत थी। नदिया जिले में यह 48 प्रतिशत, मुर्शिदाबाद में 52 प्रतिशत, मालदा में 54 प्रतिशत और पश्चिमी दिनाजपुर के इसलामपुर सब डिवीजन में यह 60 प्रतिशत के करीब पहुँच गई थी। पश्चिम बंगाल के सीमा-क्षेत्रों पर किए गए एक अध्ययन में जो आँकड़े पाए गए, वे कुछ इस प्रकार हैं—सीमा से सटे जिलों के 20 से 40 प्रतिशत मुसलिम-प्रधान माने जाते हैं। यह भी देखने को मिला है कि गाँवों में बँगलादेशी

प्रवासियों समेत अल्पसंख्यक समुदायों पर ध्यान केंद्रित करने का नतीजा यह हुआ कि बहुसंख्यक समुदाय शहरों की ओर पलायन कर रहा है। सीमा से सटे जिलों में कई ऐसे शहर देखने को मिले हैं, जहाँ बहुसंख्यक समुदाय की प्रधानता है; लेकिन वे अपने चारों ओर ऐसे गाँवों से घिरे हैं, जहाँ अल्पसंख्यक समुदाय की प्रधानता है। ऐसे में लिन पियाओ का यह सिद्धांत याद आता है कि शहर पर कब्जा करने से पहले उसके आस-पास के गाँवों पर कब्जा किया जाए। हालाँकि यहाँ संदर्भ कुछ हटकर है, फिर भी सुरक्षा-संबंधी खतरे का मूल तत्त्व दोनों संदर्भों में एक जैसा है।

…आँकड़े स्पष्ट रूप से यह बयाँ कर रहे हैं कि बँगलादेश से सटे पश्चिम बंगाल के जिलों में मुसलिमों का जमावड़ा बढ़ता जा रहा है। यह 24 परगना से शुरू होकर पश्चिमी दिनाजपुर जिले के इसलामपुर तक देखने को मिलता है। कुल मिलाकर इन क्षेत्रों में इनकी जनसंख्या कुल जनसंख्या के 50 प्रतिशत से भी ज्यादा हो गई है। पहले पूर्णिया जिले का एक अंग रह चुके किशनगंज जिले में भी मुसलिमों की जनसंख्या बहुमत में हो गई है। दक्षिण और उत्तरी 24 परगना, मुर्शिदाबाद, नदिया, मालदा और पश्चिमी दिनाजपुर जिले की कुल जनसंख्या 27,337,362 है। यदि हम बिहार के किशनगंज जिले की जनसंख्या 986,672 को भी जोड़ दें तो यह कुल मिलाकर 28,324,034 हो जाएगी। (सभी आँकड़े 1991 की जनगणना पर आधारित हैं।) करीब 2.8 करोड़ की जनसंख्यावाला यह क्षेत्र मुसलिम बाहुल्य है। सन् 1991 में पश्चिम बंगाल की कुल जनसंख्या 6 करोड़ 79 लाख थी और उसमें से 2 करोड़ 83 लाख 20 हजार जनसंख्या सीमावर्ती जिलों में केंद्रित थी। कुल जनसंख्या का 16 से 17 प्रतिशत अल्पसंख्यक समुदायों का है। पश्चिम बंगाल और बिहार के क्षेत्रों में जनसंख्या का यह संवेदनशील समीकरण—जिसमें कुल जनसंख्या 2 करोड़ 80 लाख हो और इसमें मुसलिम बहुसंख्यक हों—किसी भी चिंतनशील भारतीय के लिए चिंता का विषय है।

इन आँकड़ों के आधार पर उन्होंने दो खतरों के प्रति सचेत किया; पहला, ऐसे में बंगाली भाषा की प्रधानतावाले भारत के पूर्वी हिस्से में उभरकर सामने आनेवाले एक और मुसलिम राष्ट्र के निर्माण का खतरा पैदा हो गया है। यह खतरा भविष्य में उस हद तक बढ़ सकता है, जहाँ पर भारत न केवल राजनीतिक रूप से बल्कि सैन्य रूप से भी अपने आपको अक्षम पाएगा।

दूसरी चेतावनी की प्रासंगिकता उस संदर्भ में भी उतनी ही है, जब यह संलग्न क्षेत्र एक स्वतंत्र राष्ट्र नहीं बनता—

> थोड़ी देर के लिए पूर्वी भारत के मानचित्र पर अपनी निगाहें दौड़ाएँ—उत्तरी 24 परगना जिले से शुरू करके नदिया, मुर्शिदाबाद, मालदा और पश्चिम दिनाजपुर होते हुए रायगंज और दालकोला (इसलामपुर सब-डिवीजन) की पतली घाटी से लेकर पूर्वी बिहार के किशनगंज के रास्ते सिलीगुड़ी में प्रवेश करें। आगे बढ़ना जारी रखें और उत्तरी बंगाल के जिलों—दार्जिलिंग, जलपाईगुड़ी एवं कूच बिहार होते हुए असम और उसके जिले—धुबरी, ग्वालपाड़ा, बोंगाईगाँव, कोकराझार और बारपेटा में प्रवेश करें। आप पाएँगे कि एशिया में इतना संवेदनशील क्षेत्र ढूँढ़ पाना मुश्किल है…।

उत्तरी बंगाल के जिलों में उपद्रव तो शुरू हो चुका है—दार्जिलिंग घाटी में गोरखा नेशनल लिबरेशन फ्रंट एवं राज्य के उत्तरी जिलों में कामतापुर लिबरेशन फ्रंट सक्रिय है और उसके दूसरी ओर हम बोडो गुट से रू-बरू होते हैं और नीचे जाते हैं तो हमारा सामना उल्फा (ULFA) से होता है।

असम की सीमा से सटे जिलों को देखें। आप पाएँगे कि वहाँ भी कुछ ऐसे ही हालात हैं। जनरल सिन्हा ने असम में हिंदुओं और मुसलमानों की जनसंख्या में दशकीय वृद्धि के अंतर की ओर ध्यान खींचते हुए बताया था—सन् 1951-61 में हिंदुओं की जनसंख्या 33.7 प्रतिशत बढ़ी तो मुसलिमों की जनसंख्या 38.3 प्रतिशत बढ़ी। 1961-71 में जहाँ हिंदुओं की जनसंख्या 37.2 प्रतिशत बढ़ी वहीं मुसलिमों की जनसंख्या 31 प्रतिशत बढ़ी और 1981-91 में हिंदुओं की जनसंख्या जहाँ 41.9 प्रतिशत बढ़ी, वहीं मुसलिमों की जनसंख्या 77.4 प्रतिशत बढ़ी। इस तरह उन्होंने पाया—

> सन् 1971 से लेकर 1991 के बीच असम में मुसलिमों की जनसंख्या 77.42 प्रतिशत बढ़ी है, जबकि इस अवधि में हिंदुओं की जनसंख्या 41.89 प्रतिशत ही बढ़ी है।
>
> असम में सन् 1951 से लेकर 1991 के बीच मुसलिमों की जनसंख्या बढ़कर पूरी जनसंख्या का 24.68 प्रतिशत हो गई है। 1991 की जनगणना के अनुसार चार जिले (धुबरी, ग्वालपाड़ा, बारपेटा और हेलाकांडी) मुसलिम

बहुसंख्यक जिले हो गए हैं। दो और जिलों (नौगाँव और करीमगंज) में भी सन् 1998 तक वैसी ही स्थिति पैदा हो गई। एक और जिला (मारीगाँव) भी इसी स्थिति की ओर तेजी से बढ़ रहा है।

ऊपर के अनुच्छेद में मुसलिमों की बढ़ती जनसंख्या के बारे में जो आँकड़े प्रस्तुत किए गए हैं, वे इस बात के संकेत हैं कि किस तरह बँगलादेश से असम में अवैध घुसपैठ जारी है…क्योंकि सन् 1971 के बाद से भारत में बसनेवाले अवैध प्रवासियों में अधिकांश मुसलमान ही हैं।

असम और त्रिपुरा ऐसे प्रांत हैं, जो घुसपैठियों से सबसे ज्यादा प्रभावित हैं; लेकिन पिछले कुछ वर्षों में घुसपैठ का यह सिलसिला उन दोनों राज्यों से अन्य राज्यों की ओर भी बढ़ने लगा है—खासकर घाटी क्षेत्रों की ओर।

आतंक से भी बदतर

सन् 2001 की जनगणना के आँकड़े स्पष्ट संकेत देते हैं कि गंभीर आतंक का रास्ता तैयार हो रहा है। सबसे पहले असम के उन जिलों को लें, जो बँगलादेश के साथ सीमा से सटे हैं। सारणी-1 में इन जिलों में मुसलिमों और गैर-मुसलिमों की जनसंख्या में वृद्धि का दशकवार आँकड़ा प्रस्तुत किया गया, जिसे श्री राजेश्वर और जनरल सिन्हा ने सूचीबद्ध किया था—

सारणी-1

बँगलादेश की सीमा से सटे असम के जिलों में सन् 1991 और 2001 के बीच जनसंख्या में हुई वृद्धि का स्वरूप—

	मुसलिम	गैर-मुसलिम	कुल
धुबरी	29.5	7.1	22.9
बारपेटा	25.8	10.0	18.9
ग्वालपाड़ा	31.7	14.4	23.0
हेलाकांडी	27.2	13.3	20.9
करीगगंज	29.4	14.5	21.9
कछार	24.6	16.0	18.9

रिपोर्ट में यह भी कहा गया है कि बँगलादेशी घुसपैठिए तीन अन्य जिलों में भी अपनी पैठ बनाने में लगे हुए हैं। ये तीन जिले हैं—नौगाँव, मारीगाँव और दरांग। जनगणना के आँकड़े भी इंटेलीजेंस रिपोर्ट की पुष्टि करते हैं। सारणी-2 में उपर्युक्त तीन जिलों में मुसलिमों और गैर-मुसलिमों की जनसंख्या में हो रही प्रतिशत वृद्धि को दरशाया गया है—

सारणी-2

असम के तीन अन्य जिलों में सन् 1991 और 2001 के बीच मुसलिमों और गैर-मुसलिमों की जनसंख्या में होनेवाली वृद्धि का प्रतिशत—

जिला	मुसलिम	गैर-मुसलिम	कुल
नौगाँव	32.1	11.3	22.2
मारीगाँव	27.2	16.3	21.2
दरांग	28.9	9.6	15.8

पूरे असम में सन् 1991 और 2001 के बीच मुसलिमों की जनसंख्या में 29.3 प्रतिशत वृद्धि दर्ज की गई, जबकि गैर-मुसलिमों में यह वृद्धि 14.8 प्रतिशत रही। इससे यही निष्कर्ष निकलता है कि इन इलाकों में कुल जनसंख्या के मुकाबले मुसलिमों की जनसंख्या में जो वृद्धि देखी गई और इसी तरह पूरे असम में जो वृद्धि देखी गई, उससे वही तसवीर उभरकर सामने आती है, जो श्री राजेश्वर ने अपनी रिपोर्ट में पेश की है। सारणी-3 से यह तथ्य और स्पष्ट हो जाता है।

सारणी-3

असम के जिलों में कुल जनसंख्या में मुसलिमों की जनसंख्या का प्रतिशत—

	1991	2001
बँगलादेश से सटे जिले		
धुबरी	70.4	74.3
बारपेटा	56.1	59.4
ग्वालपाड़ा	50.2	53.6
हेलाकांडी	54.8	57.6

करीमगंज	49.2	52.3
कछार	34.5	36.1
तीन अन्य जिले		
नौगाँव	47.2	51.0
मारीगाँव	46.0	47.6
दरांग	32.0	35.6
संपूर्ण असम	**28.4**	**30.9**

अब अपना ध्यान केंद्रित करते हैं पश्चिम बंगाल के उन जिलों पर, जिनका उल्लेख श्री राजेश्वर ने किया है—दक्षिण और उत्तरी 24 परगना, नदिया, मुर्शिदाबाद, मालदा, दिनाजपुर और शेष जिले। इन जिलों के आँकड़े तो वास्तव में चौंकानेवाले हैं। सारणी-4 में यह दिखाया गया है कि किस तरह सन् 1991 और 2001 के बीच इन जिलों में मुसलिमों और गैर-मुसलिमों की जनसंख्या में वृद्धि हुई है।

सारणी-4

सन् 1991 और 2001 के बीच पश्चिम बंगाल के जिलों में जनसंख्या में होनेवाली प्रतिशत वृद्धि—

	मुसलिम	**गैर-मुसलिम**	**कुल**
दक्षिण 24 परगना	34.2	11.5	20.8
उत्तर 24 परगना	23.8	22.6	22.7
नदिया	21.9	18.8	19.5
मुर्शिदाबाद	28.4	16.4	23.8
मालदा	30.7	19.4	24.7
कोलकाता	19.0	0.7	3.9
दक्षिणी दिनाजपुर			
उत्तरी दिनाजपुर	79.5	41.9	54.3
जलपाईगुड़ी	31.3	20.4	21.5
कूच बिहार	18.5	12.8	14.2
संपूर्ण पश्चिम बंगाल	**25.9**	**15.3**	**17.8**

परिणामस्वरूप, वर्तमान में मुर्शिदाबाद में मुसलिम जनसंख्या जिले की कुल जनसंख्या का 64 प्रतिशत है, मालदा में 50 प्रतिशत और उत्तर व दक्षिण 24 परगना जिलों में 40 प्रतिशत है।

सारणी-5

पश्चिम बंगाल के जिलों में कुल जनसंख्या में मुसलिमों की जनसंख्या का प्रतिशत—

	1991	2001
दक्षिण 24 परगना	29.9	33.2
उत्तर 24 परगना	24.2	24.2
नदिया	24.9	25.4
मुर्शिदाबाद	61.4	63.7
मालदा	47.5	49.7
कोलकाता	17.7	20.3
दक्षिणी दिनाजपुर	33.0	38.4
उत्तरी दिनाजपुर		
जलपाईगुड़ी	10.0	10.8
कूच बिहार	23.4	24.2
संपूर्ण पश्चिम बंगाल	**23.6**	**25.2**

बिहार के जिन जिलों का उल्लेख श्री राजेश्वर ने अपनी सूची में किया था, उनकी स्थिति भी कुछ इसी तरह चिंताजनक है। किशनगंज—जहाँ से तसलीमुद्दीन बतौर सांसद चुने जाते हैं—में कुल जनसंख्या का करीब 68 प्रतिशत मुसलिम हैं। पूर्णिया, अररिया और कटिहार में यह 37 से 42 प्रतिशत है। इन जिलों में मुसलिमों की जनसंख्या गैर-मुसलिम जनसंख्या के मुकाबले एक-चौथाई से तीन-चौथाई तक अधिक तेजी से बढ़ रही है। ये उन संवेदनशील जिलों में से हैं, जहाँ तेजी से बँगलादेशी घुसपैठिए अपना स्थायी ठिकाना बना रहे हैं। सारणी-7 में यह दिखाया गया है कि इन जिलों में चुनाव में किसी उम्मीदवार के विजयी होने का फैसला कौन करता है।

सारणी-6

बिहार के जिलों में सन् 1991 से 2001 के बीच मुसलिमों की जनसंख्या में वृद्धि का प्रतिशत—

	मुसलिम	गैर-मुसलिम	कुल
किशनगंज	35.2	25.0	31.7
अररिया	36.1	32.4	34.0
पूर्णिया	44.1	30.8	35.4
कटिहार	39.7	25.4	31.1

सारणी-7

बिहार के जिलों में मुसलिमों की जनसंख्या का प्रतिशत—

	1991	2001
किशनगंज	65.8	67.6
अररिया	40.5	41.2
पूर्णिया	34.5	36.7
कटिहार	39.9	42.5

मुसलिमों और गैर-मुसलिमों की जनसंख्या वृद्धि में ऊपर जो अंतर देखने को मिला है, उसकी क्या वजह है? क्या इन क्षेत्रों के मुसलिमों में प्रजनन क्षमता अपवादस्वरूप बहुत ज्यादा है? या फिर भारत के अन्य इलाकों से मुसलिम पलायन कर इन पिछड़े जिलों में आ जाते हैं? या फिर इनकी संख्या में वृद्धि बँगलादेश से आ रहे घुसपैठियों की वजह से हो रही है?

हो सकता है कि आप इस सवाल का जवाब ढूँढ़ने में अंतर्द्वंद्व में फँस जाएँ; लेकिन आप एक मुद्दे पर तो एकमत हो ही सकते हैं—धर्मनिरपेक्षवादी लोग इन आँकड़ों को रद्दी की टोकरी में डाल देंगे और भारत में तो इसका खंडन जरूर होगा।

कोई ऐसा व्यक्ति, जो इन तथ्यों को सामने लाने का साहस करे

जनसंख्या के स्वरूप पर हमला
—प्रत्यक्ष परिणाम

लेकिन यहाँ एक अन्य लक्षण भी देखने को मिलता है और यह लक्षण पूरी कहानी को और भी स्पष्ट कर देता है। सच्चाइयाँ अपनी शक्ल में लगातार सभी को घूरे जा रही हैं। असम के विद्यार्थियों ने इस प्रकार के अप्रत्यक्ष हमलों को रोकने में सरकार को सक्रिय करने के लिए एक आंदोलन भी चलाया था। लेकिन इस आंदोलन को बर्बरता से कुचल दिया गया। इन आंदोलनकारी विद्यार्थियों में से 800 विद्यार्थियों को मौत के घाट उतार दिया गया। हो सकता है कि हम जैसे किसी लेखक की बातों पर ध्यान न दिया जाए; क्योंकि हमने देखा है कि इन क्षेत्रों में तैनात उच्च अधिकारियों ने भी इस हमले की ओर और इसके भयानक परिणामों की ओर भी सरकार का ध्यान आकृष्ट कराया था। लेकिन परिणाम वही रहा है—

- सैयद शहाबुद्दीन ने पश्चिम बंगाल के पूर्व राज्यपाल और गुप्तचर विभाग के प्रमुख श्री टी.वी. राजेश्वर राव के लेखों की न केवल अपशब्दों में निंदा की बल्कि स्वयं उन्हें भी गंदे-गंदे उपनामों से नवाजा। शहाबुद्दीन ने लिखा था कि 'वह बँगलादेशी घुसपैठियों पर लिखे गए श्री टी.वी. राजेश्वर के लेखों से हताश हैं, क्योंकि बहुत ही गैर-जिम्मेदाराना तरीके से सांप्रदायिक उन्माद फैलाने की कोशिश की गई है।'
- 'एक सांप्रदायिक व्यक्ति राज्यपाल के योग्य नहीं हो सकता, इसलिए राष्ट्रपति को उन्हें बरखास्त कर देना चाहिए।'—ये वे शब्द हैं, जिनसे असम के राज्यपाल जनरल एस.के. सिन्हा को उनकी रिपोर्ट के लिए नवाजा गया था।

इस तरह की प्रतिक्रियाएँ आज भी की जा रही हैं। 'दि इंडियन एक्सप्रेस' में मेरे द्वारा लिखा एक लेख प्रकाशित हुआ था, जिसमें टी.वी. राजेश्वर राव के उन लेखों का उल्लेख किया गया था। इस लेख के प्रकाशित होने के दो या तीन दिन बाद ही बँगलादेशी उच्चायोग के एक मंत्री का एक पत्र उस लेख पर प्रतिक्रिया करते हुए आया। जनगणना के आँकड़ों के प्रकाश में जरा इसे पढ़कर देखें—

भारत के एक पड़ोसी मित्र बँगलादेश के बारे में श्री शौरी ने जो कुछ

भी लिखा है, वह हमारे लिए चिंता का विषय है। हमें निराशा हुई है और हम दु:खी हैं, यह जानकर कि कुछ दिन पहले तक भारत सरकार में कैबिनेट मंत्री रहे श्री अरुण शौरी जैसे महत्त्वपूर्ण व्यक्ति ने 'वृहद् इसलामिक बँगलादेश के निर्माण' पर हास्यास्पद विचार प्रस्तुत किए हैं।

हम श्री शौरी को यह याद दिलाना चाहेंगे कि बँगलादेश एक स्वतंत्र और संप्रभुता-संपन्न राष्ट्र है। यहाँ लोकतांत्रिक तरीके से चुनकर बनी सरकार अस्तित्व में है; सभी स्तरों पर लोकतांत्रिक संस्थाएँ अपना कार्य कर रही हैं। लगातार हमारी यह नीति रही है कि हम अपने पड़ोसी देश भारत से अच्छे संबंध विकसित करें।

दोनों देशों के बीच अच्छे संबंध और दोनों देशों की जनता के बीच आपसी संबंध स्पष्ट रूप से उनके सामाजिक रीति-रिवाज, संस्कृति और ऐतिहासिक संबंधों में झलकते हैं। इतना ही नहीं, इस क्षेत्र में भारत बँगलादेश का सबसे बड़ा व्यापारिक साझेदार है। ये सभी तथ्य हैं—इनमें कोई शक नहीं है। ऐसे में हमें घोर आश्चर्य है कि श्री शौरी एक पड़ोसी मित्र को इस तरह गैर-जिम्मेदाराना और विद्वेषपूर्ण कटाक्ष करते हुए आरोपों में कैसे उलझा सकते हैं।

सच्चाई तो यह है कि आपके प्रतिष्ठित समाचार-पत्र के संपादकीय पृष्ठ पर श्री शौरी ने जो कुछ लिखा है, उससे हमारी भावनाओं को ठेस पहुँची है। उन बँगलादेशी लोगों—जो भारत के साथ मित्रवत् भावना रखते हैं—की भावनाओं की बेकद्री हुई है। उनका इस तरह का लेख लोगों के बीच केवल नफरत, विद्वेष और कटुता को जन्म देता है।

बँगलादेश एक शांतिप्रिय देश है। आधिपत्य जमाने की उसकी बिलकुल भी महत्त्वाकांक्षा नहीं है। या फिर ऐसी कोई योजना नहीं तैयार की गई है, जैसा उन्होंने अपने लेख में लिखा है। हालाँकि मुझे पूरा विश्वास है कि न तो भारत सरकार और न ही भारत की जनता श्री शौरी के इन दु:स्वप्नों पर यकीन करेगी।

तकनीक पर गौर करें। मैंने जो कुछ भी कहा, वह मेरा अपना आकलन नहीं था, बल्कि वह टी.वी. राजेश्वर का आकलन था, जो वर्तमान में उत्तर प्रदेश के राज्यपाल हैं। उन्हें उसी सरकार द्वारा नियुक्त किया गया है, जिसमें पत्र भेजनेवाले इन महानुभाव की इतनी आस्था है। लेकिन 'हास्यास्पद विचार' मेरे अपने हैं, न कि श्री राजेश्वर के! यह भी गौर करने लायक है कि प्रतिक्रिया में जो पत्र भेजे गए, उसमें सिर्फ इस बात का जिक्र है कि बँगलादेश एक

स्वतंत्र, संप्रभुता-संपन्न देश है, जहाँ की सरकार लोकतांत्रिक तरीके से चुनकर आई है और इस बात का कहीं भी जिक्र नहीं है कि जनसंख्या वृद्धि की दर में जिस अंतर की बात कही गई है, उसपर वे क्या मत रखते हैं? इसमें सिर्फ यह कहा गया कि 'आपके प्रतिष्ठित पत्र में इस तरह के लेख प्रकाशित होने से हमारे दोस्ताना रिश्ते को ठेस पहुँची है...'; इस प्रकार के लेख से किस तरह 'नफरत और कटुता उत्पन्न होती है?'

बँगलादेश से सटे जिलों के अलावा

जनसंख्या संबंधी परिवर्तन और जनसंख्या समीकरण में यह उलट-फेर केवल पश्चिम बंगाल और असम आदि तक ही सीमित नहीं है। एक-एक करके हर क्षेत्र इसकी चपेट में आ रहा है—कश्मीर घाटी से हिंदुओं को भगा दिया गया; कारगिल क्षेत्र से बौद्धों को शहरबदर कर दिया गया; लेह में भी इसी प्रकार व्यवस्थित तरीके से मुसलिमों को स्थापित करके वहाँ का स्वरूप बदल दिया गया; त्रिपुरा में आदिवासी अब अल्पमत में आ गए हैं; दार्जिलिंग और सिक्किम में नेपाली उपनिवेशकों से अब परेशानी होने लगी है; राजस्थान में सीमा से सटे गाँवों में पाकिस्तान से आए मुसलिमों की भरमार है; यहाँ तक कि नई दिल्ली के संसदीय क्षेत्र में बँगलादेशी घुसपैठिए अहम भूमिका निभाने लगे हैं।

जैसा हमने देखा कि गुप्तचर एजेंसियों और अन्य ने भी अपनी रिपोर्टों में घुसपैठियों की समस्या की ओर ध्यान आकर्षित कराया है। कई मौकों पर तो स्थानीय सरकारों ने भी अपने स्तर पर घुसपैठियों से निपटने के लिए कुछ कदम उठाए हैं—एक बार दिल्ली के स्थानीय प्रशासन ने 50 बँगलादेशियों को ट्रेन में चढ़ा दिया। एक दूसरे मौके पर महाराष्ट्र सरकार ने कुछ बँगलादेशियों की पहचान की थी और उन्हें बंगाल की ट्रेन में चढ़ा दिया था। इस प्रकार के छिटपुट प्रयास इतने प्रभावी नहीं थे कि उनसे इतने बड़े हमले को रोका जा सके। जैसे ही इस तरह के प्रयास शुरू हुए, मीडिया जगत् में तथा सदन में इसके विरोध में इतना शोर-शराबा मचा कि ऐसे प्रयास अब छोड़ ही दिए गए। ऐसे में गुप्तचर एजेंसियाँ और क्रियान्वयन संस्थाएँ भी अब धीमे स्वर में इस मुद्दे को उठाने लगीं—तथाकथित धर्मनिरपेक्षवादियों, और भारत में तथाकथित उदारवादी नीतियों के कारण आम वातावरण इतना दूषित हो चुका है कि उनकी रिपोर्ट अलमारी में बंद हो जाती है। सच्चाई तो यह है कि सरकार रिपोर्ट पर या तो कोई काररवाई करने में सक्षम नहीं है या फिर वह काररवाई करने की इच्छुक नहीं है। उसकी ओर से यह सुनिश्चित किया जाता है

कि रिपोर्ट न केवल अलमारी में बंद है, बल्कि अलमारी में ताला लगाकर उसे सुरक्षित भी कर दिया गया है।

जो स्थिति के कारण चिंतित हैं या सतर्क हैं, वे सिर्फ बार-बार अपनी आवाजें उठा सकते हैं। उस क्षण को याद करें, जब असम के राज्यपाल जनरल सिन्हा ने नवंबर 1998 में राष्ट्रपति के पास रिपोर्ट भेजी थी। चार वर्ष बाद जनवरी 2003 में जब राज्यपालों की बैठक हुई थी तब असम के राज्यपाल निम्नलिखित टिप्पणी करने के लिए विवश हो गए थे—

> बँगलादेश से असम में हो रही घुसपैठ निर्बाध गति से अभी भी जारी है। आई.एम. (डी.टी.) एक्ट ने वस्तुतः उन घुसपैठियों को ढूँढ़ निकालने और भगाने में पुलिस को असहाय बना दिया है। यह एक्ट न केवल अति विवादित मुद्दा है, बल्कि यह इस समस्या के राजनीतिक समाधान की संभावना को भी धूमिल करता है। यह मुद्दा जनहित याचिका के माध्यम से सर्वोच्च न्यायालय तक भी पहुँचाया गया था, लेकिन पिछले दो वर्षों से इसपर सुनवाई ही नहीं हो रही है।
>
> मैंने स्वयं सन् 1998 में इस मामले पर राष्ट्रपति को एक विशेष रिपोर्ट सौंपी थी, जिसमें उक्त समस्या के समाधान के लिए विभिन्न उपाय सुझाए गए थे, यथा—आई.एम. (डी.टी.) ऐक्ट को निरस्त करने, सीमा पर बाड़ लगाने के कार्य को जल्दी पूरा करने, अपने नागरिकों को पहचान-पत्र जारी करने जैसे कई सुझाव प्रस्तावित किए गए थे। असम की सीमा पर सन् 1992 में ही सीमा बाड़ लगाने का कार्य शुरू हुआ था, लेकिन अभी तक पूरा नहीं हो पाया है। इसके सन् 2004 तक ही पूरा हो पाने की संभावना है। सीमा पर बाड़ लगाने का काम भारत-बँगलादेश सीमा के अन्य क्षेत्रों में भी शुरू हो गया है, जिसके सन् 2007 तक पूरा होने की संभावना है। काफी लंबे समय बाद अपने नागरिकों को पहचान-पत्र देने का काम इस वर्ष अप्रैल में शुरू होने जा रहा है।
>
> आज आवश्यकता है ऐसे कारगर उपायों की, जो लगातार बढ़ रही अवैध घुसपैठ को रोकने में सफल हो सकें। अनुमान है कि असम में कुल मिलाकर करीब 4 करोड़ अवैध घुसपैठिए आ चुके हैं। यह घुसपैठ हो सकता है कि आर्थिक कारणों से हुई हो, लेकिन इससे असम के भू-जनसंख्या स्वरूप को गंभीर खतरा है। यह हमारी राष्ट्रीय सुरक्षा के लिए भी एक गंभीर खतरा है, क्योंकि लंबे समय से 'रहने के लिए स्थान' देने की माँग बँगलादेश में उठती

ही है। साथ रही उस देश में अल कायदा और अन्य कट्टरपंथी संगठनों के सक्रिय होने की खबर भी है।[1]

यह उस कड़ी का अंत था।

इस बीच वह वैमनस्यकारी कानून अवैध घुसपैठियों को भगाने के प्रत्येक प्रयास को लगातार विफल कर रहा है। आई.एम. (डी.टी.) ऐक्ट केवल असम में लागू है, जबकि फॉरनर्स ऐक्ट (Foreigners Act) शेष भारत में लागू किया गया है। आई.एम. (डी.टी.) ऐक्ट के अनुसार, 'अवैधानिक रूप से रह रहे किसी विदेशी' अभियुक्त की नागरिकता को सिद्ध करने की जिम्मेदारी अभियोजन पक्ष की होती है, जबकि फॉरनर्स ऐक्ट के अंतर्गत यह जिम्मेदारी अभियुक्त की होती है। इस प्रकार, ऐक्ट के दोषों और इस मामले में राजनीतिक इच्छाशक्ति के अभाव के कारण इस दिशा में होनेवाली प्रगति अत्यधिक धीमी है। केंद्रीय गृह मंत्रालय ने भी स्वीकार किया है कि आई.एम. (डी.टी.) ऐक्ट का कार्य असंतोषजनक रहा है। सन् 1999 के मध्य में एक अदालती मामले के संबंध में गृह मंत्रालय ने इस ऐक्ट के अंतर्गत की गई काररवाई की प्रगति के बारे में बताया था—

कुल शुरुआती जाँच-पड़ताल (संदेहास्पद अवैध प्रवासियों के खिलाफ)—3,02,554
स्क्रीनिंग कमेटी को सौंपी गई जाँच-पड़ताल—2,96,564
आई.एम. (डी.टी.) न्यायाधिकरणों को सौंपी गई जाँच-पड़ताल रिपोर्ट—31,264
आई.एम. (डी.टी.) न्यायाधिकरणों द्वारा 'अवैध प्रवासी' घोषित किए गए व्यक्ति—9,625
बाहर निकाले गए अवैध प्रवासियों की संख्या—1,461[2]

एक संक्षिप्त वक्तव्य

ऊपर उल्लिखित मुद्दे समय-समय पर विभिन्न सरकारों के समक्ष उठते रहे हैं। वर्ष 2003 में पुलिस महानिदेशकों की हुई बैठक में भी गुप्तचर विभाग ने एक

1. लेफ्टिनेंट जनरल एस.के. सिन्हा, 'राज्यपालों के सम्मेलन में संबोधन', 11-12 जनवरी, 2003, नई दिल्ली, पृष्ठ 8-9)।
2. वसबीर हुसैन, 'असम—डेमोग्राफिक जिटर्स' (Assam—Demographic Jitters), साउथ एशिया इंटेलिजेंस रिव्यू, खंड 3, संख्या 10, 20 सितंबर, 2004, साउथ एशिया टेररिज्म पोर्टल, www. satp.org।

बार फिर से इस मुद्दे को जोर-शोर से उठाया था।

इस दौरान जो मुद्दे उठाए गए थे, उनमें दो तथ्य महत्त्वपूर्ण थे—हर कोई जानता है कि क्या हो रहा है ? फिर भी कोई कुछ नहीं कर रहा है। उस नोट के मूल शब्द इस प्रकार थे—

★ ★ ★

बँगलादेश से भारत की सुरक्षा को खतरा बढ़ता जा रहा है—विशेषकर अक्तूबर 2001 में बँगलादेश नेशनल पार्टी के नेतृत्ववाली सरकार के गठन के बाद से चिंता के विषय निम्नलिखित हैं—

1. भारतीय विद्रोही संगठनों (आई.आई.जी.) को आश्रय देना और उन्हें प्रशिक्षित करना तथा उन्हें भारतीय सीमा में काररवाई करने के लिए बँगलादेश की जमीन का प्रयोग करने देना।
2. बँगलादेश में आई.आई.जी. द्वारा हथियारों को प्राप्त करना और भारत में इस्तेमाल के लिए उसका स्थानांतरण करना।
3. भारत के खिलाफ नफरत फैलाने के लिए निजी मदरसे और ऐसे ही अन्य कट्टर इसलामिक गुटों की संख्या में वृद्धि।
4. भारत में जासूसी करने के लिए आई.एस.आई. की गतिविधियाँ तेज करने में बँगलादेश की जमीन का प्रयोग करना। साथ ही, भारत में आतंकवादी गतिविधियों को अंजाम देने के लिए कट्टर इसलामिक गुटों द्वारा बँगलादेश की धरती का इस्तेमाल करना।
5. ऐसे तत्त्वों को प्रशिक्षण उपलब्ध कराया जाना तथा भारत के सीमाप्रांतों में विभाजन के प्रयास।
6. भारत में अवैध घुसपैठियों का निर्बाध गति से आना और इसके परिणामस्वरूप जनसंख्या के भौगोलिक समीकरण का बिगड़ जाना तथा सीमा से सटे कई राज्यों में इन घुसपैठियों का तेजी से जमता राजनीतिक प्रभाव।

4,096 किलोमीटर लंबी भारत-बँगलादेश सीमा में इतने ज्यादा रिक्त स्थान हैं कि उसे पार करना बेहद ही आसान है! बँगलादेश से भारत में लगातार हो रही व्यापक पैमाने पर अवैध घुसपैठ (15 करोड़ से भी ज्यादा) से भारत की सुरक्षा को गंभीर खतरा पैदा हो गया है। आर्थिक कारणों से ही सही, अवैध बँगलादेशी घुसपैठियों ने देश के कई राज्यों में अपना आशियाना बसा लिया है—पश्चिम बंगाल (79 लाख), असम (50 लाख), बिहार (पूर्वोत्तर के जिलों

में, जिनमें कटिहार, साहेबगंज, किशनगंज और पूर्णिया शामिल हैं, 4.75 लाख), त्रिपुरा (3.75 लाख) और दिल्ली (3.7 लाख)। नगालैंड में मुसलिमों की जनसंख्या, जिनमें अधिकांश बँगलादेशी घुसपैठिए ही हैं, पिछले दशक में तीन गुना से भी ज्यादा बढ़ी है। सन् 1991 में जहाँ यह संख्या 20,000 थी, वहीं अब 75,000 से ज्यादा हो गई है। यही स्थिति मिजोरम की है। वहाँ भी बँगलादेशी घुसपैठियों की भारी संख्या आकर बस गई है। हालाँकि इनका कोई ठोस आँकड़ा मौजूद नहीं है।

सीमा से सटे पश्चिम बंगाल और असम के जिलों में अवैध बँगलादेशी प्रवासियों ने वास्तव में वहाँ की जनसंख्या के स्वरूप को खतरनाक स्तर पर ला दिया है। किसी-न-किसी तरह स्थानीय राशन कार्ड हासिल करके और फिर उसके आधार पर भारतीय नागरिकता प्राप्त करके धीरे-धीरे वे अपना राजनीतिक प्रभाव जमा लेते हैं। इससे उन्हें एक राजनीतिक आश्रय प्राप्त हो जाता है और फिर इस आश्रय का फायदा उठाते हुए वे और अधिक बँगलादेशियों को अपने यहाँ घुसपैठ के जरिए ले आते हैं। असम में तो अवैध घुसपैठिए वहाँ की राजनीति को बहुत गहराई तक प्रभावित करते हैं। मोटे तौर पर राज्य की 126 विधानसभा सीटों में से करीब 50 सीटों पर उनका ही कब्जा रहता है। इस तरह उनके बढ़ते वर्चस्व की वजह से पहले ही असम और नगालैंड में उनके खिलाफ आंदोलन हो चुका है। स्थानीय लोगों में उनके खिलाफ रोष बढ़ता जा रहा है। नॉर्थ-ईस्ट स्टूडेंट्स ऑर्गेनाइजेशन (NESO) पहले से अवैध घुसपैठियों के खिलाफ आवाज उठा चुका है और आई.एम.(डी.टी.) ऐक्ट को निरस्त करने के लिए रोषपूर्ण प्रदर्शन कर चुका है।

जनसंख्या के स्वरूप के लिए इस खतरे के अलावा पूर्वोत्तर के भारतीय विद्रोही गुटों को बँगलादेश की सेना तथा सुरक्षा एजेंसियों द्वारा मिलनेवाला समर्थन भी गंभीर विषय बनता जा रहा है। भारत के विद्रोही गुट (आई.आई.जी.) बँगलादेशी धरती का प्रयोग अपने आश्रय के रूप में करते हैं। वहाँ उन्हें प्रशिक्षण मिलता है। वे अपने हथियारों को वहाँ संग्रह करके सुरक्षित रखते हैं। वहाँ से हथियारों को भारत में एक स्थान से दूसरे स्थान पर ले जाया जाता है और भारत के भीतर विभिन्न विद्रोही गतिविधियाँ संचालित की जाती हैं। त्रिपुरा (एन.एल.एफ.टी., ए.टी.टी.एफ.), असम (उल्फा, एन.डी.एफ.बी.), मेघालय (एच.एन.एल.सी., ए.एन.वी.सी.), नगालैंड (ए.एस.सी.एन./आई.एम.) और मणिपुर (पी.एल.ए., यू.एन.एल.एफ.) के सभी प्रमुख विद्रोही संगठनों के

बँगलादेश के जिलों—बंदरबन, रंगामाटी, चिट्टगोंग, खगराचरी, मौलवी बाजार, हबीबगंज, स्लीट, मेमनसिंग, कुरीग्राम, कोमिला और ढाका में इस तरह के अपने-अपने कैंप हैं। कॉक्स बाजार विदेशी हथियारों के संग्रह का प्रमुख केंद्र है। यहाँ से बँगलादेश की सड़कों के माध्यम से ये हथियार भारत में आते हैं।

भारतीय विद्रोही गुटों के कई प्रमुख नेता बँगलादेश में रहते हैं। कई तो पूरे परिवार के साथ वहाँ रहते हैं। इनमें परेश बरुआ (सी-इन-सी, उल्फा), रंजन डामरी (अध्यक्ष एन.एल.एफ.बी.), जूलियस डॉरफेंग (अध्यक्ष, एच.एन.एल.सी.), दिलाश मारक (अध्यक्ष, ए.एन.वी.सी.), विश्वमोहन देबारमा (अध्यक्ष, एन.एल.एफ.टी.) और रणजीत देबारमा (अध्यक्ष, ए.टी.टी.एफ.) शामिल हैं। विद्रोही संगठनों के इन नेताओं के बारे में जग-जाहिर है कि इनकी बँगलादेश की सेना और आई.एस.आई. से साँठ-गाँठ है। भारत के अधिकतर विद्रोही संगठनों के नेता बँगलादेशी पासपोर्ट का प्रयोग करते हैं, जो उन्हें आसानी से मिल जाते हैं।

भारत के विद्रोही गुटों के सदस्यों तथा जिहादी संगठनों के सदस्यों को पाकिस्तान और अफगानिस्तान भेजने तथा भारत में घुसपैठ कराने के लिए बँगलादेश, विशेषकर ढाका का प्रयोग एक सुरक्षित पड़ाव के रूप में किया जा रहा है। ए.टी.टी.एफ. के तीन भूमिगत कार्यकर्ताओं ने 2 अक्तूबर, 2002 को सुरक्षा बलों के समक्ष आत्मसमर्पण किया था। इन तीनों ने खुलासा किया था कि आई.एस.आई. ने कंधार (अफगानिस्तान) में ए.टी.टी.एफ. के आठ भूमिगत कार्यकर्ताओं को प्रशिक्षण देने के लिए कैंप की व्यवस्था की थी। एन.डी.एफ.बी. के दो वरिष्ठ नेता—धीरेन बोरो (उपाध्यक्ष) और गोबिंदा बासुमैत्री (महासचिव) को क्रमश: 1 जनवरी, 2003 और 5 दिसंबर, 2002 को गिरफ्तार किया गया था। इन दोनों नेताओं ने उन तौर-तरीकों का खुलासा किया था, जिसके माध्यम से आई.एस.आई. पाकिस्तान में ए.डी.एफ.डी. के कैडरों को प्रशिक्षण देती है। उन्होंने यह भी बताया था कि किस तरह से इन कैडरों को वापस पाकिस्तान से ढाका भेजा जाता है। प्रदीप गोगोई (उपाध्यक्ष, वर्तमान में जेल में है) और लोहित देवरी समेत कई उल्फा नेताओं ने बार-बार रिमांड पर पूछताछ के दौरान यह खुलासा किया कि उल्फा के कैडरों को प्रशिक्षण के लिए ढाका से पाकिस्तान लाया गया था, जिसकी पूरी व्यवस्था आई.एस.आई. ने की थी।

गुजरात के पूर्व गृह राज्यमंत्री हरेन पांड्या की हत्या के लिए जिम्मेदार असगर अली (निवासी नालगोंडा, आंध्र प्रदेश) ने पूछताछ के दौरान यह खुलासा किया कि कम-से-कम आठ मुसलिम युवकों को दिसंबर 2002 में कोलकाता के

रास्ते बँगलादेश भेजा गया था, जहाँ से उन्हें प्रशिक्षण के लिए पाकिस्तान भेजा गया। आई.एस.आई. कार्यकर्ता और एच.यू.एम. कैडर कैरी सलीम को गुवाहाटी में सन् 1999 में गिरफ्तार किया गया था। पूछताछ के दौरान उसने यह खुलासा किया था कि वह बँगलादेश के रास्ते यहाँ आया था और उसे लेह-मनाली राजमार्ग पर विध्वंसात्मक काररवाई करने की जिम्मेदारी सौंपी गई थी। दिसंबर 1999 में काठमांडू से आई.सी.-814 विमान का अपहरण करने में जो लोग शामिल थे, वे पाकिस्तान से भारत में अपनी गतिविधियाँ चलाने के लिए बँगलादेश का प्रयोग कर रहे थे।

ढाका में पाकिस्तानी गुप्तचर अधिकारी भारत के खिलाफ खुफिया गतिविधियों में लगातार सक्रिय होते जा रहे हैं। सन् 2002 में तीन ऐसे कैंपों का पता लगाया गया था, जो पाकिस्तानी गुप्तचर अधिकारियों द्वारा ढाका में संचालित हो रहे थे और उनमें कुछ बँगलादेशी कार्यकर्ताओं को भी शामिल किया गया था। वहाँ से कई गुप्त दस्तावेज और संवेदनशील स्थानों के फोटो बरामद किए गए थे। ढाका से पाकिस्तानी गुप्तचर अधिकारियों द्वारा ही संचालित एक और कैंप का पता लगा था। इसमें भी एक बँगलादेशी कार्यकर्ता का इस्तेमाल किया जाता था। इसका पता सन् 2003 में संवेदनशील क्षेत्रों—सिक्किम और उत्तरी बंगाल—में भारतीय सेना की तैनाती के संबंध में सुरक्षा से जुड़ी सूचनाएँ एकत्र करने के लिए सिक्किम में लगाया गया था।

इधर, बँगलादेश में इसलाम के वहाबी रूप का चलन जोर-शोर से बढ़ रहा है, जो जिहादी आतंकवाद को बढ़ावा देता है। बँगलादेश के कौमी मदरसे (इनकी संख्या 1 लाख—गैर-सरकारी मदरसों का 90 प्रतिशत—है, जो सरकार के नियंत्रण की परिधि से बाहर हैं) भारत-विरोधी गतिविधियों की शिक्षा देने के प्रमुख केंद्र हैं। इन मदरसों को मुख्य रूप से पाकिस्तान और सऊदी अरब से वित्तीय मदद मिलती है। मदरसों का प्रयोग सीमा के दोनों ओर के युवकों को शिक्षा देने के लिए किया जाता है और साथ ही पाकिस्तानी आई.एस.आई. कार्यकर्ताओं के शरण-स्थल तथा कट्टरपंथी संगठनों, जैसे—एच.यू.जे.ए.आई., जे.ई.आई., आई.सी.एस., आई.ओ.जे.—के प्रशिक्षण केंद्र के रूप में भी इसका इस्तेमाल किया जाता है।

बँगलादेश में इसलामिक संगठन भारत-विरोधी और कट्टरपंथी विचारों से लबरेज अपने प्रकाशनों को बाँटते रहते हैं। खासकर, पूर्वोत्तर के क्षेत्रों में उनकी ये गतिविधियाँ संचालित होती रहती हैं। अक्तूबर-नवंबर 2001 में असम के करीमगंज जिले में ऐसे कैलेंडर पाए गए, जिनमें ओसामा-बिन-लादेन का फोटो छपा हुआ था। पुलिस ने ऐसी सी.डी. और ऑडियो कैसेट तेजपुर (नवंबर

2001) और करीमगंज (नवंबर 2002) से बरामद किए, जिनमें भारत-विरोधी भाषण थे। ये भाषण जमात-ए-इसलामी (बँगलादेश) के एक एम.पी. मौलाना दिलावर हुसैन सईदी ने दिए थे।

बँगलादेश में कट्टरपंथी तत्त्वों ने कई सारे जिहादी संगठनों को पनपने के लिए प्रेरित किया—ये हैं हरकत-उल-जिहाद-ए-इसलाम (एच.यू.जे.आई.-बी.डी.), जमात-उल-मुजाहिदीन (जे.यू.एम.), शहादते-अल-हिक्मा और जैश-ए-मुस्तफा। शासन में जमात-ए-इसलामी-बँगलादेश की उपस्थिति और इसलामी ओइक्या जोते (आई.ओ.जे.) की सत्ताधारी गठबंधन में हिस्सेदारी से इनकी गतिविधियों को संरक्षण और प्रोत्साहन मिलता है। साथ ही, इससे भारत के कट्टर इसलामिक संगठनों, जैसे—सिमी (SIMI), मुल्ता (MULTA) और इसलामिक यूनाइटेड रिफॉर्मेशन प्रोटेस्ट ऑफ इंडिया (आई.यू.आर.पी.आई.) के कार्यकर्ताओं के शिक्षण-प्रशिक्षण को भी संरक्षण मिलता है।

बँगलादेश में इसलामिक कट्टरपंथी ताकतों के विकास, वहाँ आई.एस.आई. की गतिविधियों में होनेवाली वृद्धि और इन संगठनों के प्रति बँगलादेश सरकार की संवेदनशीलता हमारे लिए एक गंभीर चिंता का विषय है। बँगलादेश के बुद्धिजीवियों का एक वर्ग हमारे पूर्वोत्तर में बँगलादेशी निबेनस्रौम की बात पहले से ही करने लगा है। ऐसे हालात में सिर्फ राजनीतिक स्तर पर सतर्क रहने की जरूरत नहीं है, बल्कि भारत-बँगलादेश सीमा पर अत्यधिक ध्यान केंद्रित करने की जरूरत है। साथ ही सुरक्षा एजेंसियों, सीमा सुरक्षा बलों और राज्य पुलिस के बीच बेहतर तालमेल बैठाने की जरूरत है, ताकि बँगलादेश की ओर से आ रहे गंभीर खतरे से निपटा जा सके।

★ ★ ★

उसके बाद जल्दी ही सरकार बदल गई। गृह मंत्रालय ने मामले का एक बार फिर से अध्ययन किया। फरवरी 2005 में नया दस्तावेज—'पाकिस्तान के वैकल्पिक परोक्ष युद्ध का आधार'—तैयार किया गया। इसमें पाकिस्तान द्वारा अपनी विध्वंसात्मक गतिविधियों को तेज करने के लिए चलाए गए नए ऑपरेशन के बारे में उल्लेख था। इसमें इस खबर का भी उल्लेख था कि पाकिस्तान अपने भारत-विरोधी अभियानों के लिए बँगलादेश को एक नए आधार के रूप में विकसित कर रहा है। दस्तावेज में इस बात का खुलासा था कि पाकिस्तान अपने लगभग 200 आतंकवादी प्रशिक्षण कैंपों को पहले ही अपने यहाँ से हटाकर बँगलादेश में व्यवस्थित करवा चुका है।

इस स्थानांतरण के संबंध में दस्तावेज में कई कारण सूचीबद्ध किए गए थे, जो इस प्रकार थे—

1. भारत-बँगलादेश सीमा भौगोलिक दृष्टि से सरंध्र (छिद्रों से युक्त) है और पूर्वी, पश्चिमी तथा उत्तर-पश्चिमी क्षेत्र में नदी तटीय स्वरूप के कारण इसकी निगरानी का काम भी काफी कठिन है।
2. बाड़ लगाने का कार्य अभी तक अधूरा है—बाड़ लगाने के लिए स्वीकृत कुल लंबाई 3,287 कि.मी. में से अब तक सिर्फ 1,502 कि.मी. लंबाई में ही बाड़ लगाने का काम पूरा हो सका है; जबकि पूरी सीमा में बाड़ लगाना एक प्रारंभिक उपाय है।
3. बँगलादेश की सीमा पश्चिम बंगाल, असम, मेघालय, त्रिपुरा और मिजोरम जैसे भारत के संवेदनशील राज्यों के साथ-साथ है।
4. आई.एस.आई. (ISI) को इन संवेदनशील राज्यों में घुसने के लिए बँगलादेश से कई रास्ते मिल जाते हैं।
5. बँगलादेश भारत के सामरिक क्षेत्र 'सिलीगुड़ी कॉरिडोर' के दोनों ओर तथा सात पूर्वोत्तर राज्यों तक के सँकरे संचार मार्ग के दोनों ओर स्थित है। ऐसे में बँगलादेश के रास्ते कॉरिडोर में विद्रोही गतिविधियों को अंजाम देना आसान हो जाता है।
6. नेपाल और भूटान की सीमाएँ तथा दक्षिण एशिया के ऐसे गैर-इसलामिक देश—जो भारत से जुड़े हुए हैं—बँगलादेश की पहुँच में हैं। पाकिस्तान ने इन देशों में पहले ही अपने व्यापक मार्ग स्थापित कर लिये हैं।
7. बँगलादेश और भारत की सीमा के समानांतर चलनेवाली पट्टी में बँगलादेश से आए हुए अवैध प्रवासियों का एक बड़ा भाग रहता है, जो आई.एस.आई. के लिए काफी उपयोगी हो सकता है।

एक अन्य वास्तविक विश्लेषण—

- तैयारी
- 'गोपनीयता' का ध्यान।
- कुछ (महत्त्वपूर्ण) लोगों तक ही सीमित।
- और दफन!

एक पंगु कार्यकारी

देश आज भी कुछ मानने के लिए तैयार होने की स्थिति में नहीं है। राजनीतिक संस्थाओं ने भी इस स्थिति को बद से बदतर ही बनाया है—कांग्रेस के नेतृत्व में इसका एक बहुत बड़ा हिस्सा—हालाँकि इसके लिए सिर्फ कांग्रेस ही जिम्मेदार नहीं है—अपने वोट बैंक को बढ़ाने के लालच में इस तरह की अवैध गतिविधियों को लगातार प्रश्रय देता रहा है और इधर प्रशासनिक एवं पुलिस-तंत्र को इससे न लड़ने तथा अकर्मण्य बने रहने की अनुमति दे दी गई है। यही वजह है कि आज यदि कोई ऐसी सरकार आती है, जो वास्तव में घुसपैठियों से निपटना चाहती है तो बस इतना ही कर सकती है कि वह अधिकारियों की बैठकें आयोजित करे और उनमें अपने निर्णयों की घोषणा कर दे। उसके बाद मामला ठंडे बस्ते में पहुँच जाता है।

पूर्वोत्तर में आजकल जो हिंसा हो रही है, वह इन सब कारणों का सम्मिलित परिणाम है। इनमें से सबसे अधिक राजनीतिक वर्ग शामिल रहते हैं। उसे उन लोगों से लाभ मिलता रहता है, जो देश को कमजोर करते रहते हैं। देश को कमजोर बनाने के लिए सिर्फ अवैध घुसपैठिए ही जिम्मेदार नहीं हैं। याद करें, अकालियों को मात देने के लिए भिंडराँवाले को किसने शह दी थी? आज पूरे देश में इसी प्रकार का षड्यंत्र भिंडराँवाले के समरूपों द्वारा रचा जा रहा है। चुनावों के दौरान उन समूहों से मदद की गुहार लगाई जाती है, जो बंदूकों के बल पर काम करते हैं। फिर चुनाव में समय पड़ने पर इस मदद की एवज में उनकी मदद करते हैं। इस खेल को हम असम, बिहार, आंध्र प्रदेश और जम्मू-कश्मीर में देख रहे हैं।

हमारी 'उदारवादी' नीति भी इस प्रकार के वातावरण को पनपने के लिए एक पृष्ठभूमि तैयार करती है। इसका ज्वलंत उदाहरण है 'पोटा' पर बिलकुल ही आधारहीन आरोप मढ़ा जाना। ठीक ऐसी स्थिति स्व. श्री नरसिंह राव के शासनकाल में 'टाडा' को लेकर उत्पन्न हुई थी। उन्होंने भी सबकुछ जानते हुए इस कानून को निरस्त कर दिया था।

फिर भी हम अभी तक डटे हुए हैं। हमें पूरा भरोसा है कि जब स्थिति अपने हाथों से पूरी तरह निकल जाएगी तो हमारे पास इस खतरे की आग में झोंकने के लिए सशस्त्र सेना है, जो अपनी जान गँवाकर, अपना खून बहाकर इस आग को बुझाएगी।...

लेकिन मुद्दा केवल कार्यकारियों तक ही सीमित नहीं है। जो लोग ऐसे

'मतदाताओं' के मत से जीतकर सदन में पहुँचते हैं आखिरकार उन्हीं के माध्यम से ये संगठन अपना हित साधते हैं। ऐसे में नतीजा क्या निकलता है? समस्याओं के समाधान के लिए कोई भी प्रभावी कदम नहीं उठाया जा सकता है। यदि उठाया भी गया तो उसमें कई कानूनी अड़चनें आएँगी और इन अड़चनों को दूर करने के लिए विधायिका की जरूरत पड़ेगी। लेकिन वह विधायिका आखिरकार उन लोगों के खिलाफ कानून को कैसे सख्त कर पाती, जिनके मतों से जीतकर वह यहाँ तक पहुँची है।

जहाँ कार्यपालिका कुछ करने में अक्षम हो, मौके पर यह कहा जाता हो कि यह कुछ नहीं कर सकती है, जहाँ विधायिका वोट-बैंक पर निर्भर हो, वहाँ इस गठजोड़ को तोड़ने के लिए यदि कोई सचेत नागरिक गुहार भी लगाता है तो उसे न्यायालय की शरण में ही जाना पड़ेगा। यह विनाशकारी अवैध प्रवासी (जिसका निर्धारण न्यायाधिकरणों द्वारा होता है) अधिनियम इस विषय पर एक आदर्श उदाहरण प्रस्तुत करता है—इसकी व्याख्या हमने 'गवर्नेंस एंड द सेलेरॉसिस दैट हैज सेट इन'[1] में की थी, वस्तुतः इसका परिणाम नकारात्मक ही निकला। घुसपैठिए और उनके आश्रयदाता प्रदर्शन पर उतारू हो गए, ताकि उनके खिलाफ कुछ नहीं किया जाए। विधायिका ऐसे किसी प्रस्ताव को पारित नहीं करेगी, जिनसे उन्हें हानि हो; जमीनी स्तर पर कोई काररवाई करने में कार्यपालिका सक्षम नहीं होगी; न्यायपालिका मामले को स्थगित करती रहेगी…।

□

1. ए.एस.ए. (ASA) रूपा, नई दिल्ली-2004।

असली खतरा

९

जानामि धर्मं…

हमें क्या करना चाहिए, इसके बारे में आगे ढेर सारी बातें हमारे सामने आएँगी। उनमें से कुछ बातों को मैंने सूचीबद्ध करने का प्रयास किया है—और वे ऐसी बातें हैं, जो तुरंत ही स्पष्ट हो जाएँगी। वास्तविक समस्या, असली खतरे पर ध्यान केंद्रित करने और प्रयासों में पूर्णता लाने के लिए यह सब है। और हमारे पास जिसका अभाव है, वह किए जानेवाले काम की सूची में नहीं है; असली समस्या यह है कि यह जानते हुए भी कि हमें क्या करना चाहिए, बार-बार याद दिलाने पर भी कि हमें क्या करना चाहिए—हम या तो उसे करते ही नहीं हैं या फिर उसे करने में सक्षम ही नहीं हैं।

जानामि धर्मं न च मे प्रवृत्तिः।
जानाम्यधर्मं न च मे निवृत्तिः॥

[ऐसा नहीं है कि मुझे धर्म का ज्ञान नहीं है; लेकिन मेरी उसमें रुचि ही नहीं है, मेरा ऐसा स्वभाव नहीं है। ऐसा (भी) नहीं है कि अधर्म का ज्ञान नहीं है; लेकिन उससे मुक्त होना, उससे बचकर रहना मेरे वश में ही नहीं है।]

लेकिन, अब पहले वह सूची—

- हमें अपने आस-पास की घटनाओं के प्रति जागरूक रहना चाहिए। नेपाल आजकल खबरों में छाया हुआ है। लेकिन हत्याओं का सिलसिला वहाँ सन्

1996 से ही जारी है। अब तक अनुमानत: 10 हजार लोग मारे जा चुके हैं। हममें से कितने लोगों ने उस समय इस ओर ध्यान दिया था, जब समस्या उभरने लगी थी?

- झपकियों में रहते हुए हम दोनों ही ओर से चूक जाते हैं—उभरते खतरे की ओर से भी और हाथ में आए हुए अवसर की ओर से भी। हममें से कितने लोग जानते हैं कि आजकल गिलगिट-बाल्टिस्तान क्षेत्र में पाकिस्तान से अलग होने के लिए जोरों से खींचतान चल रही है? और हममें से कितने लोग यह जानते हैं कि ऑल पार्टीज नेशनल एलायंस—जो इस आंदोलन का नेतृत्व कर रहा है—के चेयरमैन कोई और नहीं, वजाहत हसन खान हैं—उन्हीं कर्नल हसन खान के लाड़ले, जिन्होंने महाराजा हरिसिंह द्वारा नियुक्त किए गए गिलगिट के तत्कालीन गवर्नर घनसारा सिंह को जेल में डाल दिया था और जिन्होंने नवंबर 1947 में गिलगिट में स्वतंत्रता की घोषणा कर दी थी उन्हीं कर्नल हसन खान के लाड़ले, जो पाकिस्तान में अपने इन्हीं सब कार्यों के बल पर अच्छे-खासे मशहूर हो गए थे? हममें से कितने लोग जानते हैं कि शौकत मकबूल बट्ट—जो उन्हीं मकबूल बट्ट के लाड़ले बेटे हैं, जिन्हें एक भारतीय कूटनीतिज्ञ की हत्या के आरोप में हमें फाँसी की सजा देनी पड़ी थी—आज ऑल पार्टीज नेशनल एलायंस के महत्त्वपूर्ण नेताओं में से एक हैं और आजकल कश्मीर पर पाकिस्तान के कब्जे और कश्मीर के लोगों के साथ किए जा रहे बरताव का सख्त विरोध कर रहे हैं?
- ये दोनों ही महत्त्वपूर्ण बातें हमें हमारी एक कमजोरी की ओर इशारा करती हैं, जिसे दूर करना है। दक्षिण एशियाई गणतंत्रों—अफगानिस्तान, नेपाल, पाकिस्तान, म्याँमार, बँगलादेश, श्रीलंका, चीन—इनका अध्ययन करनेवाले विशिष्टता प्राप्त लोग कितने हैं, कहाँ हैं? शायद दो या तीन व्यक्ति कुछेक मामलों के लिए हैं। लेकिन हमें अपने पड़ोस के हरेक देश के लिए विशेषज्ञ तैयार करने की जरूरत है। स्प्राटली द्वीप-समूह पर चीन के धावे की बात याद करें, जिसका पहले जिक्र किया जा चुका है। सैमुअल किम ने एक मजेदार सूचना प्रस्तुत की है, जो स्वयं में एक चेतावनी भी है और भारत के लिए एक सबक भी। 'खबर है कि सन् 1994 के उत्तरार्ध में कोई 400 चीनी विद्वानों ने—ऐतिहासिक रूप से यह सिद्ध करने के लिए कि स्प्राटली द्वीप-समूह की खोज और उसका विकास चीन ने किया है—स्प्राटली द्वीप-समूह

पर शोध के दस वर्ष पूरे कर लिये थे।'[1] अब जरा अपने अरुणाचल की सोचें और 'ऐतिहासिक रूप से' चीनी भूभाग सिद्ध करने के लिए '400 चीनी विद्वानों' को 'शोध के दस वर्ष पूरे' करने के बारे में सोचें। हमें इसके विपरीत बात सिद्ध करने के लिए 400 भारतीय विद्वानों को तैयार करने में कितना समय लगेगा? या फिर शांबाग द्वारा प्रस्तुत एक निहायत ही साफ तथ्य देखें—'पी.एल.ए. के अधिकारियों तक सीधी पहुँच न होने के कारण पी.एल.ए. के प्रकाशनां को पढ़ना सैनिक दृष्टिकोण को समझने के लिए महत्त्वपूर्ण है। पी.एल.ए. के प्रकाशकों द्वारा हर साल सैकड़ों पुस्तकें प्रकाशित की जाती हैं, यद्यपि अन्य देशों की सरकारों द्वारा उनका अनुवाद कभी नहीं कराया जाता है। पी.एल.ए. में प्रकाशित होनेवाले जर्नल भी बड़ी संख्या में हैं (200 से भी अधिक), लेकिन कुछेक जर्नलों को छोड़कर ज्यादातर जर्नल वर्गीकृत और बिक्री के लिए प्रतिबंधित हैं और इस कारण वे विदेशियों के लिए उपलब्ध नहीं हैं।'[2] हर साल प्रकाशित होनेवाली इन सैकड़ों पुस्तकों को हमारे कितने विश्लेषक ध्यान में रखकर चल रहे हैं? हमें अपने पड़ोसियों पर शैक्षिक कार्य करने की तत्काल जरूरत है। साथ ही हमें एक और सबक लेने की जरूरत है—रक्षा की कीमत है योग्यता और धन, अतः रक्षा के लिए हमें इन तत्त्वों को बचाकर रखना चाहिए।

- जिनके पास बड़ी शक्ति है और जो उसका इस्तेमाल करने के लिए लोगों के बीच जाने जाते हैं, बल्कि जरूरत पड़ने पर वास्तव में उसका इस्तेमाल भी करते हैं—वे ही बल-प्रयोग के बिना अपने हितों की रक्षा कर सकते हैं।
- इसके विपरीत हमारी छवि—हम शांति के लिए जाने जाते हैं, हम अपनी सोच में इतने 'सार्वभौमिक' हैं कि मानवता के हित को अपने राष्ट्रीय हित से ऊपर करके सोचते हैं और इस कारण हमारे बारे में लोगों की जो विपरीत धारणा है कि हम वास्तव में कमजोर हैं—यह सबकुछ दुश्मन के लिए खुला आमंत्रण है। लुटवाक ने इसी बात को बड़े सुंदर ढंग से पेश किया है, 'शांति और निरस्त्रीकरण

---

1. सैमुअल एस. किम का विनिबंध, 'चाइनाज क्वैस्ट फॉर सिक्योरिटी इन द पोस्ट-कोल्ड वार वर्ल्ड', स्ट्रैटेजिक स्टडीज इंस्टीट्यूट, यू.एस. आर्मी वार कॉलेज, कार्लिस्ले बैरेक्स, पी.ए., जुलाई 1996।
2. डेविड शैंबॉ, 'चाइनाज मिलिट्री व्यूज द वर्ल्ड', इंटरनेशनल सिक्योरिटी, भाग 24, संख्या 3, विंटर 1999-2000, पृष्ठ 52-79।

की एकतरफा कोशिश दुश्मन को युद्ध के लिए प्रोत्साहित करने का प्रबल तरीका है।'[1]

- उदासीन बनकर अपना अस्तित्व बचाए रखना भी मुश्किल हो जाता है। जो देश अपनी स्थिति सबके सामने रखने में संकोच करता है, विश्लेषण पर विश्लेषण करता जाता है, दंगे भड़कने पर कमेटियाँ गठित करता रहता है, वह सचमुच घातक रास्ते पर चल रहा होता है—
    * वह अपने अस्तित्व के लिए आवश्यक हितों की परिभाषा को संकीर्ण करता रहता है—अपना भौतिक क्षेत्र भी खो देने की हद तक, बल्कि यह नुकसान उसके व्यापक हितों को प्रभावित न कर पानेवाला मान लिया जाता है। (याद है, पं. नेहरू ने अक्साई चिन के संदर्भ में क्या कहकर संतोष कर लिया था? 'वहाँ तो घास का एक तिनका भी नहीं उगता है।' आप जानते हैं, हमारी अपनी एक सभ्यता है। यह जमीन ज्यादा महत्त्वपूर्ण नहीं है। दूसरी सभ्यताओं को फलने-फूलने का मौका देते हुए हम अपनी सभ्यता को बचाकर रखें, उसे फलने-फूलने दें।)
    * वह अपनी कमजोरियों, अपनी अक्षमताओं को 'सहिष्णुता' का सहारा लेकर, 'अहिंसा पालन' का सहारा लेकर और धैर्य तथा सहनशीलता की बात करके उचित ठहराने की कोशिश करता रहता है।
- बेल्ग्रेड में चीनी दूतावास पर दुर्घटनावश हुई बमबारी पर अमेरिका के खिलाफ चीन की प्रतिक्रिया देखें। यह भी देखें कि किस तरह 20 करोड़ लोगों ने सुरक्षा परिषद् में जापान की सदस्यता के विरोध में हस्ताक्षर किए थे। हर मौके पर उसने यही दिखाया कि वह कोई ऐरा-गैरा देश नहीं है। अब उसके इस रुख को हमारी कायरता के सामने रखकर देखें—ऐसी कायरता के सामने, जो वास्तव में अक्षमता के कारण उत्पन्न हुई है—पिछले बीस वर्षों की अवधि में पाकिस्तान-समर्थित आतंकवादियों द्वारा हजारों लोगों की हत्या के बाद भी, बँगलादेश की ओर से घुसपैठ करके भारत में आए 1.5 से 2 करोड़ घुसपैठियों को झेलते रहने के बाद भी। इस तरह के हमले और आक्रामकता को चीन इसके लिए जिम्मेदार देश को 'सबक सिखाने' के मौके के रूप में लेता, अपने प्रभाव-क्षेत्र को बढ़ाने के मौके के रूप में लेता। जब हम शांत होकर बैठ जाते हैं और बहसबाजी तथा विश्लेषण का दौर शुरू कर

1. एडवर्ड एन. लुटवाक, स्ट्रैटेजी द लॉजिक ऑफ वार एंड पीस, हार्वर्ड, 2001, पृष्ठ 212।

देते हैं, उस समय दूसरे हम पर नजर रखते हैं और मौका पाते ही अपना काम कर देते हैं।

- स्वाभाविक रूप से हमें शांति की हर संभावना तलाश करनी चाहिए। हमें 'शांति-प्रक्रिया' और 'विश्वास बढ़ाने के उपायों' के लिए काम करना चाहिए। लेकिन यही सबकुछ नहीं है। इसका मतलब यह नहीं है कि 'किसी भी कीमत पर शांति' की बात मान लें। यह सबकुछ हमारे राष्ट्रीय हितों से जुड़ा होना चाहिए और शांति इसका एक हिस्सा होना चाहिए। यह भी अवश्य देख लेना चाहिए कि यह प्रक्रिया कौन चला रहा है? हमारे नेतागण या वाशिंगटन के आका?
- हमें पाकिस्तान और चीन के बारे में स्पष्ट राय रखनी चाहिए। हमें उनके रिकॉर्ड, उनकी शक्ति देखनी पड़ेगी, न कि अपनी इच्छाएँ। शांति प्रक्रिया पर नजर रखें, आपसी विश्वास बढ़ाएँ, पर उनके ऊपर से नजर न हटाएँ।
- पाकिस्तान जैसे किसी देश के मामले में भारत के खिलाफ सैन्य-बल तैनात करने का इरादा रखनेवालों को जब तक इसकी कीमत का प्रत्यक्ष अनुभव नहीं करा दिया जाएगा, वे अपनी हिंसात्मक गतिविधियाँ इसी तरह जारी रखेंगे।
- हमें पाकिस्तान की कमजोरियों का पता लगाने तथा उन्हें और भी ज्यादा बढ़ाने के लिए क्षमता हासिल करनी चाहिए। जब तक हम पाक-अधिकृत कश्मीर में, गिलगिट-बाल्टिस्तान में, बलूचिस्तान में, वजीरिस्तान में भी एक कश्मीर नहीं बना सकते; जब तक हम सिंध में और सराइकी के बीच अलगाववाद के मुद्दों को बढ़ावा देकर पाकिस्तान को यह एहसास नहीं करा सकते कि हम वास्तव में सबकुछ कर सकते हैं और करेंगे तब तक वह अपनी उन करतूतों से बाज आनेवाला नहीं है, जो वह पंजाब, कश्मीर और पूर्वोत्तर में कर रहा है।
- हमें अपने छोटे पड़ोसियों से उदारता से पेश आना चाहिए, विशेषकर इन पाँच मामलों में—
    * हमें हमेशा दिमाग में यह रखना होगा कि वे संप्रभु देश हैं। वे अपनी स्थिति और हैसियत को लेकर संवेदनशील हैं। आकार में छोटे होने और कुछ घटनाओं जैसे—नेपाल से अचानक व्यापार रोक देने—से ये देश हमसे डरने लगते हैं।
    * हमें उनकी सहायता करनी चाहिए। हम उन्हें 10 हजार करोड़ की मदद, साथ ही अपने कौशल से उन्हें विकास में मदद, दे सकते हैं।

* हमें कई तरह के संबंधों को मजबूत करना चाहिए। उदाहरण के लिए, एक पीढ़ी पहले सामान्य घटना के चलते कई व्यक्तिगत संबंध बन गए—और कई नेपाली, जो बाद में अपने देश के नेता बने, बनारस हिंदू विश्वविद्यालय में अध्ययन कर रहे थे और इस प्रकार उन्होंने यहाँ अपने कुछ व्यक्तिगत संबंध बना लिये थे। ऐसे संबंध समय के साथ-साथ मिटते चले गए हैं।
* उनके शासन-तंत्र की भी असफलता से हमारी सुरक्षा पर प्रभाव पड़ता है। और जैसा कि श्रीलंका में आई.पी.के.एफ. (IPKF) के आस-पास की दु:खद घटनाओं से पता चल गया है—उन देशों में अंतत: केवल उनके अपने ही सैन्य-बल शासन-तंत्र को सुरक्षित रख सकते हैं। अत: हमें सैन्य-बल, पुलिस बल और गुप्तचर सेवा में सुधार के लिए उन्हें हर तरह से सहायता देनी चाहिए।
* इन छोटे और तटस्थ देशों के साथ मतभेदों को हमें तेजी से सुलझा लेना चाहिए।

- हमारे पास अपनी पसंद के विकल्प चुनने की स्वतंत्रता नहीं होती है। सवाल यह नहीं है कि 'विकास पर बल दिया जाए या रक्षा-व्यवस्था को मजबूत बनाने पर ज्यादा जोर दिया जाए। हमें तो दोनों ही बातों, दोनों ही विकल्पों को साथ लेकर चलना है। वास्तव में, जो कारक हमें तेजी से विकास की ओर आगे बढ़ने से रोकते हैं, वही कारक हमारी रक्षा-व्यवस्था को भी कमजोर करते रहते हैं।'
- सुरक्षा के क्षेत्र में भी ये बातें लागू होती हैं। बात 'बहादुरी या उच्च तकनीक' की, या 'साइबर युद्ध या पारंपरिक युद्ध या फिर परमाणु शक्ति' की नहीं है—हमें तो सभी में महारत रखनी होगी।
- ठीक यही बात संबंधों और गठबंधनों पर भी लागू होती है। बात 'अमेरिका के साथ रहा जाए या उसके विरोध में' या 'मध्य एशिया के साथ करीबी संबंध रखे जाएँ या आशियान के साथ' की नहीं है। हमें तो एक के साथ-साथ दूसरे के साथ भी साझेदारी करनी होगी।
- विभिन्न क्षेत्रों में साझेदारियाँ होनी चाहिए। सभी मुद्दों पर बात होनी चाहिए। व्यापार संबंधी बातचीत भी और आतंकवाद पर भी, संयुक्त राष्ट्र के पुनर्गठन पर भी और निरस्त्रीकरण पर भी, साथ ही हथियार प्राप्त करने पर भी।
- हमारी नीति 'सर्व-आयामीय' होनी चाहिए और हमें लगातार उसका पुनरावलोकन करते रहना चाहिए।
- हर बार, हर मौके पर हमें सोचना चाहिए। हमें गुटबाजी और नारेबाजी से दूर

रहना चाहिए। जैसा हमने देखा कि अमेरिका या कोई भी देश मौके पर अपना हित देखकर ही अपने कार्य करता है। इनसे हमें सीखना चाहिए, सावधान रहें कि हमारे हित कहाँ हैं। यह हमें सिखाता है कि हम अपने लिए कैसे कार्य करें। लेकिन इसके लिए हमें इसके पीछे ही नहीं पड़ जाना चाहिए कि अमेरिका को पूर्व और दक्षिण-पूर्व से हट जाना चाहिए। हमें चीन की बराबरी का हर संभव प्रयास करना चाहिए।

- और जब हम सोच ही रहे हों तो एक सवाल पर जरूर विचार करना चाहिए—सवाल, जो हमारी विदेश नीति की दिशा और उसका स्वरूप बदल डालनेवाले एक नेता से पूछा गया था—आपने जो गठजोड़ की व्यवस्था लागू की है वह क्या है ? वे कौन से देश हैं, जो भारत के मुश्किल में पड़ जाने पर उसका साथ देंगे ? जवाब में उन्हें विषय ही बदल देना पड़ा था।

ये सारी बातें ऐसी हैं, जिन पर दूसरों की नजरें रहती हैं। जैसा कि स्टालिन ने सवाल किया था, 'कितनी डिवीजनों पर पोप का नियंत्रण है ?' और इसकी गिनती करने के बाद दूसरे लोग हमारे साथ जो करने की क्षमता रखते हैं, उसकी योजना तैयार करने लगते हैं।

पूर्वापेक्षित शर्त

ऊपर प्रस्तुत की गई सूची को और भी लंबा किया जा सकता है। लेकिन वास्तव में मूल बात यह नहीं है कि ये सभी या इनमें से कुछ कार्य ही किए जाने चाहिए। हमारी वास्तविक और मूल आवश्यकता है, सुचारु शासन-प्रशासन की—जम्मू-कश्मीर में, पूर्वोत्तर में, बिहार में और अन्य राज्यों में, जहाँ स्थिति बिगड़ चुकी है। और इसके लिए हमारी जो प्रतिक्रिया है, वह हमें आश्वस्त करनेवाली तो कतई नहीं है। लगातार हो रही हानियों और सुरक्षा में एक और चूक होने पर हम कमेटी का गठन कर देते हैं। फिर इस रिपोर्ट में 'गोपनीय' की मुहर लगा देते हैं और उसे एक बक्से में रख देते हैं। हम कानून बनाते हैं, उनपर अमल नहीं करते। फिर एक कड़ा कानून बनाते हैं। तब कहते हैं कि इस कानून का दुरुपयोग हो रहा है और कानून बदल देते हैं—कल टाडा, आज पोटा।

सीमा-प्रबंधन पर गठित टास्क फोर्स की रिपोर्ट और आंतरिक सुरक्षा पर गठित टास्क फोर्स की रिपोर्ट इस घातक प्रवृत्ति को अच्छी तरह परिलक्षित करती है। टास्क फोर्स ने जो कुछ पाया और उसपर जो संस्तुतियाँ दीं—सबकुछ असली

खतरे की ओर इशारा करनेवाला है, जिनका आज हमें सामना करना पड़ रहा है। चीन और पाकिस्तान तो निस्संदेह खतरा हैं, लेकिन असली खतरा तो उस अकर्मण्यता, लकवा की बीमारी से है, जो आज देश को वह काम कर सकने में असमर्थ बनाकर बैठ गई है, जिसे वह करना जरूरी मानता है।

ये दोनों टास्क फोर्स उन चार में से हैं, जो कारगिल युद्ध के समय गठित किए थे। सीमा-प्रबंधन पर श्री माधव गोडबोले को और आंतरिक सुरक्षा पर श्री एन.एन. वोहरा को प्रमुख बनाया गया था। दोनों के साथ-साथ टास्क फोर्स के सभी सदस्य राष्ट्रीय सुरक्षा के विशेषज्ञ थे। टास्क फोर्स ने देश में जाने-माने सुरक्षा विशेषज्ञों से बात की। उनसे प्रमाण भी लिये। उन्होंने अपनी रिपोर्ट अगस्त-अक्तूबर 2000 में प्रस्तुत की। टास्क फोर्स ने स्वयं प्रार्थना की थी कि इसे छापा जाना चाहिए। सीमा-प्रबंधन पर गठित टास्क फोर्स के शब्द कुछ इस प्रकार थे—'हमें यह मानना होगा कि सही जानकारी, सावधानी और लोगों की सजग राय के माध्यम से ही राष्ट्रीय सुरक्षा को मजबूत किया जा सकता है। जरूरत से ज्यादा गुप्त रखने से यह उलटा प्रभाव डाल सकता है, इसलिए टास्क फोर्स का सुझाव है कि यह रिपोर्ट जल्द-से-जल्द छपनी चाहिए।' फिर भी रिपोर्ट पर 'गोपनीय' की मुहर थी और लोग अभी भी नहीं जानते हैं कि उन्हें क्या करना चाहिए।

टास्क फोर्स के सामने क्या बातें आईं? उन्होंने क्या सुझाव दिए? हमारी राष्ट्रीय सुरक्षा की स्थिति के बारे में रिपोर्ट क्या कहती है? हमारे बारे में क्या कहती है?

स्थिति पर एक नजर

दोनों टास्क फोर्स ने यह बताने में कोई कसर नहीं छोड़ी थी कि देश किन मुश्किलों का सामना कर रहा है। सीमा-प्रबंधन पर गठित टास्क फोर्स ने रिपोर्ट में लिखा था—'यदि कोई अपने चारों ओर देखे तो उसे बहुत आश्चर्य होगा कि आई.एस.आई. की गतिविधियों और अंतरराष्ट्रीय आतंकवाद को बढ़ावा देकर पाकिस्तान किस तरह भारत को नुकसान पहुँचा रहा है। आई.एस.आई. की गतिविधियों के और बढ़ने की आशंका है। जम्मू-कश्मीर का मामला अभी और लंबा खिंचता रहेगा। आंतरिक सुरक्षा की समस्याएँ और गंभीर होनेवाली हैं। इस अवधि में चीन सीमाओं पर क्या करेगा, यह एक महत्त्वपूर्ण प्रश्न है...।'

इन चुनौतियों से हम किस तरह निपट रहे हैं? सीमा-प्रबंधन पर गठित

कार्यबल ने अपनी रिपोर्ट में कुछ इस तरह टिप्पणी की थी—

…चौथी बात, सीमा पर चौकसी के लिए तैनात अर्धसैनिक बलों में से बड़ी संख्या में अर्धसैनिक बलों को हटाकर आंतरिक सुरक्षा और देश के विभिन्न भागों में विद्रोही गतिविधियों से निपटने में लगा दिया गया है। इसका अर्थ यह हुआ कि सीमाओं की सुरक्षा को नजरअंदाज कर दिया गया है। पाँचवीं, जो भी बल तैनात किया गया था, वह पूरी तरह से सावधान और प्रभावी नहीं था। चौकसी की जरूरत की उपेक्षा की गई थी।

छठी, समय-समय पर सेना तैनात करने में तदर्थवाद दिखाया गया। बटालियन और कंपनियों को मशीनी उपकरण समझकर तैनात किया गया। परिणामस्वरूप सेना अच्छे नतीजे नहीं दे सकी। सातवीं, समुद्री सीमाओं को खुला छोड़ा गया। आठवीं, सेना को मजबूत बनाने के मामले में बहुत कम, बहुत देरवाली नीति अपनाई गई। इसलिए यह चौंकानेवाली बात नहीं है कि सीमा सुरक्षा बल की जल शाखा की ताकत में बढ़ोतरी करने के सभी सुझाव कई वर्षों से लंबित पड़े हैं। इससे जलमार्ग से बड़ी संख्या में अवैध प्रवासियों का आना जारी रहा। वर्षों से मूर्खतापूर्ण नीति अपनाने के कारण स्पेशल सर्विस ब्यूरो की 30 हजार की सेना, जो कैबिनेट सचिवालय के अधीन मार्च करती है, वर्षों से बिना उद्‌देश्य कार्य कर रही है और आज तक कोई वांछित परिणाम नहीं दे सकी है। इस तरह सीमा-प्रबंधन की स्थिति झकझोर देनेवाली है, जो नीतियों में एकरूपता की कमी और उदासीनता की तसवीर दिखाती है।

सीमाओं से बड़ी संख्या में सेनाएँ वापस बुलाने से सीमा-चौकी के बीच की दूरी (टास्क फोर्स के अनुसार जो 3 से 4 कि.मी. से अधिक नहीं होनी चाहिए) बढ़कर 10 से 40 कि.मी. हो गई। इससे सीमा में कई सुराग बन गए। इस तरह की तैनाती से सीमाओं पर सेना रखना बिलकुल ही निरर्थक है।

इस परिप्रेक्ष्य में यह आश्चर्यजनक नहीं है कि 120-150 लाख से ज्यादा बँगलादेशी अवैध रूप से भारत में घुस आए हैं। अनुमान है कि प्रतिवर्ष 3 लाख लोग अवैध रूप से भारत में घुस आते हैं। इससे कई क्षेत्रों का जनसांख्यिकीय स्वरूप ही बदल गया है। न केवल सीमा के पास के क्षेत्रों का बल्कि दिल्ली जैसी जगह का भी जनसांख्यिकीय स्वरूप बदल गया है। दुर्भाग्य से इस विषय पर बात करने पर लोगों को सांप्रदायिक ध्वनि सुनाई देती है। राजनीतिक दल इसमें अपना वोट-बैंक का फायदा देखते हैं। परिणामस्वरूप अवैध प्रवासी

(ट्रिब्यूनल द्वारा निर्धारित) एक्ट (आई.एम.डी.टी.), जो सिर्फ असम में लागू था, को रद्द करने की बजाय बनाए रखा गया है।

एक प्रत्यक्ष उदाहरण

सन् 2000 में—यानी आजादी मिलने के 50 वर्षों बाद भी—टास्क फोर्स ने पाया, 'यह उल्लेखनीय है कि समुद्री सीमाओं के लिए गठित यह पहला टास्क फोर्स है। हालाँकि भू-सीमा की ओर तो सरकार द्वारा समय-समय पर ध्यान दिया गया, लेकिन समुद्री सीमाओं के संदर्भ में ऐसा नहीं कहा जा सकता। परिणामस्वरूप राष्ट्रीय नीति से संबंध रखनेवाले कई मामले लंबित पड़े रहे, जिन पर संबंधित मंत्रालयों और सरकारी विभाग द्वारा कोई काररवाई ही नहीं की गई है।' संक्षेप में, समुद्री सीमाओं की ओर कभी भी पूरी तरह ध्यान नहीं दिया गया है और भू-सीमाओं पर 'एक-एक करके ध्यान' दिया गया है।

इससे तो यह प्रकट हुआ कि हमें हमारे प्रत्येक द्वीप-समूहों के द्वीपों की संख्या भी ज्ञात नहीं है।

हम उनकी सुरक्षा का प्रबंध किस तरह कर रहे थे? इसी तरह लक्षद्वीप के संदर्भ में टास्क फोर्स ने अपनी रिपोर्ट में लिखा था—

> (लक्षद्वीप की) सामरिक स्थिति, मुख्य भूभाग से अलगाव और दूरी—ये सब वहाँ घुसपैठ, तस्करी और हथियारों तथा नारकोटिक्स के संग्रह की संभावना को प्रबल बनाते हैं। सुहेली द्वीप में सोने और चाँदी की तस्करी का मामला प्रकाश में आया है। इसके अलावा, दो सैनिक हेलीकॉप्टर सुहेली द्वीप पर उतरते हुए देखे गए तथा द्वीपों में पानी के चारों ओर उड़ते हुए दो अज्ञात हेलीकॉप्टर भी देखे गए।

सोने, चाँदी और नारकोटिक्स के बारे में जो बात है, वही बात हथियारों और विस्फोटकों के संबंध में भी सही है। आइए देखें, टास्क फोर्स ने पूछताछ के बाद जो जानकारियाँ इकट्ठी कीं, उससे उसने क्या पाया—

> ये सभी गतिविधियाँ रणनीतिक मिली-भगत के तहत पाकिस्तान की गुप्तचर एजेंसी आई.एस.आई. की तर्ज पर चल रही हैं। ड्रग कोरियरों को इस शर्त पर रास्ता दे दिया जाता है कि वे सीमा पार से संबंधित जानकारियाँ इकट्ठी

करके उन्हें देंगे। नशीली दवाओं को लाने और ले जाने के लिए प्रशिक्षित आतंकवादियों को लगाया जाता है। निषिद्ध वस्तुओं के कोरियरों को अकसर हथियार तथा गोला-बारूद लाने-ले जाने की शर्त पर रास्ता दिया जाता है। तस्करों को प्रायः आतंकवादियों की घुसपैठ और हथियारों, गोला-बारूदों तथा विस्फोटकों को पहुँचाने के बदले सहायता और सुविधा दी जाती है। इस प्रकार, आई.एस.आई. अपना मतलब निकालने के लिए तस्करों तथा ड्रग माफियाओं द्वारा विकसित किए गए नेटवर्कों का इस्तेमाल करने में काफी कामयाब रही है।

किस तंत्र, किस व्यवस्था के द्वारा हम इन गतिविधियों पर नजर रख रहे हैं? क़िस तंत्र द्वारा हम आई.एस.आई. के एजेंटों का पता लगा रहे हैं? टास्क फोर्स ने इस संदर्भ में अपनी रिपोर्ट में लिखा है—

> लक्षद्वीप पुलिस मिनिकॉय, काल्पेनी, एंड्रॉट, कावारत्ती, अगत्ती, अमीनी, कदमट, किल्तान और चेटलत द्वीपों में पुलिस स्टेशनों का प्रबंध देखती है। इन द्वीपों में गुप्त सूचनाएँ एक इंस्पेक्टर, एक सब-इंस्पेक्टर, एक हेड कांस्टेबल और तीन कांस्टेबलों द्वारा लाई जाती हैं, जो कावारत्ती की विशेष शाखा में कार्यरत होते हैं।
>
> अन्य सभी द्वीपों में गुप्त सूचनाएँ एक हेड कांस्टेबल द्वारा लाई जाती हैं, जो वह ऑफिसर-इन-चार्ज को इनकी रिपोर्टिंग करता है। बाद में ऑफिसर-इन-चार्ज उन सूचनाओं को कावारत्ती स्थित विशेष शाखा के इंस्पेक्टर तक पहुँचाता है।

किसी समय एहसास हुआ था—

> लक्षद्वीप की सुरक्षा की लगातार बिगड़ती स्थिति और वहाँ उपयुक्त चौकसी के अभाव को ध्यान में रखकर तटरक्षक बल के महानिदेशक ने 20 दिसंबर, 1996 को द्वीप विकास प्राधिकरण की ठीक स्थायी समिति की बैठक के दौरान एक समुद्री पुलिस बल के गठन का विचार प्रस्तुत किया था।

अर्थात् टास्क फोर्स जब मामले की जाँच कर रही थी, उससे चार वर्ष पहले। और तब से अब तक क्या हुआ?

लक्षद्वीप सरकार ने अंडमान और निकोबार द्वीप-समूह की तर्ज पर ही एक समुद्री पुलिस बल गठित किए जाने का मामला अक्तूबर 1999 में उठाया।

यह बात सन् 2000 में सामने लाई गई थी। राज्यसभा में आंतरिक सुरक्षा पर बहस के लिए तैयारियाँ पूरी करते हुए मैंने तहकीकात करवाई थी—क्या वह समुद्री पुलिस बल गठित भी हुआ था? जबकि कहा जा रहा था कि लक्षद्वीप सरकार के सामने रखे गए मामले पर कारखाई चल रही है। सन् 2004 के अंत तक मुझे पता चला कि यह कारखाई भी नहीं पूरी हुई थी। मुझे बताया गया कि सारा मामला मंत्रियों की खींचतान और आपसी नोक-झोंक के बीच ही लटका रह गया है।

क्या हम अपने देश की सुरक्षा को लेकर गंभीर हैं? एक इंस्पेक्टर...आजादी के पचास वर्षों बाद एक प्रस्ताव...उसके चार वर्ष बाद उठाया गया एक मामला। और अगले चार वर्षों बाद मामले पर कारखाई चल रही है। और फिर सारी कारखाई, सारा मामला दफन...।

इतना ही नहीं, एक के बाद एक मामलों पर टास्क फोर्स ने पाया कि सुरक्षा की दृष्टि से चिंताजनक जिन मामलों पर तत्काल कारखाई की आवश्यकता थी, उनमें भी सरकार अपनी अकर्मण्यता, अपनी उदासीनता से नहीं उबर पाई।

टास्क फोर्स की रिपोर्ट के अनुसार, 'नौसेना मुख्यालय ने बंबई बमकांड की जाँच के बाद समुद्री गतिविधियों पर खुफिया सूचनाएँ प्राप्त करने के लिए एक संगठनात्मक ढाँचे और समुद्री गतिविधियों पर नियंत्रण रखने के लिए एक नियामक ढाँचे की स्थापना की आवश्यकता पर जोर दिया था। बंबई बमकांड की जाँच के दौरान समुद्री मार्गों से भारत के पश्चिमी तट पर आनेवाले हथियारों और विस्फोटकों के बारे में पता चला था।'

तो क्या हुआ?

इसे ध्यान में रखते हुए नौसेना मुख्यालय से सन् 1993-94 में समुद्री सुरक्षा नियामक ढाँचे पर दस्तावेज तैयार किए, ताकि इस प्रकार की घटनाओं को रोका जा सके।

और फिर उसके बाद क्या हुआ?

20 जून, 1996 को गृह मंत्रालय के विशेष सचिव की अध्यक्षता में एक

बैठक बुलाई गई, जिसमें निम्न निर्णय लिये गए—

(क) वर्तमान शिप रिपोर्टिंग सिस्टम को सभी जहाजों के लिए अनिवार्य बनाए जाने की संभावना की जाँच की जाएगी।

(ख) नौसेना तथा तटरक्षक बल को खतरनाक कार्गो ले जानेवाले जहाजों का विवरण उपलब्ध करवाने के लिए आंतरिक व्यवस्था की जाएगी।

(ग) हमारे तटों के निकट के जल-क्षेत्र में यातायात पृथक्करण योजनाओं (Traffic Separation Schemes) के लिए प्रस्ताव तैयार किया जाएगा।

यह तो हुई जून 1996 की बात, उसके बाद?

उसके बाद 31 अक्तूबर, 1996 को रक्षा सचिव की अध्यक्षता में एक बैठक बुलाई गई। बैठक में जो निर्णय सामने आए, वे इस प्रकार थे—

(क) 100 टन से अधिक जी.आर.टी. वाले सभी भारवाहक पोतों के लिए शिप रिपोर्टिंग अनिवार्य बनाने के लिए कानून बनाए जाएँगे।

(ख) भूतल परिवहन मंत्रालय और नौसेना मुख्यालय द्वारा पहचाने गए चिंताजनक क्षेत्रों में टी.एस.एस. की घोषणा की जाएगी और मुद्दे को अंतरराष्ट्रीय सामुद्रिक संगठन तथा बाह्य मामलों के मंत्रालय के साथ मिलकर सुलझाया जाएगा।

(ग) भूतल परिवहन मंत्रालय अमेरिका में नौसेना मुख्यालय के सुझाव पर लागू किए गए कानून की तर्ज पर खतरनाक कार्गो ले जानेवाले जहाजों की रिपोर्टिंग के लिए कानून तैयार करेगा।

सोचने की बात है कि तीन वर्ष बीत चुके थे, तब तक भी वहाँ कोई बदलाव देखने को नहीं मिला। अक्तूबर 1996 में वह बैठक हुई थी, फिर क्या हुआ?

उसके बाद जनवरी 1997 से जुलाई 1997 तक मुंबई में महानिदेशक (शिपिंग) सहित अन्य संबंधित एजेंसियों के साथ कई बैठकें आयोजित की गईं, ताकि एक निश्चित कार्य-योजना तैयार की जा सके। इन मामलों की स्थिति को आगे के अनुच्छेद में सूचीबद्ध किया गया है।

और भी ज्यादा निराशाजनक सूची, जिसकी कल्पना कोई मुश्किल से ही

कर सके—

शिप रिपोर्टिंग सिस्टम—जुलाई 1997 में बनाए गए नौचालन कानूनों की नई घोषित सुरक्षा के अनुसार, भारतीय जलयान रिपोर्टिंग सिस्टम के माध्यम से शिप रिपोर्टिंग सभी भारतीय झंडाधारी व्यापारिक जहाजों के लिए अनिवार्य कर दी गई है। विदेशी झंडाधारी व्यापारिक जहाजों के लिए रिपोर्टिंग अनिवार्य किए जाने की जरूरत अभी बनी हुई है। हालाँकि, इससे पहले भारत को 1979 में खोज एवं बचाव कार्य पर अंतरराष्ट्रीय सामुद्रिक संगठन के साथ हुए समझौते का पालन करना था, लेकिन अब तक ऐसा नहीं किया गया है। अनिवार्य शिप रिपोर्टिंग सिस्टम, खतरनाक कार्गो की आवाजाही और समुद्री जहाजों की रिपोर्टिंग के लिए एस.ए.आर. (SAR) समझौते के तहत एक मसौदा तैयार करके जून 1998 में भूतल परिवहन मंत्रालय के पास भेजा गया था।

भूतल परिवहन मंत्रालय ने टास्क फोर्स को सूचित किया है कि चूँकि मामला अंतरराष्ट्रीय कानून से संबंधित है, इसलिए कानून मसौदे को जाँच के लिए महानिदेशक (शिपिंग) की टिप्पणियों के साथ एम.ई.ए. के कानूनी एवं संधि संभाग के पास भेजा गया था, जो अभी तक लंबित पड़ा है।

खतरनाक कार्गो की रिपोर्टिंग—नौसेना मुख्यालय ने 2 फरवरी, 1998 को भारत के ई.ई.जेड. (EEZ) को पार करनेवाले या किसी भारतीय पत्तन की ओर जानेवाले सभी समुद्री जहाजों को खतरनाक कार्गो की रिपोर्टिंग करने के लिए एक नौचालन क्षेत्र (NAV AREA) चेतावनी की घोषणा की थी। यह चेतावनी समुद्री जहाजों को दी जानेवाली भारतीय नोटिस में भी शामिल कर दी गई है। नौसेना मुख्यालय ने भी फरवरी 1998 में भूतल परिवहन मंत्रालय से इस चेतावनी को भारत के आधिकारिक गजट में शामिल करने के लिए तत्काल काररवाई करने की बात कही थी; क्योंकि इस संबंध में किसी कानून के अभाव के कारण न तो नौसेना के पास और न ही तटरक्षक बल के पास नियमों का उल्लंघन करनेवाले जहाजों के खिलाफ काररवाई करने का अधिकार है। भूतल परिवहन मंत्रालय ने टास्क फोर्स को सूचित किया है कि नौचालन संबंधी चेतावनी के विषयों पर ब्रिटिश उच्चायोग और पाकिस्तान सरकार ने आपत्ति जताई थी, इसलिए उनकी आपत्तियों और नौचालन संबंधी चेतावनी—दोनों को दिसंबर 1998 में एम.ई.ए. (MEA) के कानूनी एवं संधि संभाग के पास भेज दिया गया था, जो अभी तक लंबित है।

यातायात विभक्तीकरण योजना (ट्रैफिक सेपेरेशन स्कीम-टी.एस.एस.)—

फ्लैग ऑफिसर डिफेंस एडवाइजरी ग्रुप ने मई 1997 में मुंबई व कच्छ की खाड़ी के लिए प्रस्तावित टी.एस.एस. को महानिदेशक (शिपिंग) के पास भेजा था। महानिदेशक (शिपिंग) को मुख्य हाइड्रोग्राफर के साथ चर्चा करने के बाद मामला आई.एम.ओ. के पास भेजना था, लेकिन यह भी महानिदेशक (शिपिंग)/ भूतल परिवहन मंत्रालय के पास पड़ा है।

खोज और बचाव पर अंतरराष्ट्रीय समझौते की पुष्टि—यह लंबे समय तक चलनेवाला मुद्दा है। अंतरराष्ट्रीय सामुद्रिक संगठन के जिम्मेदार सदस्य के तौर पर भारत को जल्द-से-जल्द समझौते की पुष्टि करनी चाहिए। इस संबंध में नौसेना मुख्यालय ने अगस्त 1987 में सचिवों की समिति को समझौते पर विचार के लिए एक नोटिस भेजा था, जो सितंबर 1987 में रद्द कर दिया गया। कैबिनेट का कहना था कि एम.ओ.डी., एम.ई.ए. और वित्त मंत्रालय इस प्रस्ताव की जाँच करेंगे। सितंबर 1999 में भूतल परिवहन मंत्रालय द्वारा फिर से कैबिनेट नोट पर विस्तृत चर्चा की गई। इसमें लिखी गई टिप्पणियों के मद्देनजर कैबिनेट नोट को अब अंतिम रूप दिया जा चुका है और अब यह मंत्री की स्वीकृति की प्रतीक्षा कर रहा है।

समुद्र तटीय सुरक्षा सलाहकार समूह (ऑफशोर डिफेंस एडवाइजरी ग्रुप—ओ.डी.ए.जी.) की स्थापना भारत सरकार ने 31 दिसंबर, 1993 को की थी। इसका लक्ष्य एक ऐसे समर्पित ग्रुप की स्थापना करना था, जो नौसेना स्टाफ और ओ.एन.जी.सी. को समुद्र तटीय क्षेत्र की सुरक्षा-व्यवस्था को लेकर योजना बनाने और सलाह देने का कार्य करे। इसका काम है—समुद्र तटीय सुरक्षा और रक्षा की योजना बनाना, नीतियाँ लागू करना, कानून और उसके पहलुओं को सूत्रबद्ध करना, आँकड़े की सुरक्षा पर नजर रखना, संवेदनशील क्षेत्रों में संकट से निपटना।

सरकार, जे.वी. (J.V.) तथा तेल एवं गैस की खोज में लगी प्राइवेट कंपनियों द्वारा नई अन्वेषण (खोज) प्रमाणन नीति (NELP) की घोषणा किए जाने के बाद सन् 1993 में फ्लैग ऑफिसर डिफेंस एडवाइजरी ग्रुप (F.O.D.A.G.) को जी.ओ.आई. (G.O.I.) के तटीय सुरक्षा एवं रक्षा सलाहकार ग्रुप का दर्जा दिए जाने के मामले पर पहल की गई थी, लेकिन अप्रैल 1993 में उसे दोबारा रोक दिया गया। सचिवों की समिति के लिए एक प्रारूप पत्र भी जून 1996 में भेजा गया था; लेकिन कुछ समय बाद यह मामला वापस भेज दिया गया। इसके पीछे तर्क दिया गया कि इससे संबंधित घोषणा-पत्र का मामला वर्तमान

में तेल समन्वयन समिति द्वारा देखा जा रहा है…।

कानून पर कानून, बोर्ड पर बोर्ड

आई.एस.आई. (I.S.I.) चारों ओर फैले अपने एजेंटों और अपने स्थापित तंत्र के जरिए अपनी गतिविधियों को संचालित करता है और इसमें वह काफी कामयाब भी रहा है। आंतरिक सुरक्षा पर गठित कार्यबल ने आई.एस.आई. के एक और तिकड़म की ओर संकेत किया है—जो एक खुले स्रोत के माध्यम से और दिन-दहाड़े काम में लाया जा रहा है। इस संबंध में कार्यबल ने अपनी रिपोर्ट में लिखा है—

> भारत और पाकिस्तान की वीजा नीतियों में असंतुलन से भारत की आंतरिक सुरक्षा के लिए खतरा उत्पन्न हो गया है। गृह मंत्रालय को इसकी समीक्षा करनी चाहिए। आई.एस.आई. हमारी बहुपक्षीय उदार वीजा नीति का फायदा उठा रहा है, साथ ही यह सुनिश्चित करने में कि पाकिस्तानी यात्री वीजा की अवधि खत्म हो जाने के बाद भारत में न रह सकें—हमारी व्यवस्था की अक्षमता के कारण वे यहीं गायब हो जाते हैं। उनका पता भी नहीं लग पाता।
>
> हमें याद रखना चाहिए कि जो पाकिस्तानी भारतीय विमान का अपहरण कर कंधार ले गए थे, वे वैध वीजा लेकर भारत आए थे। वे यहाँ वीजा अवधि से अधिक समय तक रहे और इस कांड को अंजाम दिया। गृह मंत्रालय से प्राप्त खबर के अनुसार सन् 1999 तक भारत में 11,433 पाकिस्तानी निर्धारित अवधि से ज्यादा समय तक रुके थे। इनमें से 8,873 लोग समय से अधिक रुके रहे थे और 2,560 भूमिगत हो गए।

कहाँ थे वे? क्या कर रहे थे? उनके बारे में हम क्या कर रहे थे? उनमें से कितने पकड़े गए थे? उनमें से कितनों का पता लगा था? देखें असलियत, जो टास्क फोर्स के सामने आई—

> गृह मंत्रालय के पास यह जानने का कोई साधन नहीं है कि ऐसे पाकिस्तानी यात्रियों—जिनका पता नहीं लगाया जा सका है—में से कितने को जासूसी, विध्वंस और आई.एस.आई. के नेटवर्क को फैलाने में लगाया जा सकता था।

टास्क फोर्स अपने काम में डटा रहा—

हमने निम्न के बारे में सूचना पाने के लिए गृह मंत्रालय को एक प्रश्नावली भेजी थी—

(क) विदेशी क्षेत्रीय पंजीकरण कार्यालय की कार्य-प्रणाली।

(ख) यह सुनिश्चित करने के लिए क्या किया जा रहा है कि पाकिस्तानी पासपोर्ट पर जो लोग भारत आ रहे हैं, वे वीजा-अवधि खत्म होने से पहले वापस लौट जाएँ।

(ग) वीजा की अवधि से ज्यादा रुकनेवालों या भूमिगत हो चुके लोगों का पता लगाने और उन्हें वापस भेजने के लिए क्या कदम उठाए गए हैं ? अनुसंधान एवं विश्लेषण शाखा की रिपोर्ट की जाँच करने और लापता हुए लोगों के विभिन्न विध्वंसक गतिविधियों में लिप्त होने की संभावना को समझने के बाद हमने ये सूचनाएँ माँगी थीं।

इस तरह की मूलभूत सूचना प्राप्त करने के टास्क फोर्स के प्रयासों का क्या नतीजा निकला—

हम जिस सूचना की माँग कर रहे थे, उसके न मिल पाने से हम इतना ही दोहरा सकते हैं कि भारत और पाकिस्तान के बीच वीजा को लेकर समानता होनी चाहिए। जो वीजा नीति पाकिस्तान भारतीयों के लिए अपना रहा है, वही नीति भारत को पाकिस्तानी नागरिकों के लिए अपनानी चाहिए। गृह मंत्रालय को एक निश्चित अवधि के लिए अभियान चलाना चाहिए, जिससे यहाँ छिप गए पाकिस्तानियों को पकड़ा जा सके। यह कहकर इस मुद्दे को नहीं छोड़ा जा सकता है कि करीब 11,500 पाकिस्तानी यहाँ गायब हो गए हैं।

उन्हें आत्मनिर्भर बनाने का काम

आंतरिक सुरक्षा पर टास्क फोर्स ने पाया कि नशीली दवाओं की तस्करी के माध्यम से आई.एस.आई. ने भारत में अपने आतंकवाद को एक स्वपोषित ऑपरेशन बना दिया है। टास्क फोर्स की रिपोर्ट के अनुसार—

पाकिस्तान भारत में नशीली दवाओं की तस्करी को योजनाबद्ध तरीके से बढ़ावा

दे रहा है, जिससे आतंकवाद और यहाँ गड़बड़ी फैलाने के लिए पैसा मिल रहा है। उसका लक्ष्य हमारे स्थापित तंत्र व ढाँचे को अस्थिर करना है। केंद्रीय खुफिया एजेंसी की रिपोर्ट कहती है कि नशीली दवाओं की तस्करी से आया पैसा पाकिस्तान भारत में आतंकी व उपद्रवी गतिविधियों को बढ़ावा देने में लगा रहा है। अमेरिका की गुप्तचर संस्था सी.आई.ए. के पास भी इस बात के अकाट्य सबूत हैं। गृह मंत्रालय द्वारा जारी सूचना के अनुसार करीब 5,000 करोड़ रुपए के नशीले पदार्थ अफगानिस्तान, पाकिस्तान और ईरान (75 प्रतिशत हेरोइन पश्चिमी यूरोप और इसका 50 प्रतिशत अमेरिका पहुँचता है) से भारत आता है। पाकिस्तान के राष्ट्रीय विकास वित्त निगम ने (अगस्त 1992 में) अनुमान लगाया था कि पाकिस्तान में काले धन की अर्थव्यवस्था 32.5 अरब अमेरिकी डॉलर प्रतिवर्ष को छू गई है। यह धन नशीले पदार्थों के गोल्डन क्रीसेंट में उगाने, उत्पादन करने और उनकी तस्करी से प्राप्त होता है। इस तरह का अवैध पैसा आई.एस.आई. को हमारे देश में राष्ट्र-विरोधी गतिविधियाँ संचालित करने में जबरदस्त वित्तीय मदद देता है।

स्थिति सचमुच खतरे का संकेत देनेवाली है। इस तरह के ऑपरेशनों से खासकर पूर्वोत्तर में तबाही मचाई जा रही है—

बड़े पैमाने पर नशीली दवाओं की तस्करी से मणिपुर, मिजोरम, असम व अरुणाचल प्रदेश के हिस्सों में नशीली दवाओं के इस्तेमाल में बेतहाशा वृद्धि हो रही है। म्याँमार से तस्करी के माध्यम से हेरोइन लाकर इन प्रदेशों के नशीले पदार्थों के शौकीनों को दी जाती है। मणिपुर में एड्स के मामलों में हो रही वृद्धि चौंकानेवाली है। खबर है कि अधिकांश नशीली दवाओं का व्यापार मणिपुर में मोरे से हो रहा है, जहाँ से हेरोइन दूसरे राज्यों में भेजी जाती है।

और हम क्या कर रहे हैं?

कहना समीचीन होगा कि नारकोटिक कंट्रोल ब्यूरो (एन.सी.बी.), जो नोडल राष्ट्रीय एजेंसी है, का इंफाल में क्षेत्रीय कार्यालय है। इस कार्यालय को पूर्वोत्तर के सात राज्यों में काररवाई करने का कानूनी अधिकार प्राप्त है। इंफाल कार्यालय में 11 कर्मचारी हैं। इनके पास न तो कोई सरकारी वाहन है और

न ही संचार-तंत्र है। क्षेत्रीय अधिकारी के पास एक आवासीय फोन तक नहीं है।

निस्संदेह कारवाइयाँ चलती रही हैं—

एन.सी.बी. हर चार माह में कस्टम, डी.आर.आई., विशेष राज्य शाखाओं और दवाओं की तस्करी रोकने व पुनर्वास कार्यक्रम से जुड़े अधिकारियों की बैठक करता है।

लेकिन इसके पीछे की सच्चाई कुछ और है—

हमने पाया कि वह दवाओं के तस्करी पर करारा वार करने में समन्वित भूमिका नहीं निभा पा रहा है। एन.सी.बी. के केंद्रीय व क्षेत्रीय स्तर के अधिकारियों से बातचीत के बाद हमने पाया कि एन.सी.बी. और दूसरी संबंधित एजेंसियों के बीच खुफिया जानकारियों की भागीदारी के लिए कोई व्यवस्था नहीं है। यहाँ तक कि आपसी हित में सूचना के आदान-प्रदान के लिए भी कोई व्यवस्था नहीं है।

हद यहीं नहीं होती है। टास्क फोर्स ने क्षेत्र में रक्षाकर्मियों से बात की और फिर रिपोर्ट दी—

हमें यह भी पता लगा कि सेना और सी.पी.एम.एफ. (सेंट्रल पैरा मिलिट्री फोर्स—केंद्रीय अर्धसैनिक बल) के अफसर यह नहीं जानते थे कि पूर्वोत्तर के राज्यों में नशीली दवाओं के व्यापार को रोकने के लिए कोई केंद्रीय एजेंसी जिम्मेदार है।

जोनल और रीजनल स्तर के अधिकारियों के साथ बातचीत से हमें पता चला कि वाहनों, आवश्यक उपकरणों तथा सूचनाओं के आदान-प्रदान के लिए नेटवर्क विकसित करने हेतु गोपनीय सेवा फंड के अभाव के कारण एन.सी.बी. की कार्यप्रणाली बुरी तरह से पंगु हो गई है। वर्तमान कार्यप्रणाली और ढाँचे के बल पर एन.सी.बी. दवाओं की तस्करी करनेवालों के खिलाफ निषेधात्मक कारवाई करने में सर्वोच्च केंद्रीय समन्वयन एजेंसी की भूमिका अदा करने में

सक्षम नहीं है। परिणामस्वरूप, यह अपने मूल उद्देश्य भी पूरे कर पाने में असफल रही है। इस तरह की स्थिति देश में आई.एस.आई. की पहुँच को आसान बना देती है।

लेकिन कानून—और वह भी कड़े-से-कड़े प्रावधानोंवाला। बोर्ड—व्यापक प्रतिनिधित्ववाला। और हर तीसरे महीने आयोजित होती बैठकें…।

एक और धुआँकश, एक और कानून

नशीली दवाओं के व्यापार से पैदा किया गया पैसा भारत में आता है—'लांडरिंग' (काले धन को सफेद बनानेवाले) अभियानों के माध्यम से, प्रायः 'स्वयंसेवी संगठनों' को 'अनुदानों' और 'उपहारों' के रूप में। प्राप्त खुफिया सूचनाओं का सारांश निकालते हुए टास्क फोर्स ने बताया—

> नशीली दवाओं से प्राप्त धन आई.एस.आई. और उसके सहयोगियों द्वारा दवाइयाँ भेजने के विदेशी माध्यमों से इकट्ठा किया जाता है और उसकी असलियत को छिपाने के लिए विभिन्न 'विन्यासों' (Placements) के माध्यम से उसे वैध रूप दिया जाता है। उसके बाद उसे खाड़ी और अन्य देशों में बड़ी राशि में उपलब्ध करा दिया जाता है। इन देशों से यह धन बैंकिंग चैनलों के माध्यम से विभिन्न व्यक्तियों और भारत के भीतर धार्मिक, सांस्कृतिक व शैक्षिक गतिविधियों की आड़ में अपना मूल उद्देश्य पूरा करनेवाले मुसलिम संगठनों तक पहुँचाया जाता है। जिनके पास वह धन भेजा जाता है, वे प्रायः इसे निवेश-मूलक गतिविधियों में लगाते हैं और उससे प्राप्त लाभ—जो कानूनन वैध होता है—को अन्य अनेक कार्यों में लगाते हैं। इस प्रकार का धन, द्वितीयक या तृतीयक अवस्था में, जो विदेशी योगदान नियामक अधिनियम (F.C.R.A.) के नियंत्रण से बाहर होता है, मुसलिम संगठनों के लिए उपलब्ध कराया जाता है—जिनमें (भारत) विरोधी गतिविधियाँ फैलानेवाले और उसमें सहयोग करनेवाले कट्टरपंथी संगठन भी शामिल हो सकते हैं। हालाँकि धन की गतिशीलता के द्वितीयक या तृतीयक चरण में विदेशी योगदानों को आतंकवादी गतिविधियों में लगने से रोकना और उसका पता लगाना सचमुच एक कठिन कार्य है, लेकिन हम समझ सकते हैं कि संचालन के मौजूदा स्तर को देखते हुए इस प्रकार के धन को प्राथमिक अवस्था में भी बिना किसी सुराग के गैर-कानूनी गतिविधियों में लगाया जा सकता है।

अगर आप कानून में औपचारिक प्रावधानों को देखें तो पाएँगे कि वे उतने ही कठोर और दोषहीन हैं, जितने वास्तव में होने चाहिए—

> कहना समीचीन होगा कि विदेशी योगदान नियामक अधिनियम (F.C.R.A.) के अधीन निर्धारित आर्थिक, सांस्कृतिक, शैक्षिक, धार्मिक और सामाजिक कार्यक्रम रखनेवाले पूर्वोक्त संगठन के अलावा अन्य कोई भी राजनीतिक संगठन अथवा अन्य संगठन नहीं है, जो गृह मंत्रालय की पूर्व अनुमति के बिना अथवा गृह मंत्रालय में पंजीकरण करवाए बिना विदेशी योगदान स्वीकार कर सके। अनुदान प्राप्त करनेवाले के खाते की जाँच और नियमों का उल्लंघन करने पर दंडात्मक काररवाई का प्रावधान कानून में है।

ये 'सहायता' राशियाँ दिन दूनी और रात चौगुनी बढ़ती जा रही हैं। टास्क फोर्स ने पाया कि सन् 1991-92 और 1997-98 के मध्य यह दोगुनी से भी ज्यादा हो गई थी। आधिकारिक और औपचारिक बैंकिंग चैनलों के माध्यम से—और इस एक रास्ते से—आई राशि 14 हजार करोड़ रुपए से भी ज्यादा थी। और किस तरह की निगरानी, चौकसी की जा रही है? टास्क फोर्स ने यह सवाल गृह मंत्रालय, जिसकी पूर्व अनुमति के बिना कोई भी योगदान राशि नहीं प्राप्त की जा सकती है, के अधिकारियों से पूछा था। जवाब क्या मिला?

> विदेशी योगदान नियामक अधिनियम से संबंधित कई मामले गृह मंत्रालय के सामने उठाए गए। हमें वांछित उत्तर नहीं मिले। तर्क दिया गया कि कंप्यूटरीकरण की प्रक्रिया पूरी होने के बाद ही संबंधित सूचना दी जा सकती है। यह कानून चौबीस वर्ष पहले लागू किया गया था। अब तक कम-से-कम आवश्यक आँकड़े और सूचनाएँ गृह मंत्रालय को पहुँच ही जानी चाहिए थीं। हमें यह भी पता चला कि इस महत्त्वपूर्ण कार्यक्षेत्र की देखरेख करनेवाली संस्थाएँ इस बात को लेकर पूरी तरह सचेत नहीं थीं कि वास्तव में क्या किया जाना चाहिए और कैसे किया जाना चाहिए।

आगे की तहकीकात में पता चला कि छह वर्ष पूर्व रिजर्व बैंक ऑफ इंडिया ने सभी वाणिज्यिक बैंकों को निर्देश जारी किए थे। उन निर्देशों का क्या हश्र हुआ—आइए देखें टास्क फोर्स की रिपोर्ट में—

गृह मंत्रालय की तर्ज पर भारतीय रिजर्व बैंक ने 15 जुलाई, 1994 को देश में कार्यरत सभी वाणिज्यिक बैंकों को एक पत्र (संख्या बी.पी./बी.सी. 88/21.01.023/94) भेजा था, जिसमें उल्लेख था—

* कुछ बैंक ऐसे संघों को ऋण दे रहे हैं, जो न तो पंजीकृत हैं और न ही उन्हें विदेशी अनुदान स्वीकार करने की अनुमति प्राप्त है।
* विभिन्न संघों की ओर से प्राप्त किए गए विदेशी अनुदानों से संबंधित लेन-देन का तिमाही विवरण गृह मंत्रालय को नहीं दिया जा रहा है।

भारतीय रिजर्व बैंक के इस पत्र से विदेशी अनुदान नियामक अधिनियम को विधिवत् लागू करने में गृह मंत्रालय की निष्क्रियता प्रकट होती है। हमारे विचार से इस तरह के मामलों में एफ.सी.आर.ए. की दंड संहिता के अनुसार ऐसी संस्थाओं पर काररवाई होनी चाहिए, जो बिना पूर्व अनुमति या पंजीकरण के विदेशी सहायता ले रही हैं और गृह मंत्रालय को तिमाही विवरण नहीं भेज रहे हैं। यह बात है छह वर्ष पहले की। लेकिन आज भी स्थिति में बहुत परिवर्तन नहीं आया है। यह बात स्पष्ट नहीं है कि गृह मंत्रालय ने एफ.सी.आर. को प्रभावी बनाने के लिए कोई ठोस कदम उठाया है। यदि इस गंभीर स्थिति पर जल्द काबू नहीं पाया गया तो स्थिति बेकाबू हो जाएगी। गृह मंत्रालय के पास कोई साधन नहीं होगा कि वह तेजी से बढ़ रही ऐसी संस्थाओं को मिल रहे धन के बारे में कोई पुख्ता जानकारी रख सके और यह पता लगा सके कि इस धन का प्रयोग किन प्रयोजनों के लिए किया जा रहा है।

टास्क फोर्स अपने काम में डटा रहा। रिजर्व बैंक द्वारा पत्र प्रेषित करने के बाद से अब तक क्या कुछ हुआ? टास्क फोर्स का सवाल था। और नतीजा?

हमें इसका कोई पुष्टीकरण नहीं मिल सका कि रिजर्व बैंक द्वारा जुलाई 1994 में जारी किए गए पूर्वोक्त पत्र के बाद से अब स्थिति कैसी है। यदि स्थिति उसी तरह बनी हुई है जैसी छह वर्ष पूर्व थी तो विदेशी प्राप्ति की राशि बहुत अधिक बढ़ गई होगी। इस संदर्भ में, हम शोध एवं विश्लेषण शाखा द्वारा प्रस्तुत किए गए विश्लेषण से सहमत हैं कि विदेशी सहायता नियामक अधिनियम के अंतर्गत प्राप्त की गई अधिकांश सहायता राशि आतंकवादी संगठनों के वित्तीय पोषण में लगाई जा रही है।

दूसरे संगठन—कार्यान्वयन निदेशालय—की बात करते हुए टास्क फोर्स ने बताया कि यदि उसमें कार्यों को मार्गदर्शन के रूप में लिया जाए तो हवाला कारोबार और साथ-ही-साथ संदिग्ध 'सहायता' के बारे में भी पता लग सकेगा। लेकिन हुआ क्या?

> हमारे सवालों के जवाब में डी.ई. (डायरेक्टर ऑफ इन्फोर्समेंट—कार्यान्वयन निदेशक) ने बताया कि वे हवाला कारोबारियों और विध्वंसक तत्त्वों के बीच किसी तरह के संबंधों का पता लगाने में असमर्थ हैं, क्योंकि ऐसी कोई व्यवस्था नहीं है, जिससे निदेशालय को गुप्तचर ब्यूरो, शोध एवं विश्लेषण शाखा तथा विशेष राज्य शाखाओं और सी.पी.एम.ई. से किसी तरह की खुफिया जानकारी मिल सके।

परिणामस्वरूप टास्क फोर्स को विवश होकर लिखना पड़ा—

> हमें यह जानकर सबसे ज्यादा चिंता हुई कि आर्थिक गोपनीय सूचनाओं का संग्रह करने, उन्हें मिलाने और उनका विश्लेषण करने या आर्थिक अपराधियों के खिलाफ कड़े कदम उठाने के लिए कोई समन्वित व्यवस्था नहीं है। प्रत्येक संगठन अपने ही सीमित क्षेत्र के भीतर कार्य कर रहा है और सिर्फ पहले सामने आ चुके मामलों से संबंधित सूचनाओं का आदान-प्रदान कर रहा है। यह एक बड़ी कमी है, जिसके कारण आर्थिक अपराधी आर्थिक कानूनों की सख्ती से बच निकलते हैं।

और फिर वही बात याद दिलाई जाती है, जो पहले भी अनगिनत बार याद दिलाई जा चुकी है—

> हम सिफारिश करते हैं कि गृह मंत्रालय को संबंधित अभिकरणों के बीच आवश्यक समन्वयन बनाने के लिए आगे बढ़ना चाहिए। यह सुनिश्चित करने के लिए कि डी.आर.आई. (D.R.I.) और डी.ई. (D.E.) आवश्यक कुशलता और प्रभाव के साथ कार्य करें, तत्काल कदम उठाए जाने की भी जरूरत है।

और काले धन को सफेद धन में बदलनेवाला अभियान? स्थिति ज्यों-की-

त्यों बनी हुई है—

> हमने विभिन्न विभागों, राजस्व विभाग, वित्त मंत्रालय की शाखा के अधिकारियों से काले धन को सफेद धन में बदलनेवालों की पहचान करने पर बात की थी। हमें मालूम हुआ कि इस तरह का कोई तंत्र है ही नहीं। हमने जितने भी अधिकारियों को समस्या के बारे में बताया उनसे यही पता चला कि उन्हें यह पता ही नहीं है कि इस तरह की कोई समस्या भी है। आय कर विभाग को सिर्फ आय कर वसूलने से मतलब है। धन कहाँ से आ रहा है, उससे उसका कोई लेना-देना नहीं है। कार्यान्वयन निदेशक तभी रुचि लेते हैं, जब हवाला के जरिए पैसे का लेन-देन होता है। उन्हें इस बात से कोई लेना-देना नहीं है कि पैसा बैंकिंग माध्यम से ही आ रहा है या फिर कहीं और से। राजस्व व कस्टम विभाग के अधिकारी तब तक रुचि नहीं दिखाते जब तक मामला सामानों के बिलों से छेड़छाड़ से जुड़ा हुआ न हो। इससे भी बुरी स्थिति यह है कि इस तरह के काले धन के धंधे को रोकने के लिए कोई कानून भी नहीं है।

टास्क फोर्स ने एक और युक्ति के बारे में तहकीकात की थी, जिसे आई.एस.आई. खूब इस्तेमाल कर रही है। वह है अर्थव्यवस्था को अस्थिर करने के लिए नकली मुद्रा भेजना। और इसमें कोई संशय नहीं है कि वह अपने कार्यकर्ताओं को देने के लिए भी इसी का इस्तेमाल करता हो।

> हमारी अर्थव्यवस्था को अस्थिर करने के लिए आई.एस.आई. बड़ी मात्रा में 500 और 100 रुपए के नकली नोट छापकर नकली भारतीय मुद्रा (एफ.आई.सी.) भेज रही है। एफ.आई.सी. की तस्करी पाकिस्तान से लगते जम्मू-कश्मीर, पंजाब, राजस्थान, गुजरात की सीमा के साथ-साथ भारत-बँगलादेश और भारत-नेपाल सीमा पर हो रही है। खाड़ी देशों के वाहकों (जो हवाई यात्रा से अहमदाबाद, मुंबई, तिरुअनंतपुरम और चेन्नई आते हैं) को नकली भारतीय मुद्रा के साथ कस्टम के अधिकारियों ने कई बार पकड़ा है। बँगलादेश से तस्करी द्वारा आया एफ.आई.सी. कई बार पूर्वोत्तर के राज्यों, विशेषकर असम में पहुँचाते समय पकड़ा जा चुका है। काठमांडू में पाकिस्तानी दूतावास के कर्मचारियों को भी समय-समय पर पकड़ा जा चुका है, जो उत्तर प्रदेश और बिहार में नकली भारतीय मुद्रा पहुँचाने के लिए माध्यम के रूप में कार्य कर रहे थे। पाकिस्तान से समझौता

एक्सप्रेस द्वारा अटारी (अमृतसर) आनेवाले पाकिस्तानी और भारतीय मुसलमानों के पास से भी नकली भारतीय मुद्रा जब्त की गई है। 29 जुलाई, 2000 को अब तक की भारतीय मुद्रा की सबसे बड़ी जब्ती के मामले की जाँच-पड़ताल में गुजरात और महाराष्ट्र में फैले एक व्यापक नेटवर्क का पर्दाफाश हुआ, जो भारत की अर्थव्यवस्था में नकली मुद्रा चला रहा है…।

और इसे रोकने के लिए हम क्या कर रहे हैं?

भारतीय रिजर्व बैंक के डिप्टी गवर्नर के साथ हमारी बातचीत से एक दुःखद तथ्य का पता चला है कि अब तक किसी अधिकार प्राप्त केंद्रीय एजेंसी के पास नकली भारतीय मुद्रा की सभी जब्तियों की सूचना पहुँचाने के लिए कोई व्यवस्था नहीं है। परिणामस्वरूप अब तक की गई कुल नकली भारतीय मुद्रा की जब्ती पर कोई वैधानिक वक्तव्य उपलब्ध नहीं है। वैसे, विभिन्न एजेंसियों द्वारा की गई कुल जब्ती से यही संकेत मिलता है कि करोड़ों रुपए की नकली भारतीय मुद्रा भारतीय बाजारों में पहुँचाई जा रही है।

संक्षेप में, कितनी मात्रा में नकली मुद्रा जब्त की गई है, इसके बारे में सूचना रखने और प्रदान करनेवाली व्यवस्था को भी प्रभावी बनाना अभी बाकी है। यानी हमारी अर्थव्यवस्था को अस्थिर करने में लगी शत्रु की एजेंसी से निपटने का रास्ता भी अभी तक तैयार नहीं है।

दो लक्षणों—जीवन और मृत्यु का कारण बननेवाले मामलों के प्रति भी निष्क्रिय रवैया और सरकार के विभिन्न अंगों के बीच शर्म करने की हद तक तालमेल की कमी—ने टास्क फोर्स के कदमों को आगे बढ़ने से बार-बार रोका। समुद्री सीमा के प्रबंधन की दुःखद स्थिति की रिपोर्टिंग करने के बाद सीमा-प्रबंधन पर गठित टास्क फोर्स को इसी तरह के एक मामले में इस प्रकार रिपोर्ट देनी पड़ी—

तमिलनाडु और गुजरात के कुछ क्षेत्रों—जहाँ हाल ही में कुछ कदम उठाए गए हैं—को छोड़कर समुद्र के किनारे का लगभग पूरा तटीय क्षेत्र अरक्षित है। एक बड़ी कमी तो व्यापारिक सामुद्रिक संस्था द्वारा नाविकों को जारी किए जानेवाले पास की प्रणाली में ही है। इस तरह के पासों को पासपोर्ट जितनी ही वैधता प्राप्त है, लेकिन इन्हें जारी करने और इनका नवीनीकरण करनेवाली

प्रणाली सुस्त है। उसमें सुधार की काफी गुंजाइश है। छोटे पत्तनों की संख्या में वृद्धि, समुद्री क्षेत्र से गुजरनेवाली जनसंख्या में वृद्धि, समुद्र में मछली पकड़ने का फैलता धंधा और पाकिस्तान तथा पश्चिमी एशिया की ओर से अरब सागर तक पहुँचने का आसान रास्ता—इन सबके कारण दुश्मन देश के एजेंटों द्वारा धोखाधड़ी से प्राप्त किए नाविक पास से उनकी घुसपैठ की संभावना बनी हुई है, जिसे रोका जाना चाहिए। [कई प्रयासों के बावजूद टास्क फोर्स की इस मामले पर तथा अन्य संबंधित मामलों पर संबंधित मंत्रालयों के अधिकारियों से चर्चा नहीं कर सका—कारण, उपयुक्त जवाब का न मिलना।]

सरकारी विभागों और मंत्रालयों के बीच तालमेल—एक के बाद एक कई मामलों में टास्क फोर्स को इसकी (तालमेल की) कमी की बात को सामने लाने के लिए मजबूर होना पड़ा। आइए देखें, रिपोर्ट—

हमारा आर्थिक विकास ऊर्जा पर निर्भर है, जो खाड़ी क्षेत्र से समुद्री मार्ग से लाए जानेवाले तेल और गैस से आती है। हमारे ऊर्जा मार्ग कच्छ की खाड़ी में केंद्रित हैं। दु:ख की बात है कि रक्षा मंत्रालय, गृह मंत्रालय, नौसेना मुख्यालय और तटरक्षक बल के मुख्यालय को समुद्र से संबंधित गतिविधियों से जुड़े मंत्रालयों की नीतियों, योजनाओं, कार्यक्रमों और सोच-प्रक्रिया के बारे में पर्याप्त जानकारी नहीं है। बॉम्बे हाई और कच्छ की खाड़ी के व्यापक तेल ढाँचे का विकास और गुजरात क्षेत्र के छोटे पत्तनों का विकास इसके उदाहरण हैं। स्पष्ट है कि इस तरह की कार्यप्रणाली हमारे समुद्री जोन की सुरक्षा और प्रबंधन के लिए हानिकारक है। इससे सीमा प्रबंधन के लिए गृह मंत्रालय के अधीन एक अलग सीमा प्रबंधन विभाग की स्थापना की आवश्यकता का एक बार फिर संकेत मिलता है।

पाइपलाइनें बिछाने, सिंगल बुवाय मूरिंग (Single Buoy Moorings) बिछाने और तेल-आधारित उद्योग तथा ऊर्जा संयंत्र स्थापित करने—सभी में कहीं-न-कहीं रक्षा मंत्रालय / नौसेना / तटरक्षक बल की संबद्धता रही है। ऐसा कई अन्य मामलों में भी पाया गया। स्पष्ट रूप से यह तालमेल की कमी ही है।

भारतीय संदर्भ में ई.ई.जेड. (E.E.Z.) को भी नए औद्योगिक एवं आर्थिक भूक्षेत्र के रूप में निर्दिष्ट किया जा सकता है, जो अविनियमित और अप्रशासित रह गया है। इस क्षेत्र का प्रयोग विध्वंसक गतिविधियों और घुसपैठ के लिए किए

जाने के कारण यहाँ बढ़ती अराजकता का माहौल है। ई.ई.जेड. (E.E.Z.) युद्ध के समय भारत के खिलाफ मिसाइल एवं अधो–समुद्री युद्ध से संबंधित सूचनाओं के संग्रहण क्षेत्र के रूप में उभर रहा है। अन्य विभागों/मंत्रालयों द्वारा किराए पर लिये गए जलपोत हमारे ई.ई.जेड. में रक्षा मंत्रालय/नौसेना/तटरक्षक बल को सूचित किए बिना अनुसंधान कार्य करते हैं; क्योंकि ये विभाग / मंत्रालय या तो जानते ही नहीं हैं कि उन्हें रक्षा मंत्रालय से अनुमति भी लेनी चाहिए या फिर वे कानूनों को नजरअंदाज करना ही बेहतर समझते हैं। संक्षेप में, हमारे तटीय क्षेत्र में सभी तरह के जलपोत आते हैं और उनके बारे में जानकारी रखनेवाली प्रमुख एजेंसी को सुरक्षा की चिंता नहीं है। इसका मूलभूत कारण यह है कि एक विभाग या एजेंसी दूसरे विभाग या एजेंसी को सूचित करने की अपनी जिम्मेदारी नहीं मानता है।

आखिर हम देश के दुश्मनों का काम और कितना आसान कर सकते हैं?

समुद्री क्षेत्रों के प्रबंधन की आवश्यकताओं के लिए भारतीय नौसेना, तटरक्षक बल और मर्चेंट मेरीन ऑर्गेनाइजेशन जैसे सुरक्षा बल तैनात हैं। समुद्री प्रशासन की मौजूदा प्रणाली, जो भूतल परिवहन मंत्रालय के अंतर्गत रक्षा विभाग के साथ काम कर रही है, अभी तक समस्याग्रस्त क्षेत्रों की नब्ज नहीं पहचान सकी है। गृह मंत्रालय के विशेष सचिव के एक अनुरोध पर भूतल परिवहन मंत्रालय और रक्षा विभाग की प्रतिक्रिया से यह अच्छी तरह प्रदर्शित भी हो गया है। भूतल परिवहन मंत्रालय और रक्षा विभाग दोनों ने बताया कि उन्हें समुद्री सीमाओं और समुद्र से कोई लेना–देना नहीं है। इसी तरह भूतल परिवहन मंत्रालय की प्रतिक्रिया जानने के लिए उसे दो पत्र भेजे गए। वे भी मंत्रालय में लंबित पड़े हैं। 14 जुलाई, 2000 तक जवाब माँगा गया था, पर नहीं आया। तब एक बार फिर 24 जुलाई को भूतल परिवहन मंत्रालय से कहा गया था कि वह 27 जुलाई को टास्क फोर्स से संपर्क करे। यह अपेक्षा की गई थी कि 27 जुलाई को साढ़े चार बजे भूतल परिवहन मंत्रालय का प्रतिनिधि आएगा, लेकिन कोई नहीं आया। इस बारे में किसी ने भी टास्क फोर्स को सूचित तक नहीं किया। बाद की औपचारिक बातचीत 10 अगस्त, 2000 को एक संदेश प्राप्त करने के बाद हुई। विभिन्न समुद्री एजेंसियों द्वारा यह विचार प्रकट किया गया कि इन दोनों महत्त्वपूर्ण विभागों/मंत्रालयों में लंबित पड़े मुद्दों को सुलझाने

में कोई उत्साह नहीं दिखाया गया है।

यह स्थिति तब है जब टास्क फोर्स का गठन प्रधानमंत्री द्वारा किया गया और वह भी किसी सामान्य स्थिति में नहीं बल्कि एक युद्ध के बाद किया गया था। दैनिक मुद्दे किस तरह सुलझाए जाते हैं, इस संदर्भ में ज्यादा सोचने की जरूरत है।

'सांप्रदायिक', 'सांप्रदायिक'

टास्क फोर्स ने एक सर्वे किया। इस सर्वे में हथियारों के आदान-प्रदान करने के साधनों, भारत के खिलाफ दुष्प्रचार करने और एजेंटों द्वारा प्रयोग किए गए स्थानों (जहाँ वे उपद्रव फैलाते हैं) को शामिल किया गया। इस सर्वे के बाद सीमा-प्रबंधन पर गठित टास्क फोर्स ने टिप्पणी की—

> लगभग सभी सीमाओं पर मदरसों और मसजिदों की बहुत तेजी से बढ़ रही संख्या पर टास्क फोर्स ने चिंता जताई। इनमें से अधिकतर का निर्माण स्थानीय अधिकारियों की अनुमति के बिना हुआ है।

थोड़ा रुकिए। उस समय के चीखने-चिल्लाने पर ध्यान दीजिए, जब स्थानीय कलक्टर उन धार्मिक ढाँचों को ढहा देता—यह कहकर कि उन संस्थाओं को खोलने की अनुमति स्थानीय अधिकारियों से प्राप्त नहीं है। टास्क फोर्स आगे कहता है—

> कई मामलों में यह पता चला है कि इन संस्थाओं को गैर-बैंकिंग संस्थाओं से विदेशी पूँजी मिल रही है। मुसलिमों का अरबीकरण करने और उनकी शिक्षा के मुद्दे को हलके से नहीं लिया जाना चाहिए। मदरसों के शैक्षिक पाठ्यक्रम को मुख्यधारा में लाकर उसमें भौतिक विज्ञान, रसायन विज्ञान, गणित, सूचना तकनीक जैसे विषय जोड़ना बहुत बड़ी चुनौती होगी; लेकिन इससे निपटना देश-हित में होगा।

टास्क फोर्स इन संस्थाओं से बढ़ते खतरे को अपनी रिपोर्ट में विस्तार से बताता है। 'मकतबों और मदरसों में छात्रों को उर्दू, अरबी और फारसी भाषा

सिखाने के साथ-साथ इसलाम की मान्यताओं के बारे में भी शिक्षा दी जाती है। पारंपरिक धार्मिक पढ़ाई पर ध्यान दिया जा रहा है और आधुनिक विषय, जैसे—विज्ञान, गणित, सामाजिक विज्ञान और आधुनिक भाषाएँ नहीं पढ़ाई जाती हैं। इसलिए जो छात्र मदरसे से पढ़कर आते हैं, वे मुख्यधारा की शिक्षा से नहीं जुड़ पाते। वे मकतब—जहाँ प्राथमिक स्तर की शिक्षा दी जाती है—से मदरसा, जहाँ माध्यमिक स्तर की पारंपरिक शिक्षा दी जाती है, की ओर आकर्षित होते जाते हैं। यदि मदरसे में कोई इतिहास पढ़ाया जाता है तो वह इसलामिक इतिहास होता है, न कि आधुनिक इतिहास या विश्व इतिहास। मदरसे से निकले छात्र उर्दू और अरबी भाषा में तो पारंगत होते हैं, लेकिन दूसरी बातों की जानकारी न होने से वे आज के आधुनिक समाज में सामंजस्य बैठा पाने में स्वयं को असमर्थ पाते हैं।'

अलगाववाद और कड़वाहट के लिए बढ़िया जमीन तैयार!

जैसा कि टास्क फोर्स कहता है—'मदरसे की शिक्षा प्राकृतिक रूप से अलग-थलग कर देनेवाली है।'…'चूँकि पूरा जोर इसलामिक शिक्षा पर होता है, इसलिए दूसरी शिक्षा-प्रणालियों के बारे में बच्चों को गलत बताया जाता है। यह (निर्देश) मदरसा चलानेवाले प्रबंधक या मौलवी की इस सोच पर आधारित होता है कि इसलामिक शिक्षा और उर्दू व अरबी भाषा के अलावा सबकुछ अनुपयोगी है। इसी कारण मदरसों का पाठ्यक्रम एक जैसा ही रहता है, जबकि बाहर की जानकारियाँ आधुनिक होती हैं और सतत विकासशील होती हैं।'

टास्क फोर्स ने बताया है कि सन् 1980 में मदरसों के आधुनिकीकरण के लिए विभिन्न योजनाएँ शुरू की गई थीं और उसने यह भी बताया कि किस तरह से इसपर प्रतिक्रिया हो रही थी—यहाँ तक कि राज्य सरकारों की ओर से भी तीखी प्रतिक्रिया हो रही थी, मौलवियों के बारे में क्या कहना! फिर भी मसजिदें और मदरसे खूब तेजी से बढ़े हैं, जो हमारी राष्ट्रीय सुरक्षा के खतरे का संकेत देते हैं। टास्क फोर्स ने जोर दिया था—

> हमारी अंतरराष्ट्रीय सीमाओं पर मसजिदों और मदरसों की संख्या में भारी वृद्धि देखी जा सकती है। षड्यंत्रकारी बात यह है कि जहाँ अल्पसंख्यकों की बहुत जनसंख्या कम या नहीं के बराबर है वहाँ भी सीमा के दोनों ओर मदरसों और मसजिदों की बाढ़ आ गई है। ये संस्थाएँ इसलामिक ढाँचा खड़ा करके भारत की खुफिया घेराबंदी कर सकती हैं। सीमा क्षेत्रों में रहनेवाले भारतीय मुसलिमों का अरबीकरण किया जा रहा है। साथ ही इसलाम के अरबी व

सलाफी स्वरूप को बढ़ावा दिया जा रहा है।

टास्क फोर्स ने बँगलादेश, नेपाल और पाकिस्तान से लगती सीमाओं पर अचानक बढ़ रहे मदरसों और मसजिदों की संख्या पर रिपोर्ट भी पेश की है—

> भारत-बँगलादेश सीमा पर मदरसों और मसजिदों की संख्या में वृद्धि के साथ ही भारत के सीमावर्ती जिले में बड़ी संख्या में अवैध रूप से बँगलादेशी आ रहे हैं, जिससे यहाँ की जनसंख्या का भौगोलिक स्वरूप भी परिवर्तित हो रहा है। बढ़ती भीड़ से यहाँ के स्थानीय लोगों के लिए आर्थिक अवसर कम हो रहे हैं और भविष्य में इसलामीकरण के लिए जमीन तैयार हो रही है।

भारत-नेपाल सीमा पर भी टास्क फोर्स ने ठीक इसी तरह के मामले पाए—

> भारत-नेपाल सीमा पर तराई क्षेत्र के दोनों ओर मदरसे और मसजिदें खूब फल-फूल रहे हैं। साथ ही इन क्षेत्रों में अल्पसंख्यकों की जनसंख्या में चार गुनी वृद्धि हो रही है। भारतीय क्षेत्र में 40 किलोमीटर तक क्षेत्र में 343 मसजिदें, 300 मदरसे और 17 मसजिद-सह-मदरसे हैं। नेपाल की ओर 282 मसजिदें और 181 मदरसे हैं। सऊदी अरब, ईरान, कुवैत, पाकिस्तान, बँगलादेश आदि मुसलिम देशों से बेहिसाब धन मिलता है। विभिन्न मदरसों के प्रबंधक और उलेमा इन देशों के काठमांडू में स्थित दूतावास के अधिकारियों के संपर्क में रहते हैं। इसलामिक विकास बैंक (जेद्दाह), हबीब बैंक ऑफ पाकिस्तान और खाड़ी देशों में रहनेवाले भारतीय मुसलमानों के माध्यम से इन्हें वित्तीय सहायता दी जाती है। नेपाल के हिमालयन बैंक के साथ साझेदारी करने के बाद पाकिस्तान के हबीब बैंक ने सीमा क्षेत्रों में, खासकर विराटनगर और कृष्णानगर में, अपना नेटवर्क फैला दिया है। संशय यह है कि विदेशी मुद्रा को नेपाल में भारतीय मुद्रा में बदला जाता है या फिर इसे गुपचुप तरीके से भारत लाया जाता है।

इस बारे में टास्क फोर्स कहता है—

> भारत-नेपाल सीमा पर बने मदरसों और मसजिदों का प्रमुख मुसलिम नेता दौरा करते हैं—जैसे, तबलीग-ए-जमात और पाकिस्तानपरस्त नेपाली नेता।

पाकिस्तानी दूतावास के अधिकारियों द्वारा नेपाल के तराई क्षेत्रों का दौरा करने की घटनाएँ सामने आ चुकी हैं। उनका लक्ष्य इसलामिक संस्थाओं को मजबूत करना और उन्हें धन मुहैया कराना होता है। नेपाल के पाकिस्तानपरस्त तत्त्व भी तराई क्षेत्र में भौगोलिक जनसंख्या के सर्वेक्षण में मदद करते हैं।

थोड़ी देर के लिए रुकें तथा मदरसों और मसजिदों की बढ़ती संख्या के बारे में दो और तथ्यों को जोड़कर सोचें, जो सीमा प्रबंध पर गठित टास्क फोर्स को खुफिया जानकारियों से मिले हैं। टास्क फोर्स जोर देते हुए कहता है—

> नेपाल के साथ लगी भूमि के खुली होने, अत्यधिक अंतरदेशीय संपर्क होने, पश्चिमी हिस्से में सीमाओं को मजबूत करने तथा दुबई में रहनेवाले तस्करों द्वारा नेपाल में जाल बिछाने से यह अब सोने व सामान्य वस्तुओं के तस्करों के लिए सबसे अच्छी जगह बन गई है। इसके साथ ही यह हथियारों, विस्फोटकों के संग्रह व दुश्मनों की घुसपैठ के लिए भी उपयुक्त जगह बन गई है। जहाँ तक मादक पदार्थों का प्रश्न है, नेपाल लंबे समय से बड़ी मात्रा में गाँजे का उत्पादन कर रहा है। हर्बल गाँजा और कुछ मात्रा में रेसिन गाँजा भारत-नेपाल सीमा पर कई बार जब्त किया जा चुका है। पाकिस्तान से भेजी गई या भारत में तैयार हेरोइन और कुछ भारतीय फार्मास्यूटिकल के मादक द्रव्य समय-समय पर नेपाल में जब्त किए जाते रहे हैं।
>
> सन् 1993 का बंबई बम-कांड और 1995 में पुरुलिया में हथियार गिराए जाने की घटना यह दरशाती है कि संवेदनशील सीमाओं पर बाड़ लगाने और उन्हें मजबूत करने से तस्करों व घुसपैठियों के हौसले कम नहीं होंगे। उनके आधार बहुत मजबूत व व्यापक हैं। संपर्क-सूत्र पुख्ता हैं। ये नेटवर्क भारत में हैं और अब पाकिस्तान की आई.एस.आई. द्वारा प्रेरित करने, मार्गदर्शन व सहायता करने से अब वे और अधिक मजबूत तथा तिकड़मी हो गए हैं। सर क्रीक से लेकर सैंड हैड्स तक तथा बँगलादेश की भौगोलिक सीमाओं, म्याँमार और नेपाल भी उनकी पहुँच में हैं। दाऊद गैंग नेपाल में होटल, बैंकिंग और निर्माण के क्षेत्र में लिप्त है। अधिकतर सेक्टरों की लंबी सीमा में अब अवैध लोग आ बसे हैं। पिछले दशक में अज्ञात विदेशी स्रोतों की मदद से मदरसे व मसजिदें बनाई गई हैं। यह उन सीमाओं और तटीय शहरों व गाँवों के तस्करों की याद दिलाती है, जो हमारी पूरी पश्चिमी सीमा—कश्मीर से लेकर खंभात की खाड़ी—तक फैले हैं।

एक संपूर्ण व घातक जोड़—

- तस्करों के स्थापित मार्ग व आधारभूत ढाँचा।
- मदरसों और मसजिदों का नया नेटवर्क।
- दाऊद इब्राहिम और खाड़ी देशों के तस्करों की नेपाल तक फैली गतिविधियाँ, जो पाकिस्तान की एजेंसियों के साथ मिलकर चलाई जाती हैं।
- मुसलिम सरकारों द्वारा व्यापक वित्तीय सहायता।

मदरसों और मसजिदों की जिन कहानियों का खुलासा टास्क फोर्स ने किया था, वही स्थिति अचानक ही हमारी अन्य सीमाओं पर भी पैदा हो गई। वह कोई अन्य सीमा नहीं बल्कि राजस्थान सीमा है।

> भारत-पाक सीमा के राजस्थान सेक्टर में 129 मदरसे हैं, जो वक्फ बोर्ड में पंजीकृत हैं। सीमा क्षेत्रों में बड़ी संख्या में गैर-पंजीकृत मदरसे हैं। इस क्षेत्र में मदरसों में वृद्धि राज्य के दूसरे स्थानों के मुकाबले ज्यादा है। मदरसा इसलामिया (पोखरण), मदरसा अनवरुल उलूम (जैसलमेर) और मदरसा अहले सुन्नत रिजवी (जैसलमेर) इस क्षेत्र में कट्टरपंथी गतिविधियों के केंद्र बन गए हैं। महाराष्ट्र और गुजरात की तबलीग जमात बाड़मेर जिले में अपना प्रभाव बढ़ा रही है और उसने यहाँ हाल ही में 14 दीन-ए-तालीम मदरसे खोले हैं।
>
> और बात दक्षिण-पश्चिम की—
>
> सीमा के गुजरात सेक्टर में कच्छ जिले में (वर्ष 1995 में) 34 मदरसे और बनासकाँठा में 28 मदरसे हैं, जहाँ उनकी संख्या में 1991-95 के दौरान 55 प्रतिशत की वृद्धि हुई है। उन्हें स्थानीय लोगों व बाहर से भारी मात्रा में पैसा मिला।

'गुजरात और महाराष्ट्र दोनों जगह वहाँ के अल्पसंख्यकों की स्थानीय सांस्कृतिक परंपरा के ऊपर पाकिस्तानी इसलामिक कट्टरपंथियों द्वारा दबाव डाला जा रहा है।' टास्क फोर्स ने पाया कि तबलीग आंदोलन ने उनकी मान्यताओं और पुरानी परंपराओं को बदलने पर मजबूर कर दिया। 'इस क्षेत्र में भी अल्पसंख्यकों की वृद्धि-दर बहुत ऊँची है।'

इसके बाद टास्क फोर्स भारत-बँगलादेश सीमा पर लौटता है। वह चेतावनी देता है कि इस पूरे क्षेत्र में 'सीमा पार से जनसांख्यिकीय आक्रमण' हो रहा है। सीमावर्ती जिलों में आक्रमण की प्रकृति बहुत चौंकानेवाली है, अन्य स्थानों से भी ज्यादा खतरनाक है। टास्क फोर्स ने पाया कि 'भारत-बँगलादेश सीमा पर सबसे तेजी से मदरसों व मसजिदों की संख्या में वृद्धि हुई है।' राज्यवार आँकड़ों के आधार पर टास्क फोर्स ने पाया कि भारतीय क्षेत्र में सीमा के नजदीक कुल 905 मसजिदें और 439 मदरसे हैं।

टास्क फोर्स ने जो आँकड़े रखे, इससे भी बढ़कर सीमा से लगी इन संस्थाओं से निपटने की योजना हमारे अंतर्मन को झकझोरने के लिए काफी है। टास्क फोर्स ने कहा, 'मदरसों से संबंधित कुछ चिंतित कर देनेवाली घटनाओं से हमें सचेत हो जाना चाहिए', जो इस तरह सूचीबद्ध हैं—

(क) इन संस्थाओं में फैली कट्टरवादी मानसिकता के कारण मदरसों का तालिबानीकरण हो रहा है। जम्मू-कश्मीर में मदरसों की बढ़ती संख्या और यहाँ की कट्टरवादी शिक्षा से विद्रोही गतिविधियों को बढ़ावा मिल रहा है।

(ख) उर्दू की जगह अरबी में धार्मिक संदेश देने से मुसलिम बच्चों को भारतीय मुसलिम सूत्रों से अलग किया जा रहा है, जिससे वे अरबीकरण की ओर बढ़ रहे हैं। यह प्रगतिशील मुसलिम समाज, जैसे केरल, में ज्यादा हो रहा है।

(ग) सूचना मिली है कि कुछ स्थानों पर मदरसों में आई.एस.आई. एजेंटों और विद्रोही तत्त्वों को पनाह दी जाती है।

(घ) मदरसों में बच्चों की बढ़ती संख्या से समाज में मौलवियों की शक्ति बढ़ी है। इससे उनकी वोट डलवाने की क्षमता और राजनीतिक कद बढ़ रहा है।

(ङ) मदरसों में छोटे बच्चों के मन में कट्टरवादी विचार डालने से भविष्य में हमारी सरकार के लिए समस्या खड़ी होगी।

(च) सीमा के दोनों ओर मदरसों व मसजिदों की उपस्थिति से यहाँ हथियारों की आवा-जाही बढ़ जाएगी तथा आई.एस.आई. द्वारा इसे बढ़ावा और सहायता दी जाएगी।

(छ) स्थानीय मुसलिम समुदाय के आर्थिक पिछड़ेपन के चलते यह भ्रम हो

सकता है कि स्थानीय लोग मदरसों व मसजिदों का निर्माण नहीं कर सकते हैं।

जनसांख्यिकी आक्रमण

गुप्तचर ब्यूरो ने रिपोर्ट दी है और सर्वश्री एस.के. सिन्हा तथा टी.वी. राजेश्वर राव जैसे राज्यपालों ने चेतावनी दी है कि बँगलादेशी भारतीय भूभाग हड़प रहे हैं। जनगणना के आँकड़े बताते हैं कि बँगलादेशियों द्वारा यह अतिक्रमण बड़े पैमाने पर किया गया है। आर्थिक स्थिति बदलने के साथ-साथ इसने पहले ही आश्चर्यजनक रूप से क्षेत्र की जनसंख्या के स्वरूप को बदल दिया है। इससे भी बढ़कर सच यह है कि हजारों की संख्या में घुसपैठिए यहीं बस जाते हैं। इससे पाकिस्तान के लिए यहाँ अपने एजेंट भेजना और आसान हो जाता है।

जैसे एक के बाद एक गठित कमेटियों ने पहले बताया है और सीमा-प्रबंधन पर गठित टास्क फोर्स ने भी बँगलादेश की ओर से उत्पन्न खतरे की ओर ध्यान आकर्षित कराया है कि ये किस तरह यहाँ के लोकतंत्र को प्रभावित कर रहे हैं। इसपर खुफिया जानकारियाँ और उसके आधार पर अध्ययन के बाद टास्क फोर्स की रिपोर्ट है—

> अध्ययन से यह पता चलता है कि पश्चिम बंगाल में 18 प्रतिशत और असम में 32 प्रतिशत विधानसभा क्षेत्रों में बँगलादेशी प्रवासी चुनाव परिणाम को प्रभावित करने की स्थिति में हैं। एक अध्ययन के अनुसार बिहार के किशनगंज में 96 प्रतिशत बँगलादेशी प्रवासियों ने मतदान में भाग लिया। इस तरह से वे अपने प्रतिनिधि के माध्यम से कानून बनाने, प्रशासन चलाने के साथ-साथ पुलिस को प्रभावित कर सकते हैं। वे पहले ही पश्चिम बंगाल, असम और त्रिपुरा की नाजुक सरकार में रच-बस गए हैं। कोई भी आसानी से पूर्वोत्तर में भविष्य की समस्याओं की रूपरेखा देख सकता है।

टास्क फोर्स ने कई तरह के कदम उठाने के लिए सिफारिश की—भारत में रह रहे नागरिकों और गैर-नागरिकों का अनिवार्य पंजीकरण किया जाए; सभी नागरिकों को बहूद्देशीय राष्ट्रीय पहचान-पत्र दिया जाए; जो लोग यहाँ के नागरिक नहीं हैं, उन्हें अलग रंग व डिजाइन के पहचान-पत्र दिए जाएँ; विदेशियों के लिए 'वर्क परमिट' शुरू किया जाए; आई.एम.डी.टी. एक्ट को रद्द किया जाना

चाहिए और विदेशी एक्ट के तहत अवैध विदेशियों के खिलाफ काररवाई की जानी चाहिए; सीमा पर स्थित जिलों के गाँवों में लोगों का रिकॉर्ड रखा जाना चाहिए और इसे लगातार संशोधित किया जाना चाहिए; जनगणना के समय प्राथमिक आँकड़े जमा करके अवैध रूप से रह रहे विदेशियों की पहचान की जानी चाहिए और उनके बारे में सूचना देनेवालों को नकद पुरस्कार देने की व्यवस्था की जानी चाहिए; सीमा पर बाड़; बँगलादेश के साथ मिलकर संयुक्त कार्य बल का गठन···

समस्या यह नहीं है कि हम यह नहीं जानते हैं कि हमें क्या करना है। समस्या कुछ और है—राजनीतिक वर्ग को पता है कि उन्हें क्या करना चाहिए; लेकिन इस बुराई से उन्हें फायदा मिलता है, इसलिए वे कुछ नहीं करते।

जरा याद करें, टास्क फोर्स ने अपनी रिपोर्ट में क्या लिखा था—साधारण कार्यों के लिए बड़ी संख्या में सेना को बुला लिया गया।··· इससे परिणाम यह निकला कि सीमा पर चौकियों के बीच का फासला (जो टास्क फोर्स के अनुसार 3 से 4 कि.मी. से अधिक नहीं होना चाहिए) 10 से 40 कि.मी. तक बढ़ गया। इससे सीमा पर कई सुराख बन गए। टास्क फोर्स ने चेतावनी देते हुए कहा था, 'इस तरह की तैनाती से बेहतर है कि सीमा पर सेना रखी ही न जाए। सीमाओं पर इस तरह के सुराख होने से देश में घुसपैठियों का आना और आसान हो गया है।'

घुसपैठियों की इस बाढ़ ने सीमा क्षेत्र के ही नहीं, बल्कि दिल्ली जैसे स्थानों के जनसांख्यिकीय स्वरूप को ही बदलकर रख दिया है। टास्क फोर्स ने इसपर निष्कर्ष देते हुए कहा था, 'दुर्भाग्य से इस विषय पर चर्चा करने पर इसमें सांप्रदायिकता की आवाज आने लगती है और राजनीतिक दल अपने वोट बैंक को मजबूत करने में लग जाते हैं।'

आंतरिक सुरक्षा के मसले पर राज्यसभा में बहस के दौरान ठीक ऐसा ही हुआ। मुझे बहस की शुरुआत करने को कहा गया। मैं यह रिपोर्ट पढ़ने लगा। इसी बीच कांग्रेस के प्रवक्ता ने मुझ पर चर्चा को 'सांप्रदायिक रंग' देने का आरोप लगा दिया। क्या गुप्तचर ब्यूरो, शोध एवं विश्लेषण शाखा, जम्मू-कश्मीर के वर्तमान राज्यपाल एस.के. सिन्हा, उत्तर प्रदेश के राज्यपाल टी.वी. राजेश्वर राव, जो टास्क फोर्स के सदस्य हैं, सभी 'सांप्रदायिक' हैं?

विनाशकारी आई.एम.डी.टी. एक्ट पर विचार करने की बजाय नई सरकार ने इसे जारी रखने की घोषणा कर दी। लेकिन हम सीमाओं को सुरक्षित रखने और

अपने देश की सुरक्षा व अखंडता के लिए सबसे ज्यादा दृढ़प्रतिज्ञ हैं—सरकारी प्रवक्ता अपनी आवाज बुलंद करते हैं।

कोई रहस्य?

भारत-तिब्बत सुरक्षा बल का गठन कर दिया गया। पर्वतीय युद्धों के लिए उसे प्रशिक्षित किया गया। उसे सुसज्जित भी किया गया। आंतरिक सुरक्षा पर टास्क फोर्स की रिपोर्ट बताती है कि जहाँ भी इसे तैनात किया गया, इसने बेहतरीन परिणाम दिए। टास्क फोर्स ने पाया कि इसे दैनिक सुरक्षा-कार्यों, जैसे—बैंकों की सुरक्षा में लगा दिया गया।

राष्ट्रीय सुरक्षा गार्ड एक विशेष कमांडो फोर्स है। इसका उपयोग वी.आई.पी. की सुरक्षा में हो रहा है।

केंद्रीय आरक्षित पुलिस बल का प्रमुख कार्य उपद्रवों से निपटना है, लेकिन वास्तव में क्या हो रहा है। टास्क फोर्स ने पाया—

> हालाँकि 83 प्रतिशत बल आंतरिक सुरक्षा के लिए खतरा बने क्षेत्रों में तैनात हैं, लेकिन मात्र 32 प्रतिशत का ही उपयोग आतंकवादियों और उपद्रवियों से निपटने के लिए किया जा रहा है। शेष बल का उपयोग गड़बड़ीवाले क्षेत्रों में दैनिक पुलिस की ड्यूटी करने में हो रहा है। अकसर तो जिला अधीक्षकों की धारणा के आधार पर इनका उपयोग अतिरिक्त मानव-शक्ति के रूप में किया जा रहा है। इस तरह बल को राज्य पुलिस के अधिकार में काम करना पड़ता है। गृह मंत्रालय द्वारा जोर न देने और स्थानीय कमांडरों की मौन स्वीकृति के कारण भी उनकी तैनाती गलत रूप में होती है। इससे अभियानों को संचालित और नियंत्रित करने की कुशलता में कमी आती है। इसके अलावा नायक या हेड कांस्टेबल की अगुवाई में सी.आर.पी.एफ. की छोटी टुकड़ियों की बिखरे क्षेत्रों में तैनाती से आभियानिक उद्देश्यों की प्राप्ति में बाधा आती है और दिशा-निर्देशों व नियंत्रण में कमी से विभिन्न प्रकार की समस्याएँ पैदा होती हैं।

टास्क फोर्स ने पाया कि आतंकवादियों व अपराधियों की बढ़ती दक्षता और उनके पास उपलब्ध अत्याधुनिक हथियार और संचार उपकरण के मुकाबले राज्य पुलिस के पास उपकरणों और प्रशिक्षण की भारी कमी है। अपराध के नित-नए बदलते तरीकों से पुलिस को कैसे निपटना चाहिए? आतंकवादियों द्वारा

ईजाद की जा रही नई विधाओं का मुकाबला करने के लिए पुलिस बजट का केवल 1 प्रतिशत उनकी ट्रेनिंग पर खर्च किया जाता है। परिणामस्वरूप एक पुलिसकर्मी को प्रत्येक पाँच वर्ष में दोबारा प्रशिक्षण के लिए जाना चाहिए। टास्क फोर्स ने पाया कि इस तरह के कार्यक्रम में वह हर 12 वर्ष या ज्यादा के अंतराल में जाता है। रहने व कार्य करने की परिस्थितियों को लेकर टास्क फोर्स की रिपोर्ट कहती है—

> राज्य पुलिस बल को रहने व कार्य करने की स्थिति पर पुलिस अनुसंधान एवं विकास ब्यूरो (ब्यूरो ऑफ पुलिस रिसर्च एंड डेवलपमेंट) द्वारा किए गए अध्ययन में चौंकानेवाली तसवीर उभरती है—
>
> - 25 प्रतिशत स्टेशन और 50 प्रतिशत पुलिस चौकी के पास नियमित भवन नहीं है।
> - 37 प्रतिशत से अधिक जिला पुलिस पुलिस लाइन में कार्य करती है।
> - 70 प्रतिशत से अधिक जिला पुलिस के पास उचित नियंत्रण कक्ष नहीं है।
> - 34 प्रतिशत से अधिक जिला पुलिस अधीक्षक के पास आधिकारिक आवास नहीं है।
> - 70 प्रतिशत सिपाहियों के पास आवास की सुविधा नहीं है, जबकि नियमों के अनुसार इनपर उन्हें 100 प्रतिशत संतुष्टि मिलनी चाहिए।
> - 43 प्रतिशत भारतीय पुलिस में गतिशीलता की कमी है।
> - पुलिस के पास जो हथियार हैं, वे पुराने और अपर्याप्त हैं।
> - संचार-प्रणाली को सुधारने की अत्यधिक आवश्यकता है।
>
> दूसरी तरफ अपराधियों और माफिया गैंगों के पास ऐसे हथियार और संचार-तंत्र हैं, जो राज्य पुलिस के मुकाबले अत्यधिक प्रभावी और आधुनिक हैं। और तो और, सी.पी.एम.एफ. (सेंट्रल पैरा मिलिटरी फोर्स) से भी ज्यादा प्रभावी और अत्याधुनिक हथियार अपराधियों के पास हैं। इन परिस्थितियों ने अपराधियों को खुलेआम लूटपाट मचाने की छूट दे दी है। माफिया डॉन—जो विदेशों में बैठे हैं—भारत में ऑपरेशन पर नियंत्रण करते हैं। आतंकवादी संगठन रिमोट कंट्रोल की मदद से आई.ई.डी. विस्फोट करते हैं। उधर, आंतरिक सुरक्षा के खतरे से निपटने के लिए बनी पुलिस असहाय है, जिसकी आवश्यक जरूरतों और बेहतरी को राज्य सरकारों ने लंबे समय से नजरअंदाज किया है।

कारवाई

उन सिफारिशों और सुझावों का क्या होता है, जो स्वीकार कर लिये जाते हैं, जिन्हें लागू कर दिया जाता है? जम्मू-कश्मीर और पूर्वोत्तर के राज्य उपद्रव से जूझ रहे हैं। तमाम प्रयास किए गए। न जाने कितनी कमेटियाँ गठित की गईं। कमेटी पर कमेटी गठित होती गईं। इतना ही नहीं, टास्क फोर्स की सिफारिश पर उपद्रव-विरोधी अभियान संचालित करने के लिए शीर्ष कमेटी गठित की गई। कहा गया कि मुख्यमंत्री इसके अध्यक्ष होंगे। इसके सदस्य के रूप में राज्य के सुरक्षा बलों के वरिष्ठ अधिकारी होंगे। जब टास्क फोर्स ने यह देखने की कोशिश की कि ये सब कैसे कार्य कर रहे हैं, तो उसने पाया कि—

> एक राज्य गंभीर समस्या झेल रहा है और केंद्रीय सुरक्षा बलों की मदद माँगी जा रही है। लेकिन ऐन वक्त पर मुख्यमंत्री के पास शीर्ष कमेटी की बैठक की अध्यक्षता करने का समय नहीं होता—और यह सुनिश्चित करने का कि ये बैठकें नियमित अंतराल पर होंगी—तथा राज्य की स्थिति के बारे में पूरी जानकारी रखने का समय नहीं होता है...।

एक के बाद एक घटनाओं के बाद यही मालूम होता है कि आई.एस.आई. और उसके एजेंट पूरे राज्य में एक जाल बुनने में सफल हो गए हैं। इस संबंध में श्री एन.एन. वोहरा, जो उस समय नए टास्क फोर्स की अध्यक्षता कर रहे थे, ने सुझाव दिया था कि एक नोडल ग्रुप बनाया जाना चाहिए। यह सुझाव स्वीकार भी कर लिया गया था और कारवाई भी की गई थी; लेकिन परिणाम क्या निकला?

> दाऊद इब्राहिम के माध्यम से आई.एस.आई. की साजिश के तहत सन् 1993 में बंबई में हुए बम धमाकों के बाद सरकार ने गृह सचिव की अध्यक्षता में एक अंतर-मंत्रिमंडलीय कमेटी का गठन किया था। वोहरा कमेटी की रिपोर्ट (1993) ने निष्कर्ष निकाला था कि माफिया संगठनों और अपराध सिंडिकेट ने देश के विभिन्न हिस्सों में पाँव जमा लिये हैं। इन संगठनों ने महत्त्वपूर्ण दैहिक और भौतिक ताकतें हासिल कर ली हैं तथा सरकारी कार्यप्रणाली, राजनेताओं और दूसरों से संबंध बना लिये हैं। परिणामस्वरूप गृह मंत्रालय ने सभी आपराधिक गठजोड़ के मामलों की समीक्षा और जाँच के लिए नोडल ग्रुप गठित किया था। कई साल गुजर जाने के बाद नोडल ग्रुप को आज भी कुछ खास

हासिल करने का इंतजार है···।

प्रस्तावित समीक्षा पर कार्य करने से पहले गृह मंत्रालय को यह समझना होगा कि नोडल ग्रुप (जो सुप्रीम कोर्ट के निर्देश पर गृह सचिव की अध्यक्षता में वोहरा समिति की रिपोर्ट को लागू करते हुए राजनीतिज्ञ-अपराधी-नौकरशाही के गठजोड़ पर बनाया गया था) के कार्य से अभी तक कुछ खास हासिल नहीं हुआ है। इसने अभी तक गृह सचिव को अपराधियों के तार के बारे में कोई विशेष जानकारी नहीं दी है। इस तरह की स्थिति बनी रहना खतरनाक है। गृह मंत्रालय को इनका एक आवश्यक रिकॉर्ड बनाना होगा। साथ ही इससे निपटने के तरीके भी खोजने होंगे। नोडल ग्रुप को प्रभावी बनाने के लिए क्या कदम उठाए जाने चाहिए, इस संबंध में गृह सचिव ने स्वतंत्र समीक्षा समिति को अपने सुझाव भेज दिए हैं। हमें विश्वास है कि स्वतंत्र समीक्षा समिति जरूरी निर्णय लेने में देर नहीं करेगी।

आखिर वजह क्या है?

ऐसी सिफारिशों को खुशनसीब कहा जाना चाहिए, जो स्वीकार कर ली जाती हैं, जिनके आधार पर कारवाई शुरू हो जाती है। दूसरों को तो यह दूर-दूर तक भी नसीब नहीं होता। रिपोर्ट प्राप्त कर ली गई है। उसे फाइल में लगा दिया गया है। इसके साथ ही सारी सिफारिशें, सारे सुझाव भुला दिए जाते हैं, जब तक दूसरा टास्क फोर्स गठित न कर दिया जाए। तब उन फाइलों को धूल-मिट्टी की परतों में से निकाला जाता है और दूसरी रिपोर्ट के साथ जोड़ दिया जाता है। हम बार-बार इस चक्कर में क्यों फँस जाते हैं। क्या कोई बीमारी है, जिसके कारण हम स्पष्ट दिखाई देनेवाली सच्चाई को भी नहीं देख पाते?

वास्तव में यह बीमारी ही है। दोनों टास्क फोर्स इस तरफ ध्यान आकृष्ट कराते हैं—

आंतरिक सुरक्षा पर टास्क फोर्स ने पाया कि 'सिविल पुलिस की विफलता के कई कारण गिनाए जा सकते हैं। सबसे अधिक घातक कारण है इसके कार्य में राजनीतिक हस्तक्षेप।'

टास्क फोर्स का कहना है कि 'पुलिस संगठन के प्रशासनिक नियंत्रण का आधार अनुशासन है···। गैर-संवैधानिक कारकों द्वारा इनपर नियंत्रण किया जा रहा है और इसका गलत प्रभाव उनके कार्य पर पड़ रहा है।' राज्यों के उच्च पुलिस अधिकारियों से बातचीत के दौरान उनमें से अधिक ने कहा कि भरतियों,

स्थानांतरण, नियुक्तियों और पदोन्नतियों में अनावश्यक राजनीतिक दबाव डाला जाता है। इससे पुलिस के अनुशासन, क्षमता, ईमानदारी और आदर्श पर बुरा प्रभाव पड़ता है। स्थानांतरण के मामलों में कोई विशेष नीति नहीं होती। अधिकतर राज्यों में नियमानुसार पुलिस उपाधीक्षक (डी.एस.पी.) स्तर के अधिकारियों का स्थानांतरण और नियुक्ति विभाग के बड़े अधिकारियों द्वारा की जाती है। हालाँकि वास्तव में यह जाति और समुदाय के आधार पर मुख्यमंत्री या उसके किसी मंत्री द्वारा तय किया जाता है। कुछ राज्यों में मुख्य पद, जिन्हें फायदेमंद पद कहा जाता है, नीलामी द्वारा भरे जाते हैं। सबसे अधिक बोली लगानेवाले को मनोनीत कर लिया जाता है। अधिकारी भी तभी तक उस पद पर बने रहते हैं जब तक वे अपने राजनीतिक संरक्षक के प्रति वफादार और उनके लिए लाभकारी बने रहते हैं। राजनेताओं द्वारा जो पहले प्रार्थना की जाती थी, उसने अब इच्छा का रूप ले लिया है। इसलिए भरती, स्थानांतरण, जाँच जैसे मामलों से जुड़े निर्णय राजनीतिक दखल से बुरी तरह प्रभावित होते हैं। ऐसी परिस्थिति में अधीनस्थ कर्मी अधिकारियों के आदेशों का उल्लंघन करते ही पूरे फोर्स में अनुशासनहीनता फैलती है। इस स्थिति में कोई भी सुरक्षा बल कानून-व्यवस्था लागू करने में ईमानदार नहीं रह सकता।

एक बार फिर टास्क फोर्स चेतावनी देता है… 'अनियंत्रित राजनीतिक हस्तक्षेप ने पुलिस को बहुत नुकसान पहुँचाया है। …यह बीमारी राज्य पुलिस कैडर की कमजोर अगुआई से और बढ़ गई है। पदोन्नति व कार्यकाल की उचित नीति के अभाव में अधिकारी अपनी नौकरी बचाने के लिए कई गलत कार्य करते हैं। इस प्रकार पूरी प्रक्रिया का राजनीतिकरण हो जाता है और कई मामलों में तो अयोग्य तथा संदिग्ध चरित्रवाले अधिकारी भी राज्य पुलिस प्रमुख बन जाते हैं।' इससे ज्यादा और क्या स्पष्ट हो सकता है? या फिर विनाशकारी संभावनाओं से भरी इससे बड़ी स्थिति और क्या हो सकती है?

बुराई की सड़न शुरू से ही आरंभ हो जाती है—निचले स्तर पर भरती से लेकर ऊपरी स्तर पर पदोन्नति तक—एक ही वायरस ने सुरक्षा बलों को अयोग्य बना दिया है। इस संबंध में टास्क फोर्स की रिपोर्ट कहती है—

> राजनीतिक सोच के चलते पदोन्नति की नीतियों में भी हस्तक्षेप किया जाता है तथा डी.जी.पी. के प्रस्ताव को भी दरकिनार कर दिया जाता है। फलस्वरूप, पदोन्नति वरिष्ठता, गुण और ईमानदारी के आधार पर तय नहीं होती।

सिपाहियों की भरती भी निश्चित समय पर नहीं होती। यह वर्ष भर चलती रहती है। यह सबसे अधिक दुर्भाग्यपूर्ण है कि पिछले कई वर्षों से लगातार राजनीतिक दबाव व हस्तक्षेप के चलते भरती के नियमों को बुरी तरह प्रभावित किया गया है। कई राज्यों में यह एक ऐसी स्थिति पैदा करती है, जिसमें भरती अधिकारी को ऐसी सूची दे दी जाती है, जिसमें यह उल्लेख होता है कि किसकी भरती करनी है। इस सूची में उम्मीदवार की योग्यता, लंबाई, शैक्षिक व शारीरिक कमियाँ—सभी को दरकिनार कर दिया जाता है।

इस तरह के मामलों को सामने लाने और उनपर सुझाव प्रस्तुत करने में कोई मुश्किल नहीं है। टास्क फोर्स ने उनमें से कई को सूचीबद्ध किया है। उन्हें अनगिनत बार दर्जनों समितियों, आयोगों और टास्क फोर्स द्वारा सूचीबद्ध किया गया है। 'दो दशक पहले एन.पी.सी. (नेशनल पुलिस कमीशन) ने भरती, नियुक्ति और राज्य पुलिस प्रमुख के कार्यकाल को लेकर विस्तृत काररवाई का सुझाव दिया था।' टास्क फोर्स याद करता है, 'उसने राज्य सुरक्षा आयोग के गठन का भी सुझाव दिया था। किसी भी राज्य ने इन सुझावों को स्वीकार करने पर सहमति नहीं जताई। कार्यकाल संबंधी नीति किसी भी परिस्थिति व कार्यकाल में बदली नहीं जानी चाहिए। विभिन्न स्तरों पर एक बार पद तय कर दिए जाने के बाद कार्यकाल तभी कम किया जाना चाहिए जब मामला आचरणहीनता या कार्य में विफलता का हो।' टास्क फोर्स का यह सुझाव कई बार दोहराया जा चुका है। 'उत्तर प्रदेश में पिछले पाँच वर्षों से एक पुलिस अधीक्षक का औसत कार्यकाल छह माह का रहा है। राज्य की राजधानी में पुलिस अधीक्षक स्तर पर 14 बार और पुलिस उप-अधीक्षक स्तर पर 7 बार स्थानांतरण हो चुका है। ऐसी स्थिति में पुलिस बल का अनुशासित और प्रभावी बने रहना संभव नहीं है।' इससे यह पता चलता है कि अपने 'चहेतों'—जो बाद में 'उपयोगी' साबित हो सकते हैं—को तरक्की देने की वर्तमान नीति किस तरह चल रही है। इस संबंध में टास्क फोर्स ने पाया—

> यह स्थिति तभी रोकी जा सकती है, जब एस.पी. स्तर के अधिकारियों से संबंधित स्थानांतरण, नियुक्ति, पदोन्नति, पुरस्कार, निलंबन और सजा के मामलों का निर्णय राज्य स्तरीय नीति-निर्धारक बोर्ड ले, जिसका अध्यक्ष डी.जी.पी. हो और वह जो अपने अधीन सुरक्षा बल के कार्य के प्रति पूरा जिम्मेदार हो।

क्या इन स्पष्ट निरीक्षणों और सुझावों पर अमल किया गया? और नहीं किया गया तो क्या इसमें कोई रहस्य है? ये सुझाव क्या उस व्यक्ति और संगठन के लिए होते हैं, जिसे इसका फायदा होता है?

दु:ख की बात है कि इस तरह के हस्तक्षेप की प्रकृति दिन-ब-दिन बदलती जा रही है। 'सबसे अधिक परेशान करनेवाली बात यह है कि संगठित अपराध/माफिया तत्त्व राजनीति और समाज में समा गए हैं। परिणामस्वरूप खतरनाक अपराधी देश के सबसे प्रभावी व्यक्ति के संरक्षण और सुरक्षा का लाभ उठा रहे हैं। आंतरिक सुरक्षा पर गठित टास्क फोर्स ने पाया, 'हमारी न्याय-प्रणाली भी भ्रष्ट और दागी हो गई है। राजनेताओं और नौकरशाहों के अपराधियों और राष्ट्र-विरोधी तत्त्वों से मिले होने की पुख्ता सूचनाएँ हैं।' वह आगे कहता है—तेलगी के मामले में क्या हो रहा है, हम इसका सुबूत हर सप्ताह देखते हैं। 'यह गंभीर सोच का विषय है कि इस तरह के मामलों में पहले से भी अधिक तेजी और सख्ती से निपटने की आवश्यकता है। अधिकतर मामलों में राजनीतिक कारणों के चलते कानून व संविधान के तहत कोई काररवाई नहीं की जाती।'

टास्क फोर्स ने जोर देकर कहा था कि आम जीवन के अपराधीकरण से प्रशासन और सुरक्षा का प्रत्येक पहलू प्रभावित होता है। यह पूर्वोत्तर से लेकर देश के बड़े हिस्से के संदर्भ में कहा जा सकता है—बिहार से झारखंड तक, उत्तर प्रदेश से गुजरात के तटीय क्षेत्र तक, महाराष्ट्र, केरल और तमिलनाडु तक—

> पूर्वोत्तर के उपद्रवियों का समर्थन-आधार गाँवों से शहरी इलाकों की ओर चला गया है, जहाँ से वे सरकारी कर्मचारियों, व्यापारी वर्ग और राज्य सरकार से भी अवैध वसूली करते हैं। ये उपद्रवी संगठन राजनीतिक संगठनों व सरकारी अधिकारियों से अपने करीबी संबंधों के चलते खासी शक्ति अर्जित कर लेते हैं। इनमें से कई नेता व अधिकारी इन राष्ट्र-विरोधी तत्त्वों से सहानुभूति रखते हैं। पूर्वोत्तर के राजनेताओं, नौकरशाह, ऊँचे ओहदेवाले लोगों और उपद्रवियों के बीच के गठजोड़ से यदि समय रहते कड़ाई से नहीं निपटा गया तो यह उपद्रव चरम पर पहुँच जाएगा। आई.एस.आई., इसलामिक कट्टरपंथियों और उग्रवादी संगठनों के बीच बढ़ते संबंधों से इस क्षेत्र में सुरक्षा को और खतरा पैदा हो गया है। इससे एक ठोस कार्य-योजना के साथ निपटने की जरूरत है, न कि संकटग्रस्त राज्यों में सुरक्षा बलों की छिटपुट तैनाती से।

इस तरह के संबंध और साझेदारी का जाल प्रत्येक मोड़ पर सुरक्षा अभियानों को पंगु बनाता है। राजनेताओं और पुलिसकर्मियों की सहायता के बिना तेलगी इतनी तरक्की नहीं कर सकता था। तेलगी की करतूतों में राजनेताओं की साझेदारी किस हद तक थी—इसका अंदाजा इसी से लगाया जा सकता है कि जब तेलगी मामले का खुलासा हुआ था और वह पकड़ा गया था तब कर्नाटक सरकार में मंत्री व प्रभावशाली लोगों ने सी.बी.आई. को मामले की जाँच की अनुमति नहीं देने दी थी। लोगों के दबाव में जब मामला दर्ज हो गया तो संबंधित लोगों ने मामले को घोंघे की गति से चलाना तय कर दिया।

और तेलगी मामले में अब क्या हो रहा है, वह भी कुछ इसी तरह का सिलसिला है। कभी-कभी ऐसे लोगों को पकड़ लिया जाता है, जो देश के खिलाफ कार्य कर रहे होते हैं। कभी-कभार उनके खिलाफ मामला भी दर्ज कर लिया जाता है। उसके बाद क्या होता है? केस सबूतों के अभाव में आगे नहीं चल पाता। क्यों? इस मुद्दे पर टास्क फोर्स का कहना है—

> अधिकांश मामलों में केस को इस सिद्धांत के तहत बंद नहीं किया जाता है कि उससे न्याय का पालन होता है। अधिकतर मामलों में वे राजनीतिक रूप से प्रभावित होते हैं। डेविड एच. बेयले, जिन्होंने भारतीय पुलिस व्यवस्था पर गहन अध्ययन किया, ने पाया—'आजकल भारत में आपराधिक न्याय की दोहरी प्रणाली चल रही है। कम-से-कम पुलिस के संबंध में यह कहना होगा कि कानून के पालन में पुलिस अधिकारियों द्वारा लिये गए निर्णयों की बार-बार समीक्षा की जाती है या वे चुने गए प्रतिनिधियों द्वारा निर्देशित होते हैं। यह बात कानून और व्यवस्था की स्थितियों के लिए ही सच नहीं है। अपराधों में लिप्त लोगों की आदत ऐसी हो गई है कि वे कानून से बचने के लिए राजनेताओं की शरण लेते हैं। तब पूरी तरह से आधुनिक भारत में कानून का राज, जिस ढाँचे पर न्याय टिका होता है, राजनीति के कारण अंदर-ही-अंदर खत्म होता जा रहा है। लोकतंत्र के नाम पर निरीक्षण ने उस आधार को नष्ट कर दिया है, जिस पर आपराधिक न्याय-प्रणाली टिकी होती है।'

यही असली समस्या है। स्थितियों को बेहतर बनाने का निर्णय कुछ ऐसे हाथों में है, जो विश्वास करते हैं कि जो जैसा है, ठीक है। यह स्थिति दिन-ब-दिन बदतर होती जा रही है। सुरक्षा बल जिन व्यक्तियों का पीछा करता आ

रहा था, आज उसे उन्हीं लोगों को 'सुरक्षा प्रदान' करनी पड़ रही है।

राजनीतिक और नौकरशाही वर्ग किस तरह इससे दूर रहता है? क्या इसलिए कि हमारे कानूनों में ही कुछ कमी है या इसलिए कि सीमा-प्रबंधन पर टास्क फोर्स के अवलोकन के बाद इसका प्रमाण मिला? मैं यह सुझाव नहीं दे रहा हूँ कि यह लागू किया जाना चाहिए। यह मेरा मानना है कि ऐसे कदम भी नहीं उठाए गए, जो बेहद जरूरी थे। टास्क फोर्स क्या कहता है, कृपया पढ़ें—

> 'हमारे राष्ट्रीय जीवन के एक और दुःखद पहलू की ओर ध्यान दिलाया जा सकता है। यह आश्चर्यजनक है कि आजादी पाने के 50 वर्ष बाद भी हम राष्ट्रीय परिचय-पत्र योजना लागू नहीं करवा सके और न ही राष्ट्रीय नागरिकता रजिस्टर की योजना को लागू करवा सके। कुछ राज्यों में करोड़ों रुपए बरबाद कर मतदाता पहचान-पत्र बनाए गए हैं। आयकर-निर्धारण के लिए आयकर विभाग पैन कार्ड (PAN—Personel Account Number) जारी कर रहा है। इस तरह के सभी खर्च देश के सभी नागरिकों को बहूद्देश्यीय परिचय-पत्र देकर कम किए जा सकते थे। ऐसे कार्ड की अनुपस्थिति में पासपोर्ट, चुनाव कार्ड और राशन कार्ड नागरिकता के प्रमाण के रूप में मान्य किए जाते हैं। सरकारी विभागों में संबंधित लोगों को कुछ सौ रुपए देकर ही इस तरह के कार्ड आसानी से प्राप्त किए जा सकते हैं। देश की नागरिकता को और कितना महत्त्वहीन बनाया जा सकता है?

देश की नागरिकता का यही अवमूल्यन ही समस्या है। इसमें कुछ और कारक मिलकर इस समस्या को और भी गंभीर बना देते हैं। देश में सार्वजनिक बहस का स्तर मर्यादाहीनता की हद तक गिरता चला गया है और अंततः स्थिति यहाँ तक आ गई है कि देश का संपूर्ण ढाँचा ही ऐसे लोगों के हाथों पहुँचता जा रहा है, जिन्हें देश के हित से कुछ लेना-देना ही नहीं है।

□

10

एक फुटबॉल

पंजाब आतंकवादियों के कब्जे में चला गया था। मजिस्ट्रेट और न्यायाधीश मुकदमों की सुनवाई नहीं कर रहे थे। गवाहों की जुबान नहीं खुलती थी। प्रशासन पूरी तरह चरमरा गया था। पुलिस प्रशासन छिन्न-भिन्न हो गया था। गिने-चुने पुलिसवाले (जो बहादुर थे) व्यक्तिगत तौर पर जंग जारी रखे हुए थे। राज्य पर आतंकवादियों का खूनी शिकंजा दिनोदिन कसता जा रहा था। साथ ही, देश के अन्य हिस्सों में आतंकवादियों का जाल फैलता जा रहा था। एक प्रधानमंत्री आतंकवादियों की भेंट चढ़ चुकी थीं। एक पूर्व प्रधानमंत्री को उड़ा दिया गया था। ऐसे में सभी इस बात पर एकमत थे कि 'अब कुछ किए जाने की आवश्यकता है।' इस विषय पर बहस शुरू हो गई। पत्र-पत्रिकाओं में संपादकीय, लेख और स्तंभ लिखे जाने लगे थे; लेकिन फैसला कुछ नहीं लिया जा सका। जाने-माने पुलिस अधिकारी पी.आर. राजगोपाल ने इस स्थिति को विश्लेषण करते-करते 'लकवाग्रस्त स्थिति' करार दिया था। एक दशक बाद सन् 1991 में आपराधिक प्रक्रिया संहिता के अनुभाग 197 में संशोधन हुआ। उसके तहत यह प्रावधान किया गया कि कोई भी न्यायालय किसी ऐसे न्यायाधीश या लोकसेवक के खिलाफ लगे आरोपों पर सुनवाई नहीं करेगा, जो अपनी आधिकारिक ड्यूटी निभाने से बरखास्त होने की स्थिति में कार्य कर रहा है—यदि उसकी ड्यूटी संघ मामलों या राज्य सरकार के मामलों से संबंधित हो। यदि नियम-भंग का आरोप राष्ट्रपति शासन लागू होने के समय का होता तो केंद्र सरकार द्वारा ही इस मामले में काररवाई की जानी थी। संशोधित धारा के तहत यह भी प्रावधान किया गया कि संबंधित सरकार 'ऐसे व्यक्ति को नियुक्त कर सकती है, जो यह तय करे कि किस तरह, किस जुर्म के लिए ऐसे न्यायाधीश,

मजिस्ट्रेट या लोकसेवक पर मुकदमा चलाया जाना है और साथ-ही-साथ यह तय करे कि किस कोर्ट में सुनवाई चलनी चाहिए।'

इस संशोधन में राज्य के मामलों के लिए एक शपथ-पत्र था—एक मजिस्ट्रेट जब आतंकवादियों के मामलों की सुनवाई करता था तो उसकी जान पर हमेशा खतरा मँडराता दिख रहा होता था, बल्कि उसके पूरे परिवार पर ही खतरा मँडरा रहा होता था; तथ्यों को सामने लाने का साहस किसी में भी नहीं रह गया था; क्योंकि उन्होंने अपने सामने ही अपने सगे-संबंधियों का कत्ल होते देखा था और अब बचे हुए रिश्तेदारों की जान भी जोखिम में थी। तो ऐसा था वह प्रावधान जिसके तहत सरकार यह फैसला कर सकती थी कि किसके द्वारा, किस स्थान पर मुकदमे की सुनवाई होगी।

जब एक बार पंजाब में आतंकवादियों को धूल चटा दी गई थी तब एक ठोस अभियान चलाया गया—'क, ख, ग किसी के भी खिलाफ एफ.आई.आर. या याचिका दायर करो…'। फिर क्या था। करीब 2,400 बहादुर पुलिस अधिकारियों के खिलाफ मामले दर्ज किए गए। इसमें भी चौंकानेवाली बात यह थी कि ये सभी मामले किसी निचली अदालत में नहीं, बल्कि उच्च न्यायालय में सुने जाने लगे। केंद्रीय सरकार की पूर्वानुमति? वे बहादुर पुलिसवाले और प्रशासनिक अधिकारी, जो अब तक अपनी जान की बाजी लगाकर देश की रक्षा कर रहे थे, अब एक न्यायालय से दूसरे न्यायालय के दरवाजे पर भटकने लगे। उन्हें अपना पक्ष रखने के लिए वकील भी बड़ी मुश्किल से मिल रहे थे। आज यही स्थिति है आंध्र प्रदेश में। जिन पुलिसकर्मियों ने वहाँ अपनी जान जोखिम में डालकर नक्सलवादियों के खिलाफ लड़ाई लड़ी, वे भी आज ऐसे ही खतरे से जूझ रहे हैं।

एक कारगर हथियार

कानून के शस्त्रागार में उपलब्ध कुछ कारगर हथियारों में से एक था—आतंकवादी और विध्वंसात्मक गतिविधि विरोधी अधिनियम। इस कानून की एक खास बात यह थी कि इसके तहत उन लोगों पर कड़ा शिकंजा कसा जाता था, जो आतंकवादियों या विध्वंसात्मक गतिविधियों को अंजाम देनेवालों को संरक्षण देते थे। इसकी जमानत प्रक्रिया बहुत कठोर थी। जैसी कि पूरी आशंका थी—सन् 1990 से ही इस कानून के विरोध में स्वर तेज होने लगे। 'अल्पसंख्यकों के नेता', 'नागरिक स्वतंत्रता संगठन' जैसे कई समूह इस कानून के विरोध में एकजुट हो गए। उनका मुख्य निशाना इस कानून के तहत जमानत के कड़े प्रावधानों पर था। उन

सभी ने एक सिरे से इस कानून को कठोर और निर्मम करार दे दिया। उनका तर्क था कि जो राज्य स्वयं एक आतंकवादी स्वरूप अख्तियार कर लेगा, वह आतंकवादियों से किस आधार पर लड़ेगा? उनका आरोप था कि इस कानून का दुरुपयोग होने लगा है। वे यह भी आरोप लगाने लगे कि इस कानून का सहारा लेकर मुसलिम समुदाय को निशाना बनाया जा रहा है।[1]

सन् 1993-94 में तो इस कानून के विरोध में अभियान इस कदर तेज हो गया कि तत्कालीन प्रधानमंत्री नरसिंह राव भी इस मुद्दे पर अपने को असहाय महसूस करने लगे।

मई 1995 में मुख्यमंत्रियों का एक सम्मेलन बुलाया गया। उस समय भी सभी के दिमाग में आतंकवाद का मुद्दा पैठ जमाए हुए था। गृह मंत्रालय के अधिकारियों को टाडा (TADA) पर एक नोट तैयार करने के लिए कहा गया। नोट से यह बात सामने आई कि उस समय तक टाडा के तहत 77,500 लोगों को गिरफ्तार किया गया था। इसका सबसे ज्यादा दुरुपयोग सन् 1990-92 में किया गया। कांग्रेस पार्टी के अपने ही मुख्यमंत्री चिमनभाई पटेल ने टाडा का प्रयोग करते हुए किसानों के आंदोलन को कुचलने का प्रयास किया था और करीब 19,000 किसानों को जेल में डाल दिया था। भारतीय किसान यूनियन ने आरोप लगाते हुए कहा—चूँकि इसका संबंध आर.एस.एस. से था, इसलिए स्वाभाविक तौर पर धर्मनिरपेक्ष लोगों को इस कानून के इस कदर प्रयोग में कोई गलती नहीं दिखाई दे रही थी।

तब से इस कानून का इक्का-दुक्का प्रयोग होने लगा। बैठक के समय तक गृह मंत्रालय के पास दस राज्यों से इस संबंध में सूचनाएँ प्राप्त हुई थीं। इससे यह पता चला कि सन् 1994 में दस राज्यों में कुल 535 लोगों को टाडा के तहत गिरफ्तार किया गया था—इनमें से 333 लोगों को असम में, 142 लोगों को आंध्र प्रदेश में और 42 लोगों को महाराष्ट्र में गिरफ्तार किया गया था। सभी दस राज्यों में आतंकवादियों का साया था—असम में उल्फा का तो आंध्र प्रदेश में नक्सलवादियों का उपद्रव चरम पर था जबकि महाराष्ट्र बंबई बम विस्फोटों से दहला हुआ था। उन दिनों उक्त सभी राज्यों में कांग्रेस का शासन था।

---

1. मैंने इन तथ्यों को पुस्तक 'कोर्ट्स एंड देयर जजमेंट्स', रूपा, 2001, पृष्ठ 240-46 से लेकर क्रमबद्ध किया है।

सन् 1995 के शुरू के दो महीनों में सिर्फ 33 लोगों को टाडा के तहत हिरासत में लिया गया था।

आरोप लगाया जाने लगा—'लेकिन इसका प्रयोग मुसलिमों को गिरफ्तार करने के लिए ही किया जा रहा है।' यह सच है कि इस कानून के तहत कश्मीर में जिन लोगों को हिरासत में लिया गया था, उनमें से अधिकतर मुसलिम ही थे; लेकिन उन्हें इसलिए गिरफ्तार नहीं किया गया था कि वे मुसलिम हैं, बल्कि इसलिए गिरफ्तार किया गया था, क्योंकि वे देशद्रोही गतिविधियों में संलिप्त थे। गुजरात में इस बात पर भी सभी एकमत थे कि गुजरात में इस कानून का दुरुपयोग हुआ है और वह भी सिर्फ मुसलिमों के खिलाफ ही। यदि इन दोनों राज्यों की गिनती नहीं करें तो टाडा के तहत गिरफ्तार कुल लोगों में मुसलिमों की संख्या मात्र 4.6 प्रतिशत थी।

फिर भी शोर मचाया ही जाता रहा—'टाडा का दुरुपयोग हो रहा है…। मुसलिमों को तंग करने के लिए इसका प्रयोग किया जा रहा है…।'

गृह मंत्रालय की टिप्पणी में उजागर किए गए तथ्यों पर किसी ने भी आपत्ति नहीं जताई। राज्यों के मुख्यमंत्री शायद ही कभी उन तथ्यों का हवाला देते हुए देखे गए। वो तो महज अपने रटे-रटाए भाषण देकर ही अपने कर्तव्य की इतिश्री कर लेते थे।

टाडा का विरोध लगातार जारी रहा। विरोधी इस बात को जोर-शोर से कहते रहे कि 'यदि एक बार आपको टाडा के तहत गिरफ्तार कर लिया गया तो समझें कि आपकी जिंदगी बरबाद है। आपको जमानत भी नहीं मिलनेवाली है।' जबकि सच्चाई तो यह है कि गुजरात में जिन लोगों को टाडा के तहत गिरफ्तार किया गया उनमें से 98.3 प्रतिशत लोगों को जमानत मिल गई। पूरे देश में जितने लोगों को टाडा के तहत गिरफ्तार किया गया था, उनमें से 76.5 प्रतिशत लोगों को जमानत मिल गई।

लेकिन ये तथ्य विरोधियों का मुँह बंद करने में सफल नहीं हो पाए…।

कुछ ही दिनों बाद प्रधानमंत्री ने गृह मंत्रालय के अधिकारियों से मुलाकात की। अधिकारियों ने प्रधानमंत्री के समक्ष फिर से यह बात जोरदार तरीके से रखी कि ये नेतागण टाडा का जो विरोध कर रहे हैं, वह आधारहीन है। राव ने उन लोगों से कहा, 'आप लोग सही हैं—लेकिन आप यह भी देखें कि मुसलिमों के दिमाग में यह बात पैठ कर गई है कि टाडा का प्रयोग उनके ही खिलाफ किया जा रहा है। भले ही तथ्य कुछ और कह रहे हों, लेकिन ये तथ्य उन मुसलिमों को समझाने में अक्षम

हैं। निस्संदेह हम आतंकवाद के खिलाफ अपनी लड़ाई जारी रखेंगे, लेकिन आपको यह लड़ाई टाडा रूपी इस हथियार के बिना ही लड़नी होगी।'

और इस तरह टाडा को निरस्त कर दिया गया।

निराधार मीन-मेख

सन् 2001 में इस हथियार को एक बार फिर तैयार करना पड़ा। हर जगह आतंकवाद का बोलबाला था। हजारों लोग मारे जा चुके थे। हर दूसरे दिन सुरक्षाकर्मी मारे जा रहे थे। कश्मीर पर आतंकवादियों की पकड़ मजबूत हो गई थी। कश्मीर की गतिविधियों को संचालित करने में केंद्रीय व राज्य सरकार के मुकाबले पाकिस्तान में बैठे आका ज्यादा प्रभावी थे। सन् 2001 के अक्तूबर माह में राजग सरकार ने आतंकवाद निरोधी विधेयक (प्रीवेंशन ऑफ टेररिज्म ऑर्डिनेंस) प्रस्तुत किया। अभियान फिर से शुरू हो गया। सभी पुराने नियम तो उसमें थे ही, साथ ही उसमें कुछ और नियम भी जुड़ गए।[1]

हमेशा की तरह एक विचारधारा ऐसी थी, जिसने टिप्पणी की—'आतंकवाद निरोधी विधेयक का दुरुपयोग हो सकता है।…वस्तुतः सरकार और पुलिस का रवैया ही ऐसा है कि इसका दुरुपयोग निश्चित है।'

इसका मतलब यह हुआ कि हम इन कानूनों को भी टाडा की तरह निरस्त कर दें? राजनेता और उनके वकील हमेशा की तरह यह कहते रहते हैं कि उन्हें भ्रष्टाचार निरोधक कानून के तहत फर्जी मामले में फँसाया गया है। उनपर लगाए गए आरोप गलत हैं। कई नेता ऐसे हैं, जिन पर हत्या के आरोप हैं; लेकिन उनके अपने तर्क हैं। नेताजी कहते हैं, यह उनके विरोधियों की साजिश है। इस साजिश के तहत ही उनपर हत्या का आरोप लगाया गया है। इस आधार पर तो भ्रष्टाचार निरोधक कानून, भारतीय दंड संहिता की धारा 302—सबको निरस्त कर देना चाहिए।

संपादकीय टिप्पणीकारों और उन्हें उकसानेवालों ने मीन-मेख निकालना जारी रखा—'लेकिन अधिनियम की धारा 21(2) के तहत एक साधारण पुलिसकर्मी भी ऐसे किसी भी पत्रकार को गिरफ्तार कर सकता है, जो किसी आतंकवादी के

---

1. इससे भारत से सार्वजनिक बहस की स्थिति और सार्वजनिक नीति पर पड़नेवाले उसके प्रभावों का पता चलता है : आगे की जानकारी के लिए देखें मेरी पुस्तक 'कोर्ट्स एंड देयर जजमेंट्स'।

पास साक्षात्कार के लिए गया है।'

सच तो यह है कि इस अधिनियम की धारा 21(2) का प्रावधान इसके विपरीत था। इसमें कहा गया था कि 'कोई व्यक्ति यदि ऐसी बैठकों या गतिविधियों को व्यवस्थित करने में मदद करता है, जिससे (क) किसी आतंकवादी संगठन को मदद मिलती है, (ख) किसी आतंकवादी संगठन की गतिविधियों को बढ़ावा मिलता है, या (ग) ऐसे व्यक्ति को अपनी बातें दूसरों तक पहुँचाने में मदद मिलती है, जो किसी आतंकवादी संगठन से जुड़ा हो।' एक पत्रकार भला किस तरह के कार्य करते हुए इस प्रकार के प्रावधानों के तहत आ जाता है?

इन टिप्पणीकारों ने जोर देते हुए कहा, 'लेकिन इसी कानून की धारा 14 के तहत हर किसी को सूचना प्रेषित करने के लिए बाध्य किया गया है।...यदि एक पत्रकार किसी आतंकवादी से मिलता है या साक्षात्कार करता है तो पुलिस चाहे तो उस पत्रकार से संबंधित आतंकवादी के बारे में गोपनीय सूचना माँग सकती है। यदि पत्रकार जान-बूझकर ऐसी सूचना देने से इनकार कर देता है तो उसे तीन वर्ष तक की कैद की सजा मिलेगी।'

बिलकुल गलत अफवाह थी। साधारण कानून आपराधिक प्रक्रिया संहिता की धारा 39 के तहत—हर व्यक्ति की यह एक आवश्यक जिम्मेदारी होती है कि वह ऐसी सूचनाओं को लोगों को प्रेषित करे, जो किसी अपराध से संबंधित है या फिर ऐसे लोगों से संबंधित है जो अपराध में संलिप्त हैं। ऐसा न करनेवालों के खिलाफ भारतीय दंड संहिता की धारा 187 के तहत सजा का प्रावधान है। वस्तुतः धारा 39 में ऐसे अपराधों की सूची बनाई गई है, जिनसे संबंधित सूचनाएँ प्रेषित करने की बात कही गई है। इसमें केवल वैसे गंभीर अपराध ही शामिल नहीं हैं, जो किसी सरकार के खिलाफ हैं या फिर जनसाधारण की शांति भंग करनेवाले हैं; बल्कि इसमें गैर-कानूनी ढंग से अपने हित की पूर्ति करना, खाद्य पदार्थों और दवाओं में मिलावट करना, डकैती, संपत्ति के साथ धोखाधड़ी, घर में चोरी-छुपे घुसना, घर में सेंध लगाना आदि अपराध भी शामिल किए जाते हैं।

जाने-माने अधिवक्ता अशोक देसाई ने बताया कि ऐसा प्रावधान तो करीब 130 वर्षों से है, लेकिन सवाल यह उठता है कि इस प्रावधान के तहत कितने पत्रकारों को सूचना तैयार करने को कहा गया? कोई जवाब नहीं मिला। दूसरी बात, हो सकता है कि एकाध मामलों में किसी की डकैती, चोरी, सेंधमारी जैसी मनशा का पता लगाया जा सके; लेकिन यह कहना सही नहीं है कि उससे यह कहा जाए कि आप यह बताएँ कि आतंकवादियों की योजना क्या है? किस तरह वे अमुक

इमारत में विस्फोट कराकर जन-संहार करने जा रहे हैं ?

एक सेमिनार के दौरान जन-स्वतंत्रता के हिमायती एक बुद्धिजीवी ने पूछा था कि 'क्या सूचना प्राप्त करने के बहाने पुलिसकर्मी पत्रकारों से अपनी सूचना का स्रोत बताने के लिए दबाव नहीं डाल सकता है ?'

यह एक ऐसा तथ्य है, जिसे हर अधिवक्ता जानता है और कई मौकों पर न्यायालय के समक्ष इस प्रकार के मामले भी आ चुके थे। समय-समय पर न्यायालय अपना यह फैसला दोहराता रहता है कि भले ही मीडिया समाज का एक अभिन्न अंग है, वह अपनी छानबीन और खोजी प्रवृत्ति की वजह से अपराध को रोकता है, अपराधियों का पर्दाफाश करता है; लेकिन उसके अधिकार एक आम नागरिक के अधिकार से कतई अधिक नहीं हैं। हम लोग जिस समस्या से पिछले बीस वर्षों से जूझ रहे हैं, उसके निराकरण के लिए ब्रिटेन और अमेरिका आदि देशों में भी अब तक कोई कदम नहीं उठाया गया है।

न्यायालय ने कहा था कि न ही सूचना के प्रकाशन का अधिकार और न ही उसके स्रोत को गुप्त रखने का अधिकार पूरी तरह से निरपेक्ष है। थोड़ी गहनता से सोचकर हम इसे समझ सकते हैं। पाकिस्तान लगातार नियंत्रण-रेखा के पार अपना हस्तक्षेप जारी रखे हुए था। एक पत्रकार के रूप में मैंने इस क्षेत्र में भ्रमण किया था। इस दौरान मैंने अपने गश्ती दल और सुरक्षा बलों की व्यवस्था का जायजा करीब से लिया था। क्या यह हमारा निरपेक्ष अधिकार है कि मैं इस बारे में कुछ भी प्रकाशित कर दूँ और उससे अपने सैनिकों की जान को जोखिम में डाल दूँ? कल्पना करें—एक पत्रकार एक आतंकवादी की गुप्त शरण स्थली पर जाकर उसका साक्षात्कार लेता है। वहाँ वह उन हथियारों के जखीरे के बारे में जानता है, जो व्यापक पैमाने पर जन-संहार कर सकता है। ऐसे में क्या हम यह जानते हुए भी कि सुरक्षा बल इन जन-संहार के खतरे को समाप्त कर सकते हैं और ऐसा करना जरूरी है, हम अपनी सूचनाओं के स्रोत और उस स्थान के बारे में जानकारी गुप्त रख सकते हैं, जहाँ हथियारों का वह जखीरा पड़ा है ?

संक्षेप में कहें तो यह सर्वविदित है कि किसी भी परिस्थिति में जनहित के विभिन्न तत्त्वों में एक सामंजस्य बैठाया जाता है। अपनी सूचनाओं के स्रोतों को गुप्त रखने के अधिकार के पीछे तर्क यह है कि मीडिया समाज की आँख और कान है। यदि स्रोत को सार्वजनिक कर दिया जाएगा तो लोग जरूरत पड़ने पर भी कुछ बताने से इनकार कर देंगे। लेकिन जैसा कि हमने ऊपर एक परिस्थिति विशेष का उदाहरण दिया, वैसी हालत में स्रोत को स्वयं ही गुप्त नहीं रखा जाता।

हर पत्रकार यह जानता है कि संविधान में भले ही भाषण और विचार अभिव्यक्ति की स्वतंत्रता का अधिकार दिया गया है, लेकिन इसपर कई तरह की पाबंदियाँ भी हैं। संविधान के अनुच्छेद-19(2) के तहत कुछ परिस्थितियों को ध्यान में रखते हुए स्वतंत्रता के इस अधिकार पर कई प्रतिबंध लगे हुए हैं। एक पत्रकार के रूप में जब कोई किसी आतंकवादी या आतंकवाद पर लिखता है तो उसे निम्नलिखित चार बातें ध्यान में रखनी पड़ती हैं—भारत की एकता और संप्रभुता, राष्ट्र की सुरक्षा, सामाजिक व्यवस्था, अपराध के लिए प्रेरित करनेवाली बातें।

विरोधियों का कहना था—'लेकिन यह कौन निर्धारित करेगा कि जनहित किसमें निहित है?' विरोधी बार-बार यह माँग करते रहे कि एक मामला किसी सेवानिवृत्त न्यायाधीश को सौंप देना चाहिए, ताकि वह इसका निर्धारण कर सके!

लेकिन ऐसे में कोई शक कैसे रह जाएगा? जहाँ तक पत्रकारों की बात है, विशेषकर भारत में तो हम पूरी तरह आश्वस्त रहते हैं और व्यवस्था को लेकर संतुष्ट हैं। हमारे न्यायालय, विशेषकर सुप्रीम कोर्ट, विश्व के सक्षम न्यायालयों में से एक हैं। यह हमेशा इस बात के लिए सतर्क रहता है कि कहीं सरकार अनुच्छेद 19 (2) के प्रावधानों का दुरुपयोग करते हुए भाषण की स्वतंत्रता पर अनावश्यक और आधारहीन प्रतिबंध न लगा दे। जगन्नाथ मिश्र का प्रेस विधेयक हो या राजीव गांधी का मानहानि विधेयक या कुछ और, जिस सरकार ने भी प्रेस के खिलाफ कदम उठाए, उसके पाँव काट लिये गए। न केवल मीडियाकर्मी बल्कि आम जनता भी इन बातों से अवगत है। इसके बाद भी प्रेस के हमारे सहयोगियों और निस्संदेह विपक्ष ने भी इसपर इस तरह काम किया जैसे उन्हें कुछ पता ही नहीं था; उन्होंने स्वयं को और दूसरों को डराने के लिए इस तरह की कड़वाहट पैदा की।

किसी भी तरह से इस अध्यादेश में पत्रकारों के बारे में कुछ नहीं कहा गया था। इसमें एक शब्द भी ऐसा नहीं था, जो उन्हें जोखिम में डाल सकता था।

'लेकिन यहाँ एक मूल प्रश्न है कि जब हमारे पास पहले से कई कानून हैं तब भी आतंकवादियों से लड़ने के लिए हमें एक और कानून की जरूरत क्यों पड़ी?'—विरोधियों ने अपने तर्क का आधार बदलते हुए सवाल उठाया था।

श्री राजीव गांधी और उनके अन्य सहयोगी आतंकवादियों की भेंट चढ़ गए। ये आतंकवादी खूब जाने-पहचाने घातक आतंकवादी संगठन के सदस्य थे। आतंकवादियों ने उन्हें अपना निशाना इसलिए नहीं बनाया कि उनकी कोई व्यक्तिगत दुश्मनी थी। प्रधानमंत्री रहते हुए उन्होंने जो नीति अपनाई थी, उस नीति की वजह

से वे आतंकवाद की भेंट चढ़े। जब दोषियों को सजा देने की बारी आई तो सुप्रीम कोर्ट को उन्हें आतंकवादी कानून के तहत नहीं बल्कि एक सामान्य हत्या के मामले के तहत अपराधी करार देना पड़ा था। क्या तब किसी विशेष कानून पर बहस की पर्याप्त जरूरत नहीं थी?

वहाँ जिस तरीके से काररवाई चल रही थी, वह तो कुछ ज्यादा तेज भी थी। उस मामले में अपराध साबित करने में आठ वर्ष लगे थे। जबकि बंबई बम कांड की सुनवाई उस समय तक भी प्राथमिक चरणों में ही थी। क्या ये उदाहरण हमें यह महसूस नहीं कराते हैं कि आतंकवादी अपराधों के लिए किसी विशेष और शीघ्र न्याय दिलानेवाली प्रक्रिया की जरूरत है?

सिर्फ आतंकवादियों द्वारा प्रयुक्त हथियारों की छानबीन करनी थी; सिर्फ आतंकवादियों की पहुँच की जाँच करनी थी; गवाह की जुबान बंद कराने की आतंकवादियों की क्षमता की जाँच करनी थी; सिर्फ इस बात की जाँच करना कि राजीव गांधी की हत्या करनेवाले मौके पर ही ढेर हो गए थे; सिर्फ यह देखना था कि जम्मू-कश्मीर विधानसभा पर हमला करनेवाले घमासान मुठभेड़ में मारे गए—और यह देखना था कि इन परिस्थितियों में प्राप्त किए गए साक्ष्य सामान्य आपराधिक मामलों से पूरी तरह अलग हैं। सिर्फ साक्ष्य के कानून, प्रक्रिया, सूचनाएँ इकट्ठी करने की विधा, पूछताछ के तरीके जो सामान्य अपराध और अपराधियों के लिए ईजाद किए गए हैं—उनसे हम क्या उम्मीद कर सकते हैं? सच्चाई तो यह है कि 130 वर्ष पहले जिस कानून का निर्माण किया गया था, उस समय दुनिया बिलकुल अलग थी। ऐसे में उन कानूनों से हम क्या अपेक्षा रख सकते हैं?

लोक स्वतंत्रता के हिमायतियों का कहना था, 'लेकिन यह अध्यादेश विधि-शास्त्र के मूल नियमों के विपरीत है। इस कानून के तहत एक व्यक्ति जब पुलिस द्वारा आरोपी ठहराया जाता है तो तब तक उसे दोषी समझा जाता है जब तक वह अपनी ईमानदारी साबित न कर दे। साक्ष्य प्रस्तुत करने की जिम्मेदारी अभियोजन पक्ष से आरोपी पर चली जाती है।'

लेकिन अध्यादेश का कोई भी प्रावधान ऐसा नहीं कहता है। आरोपी के खिलाफ मुकदमा उसी तरह चलता है जिस तरह और मामलों में चलता है और अंततः इसपर फैसला न्यायालय ही सुनाता है। लेकिन यहाँ एक अंतर था। इस अंतर ने हमें बहुत कुछ बताया—कानूनों के बारे में नहीं बल्कि उनकी खामियों के बारे में। वे टाडा के साथ नए अध्यादेश को लेकर बहुत ही भ्रामक थे।

टाडा (TADA) की धारा 21 के तहत यदि अभियोजन पक्ष यह साबित करने में सक्षम है कि हथियार, विस्फोटक इत्यादि आरोपी के पास से जब्त किए गए थे और उन हथियारों का प्रयोग किसी अपराध को अंजाम देने के लिए किया जाना था या फिर आरोपी की उँगली के निशान अपराध-स्थल पर पाए गए हैं, तो न्यायालय को उनकी बातों पर यकीन कर लेना था—बशर्ते अभियोजन पक्ष यह साबित कर दे कि आरोपी ने अपराध को अंजाम दिया है। ठीक ऐसी ही स्थिति तब बन जाती थी जब सह-अभियुक्त यह बयान दे कि यह व्यक्ति भी अपराध को अंजाम देने में शामिल था। ठीक इसी तरह पुलिस न्यायालय से यह आग्रह कर सकती थी कि उसे अभियुक्त के हस्ताक्षर, तसवीरें, खून के निशान इत्यादि का घटना-स्थल पर पाई गई चीजों के साथ मिलान करके यह सुनिश्चित कर लेने दिया जाए कि दोनों एक समान ही हैं। यदि अभियुक्त ऐसा करने से मना कर देता तो न्यायालय यह मान लेता कि अभियुक्त दोषी है। ये थे टाडा के प्रावधान।

नए अध्यादेश में, मेरी आशंकाओं के अनुरूप, उपयुक्त प्रावधानों को हटा दिया गया था। यदि परिस्थितियाँ ऊपर जैसी होतीं और अभियुक्त अपने खून, हस्ताक्षर इत्यादि का मिलान घटना-स्थल पर मिले खून, हस्ताक्षर इत्यादि से करवाने से इनकार कर देता तो इस नए प्रावधान के तहत न्यायालय यह मानने के लिए बाध्य नहीं था कि अभियुक्त दोषी है। यह काफी कमजोर मामला बना देता था। इससे बिलकुल ही उलटी धारणा बन जाती थी।

इनकी आलोचना यह कहकर की जाती थी कि यह भारतीय विधिशास्त्र के मूल नियमों के बिलकुल खिलाफ है…। लेकिन सच्चाई तो यह है कि आज भी भारत में कई कानून ऐसे हैं, जो उक्त प्रक्रिया पर चलते हैं। उदाहरण के लिए—कस्टम एक्ट की धारा 123 को ही लें। इस धारा के तहत यह प्रावधान है कि यदि कोई व्यक्ति ऐसे सामान के साथ गिरफ्तार कर लिया जाता है, जिसका प्रयोग वह स्वयं करनेवाला था, तो यह साबित करने की जिम्मेदारी उस व्यक्ति की ही होती है कि उससे जो सामान बरामद हुए हैं, वे तस्करी करके नहीं ले जाए जा रहे थे बल्कि वह उसका स्वयं प्रयोग करता। हो सकता है कि किसी के पास से कंप्यूटर हार्डडिस्क बरामद हो, तो वह इन धाराओं के तहत अपनी ईमानदारी साबित कर सकता है। लेकिन यदि किसी व्यक्ति के पास से आर.डी.एक्स. और ए.के.-47 बरामद हो तो उसपर ये धाराएँ लागू करना कहाँ तक सही है? भ्रष्टाचार-निरोधी एक्ट के तहत यह प्रावधान था—और है भी—कि किसी व्यक्ति के पास से जो संपत्ति बरामद होती है और वह व्यक्ति यह साबित करने में असमर्थ होता है कि

वह संपत्ति उसकी आय से अर्जित की गई है तो उसे दोषी मान लिया जाएगा। विदेशियों से संबंधित कानून में यह प्रावधान है कि यदि कोई व्यक्ति यह शिकायत करता है कि 'क' भारतीय नागरिक नहीं है, तो यह जिम्मेदारी 'क' की बनती है कि वह यह साबित करे कि वास्तव में वह भारतीय नागरिक है। यदि कोई बँधुआ मजदूर या कोई सतर्कता समिति किसी ऋण के बारे में यह दावा करती है कि वह एक बँधुआ ऋण है तो ऐसे में बँधुआ मजदूर उन्मूलन अधिनियम की धारा 15 में यह प्रावधान है कि 'यह साबित करने की जिम्मेदारी देनदार की है कि यह ऋण बँधुआ ऋण नहीं है।' यदि आवश्यक वस्तु अधिनियम के तहत किसी व्यक्ति पर कोई वस्तु बिना किसी सक्षम अधिकारी की पूर्वानुमति के बेचने के मामले की सुनवाई होती है तो अधिनियम की धारा 14 कहती है, 'यह अभियुक्त की जिम्मेदारी है कि वह साबित करे कि उसने सक्षम अधिकारी से अनुमति या लाइसेंस लिया था।' तस्कर और विदेशी विनिमय की हेरा-फेरी संबंधी अधिनियम की धारा 8 कहती है कि 'इस ऐक्ट के तहत सुनवाई में अभियुक्त की यह जिम्मेदारी होती है कि वह साबित करे कि जो वस्तु उसके पास है, वह उसने अवैध तरीके से अर्जित नहीं की है।' आयकर अधिनियम, सती निरोधक आयोग कानून, भारतीय साक्ष्य अधिनियम की धारा 113 ए (यह दहेज-हत्या से संबंधित है), धारा 114 ए (यह किसी विशेष सुनवाई में किसी आज्ञा के अभाव में फैसले से संबंधित है)—इनमें से प्रत्येक में उपर्युक्त प्रावधान अध्यादेश बनाते समय से आज तक चला आ रहा है।

आलोचकों का तर्क था—'लेकिन पहले से मौजूद गैर-कानूनी गतिविधियाँ (निरोधक) अधिनियम के तहत आतंकवादी संगठनों पर प्रतिबंध लगा देना चाहिए और उनके खिलाफ मामला चलाया जाना चाहिए⋯। दूसरे अधिनियम की क्या जरूरत है?'

दो स्थानों पर तो एक अन्य आरोप से संबंधित प्रावधानों को बिना पढ़े ही खारिज कर दिया गया। गैर-कानूनी गतिविधियाँ अधिनियम के तहत जिन आधारों पर किसी संगठन के खिलाफ काररवाई की जाती है, वे भी संगठनों के स्वरूप के संदर्भ में सीमित थे—वह भी ऐसे संगठनों के लिए, जो आज देश के लिए खतरा बने हुए हैं। वस्तुत: जब सन् 1967 में वे लागू किए गए थे तब कानूनों के प्रावधान उस समय की माँग थे। उस समय देश के समक्ष जो खतरे व चुनौतियाँ थीं, वे आज पूरी तरह बदल चुकी हैं। 1967 के अधिनियम के तहत केवल उन संगठनों व व्यक्तियों को निशाना बनाया गया था, जो देश की अखंडता व संप्रभुता को क्षति पहुँचाते थे।

दुबई में बैठे आतंकवादियों के सरगना फिल्मी दुनिया में हत्याएँ करवा रहे होते हैं तो इससे न तो देश की अखंडता और न ही देश की संप्रभुता प्रभावित होती है। कई लोग ऐसे हैं, जो गैंग चला रहे हैं; पूर्वोत्तर में लोगों का अपहरण कर रहे हैं; ट्रेनों को विस्फोट से उड़ा रहे हैं। ऐसे गैंग बिहार, आंध्र प्रदेश आदि में भी सक्रिय हैं। ये गैंग प्रत्यक्ष तौर पर तो देश की अखंडता से खिलवाड़ नहीं कर रहे हैं, लेकिन आखिर हैं तो आतंकवादी संगठन। पुराने अधिनियम के तहत तो इनपर प्रतिबंध भी नहीं लग सकते हैं।

इतना ही नहीं, 1967 के अधिनियम के तहत जो प्रावधान थे, उन्हें यदि आज की तारीख में किसी कानून में समाहित कर लिया जाए तो कोई भी यह कह सकता है कि इन्हें काररवाई को ठप कर देने के लिए विशेषकर बनाया गया है। अगर कोई किसी से यह पूछ लेता कि आतंकवादी संगठनों को मिलनेवाली वित्तीय मदद को रोकने के लिए किसी अधिकारी को क्या कदम उठाने हैं, तो वह स्वयं जान लेता कि कानून कितना आधा-अधूरा है।

इसलिए मुद्दा यह नहीं था कि जब तक गैर-कानूनी गतिविधि अधिनियम हमारे पास था तब तक हमें किसी और अधिनियम की जरूरत नहीं थी। बात दरअसल यह थी कि पुराने अधिनियम को संशोधित करने की जरूरत थी या फिर किसी बेहतर अधिनियम को पुराने अधिनियम की जगह स्थापित करने की जरूरत थी, ताकि मौजूदा कानूनों में ऐसे प्रावधान हों जिनके बल पर उन चुनौतियों का सामना किया जा सकता, जिनसे आज देश जूझ रहा है।

अगला तर्क तो और भी ज्यादा हास्यास्पद था, फिर भी विभिन्न मंचों द्वारा उसे बराबर उठाया जाता रहा। कार्यशील वर्ग के समर्थकों का दावा था—'आतंकवादी और गैर-कानूनी संगठन तो अलग हैं, अध्यादेश के प्रावधान सरकार व पुलिस के पास व्यापारिक संघ तथा उनकी गतिविधियों को कुचलने के लिए एक हथियार के समान हैं।'

अध्यादेश की धारा 3 का दुरुपयोग कोई कैसे कर सकता था कि उसपर फिर से विचार करने की जरूरत पड़ जाती है? किसी व्यक्ति या फिर किसी संगठन के खिलाफ तभी काररवाई की जा सकती थी, जब उसकी गतिविधियाँ देश की एकता, अखंडता व संप्रभुता के लिए खतरा बन रही होतीं; यदि वे लोगों में आतंक पैदा कर रहे होते; और / या यदि वे बम, डायनामाइट या अन्य विस्फोटकों का प्रयोग कर रहे होते। कौन सा ऐसा व्यापार संघ है, जो इन श्रेणियों में आता है?

आरोप लगाया गया कि 'लेकिन यह नया अध्यादेश नए रूप में टाडा (TADA) ही है। कानून का खुलकर दुरुपयोग किया गया। अंत में इसे निरस्त ही कर देना पड़ा।'

आमतौर पर और हर तरह से यह तर्क गलत था। इस अध्यादेश में एक-एक प्रावधान विशेष सतर्कता के साथ सुरक्षा के उपाय करते हुए बनाए गए थे, जो टाडा में नहीं थे। दो प्रावधानों के बारे में यह कहा गया कि उनका सबसे अधिक दुरुपयोग हुआ—एक प्रावधान जो ऐसे लोगों के खिलाफ था, जो लोगों के बीच वैमनस्य फैलाने और उन्हें बाँटनेवाली गतिविधियों में लिप्त थे तथा दूसरा प्रावधान ऐसे लोगों के खिलाफ था, जो देश की संप्रभुता व एकता को कमजोर करनेवाली गतिविधियों में लिप्त थे—दोनों ही प्रावधानों को हटा दिया गया। जमानत-संबंधी प्रावधान को भी हलका कर दिया गया। टाडा के तहत यदि न्यायालय पहली नजर में यह विश्वास कर ले कि व्यक्ति ईमानदार है और यदि इसे जमानत दे दी गई तो वह दोबारा ऐसा अपराध नहीं करेगा, तो उसे जमानत दे दी जाती थी। बाद में दोबारा अपराध न करने संबंधी विश्वास के बिना भी जमानत दी जाने लगी। आगे 1 वर्ष की सामान्य जमानत-अवधि के बाद प्रावधान लागू होने थे। पुलिस हिरासत की अवधि 60 दिनों से घटाकर 30 दिन कर दी गई। इसी तरह न्यायिक हिरासत की अवधि 1 वर्ष से घटाकर 6 माह कर दी गई। टाडा के तहत कोई भी व्यक्ति ट्रायल कोर्ट के फैसले के खिलाफ सिर्फ सर्वोच्च न्यायालय में अपील कर सकता था, जबकि नए अध्यादेश में उसे उच्च न्यायालय में भी अपील करने की अनुमति प्रदान की गई। अभियुक्त का वकील पूछताछ के दौरान अभियुक्त से मिल सकता था—यह प्रावधान टाडा में नहीं था। और भी ऐसी कई ढीलें दी गई थीं।

फिर भी आलोचकों को संतोष नहीं हुआ। अब वे कहने लगे—'लेकिन अध्यादेश के अध्याय 5 को देखें।...यह पुलिस, गुप्तचर एजेंसियों को यह अधिकार देता है कि वह हम लोगों के बीच होनेवाले किसी भी माध्यम—इलेक्ट्रॉनिक, तार, मौखिक, संदेश भेजनेवाले उपकरणों, सांकेतिक उपकरणों—से हो रहे संचार को सुन सकती है और चाहे तो उनपर प्रतिबंध भी लगा सकती है। यह कानून आयोग के प्रपत्र में उल्लिखित नहीं था। यह पुलिस, आई.बी., सी.बी.आई. और किसी भी सरकारी प्रणाली को खुली छूट देता है कि वह हमारे निजी मामलों में दखल दे।'

आइए, सबसे पहले बात करें कानून आयोग की। आलोचक उक्त प्रावधान पर किसी विशेष मुद्दे को लेकर तर्क-वितर्क करते हुए कह रहे थे कि वह प्रपत्र में

नहीं था। ऐसे में लगता है कि आलोचक तथ्य से पूरी तरह अवगत नहीं थे। वे शायद यह नहीं जानते थे कि पूरे मामले को कानून आयोग के समक्ष प्रस्तुत किया गया था। इसमें यह नहीं कहा गया था कि आतंकवादियों, अपराधियों या ऐसे संगठनों के खिलाफ नियम बनाएँ या नियम न बनाएँ। इसी तरह कानून आयोग ने भी किसी कानून विशेष का ही प्रस्ताव नहीं रखा, बल्कि उसने एक व्यापक व विशद प्रपत्र भी प्रस्तुत किया। इस विशद प्रपत्र का शीर्षक था—'आतंकवाद निरोधी विधेयक, 2000'।

अब बात करें कानून आयोग के सुझावों की। कानून आयोग के सुझाव तो महज एक आधार थे, जिसको ध्यान में रखते हुए हमें अंतिम फैसला लेना था—यह अंततः सरकार की जिम्मेदारी थी। उक्त उद्देश्यों को प्राप्त करने के लिए जरूरी हथियार उपलब्ध कराना भी सरकार का न केवल दायित्व था, बल्कि उसका अधिकार भी था। इस विशेष परिस्थिति में कानून आयोग की रिपोर्ट के अतिरिक्त सरकार के समक्ष विचार करने को अन्य देशों, जैसे—इंग्लैंड, अमेरिका, कनाडा आदि में लागू कानूनों पर भी विचार करने का विकल्प था। सरकार के समक्ष विचार करने हेतु महाराष्ट्र में लागू कानून भी था। कर्नाटक और आंध्र प्रदेश की विधानसभाओं द्वारा पारित कानूनों पर भी विचार करना था। वस्तुतः अध्यादेश का एक-एक प्रावधान पहले से मौजूद कानूनों का प्रतिरूप था। सिर्फ नाम-परिवर्तन कर दिया गया था—इंग्लैंड के कानून में जो 'अपील कमीशन' था, वह इस अध्यादेश में 'रिव्यू कमेटी' बन गया। किसी संगठन को आतंकवादी संगठन घोषित करने के लिए जो कानून 'निषेध' कहलाते थे, उन्हें इस अध्यादेश में 'किसी संगठन को आतंकवादी संगठन घोषित करना' कहा गया। किसी संपत्ति को बरामद करने, जब्त करने संबंधी प्रावधान महाराष्ट्र, कर्नाटक और आंध्र प्रदेश में लागू नियमों से लिया गया है। इसी तरह किसी संगठन को आतंकवादी संगठन घोषित करने, इस घोषणा के विरुद्ध अपील करने, उक्त संगठन के किसी सदस्य के आपराधिक गतिविधियों, ऐसे संगठनों को या इसके सदस्यों का समर्थन करने, आतंकवादी गतिविधियों के लिए धनराशि इकट्ठी करने, इस बारे में कोई काररवाई करने...इत्यादि प्रावधान शब्दशः ब्रिटेन आतंकवाद अधिनियम, 2000 के तदनुरूप प्रावधानों से लिये गए हैं।

कानून आयोग के प्रपत्र में कुछ भी ऐसा नहीं था, जो अवरोधक होता। क्या इससे यह आशय लगाया जाए कि अवरोधकों के बारे में कोई प्रावधान शामिल नहीं किया जाना चाहिए? भले ही प्रायः अवरोधकों के माध्यम से पाकिस्तान में बैठे आकाओं और उनके एजेंटों व हथियारों के बीच संबंध साबित किए जा सकते हैं।

क्या हम इस बात के लिए बाध्य नहीं थे कि कुछ मामलों में महाराष्ट्र में मिले अनुभवों को भी संज्ञान में लिया जाए? क्या वे अवरोधक नहीं थे, जिनके माध्यम से वहाँ की सरकार दुबई में बैठे सरगना और मुंबई में सक्रिय उनके एजेंटों के बीच संबंधों का पता लगा पाई थी? आतंकवादियों और उनके संगठनों के बीच होनेवाले वित्तीय लेन-देन के बारे में कानून आयोग के प्रपत्र में जो प्रावधान थे, वे जाँच के दौरान अपर्याप्त पाए गए। क्या सरकार को इसके बावजूद आयोग के प्रपत्र के प्रावधानों से ही चिपके रहना चाहिए था, जबकि उसे यह विश्वास करने के पर्याप्त कारण थे कि इससे भी ज्यादा प्रभावशाली प्रावधानों की जरूरत है?

अगला तर्क उन घटनाओं की ओर से अपनी आँखें मूँद कर दिया गया, जो हर रोज कई लोगों को अपना शिकार बनाया करती थीं। आलोचकों का कहना था—'लेकिन उनके बारे में क्या कहेंगे, जो अपनी गलती स्वीकार कर लेते हैं और न्यायालय में एक सबूत के तौर पर पेश होने के लिए मान्य हो जाते हैं? पुलिस जिस तरीके का प्रयोग करती है, उसके परिणामस्वरूप कोई भी व्यक्ति किसी भी अपराध को करने की बात स्वीकार कर सकता है।'

यह सच है कि एक सामान्य कानून के तहत किसी पुलिस अधिकारी के समक्ष अपना अपराध स्वीकार करनेवाले को एक साक्ष्य के तौर पर नहीं माना जाता है। परिणामों का अंदाजा लगाने के लिए किसी को बीते दिनों को याद करने की जरूरत नहीं है। हमें सिर्फ यह देखने की जरूरत है कि इन दिनों दिल्ली और मुंबई में क्या हो रहा है। बात चाहे जेसिका लाल हत्याकांड की हो या गुलशन कुमार हत्याकांड की—कई लोगों ने पीड़ित को हत्या का शिकार होते देखा था; चश्मदीद गवाह एक-एक कर अपने बयान से मुकरते गए; आज पुलिस को कुछ बयान दिया, अगले ही दिन अपने बयान से मुकर गए। जब इतने साधारण से हत्या के मामले में ऐसी तरकीबों के बल पर दोषियों को सजा नहीं मिल पाती है तो आतंकवादी संगठनों के बारे में क्या कहना। साधारण मामलों से ज्यादा आतंकवादी मामलों में दबाव रहता है। अभियुक्त के हाथ लंबे होते हैं। (हालाँकि तब से अब तक आलोचकों की मिथ्या धारणा को कई जीवंत घटनाओं ने अवगत करा दिया है। याद करें कि किस तरह कांची शंकराचार्य द्वारा अपराध स्वीकारोक्ति की बात को उछाला गया था और पुलिस द्वारा पेश सभी पेंचों को झुठला दिया गया था।)

अरुण जेटली ने मुझसे राजीव गांधी हत्याकांड के बारे में बताया कि राजीव गांधी हत्याकांड में यदि अपराध स्वीकारोक्ति को मान्य करार नहीं दिया जाता तो

अंततः दोषी करार दिए गए लोगों में से एक को भी दोषी करार नहीं दिया जा सकता था। मैंने इस मामले में फैसले पर सरसरी निगाह डाली। इस मामले में प्रत्येक अकेले अभियुक्त के बारे में सर्वोच्च न्यायालय के फैसले इस व्याख्या के साथ शुरू होते हैं कि व्यक्ति के अपराध की स्वीकारोक्ति का रिकॉर्ड है। आगे न्यायालय उस स्वीकारोक्तिवाले बयान में कुछ ठोस बयान शामिल करता है। उसके बाद उसमें कुछ ऐसे तथ्य शामिल कर लिये जाते हैं, जिनसे यह साबित हो जाता है कि जो भी स्वीकारोक्ति है, वह सच है। अंततः आरोपी को दोषी करार दिया जाता है।

इस प्रकार, अभियुक्त 1, नलिनी—'इस मामले में साक्ष्य का जो प्रमुख तत्त्व है, वह उसका अपना अपराध, स्वीकारोक्ति का बयान है, जो उसने 9 अगस्त, 1991 को रिकॉर्ड करवाया था…'। इसके बाद बयान के समर्थन में कई तथ्यों को शामिल किया गया। और फिर न्यायालय इस निष्कर्ष पर पहुँचा कि यह संपोषक साक्ष्य अपराध स्वीकारोक्ति की सच्चाई को स्थापित करता है। अभियुक्त 2, संधान उर्फ रविराज था—'इसका अपराध स्वीकारोक्ति संबंधी बयान 17 सितंबर, 1991 को रिकॉर्ड किया गया था…। अपराध में उसके शामिल होने के प्रमाण इस प्रकार हैं…' संपोषक साक्ष्य अपराध स्वीकारोक्ति के बयान को सच साबित करते हैं। अभियुक्त 3, मुरुगन उर्फ दास—इसका अपराध स्वीकारोक्ति संबंधी बयान 9 अगस्त, 1991 को रिकॉर्ड किया गया था। नलिनी के अपराध स्वीकारोक्ति संबंधी बयान और अन्य संपोषक साक्ष्य मुरुगन के अपराध स्वीकारोक्ति संबंधी बयान को संपुष्ट करते हैं। 'अपराध स्वीकारोक्ति में जो कहा गया है उससे साफ जाहिर होता है कि राजीव गांधी की हत्या की साजिश रचने में मुरुगन की सक्रिय भूमिका थी।' अभियुक्त 4 से लेकर अभियुक्त 8 तक के बयानों को रिकॉर्ड नहीं किया गया और वे दोषी करार नहीं दिए गए। अभियुक्त 9, रॉबर्ट पायस—की अपराध स्वीकारोक्ति के बयान रिकॉर्ड किए गए। इसके संपोषक तथ्य अभियुक्त 9, के बयानों का समर्थन करते हैं। इससे यह स्पष्ट होता है कि उसका बयान सच है। इसलिए हम विशेष न्यायाधीश के इस निष्कर्ष से सहमत हैं कि राजीव गांधी की हत्या की साजिश रचने में अभियुक्त 9 (रॉबर्ट पायस) की महत्त्वपूर्ण भूमिका थी।' अभियुक्त 10, अभियुक्त 12, अभियुक्त 18…हर मामलों में यही बात दोहराई गई है—अपराध स्वीकारोक्ति संबंधी बयान, इस बयान के समर्थन में संपोषक तत्त्वों का होना, जो बयान को सच साबित करते हैं, इसलिए दोषी करार दिया जाता है।

मामला सिर्फ यहीं तक सीमित नहीं है कि उपर्युक्त विषय में सर्वोच्च

न्यायालय ने अभियुक्तों के बारे में क्या निष्कर्ष निकाला, बल्कि कानूनों पर आधारित सर्वोच्च न्यायालय के फैसले भी इस संदर्भ में महत्त्वपूर्ण हैं। न्यायालय ने विशेष रूप से यह माना कि अपराध स्वीकारोक्ति को एक साक्ष्य का दर्जा प्राप्त है; भले ही अपराध स्वीकारोक्ति संबंधी बयान पर अभियुक्त का हस्ताक्षर लेने में पुलिस सफल नहीं हो पाती है, फिर भी वह बयान मान्य है; और यह एक ऐसा विषय है जिसे मैं बाद में पलट भी सकता हूँ, एक व्यक्ति की अपराध स्वीकारोक्ति का इस्तेमाल अन्य सह-अभियुक्त के खिलाफ भी किया जा सकता है।

वस्तुतः न्यायालय ने यह स्थापित किया कि यदि किसी अभियुक्त पर किसी एक कानून के तहत अभियोग चल रहा है और उसे इसमें बरी कर दिया गया तो भी इस मामले की सुनवाई के दौरान अभियुक्त द्वारा दिए गए बयानों के आधार पर दूसरे कानून के तहत अभियोग दाखिल किया जा सकता है, जैसे—राजीव हत्याकांड की साजिश रचने के आरोपी पर टाडा का मुकदमा दर्ज कर लिया गया था। न्यायालय ने यह भी स्थापित किया है कि राजीव गांधी की हत्या को आतंकवादी काररवाई में शामिल नहीं किया जा सकता है। इसमें अभियुक्तों पर यह दोष लगाया गया कि एक हत्या करने के लिए वे दल बना रहे थे। इसलिए उनपर भारतीय दंड संहिता की धारा 302 लगाई गई। लेकिन अपराध स्वीकारोक्ति संबंधी बयान टाडा के तहत लिया गया। न्यायालय ने यह स्थापित किया कि टाडा के तहत लिया गया बयान किसी अन्य आरोप की सुनवाई के दौरान भी मान्य होगा, भले ही यह भारतीय दंड संहिता के तहत सुनवाई का ही मामला क्यों न हो।

जिस बात को लेकर भर्त्सना की गई, उससे संबंधित प्रावधान महाराष्ट्र में लागू कानूनों में भी हैं। ऐसे ही प्रावधानों से संबंधित कानूनों को समेटे हुए एक विधेयक आंध्र प्रदेश और कर्नाटक में पारित हो चुका है। उनमें से प्रत्येक में यह प्रावधान रखा गया है कि अपराध को स्वीकार करनेवाला बयान संबंधित अभियुक्त के खिलाफ एक साक्ष्य के तौर पर माना जाएगा। यह भी प्रावधान है कि यह अपराध स्वीकारोक्ति का बयान सह-अभियुक्त के साथ-साथ अपराध के लिए उकसानेवालों के खिलाफ भी मान्य होगा।

बात यह थी कि अध्यादेश इन कानूनों के मुकाबले अत्यधिक निषेधात्मक था। वस्तुतः अपराध स्वीकारोक्ति संबंधी बयान में सुप्रीम कोर्ट ने भी कुछ ऐसा ही स्थापित किया है। किसी एक मामले को लें—अध्यादेश के तहत किसी एक व्यक्ति द्वारा अपराध स्वीकारोक्ति संबंधी बयान सह-अभियुक्त के खिलाफ सुनवाई के

दौरान मान्य नहीं था।

फिर भी 'तर्क' दिए गए—'लेकिन अभियुक्त को इतना प्रताड़ित किया जाता है कि वह वैसा ही बयान देता है जैसा पुलिस चाहती है।'

टाडा के तहत अभियुक्त को पुलिस हिरासत में 60 दिनों तक रखा जा सकता था और न्यायिक हिरासत में 1 वर्ष तक। अध्यादेश के तहत यह समय-सीमा घटा दी गई। अब उसे क्रमशः 30 दिन और 180 दिन कर दिया गया। अभियुक्त की गिरफ्तारी के तुरंत बाद उसके परिजनों को सूचना देनी होती थी। पूछताछ से पहले अभियुक्त को लिखित सूचना देनी होती थी कि वह कोई अपराध स्वीकारोक्ति संबंधी बयान देने के लिए बाध्य नहीं है। बयानों को सिर्फ किसी अधिकारी की या फिर पुलिस अधीक्षक या उससे ऊँचे दर्जे के अधिकारी की उपस्थिति में ही दर्ज किया जा सकता था। इसे न्यायालय के समक्ष 48 घंटे के भीतर पेश करना होता था। न्यायालय अभियुक्त से पूछ सकता था कि उसे प्रताड़ित तो नहीं किया गया या फिर उसके साथ दुर्व्यवहार तो नहीं किया गया। यदि ऐसा कोई आरोप अभियुक्त द्वारा लगाया जाता था तो उसे तुरंत चिकित्सकीय जाँच के लिए भेजा जाता था। इससे भी ज्यादा महत्त्वपूर्ण तो यह था कि अभियुक्त के वकील को अनुमति थी कि वह पूछताछ के दौरान अभियुक्त से मिल सकता था।

इसके बस कुछ ही हफ्ते पहले की घटना पर गौर करने की जरूरत थी। पाकिस्तान के आतंकवादियों ने जम्मू-कश्मीर विधानसभा भवन के सामने एक जोरदार विस्फोट करके कई लोगों को मौत के घाट उतार दिया था। उनमें से तीन अंदर घुस गए थे। कई घंटों तक मुठभेड़ होती रही। अंततः सुरक्षा बल एक-एक करके उन्हें खत्म करते गए। इस मामले में सभी आतंकवादी मौत के घाट उतार दिए गए थे। लेकिन कल्पना करें कि यदि उनमें से एक भी पकड़ा जाता तो···और उसे पुलिस स्टेशन लाया जाता तो···।

ऐसे में क्या परिणाम निकलता, यदि हम उपर्युक्त तरीके से ही काररवाई करते?

देश का कानून

सर्वप्रथम, जो पुलिस अधिकारी उस आतंकवादी को गिरफ्तार करेगा, वह गिरफ्तारी के समय एक गिरफ्तारी मेमो तैयार करेगा, जिसमें यह उल्लेख होगा कि उसे कब और कितने बजे गिरफ्तार किया गया है। इस मेमो पर आवश्यक रूप से किसी एक 'चश्मदीद गवाह का हस्ताक्षर लिया जाएगा, जो या तो गिरफ्तार

व्यक्ति का रिश्तेदार होगा या कोई सम्मानित स्थानीय व्यक्ति। गिरफ्तारी के मेमो पर गिरफ्तार व्यक्ति का विवरण होगा, जहाँ से उसे गिरफ्तार किया गया है। इतना ही नहीं, वह प्रति हस्ताक्षर भी करेगा और उसपर गिरफ्तार होने की तारीख और समय डालेगा।

जिस समय पर उसे गिरफ्तार किया जाता है, उस समय उसे आवश्यक रूप से यह सूचना दी जाती कि उसे यह सुनिश्चित करने का अधिकार है कि वह यह सुनिश्चित कर ले कि पुलिस अगले 8 से 12 घंटे में उसके परिजनों को सूचित कर देगी।

गिरफ्तार करने के 8 से 12 घंटे के भीतर क्षेत्र के पुलिस स्टेशन को आवश्यक रूप से एक टेलीग्राफ भेजना होगा, जिसमें न सिर्फ उसकी गिरफ्तारी दिखाई जाएगी, बल्कि गिरफ्तार करने के समय व तारीख का भी उल्लेख होगा। यह टेलीग्राफ उस क्षेत्र के पुलिस स्टेशन को भेजना होगा, यदि उसके परिजन उसी क्षेत्र में रहते हैं। यदि उसके परिजन जिले के बाहर रहते हैं तो टेलीग्राफ कानूनी सहायता संगठन के माध्यम से भेजना होगा।

डायरी में इस बात का उल्लेख किया जाएगा कि अभियुक्त को कब और कितने बजे तथा कहाँ से गिरफ्तार किया गया; अभियुक्त के किस परिजन को इस गिरफ्तारी की सूचना दी गई; उस परिजन का पता क्या है; परिजन को कितने बजे और कब सूचना दी गई; जिस सिपाही की हिरासत में अभियुक्त है उसका नाम और अन्य विवरण क्या है।

इतना ही नहीं, यदि अभियुक्त चाहे तो गिरफ्तारी के समय अपनी चिकित्सकीय जाँच कराने की भी माँग कर सकता है। गिरफ्तारी के समय किसी प्रकार की चोट पहुँची या नहीं—इस बात का उल्लेख 'निरीक्षण मेमो' में किया जाता है। इस 'निरीक्षण मेमो' पर आतंकवादी और गिरफ्तार करनेवाले पुलिस अधिकारी दोनों के हस्ताक्षर होंगे। इस मेमो की एक प्रति आतंकवादी को दी जाएगी।

यदि आतंकवादी को पुलिस स्टेशन लाया जाता तो इन चरणों से होकर गुजरना पड़ता। उसके बाद की प्रक्रिया देखें। जो भी पुलिस अधिकारी उससे मिलने आएगा या उससे जानकारी लेना चाहेगा, वह अपने ऊपर एक टैग लगाएगा, जिस पर यह उल्लेख रहेगा कि उस पुलिस अधिकारी का नाम तथा पदनाम क्या है। यह टैग बिलकुल स्पष्ट होना चाहिए।

जो भी पुलिस अधिकारी उससे मिलेगा या सूचनाएँ प्राप्त करना चाहेगा,

उसकी पूरी जानकारी वहाँ मौजूद रजिस्टर में दर्ज की जाएगी।

हालाँकि, जब पूछताछ चल रही हो तब आतंकवादी का वकील उससे नहीं मिल सकता है, लेकिन वकील को इस बात की अनुमति होगी कि वह पूछताछ की अवधि के दौरान उससे मिल ले।

इतना ही नहीं, जब तक आतंकवादी हिरासत में रहेगा तब तक एक प्रशिक्षित चिकित्सक प्रत्येक 48 घंटे पर आतंकवादी की चिकित्सकीय जाँच करेगा। ऐसे डॉक्टरों की एक-एक टीम हर जिले की प्रत्येक तहसील में गठित होती है।

उक्त जानकारियों से भरा मेमो और सूचनाओं का संग्रह उस क्षेत्र के मजिस्ट्रेट के पास हर स्तर पर सौंपना होगा और सभी सूचनाओं को पुलिस नियंत्रण कक्ष में भी देना होगा। यह पुलिस नियंत्रण कक्ष हर राज्य के हर जिले में बना हुआ है।

यदि पुलिस अधिकारी उपर्युक्त में से कोई भी काररवाई उचित ढंग से करने में चूक जाता है तो उसके खिलाफ विभागीय काररवाई होगी। वस्तुतः उसके खिलाफ न्यायालय की अवमानना का भी मामला चल सकता है। यह मामला देश के किसी भी उच्च न्यायालय में चल सकता है।

क्या इससे यह अर्थ निकलता है कि ये सतर्कतापूर्वक व्यवस्थाएँ यह सुनिश्चित करने के लिए क्रूरता से इसलिए की गईं कि सरकार आतंकवादियों के पास से कोई सूचना प्राप्त करने में सक्षम न हो सके? क्या ये व्यवस्थाएँ इसलिए की गईं कि जो अधिकारी आतंकवादी से पूछताछ कर रहा है, उसकी पहचान की जा सके और फिर बाद में जेल के बाहर घूम रहे अपने सहयोगियों से उस अधिकारी को निपटा सके? क्या ये व्यवस्थाएँ इसलिए की गईं कि एक के बाद एक पुलिस अधिकारी न्यायालय में अपने को निर्दोष साबित करने में ही इतना व्यस्त हो जाए कि उसे कोई दूसरा काम ही दिखाई न दे?

लेकिन ये सब जरूरी हैं, जैसा कि डी.के. बसु बनाम पश्चिम बंगाल राज्य विवाद (1997, 1 एस.सी.सी. 416) में सर्वोच्च न्यायालय ने स्थापित किया है।

फैसले का मुख्य बिंदु हिरासत में किसी की मौत को रोकने पर केंद्रित है। अब हिरासत में होनेवाली मौत को पूरी तरह रोकना आवश्यक है। लेकिन हमें इस बात को लेकर भी सतर्क रहना पड़ेगा कि इस लक्ष्य को प्राप्त करने की कोशिशों में हम कहीं देश को आतंकवाद से जूझने में अक्षम न बना दें।

आतंकवाद-निरोधी अध्यादेश पर मेरी असहमति इस बात पर थी कि यह

डी.के. बसु जैसे कई मामलों में वर्णित 'सुरक्षोपायों' से बिलकुल भी नहीं मिलता था।

जैसा कि न्यायालय ने भी माना था, यह विशेष उद्देश्य को प्राप्त करने में नाकाम रहा है। डी.के. बसु मामले में सर्वोच्च न्यायालय ने निम्नलिखित निष्कर्ष निकाले थे—

- हिरासत में होनेवाली हिंसा, जिसमें लॉकअप में होनेवाली प्रताड़ना व मौत भी शामिल है, कानून के शासन के सिद्धांत को ठेस पहुँचाती है। ऐसे में यह आवश्यक हो जाता है कि कार्यकारी की शक्तियाँ न सिर्फ कानूनों द्वारा प्रदत्त होनी चाहिए, बल्कि कानूनों द्वारा सीमित भी होनी चाहिए। हिरासत में होनेवाली हिंसा बहस का एक गंभीर विषय है। तथ्यों से यह उजागर हुआ है कि यह हिंसा उन्हीं लोगों द्वारा की जाती है, जो नागरिकों की सुरक्षा के लिए काम करते हैं। यह हिंसा पुलिस स्टेशन की चारदीवारी या लॉकअप में होती है, जो वरदी और अधिकारों के कवच के बल पर की जाती है। इस दौरान पीड़ित पूरी तरह असहाय होता है। किसी व्यक्ति को पुलिस और अन्य कानून के क्रियान्वयन अधिकारी द्वारा प्रताड़ना से बचाने का विषय एक स्वतंत्र समाज में बहस का गंभीर मुद्दा है।
- 'हिरासत में होनेवाली प्रताड़ना' मानवीय गरिमा का खुला उल्लंघन और व्यक्ति के अधिकार का व्यापक पैमाने पर हनन है। इसे मानवीय गरिमा के प्रति एक हिंसा के रूप में माना गया है और जब मानवीय गरिमा को ठेस पहुँचती है तो सभ्यता एक कदम पीछे चली जाती है—ऐसे में जब-जब मानवता को इस तरह से ठेस पहुँचती है तब-तब मानवता की बुलंदी का झंडा झुक जाता है।
- हिरासत में होनेवाले सभी प्रकार के अपराध, जो बहस का मूल विषय हैं, में न सिर्फ शारीरिक पीड़ा पहुँचाना शामिल है, बल्कि इसमें मानसिक रूप से प्रताड़ना भी शामिल है, जो पुलिस स्टेशन की चारदीवारी या लॉकअप में पीड़ित को सहनी पड़ती है। यदि पुलिस हिरासत में बलात्कार और शारीरिक प्रताड़ना होती है तो यह चरम भावनात्मक ठेस पहुँचाता है। इसकी सजा किसी कानून के दायरे से भी बाहर है।
- अनुभवों से यह स्पष्ट है कि मानव-अधिकार के हनन का निकृष्ट उदाहरण पुलिस द्वारा किसी मामले की जाँच के दौरान तब देखने को मिलता है जब सबूत जुटाने व अपराध स्वीकार करवाने के लिए पुलिस थर्ड डिग्री का प्रयोग

करती है और आरोपी की गिरफ्तारी को कागज पर दिखाए बिना ही उसे जमकर प्रताड़ित करती है। जब भी कोई अखबार खोला जाता है, उसमें अमानवीय तरीके से प्रताड़ित करने की एक-दो खबरें पढ़ने को मिल ही जाती हैं। यह प्रताड़ना या तो पुलिस करती है या फिर सरकार का कोई अन्य कानून-क्रियान्वयन अधिकारी। हिरासत में होनेवाली प्रताड़ना और मौत की घटनाओं में लगातार हो रही वृद्धि इस खतरनाक स्तर तक पहुँच गई है कि कानूनों के शासन और अपराध में न्याय की व्यवस्था की साख को बट्टा लग रहा है। ऐसे में समाज द्वारा न्याय की माँग में उठाई जा रही आवाज और तेज होती जा रही है।

किसी भी सभ्य समाज में, जहाँ कानून का शासन हो, हिरासत में होनेवाली मौत सबसे घिनौना अपराध है। संविधान के अनुच्छेद 21 और 22(1) में प्राप्त अधिकार को गंभीरता से बचाने की जरूरत है। हम समस्याओं से मुँह नहीं मोड़ सकते। किसी भी रूप में प्रताड़ना, क्रूरता, अमानवीय व्यवहार आदि संविधान के अनुच्छेद 21 का हनन माना जाता है, भले ही यह पूछताछ या छानबीन के दौरान ही क्यों न हो। यदि सरकार की कार्यपालिका ही कानून तोड़ने लगे तो यह सरासर कानून की अवमानना है। इससे व्यक्तियों में कानून के प्रति सम्मान घटेगा। हर व्यक्ति में यह भावना पैदा होगी कि वह तब तक कानून को तोड़ता रहे जब तक निरंकुश शासन स्थापित न हो जाए। कोई भी सभ्य राष्ट्र ऐसा होने की अनुमति नहीं देगा। जब पुलिस किसी व्यक्ति को गिरफ्तार करती है तो क्या वह व्यक्ति जीवन के मौलिक अधिकार को त्याग देगा? क्या उसे हिरासत में लेते ही उसके जीवन के अधिकार को ताक पर रख दिया जाएगा? ये सवाल मानवाधिकारों की विधि व्यवस्था को हिलाकर रख देनेवाले हैं। इन सवालों का एक ही जवाब है—'नहीं'। देश के संविधान के अनुच्छेद 21 में जो मूल अधिकार नागरिकों को प्रदत्त किए गए हैं, उनसे किसी दोषी, विचाराधीन कैदी या हिरासत में रहनेवाले किसी अन्य प्रकार के कैदी को वंचित नहीं किया जा सकता है, बशर्ते कानून ऐसा कहे। कानून इनपर लगे प्रतिबंधों की इजाजत जब तक नहीं देता है तब तक उन्हें उन अधिकारों से आंशिक तौर पर भी वंचित नहीं किया जा सकता है।

आएदिन आप किसी को यह बताते हैं कि वह बहुत बुरा है, भ्रष्ट है, सभ्यता के खिलाफ काम करता है, समाज में असामाजिक काम को अंजाम देता है, उसकी

करतूतों से समाज को कितनी चोट पहुँचती है—यह कानून का नियम है, वह और उसके साथ किस तरह 'वरदीधारी अपराधी' रूप में हैं। और फिर आप उससे उम्मीद रखते हैं कि वह आतंकवादियों के खिलाफ लड़े! ऐसे में मानवीय प्रबंधन का हर नुस्खा इस निष्कर्ष पर पहुँचता है कि यदि एक बार किसी व्यक्ति या समूह को यह अहसास दिलाया जाता है कि वह एक दुष्ट आत्मा है, अपराधी है, कुछ अच्छा करने का माद्दा उसमें नहीं है, तो वह निस्संदेह पिछली सीट पर जाकर बैठ जाएगा और अपनी ड्यूटी नहीं निभाएगा, या फिर वह उसी के अनुसार कार्य करेगा जैसा उसे आप अहसास कराते रहे हैं।

अंतत: फैसले में यह मानना ही पड़ा कि मामले का एक अन्य पहलू है। इसमें कहा था—

- यहाँ एक पहलू और भी है, जिस पर हमें विचार करने की जरूरत है। हम इस तथ्य से भी अवगत हैं कि भारत में पुलिस को एक कठिन और अति संवेदनशील कार्य करना होता है, विशेषकर कानून-व्यवस्था के बिगड़ने या अन्य परिस्थितियों, सांप्रदायिक दंगे, राजनीतिक आंदोलन, छात्र उपद्रव, आतंकवादी गतिविधियाँ। और उसके अलावा अंडरवर्ल्ड की बढ़ती संख्या एवं सशस्त्र गैंगों व अपराधियों से पुलिस को दो-चार होना पड़ता है। कई दुर्दांत उपद्रवकारी, आतंकवादी, नशीली दवाओं के तस्कर, तस्करों के गैंग हैं। इनकी जड़ें समाज में बहुत ही गहरी हैं। कुछ लोगों द्वारा ये तर्क दिए जाते हैं कि देश में यदि अत्यधिक उदारवादी रुख अपनाया गया और अधिक-से-अधिक मौलिक अधिकारों के क्रियान्वयन पर जोर दिया गया तो स्वाभाविक रूप से अपराधियों से कड़ी पूछताछ नहीं की जा सकेगी। लिहाजा, खूँख्वार गैंगों और अपराधियों पर काबू पाना मुश्किल होगा। इन लोगों का यह भी मानना है कि यदि हमने मौलिक अधिकारों और मानवाधिकारों पर ज्यादा जोर दिया तो ऐसे दुर्दांत अपराधी बगैर किसी झिझक के खुलेआम अपने कारनामों को अंजाम देंगे। चूँकि हमें मौलिक अधिकारों व मानवाधिकारों का वास्ता दिया गया होगा, इसलिए हम उनका ज्यादा कुछ बिगाड़ नहीं सकते हैं। ऐसे में अंतत: समाज पर कुप्रभाव पड़ेगा। यह सोचना बिलकुल सही है। यह समस्या भी व्यावहारिक है और आमतौर पर देखने को भी मिलती है। इसलिए ऐसी परिस्थितियों से निपटने के लिए संतुलित दृष्टिकोण अपनाते हुए एक संतुलित कदम उठाने की जरूरत है, ताकि न्याय दिया जा सके। यह समाज की अपेक्षा रहती है कि पुलिस अपराधियों पर सक्षमता से तथा प्रभावशाली रूप से काबू

पाए; जो व्यक्ति अपराध करता है, उसे गिरफ्तार करे; लेकिन ऐसा भी न हो कि बीमारी का इलाज बीमारी से भी खतरनाक साबित हो जाए।

उपर्युक्त बातों के संदर्भ में दो बिंदुओं को ध्यान में रखना अति महत्त्वपूर्ण है। पहला बिंदु—यह एक अपवाद है कि इस प्रकार की वास्तविक परिस्थिति में, सुरक्षा बलों को जो मुश्किलें झेलनी पड़ती हैं वे उन तरीकों से कहीं बहुत ज्यादा हैं, जिससे पुलिस की क्रूर और असंवेदनशील छवि उभरकर सामने आती है।

दूसरा, न्यायालय ने क्रियान्वयन संबंधी जो सुझाव दिए हैं, वे पूरी तरह से हिरासत में रहनेवाले आतंकवादियों के पक्ष में हैं। पुलिस की क्रूरता के बारे में उपर्युक्त पंक्तियों में जो कुछ कहा गया है, उसके मद्देनजर न्यायालय ने विशेष आवश्यकताओं के लिए, जो मापदंड निर्धारित किए हैं, उन्हें हम ऊपर देख चुके हैं। दूसरी ओर, संगठित अपराधियों व आतंकवादियों से निपटने के लिए पुलिस जो तरीका अपनाती है, उसके मद्देनजर न्यायालय ने एक संतुलित दृष्टिकोण की आवश्यकता पर जोर दिया है।

एक तरफ तो विशेषीकृत, पीड़ादायक प्रहार की जरूरत और दूसरी ओर सामान्य संतुलित दृष्टिकोण अपनाने का सामान्य सुझाव। वैसे, यह संतुलन का बिंदु उस समय कहाँ स्थित होगा, जब सुरक्षा बलों को किसी प्रशिक्षित, आग उगलती मारक मशीन से सूचनाएँ प्राप्त करनी हों—इसके बारे में न्यायालय ने कुछ नहीं कहा है।

अत्यधिक शिथिल

टाडा के प्रावधान नए अध्यादेशों के मुकाबले बहुत ज्यादा कड़े थे। उन प्रावधानों की संवैधानिकता को न्यायालय में चुनौती दी गई थी। सर्वोच्च न्यायालय ने विशेषकर टाडा को उचित ठहराते हुए कहा था कि इसके प्रावधान—अत्यधिक कठोर प्रावधान भी—संविधान के अनुरूप हैं।

इसके बावजूद सिर्फ इसलिए कि इसकी आलोचना जोर पकड़ने लगी, मानवाधिकारवादियों को चुप करने के लिए अध्यादेश को ढीला कर दिया गया और इस कारण कई अव्यावहारिक फैसले भी दिए गए—जैसे सर्वोच्च न्यायालय द्वारा डी.के. बसु बनाम पश्चिम बंगाल राज्य के मामले में दिया गया फैसला।

टाडा के तहत, जैसा हमने देखा, आरोपी मात्र एक बार अपील कर सकता था, वह भी सर्वोच्च न्यायालय में। इस पाबंदी के बावजूद राजीव गांधी हत्याकांड

में फैसला आने में आठ वर्ष लग गए। अब अपील करने के लिए एक और स्थान—उच्च न्यायालय—की अनुमति दे दी गई है। इससे अप्रत्यक्ष रूप से यह कोशिश की गई है कि फैसला लेने में सिर्फ आठ वर्ष ही नहीं, बल्कि ऐसे-ऐसे कई आठ वर्ष की अवधि गुजर जाए!

इसी प्रकार उस प्रावधान को याद करें, जिसमें कहा गया था कि अभियुक्त से पूछताछ के दौरान उसका वकील उससे मिल सकता है। कल्पना करें कि पुलिस लश्कर-ए-तैयबा के किसी आतंकवादी को पकड़ती। यह तो निश्चित ही था कि उसमें मारक मशीन बन जाने की हद तक जहर भरा होता, जिसका बस एक ही लक्ष्य होता कि किसी भी तरह लोगों को मारना है। क्या वह अपनी सूचनाओं को सिर्फ एक कप चाय पिलाने के बाद ही पुलिसवालों को दे देता? और यदि वकील पूछताछ के दौरान समय-समय पर उससे मिलता तो क्या इस बात की थोड़ी भी संभावना रहती कि वह पुलिस को सच्ची सूचनाएँ दे देता? क्या वह पुलिस को यह बताता कि उसकी योजनाएँ क्या थीं? उसका नेटवर्क कहाँ-कहाँ है? जबकि ये सूचनाएँ हमारे देश की जनता की जिंदगी और मौत से जुड़ी हुई हैं।

लेकिन लोक-जीवन और सार्वजनिक बहस की स्थिति ही ऐसी थी कि अध्यादेश में इस तरह का प्रावधान जोड़ना पड़ा।

महाराष्ट्र, आंध्र प्रदेश, कर्नाटक आदि राज्यों में संगठित अपराधियों से निपटने के लिए कानून बनाए गए थे। इस दौरान प्राप्त अनुभवों के आधार पर कानून बनाए गए थे। तो फिर आतंकवादियों से निपटनेवाले कानूनों को गैंगस्टर को शांत करने में सक्षम होने के लिए अधिक चौकस क्यों बनाया जाना चाहिए? लेकिन हुआ क्या? हमने नए अध्यादेश में देख ही लिया। एक उदाहरण लें—राज्यों के कानून में यह प्रावधान था कि गृह मंत्रालय द्वारा पारित आदेशों पर विचार करने के लिए गठित रिव्यू कमेटी के अध्यक्ष मुख्य सचिव होंगे। लेकिन अध्यादेश में यह प्रावधान रखा गया कि आतंकवादियों के लिए गठित उसी प्रकार की कमेटी का अध्यक्ष उच्च न्यायालय का न्यायाधीश होगा। आतंकवादी या उनके एजेंटों के प्रति इतना उदार होने की क्या जरूरत पड़ी हुई है?

इसी तरह अध्यादेश में से 'विध्वंसकारी गतिविधियों' को भी हटा दिया गया। टाडा में यह प्रावधान था कि कोई ऐसी गतिविधि, जिससे भारत की एकता, अखंडता व संप्रभुता को ठेस पहुँचती हो या फिर ठेस पहुँचाने की दिशा में हो अथवा देश के किसी भी हिस्से को स्वतंत्र कराने की दिशा में हो तो उसे टाडा के तहत अपराध

माना जाएगा। कल्पना करें कि यदि इस प्रावधान को भी हटा दिया जाता तो क्या होता? देश को तोड़ने की आतंकवादी मुहिम का क्या किया जाता?

आम सहमति

जब उनके ये मजबूत तर्क नहीं टिक सके तो टिप्पणीकार अध्यादेश के परिणाम और प्रक्रिया से चिपक गए—'आखिर अध्यादेश की क्या जरूरत थी? सरकार को इससे पहले इस मुद्दे पर आम सहमति बनाने की जरूरत नहीं थी?'

मतलब, पूरी तरह से आम सहमति तो बननी ही नहीं है—देश की सुरक्षा से संबंधित मामले में भी नहीं। इस कानून पर आम सहमति बनाने की कोशिशें मई 1995 से ही शुरू हो गई थीं। टाडा को निरस्त करने की अनुमति इसलिए दे दी गई, क्योंकि कुछ अवसरवादी राजनीतिक मुसलिम वोट-बैंक को अपने खाते में डालने की कोशिश में लगे थे। ऐसा करना एक अपराध ही था। इस राजनीतिक समीकरण में देश की रक्षा और सुरक्षा के लिए तैयार किए गए एक सक्षम हथियार की बलि दे दी गई। उसके बाद एक लंबे सफर की शुरुआत हुई थी।

आपराधिक कानून संशोधन विधेयक को तैयार किया गया और उसे सन् 1995 में प्रसारित किया गया था। अब उसे छोड़ दिया गया।

भिन्न-भिन्न तरीकों से उसपर समीकरण बैठाया जाना जारी रहा।

सन् 1998 में अंततः इस मुद्दे को कानून आयोग के पास भेजा गया। आयोग दो वर्षों तक इस विषय पर विचार-विमर्श करता रहा। अंततः अपनी रिपोर्ट सौंपी और अप्रैल 2000 में विधेयक तैयार हुआ।

इस तैयार मसौदे पर एक बैठक में विचार-विमर्श किया गया। इस बैठक में राज्यों के पुलिस महानिदेशकों (डी.जी.पी.), पुलिस महानिरीक्षकों, मुख्य सचिवों और गृह सचिवों ने भाग लिया। इसपर सन् 2000 में आयोजित मुख्यमंत्रियों की एक बैठक में भी विचार-विमर्श किया गया। आगे इसे समीक्षा के लिए मानवाधिकार आयोग के पास भेज दिया गया। इस मसौदे को राज्य सरकारों के पास भी टिप्पणी प्रस्तुत करने के लिए भेज दिया गया।

क्या यह प्रक्रिया अनंत काल तक चलती रहनी चाहिए? फिर ऐसे में उस मसौदे पर आम सहमति बनाने की उपर्युक्त कोशिशों के बाद मसौदे का स्वरूप एक ऐसा प्रलेख जैसा हो जाएगा, जिसपर हर कोई सहमत है, भले ही वह सरकार का हिस्सा है या नहीं, या फिर वह उन सभी कार्यों में अड़ंगा डालने की कोशिशें करता है, जो सरकार करना चाहती है? इतना ही नहीं, जब वे सरकार में होते

हैं तब भी उनकी कोशिशें सरकारी काम-काज में अड़ंगा डालने की ही होती हैं।

इस मसौदे पर राज्य सरकारों ने जो भी टिप्पणियाँ भेजी थीं, वे अपने आप कहानी बयाँ करती हैं। कांग्रेस (आई) अध्यादेश के विरोध में थी। वस्तुत: जब कानून आयोग का मसौदा प्रसारित किया गया था तब दिल्ली की (कांग्रेसी) सरकार इस कानून को पूरी तरह लागू करने के पक्ष में थी। कर्नाटक की (कांग्रेसी) सरकार पूरी तरह इसे लागू करने के पक्ष में थी। नगालैंड की (कांग्रेसी) सरकार भी इस कानून को पूरी तरह लागू करने के पक्ष में थी। मध्य प्रदेश की (कांग्रेसी) सरकार, राजस्थान की (कांग्रेसी) सरकार और महाराष्ट्र की (कांग्रेसी) सरकार भी इस कानून को लागू करने के पक्ष में थी। इन सभी सरकारों ने कुछ विशेष प्रावधानों पर सुझाव दिए थे।

केरल, पश्चिम बंगाल और त्रिपुरा की सी.पी.आई. (एम) सरकार ने इस संदर्भ में अपना वही पुराना 'सैद्धांतिक' विरोध जता दिया था। केरल जल्द ही पीछे हट गया। सिर्फ पश्चिम बंगाल सरकार महाराष्ट्र अधिनियम के इसी कानून के स्वरूप को अंतिम रूप देने की अपनी उलझन को छिपाने की कोशिश में थी। त्रिपुरा की सरकार ने पार्टी के रुख को ध्यान में रखते हुए शुरू में तो अनिच्छा जताई, लेकिन बाद में राष्ट्रीय सुरक्षा से संबंधित अन्य कानूनों के प्रावधानों का प्रयोग करने लगी।

न केवल राज्यों की वे सरकारें बल्कि उनकी पार्टियों के राष्ट्रीय स्तर के प्रतिनिधियों ने भी आमतौर पर एक ऐसे कानून की जरूरत बताई, जो आतंकवादियों और उनके संगठनों से डटकर मुकाबला कर सके। संसद् में बैठनेवाले सी.पी.आई. (एम) के प्रमुख नेताओं ने सरकार को यह सुझाव दिया कि वह उन प्रयासों पर विचार करे, जो इजराइल सरकार कर रही है। संसद् में कांग्रेस के एक अति सम्मानित नेता ने कहा कि भारतीय दंड संहिता आतंकवादियों से जूझने के लिए पर्याप्त नहीं है। इसके लिए एक विशेष कानून की जरूरत है। सच्चाई तो यह है कि यह मसौदा भी अपने आप में अपर्याप्त है। मसौदे में खामियों की ओर इशारा करते हुए उन्होंने कहा कि इस कानून में अभियुक्त पर साक्ष्य प्रस्तुत करने की जो जिम्मेदारी है, उसे खत्म नहीं किया गया है। प्रावधानों के तहत सिर्फ यह कहा गया है कि किन्हीं विशेष परिस्थितियों में अनुमान लगाया जाएगा। उन्होंने कहा कि विधेयक में कई खामियाँ हैं, इसलिए उसे सदन की प्रवर समिति या स्थायी समिति के पास भेज दिया जाना चाहिए…।

यह प्रक्रिया करीब छह वर्षों तक चलती रही। इस बीच आतंकवादियों का कहर जारी रहा। वे लोगों को अपंग बनाते रहे, उनकी जानें लेते रहे। खून की नदियाँ बहती रहीं, विस्फोट होते रहे…।

तब तक आतंकवादियों द्वारा जितनी संख्या में लोगों की जानें ली जा चुकी थीं, वह सन् 1962, 1965, 1971 और कारगिल युद्ध में गई जानों से पाँच गुना ज्यादा थी। और इधर हम आतंकवादियों के खिलाफ कानून बनाने पर भी आम सहमति के चक्कर में फँसे।[1]

शर्मनाक घटनाएँ

24 अक्तूबर, 2001 को आतंकवाद-निरोधी अध्यादेश जारी हुआ था। अगले संसद् सत्र में उसे पारित नहीं किया जा सका। इसलिए अध्यादेश को 30 दिसंबर, 2001 को दोबारा जारी किया गया।

इसपर भी वही सैद्धांतिक आलोचनाएँ शुरू हो गईं। यह स्पष्ट था कि यद्यपि उसकी ज्यादा जरूरत थी, फिर भी अध्यादेश को कानून में बदलनेवाले विधेयक को राज्यसभा से पारित नहीं होने दिया गया, जहाँ सरकार अल्पमत में थी।

दोनों सदनों का एक संयुक्त सत्र बुलाया गया। सरकार के अपने अस्तित्व पर खतरा मँडरा रहा था। केवल उसी आधार पर 26 मार्च, 2002 को अध्यादेश को कानून में बदला जा सकता था।

अध्यादेश की आलोचना में पहले ही वही झूठ और सच की खिचड़ी पकाई जाने लगी, उसके दुरुपयोग से संबंधित छिटपुट मामलों को उछाला जाने लगा। आलोचकों के पास उन राज्य सरकारों, अधिकारियों और राजनेताओं के खिलाफ करने के लिए कुछ नहीं था; क्योंकि उनका उद्देश्य कानून के दुरुपयोग को रोकना नहीं था। उनका उद्देश्य सिर्फ यह था कि किसी भी तरह इस कानून को बदनाम किया जाए।

विपक्षियों ने कहा कि यदि वे सत्ता में आएँगे तो पोटा (POTA) को निरस्त कर देंगे; इसका प्रयोग अल्पसंख्यकों के खिलाफ किया जा रहा है।

1. और वास्तविकताएँ जानने के लिए देखें विजेंद्र सिंह जाफा, 'इंसूसियांस इन द फेस ऑफ टेरॅर', फाल्टलाइंस, भाग 5, मई 2000, पृष्ठ 23-56; साजी चेरियन, 'टेररिज्म एंड लीगल पॉलिसी इन इंडिया', फाल्टलाइंस, भाग 15, फरवरी 2004, पृष्ठ 127-60; सोलिल पॉल, 'द सुप्रीम कोर्ट ऑन कॅन्फेशंस', फालटलाइंस, भाग 16, जनवरी 2005, पृष्ठ 29-61

वे सत्ता में आए भी। उन्होंने कानून को निरस्त करने के लिए कदम भी उठाया। साथ ही गैर-कानूनी गतिविधि (निरोधी) कानून, 1967 को संशोधित करने की भी कोशिश की।

यह सरासर एक ढोंग था, जिसे स्पष्ट देखा जा सकता था।

एक के बाद एक मसलों पर पोटा के शब्दों को खोजकर 1967 के कानून में शामिल करने की कोशिश की गई—आतंकवाद की परिभाषा, आतंकवादियों के खिलाफ लड़ाई की प्रक्रिया, आतंकवादियों को प्रतिबंधित करने की काररवाई, गिरफ्तार करने के प्रावधान, जिस पर जमकर बवाल मचा था··· ऐसे कई शब्दों को वैसे-का-वैसा शामिल कर लिया गया।

लेकिन दिखावे के लिए भी 'कुछ करना ही पड़ता है'। तदनुरूप श्री अरुण जेटली ने दो मुद्दों पर पोटा के प्रावधानों को हलका कर दिया।

उस पोटा को याद करें, जिसमें जमानत मिलने का प्रावधान टाडा के मुकाबले ज्यादा नरम था। टाडा के तहत अभियुक्त को तब तक जमानत नहीं दी जा सकती है जब तक उसके मामले की सुनवाई पूरी नहीं हो जाती। यह प्रावधान पोटा के तहत समाप्त कर दिया गया। पोटा के तहत यह प्रावधान रखा गया कि गिरफ्तार किए गए अभियुक्त को लोक दंडाधिकारी के समक्ष सुनवाई के बगैर एक वर्ष तक जमानत नहीं दी जा सकती है। इस अवधि के बाद आपराधिक प्रक्रिया की संहिता के सामान्य प्रावधानों के तहत जमानत के लिए प्रार्थना-पत्र दिया जा सकता है। भले ही उस समय तक स्थितियाँ जमानत देने के विरुद्ध हों, जब तक न्यायालय पहली नजर में यह समझ जाए कि अभियुक्त ने अपराध नहीं किया है। नए संशोधनों में जमानत प्रक्रिया को अभी भी आसान बनाया गया है। निस्संदेह कोई आतंकवादी यही इच्छा रखेगा कि यदि उसे गिरफ्तार ही किया जाना हो तो इस नए संशोधित कानून के तहत गिरफ्तार किया जाना चाहिए, अन्य किसी कानून के तहत नहीं। श्री जेटली ने यह दिखा दिया है कि आतंकवादियों की जमानत से संबंधित प्रावधान को अब और भी उदार बनाया जाएगा; नारकोटिक्स ड्रग्स एंड साइक्रोटॉपिक ड्रग्स एक्ट, 1985 के तहत गिरफ्तार किए गए एजेंटों की जमानत मिलनी जितनी मुश्किल है उतनी मुश्किल आतंकवादियों के लिए नहीं रहेगी; आतंकवादियों को जमानत मिलनी उतनी मुश्किल नहीं रह जाएगी जितनी आवश्यक वस्तु अधिनियम के तहत गिरफ्तार लोगों के लिए है; आतंकवादियों को जमानत देने की प्रक्रिया महाराष्ट्र, कर्नाटक, आंध्र प्रदेश और गुजरात में संगठित अपराध के खिलाफ लागू कानूनों के मुकाबले भी सरल और आसान होगी!

इसके लिए तर्कसंगत आधार क्या था? यह तो सिर्फ हमारी वचनबद्धता है!

अपराध स्वीकारोक्ति संबंधी प्रावधान में ढील देने में उसी तरह की विवेकहीनता बरती गई। पोटा के तहत पुलिस अधिकारी के समक्ष अपराध स्वीकारोक्ति संबंधी बयान एक साक्ष्य के तौर पर स्वीकार्य था। इसमें सुरक्षात्मक उपाय करते हुए यह प्रावधान किया गया था कि यह अपराध स्वीकारोक्ति संबंधी बयान 48 घंटे के भीतर मजिस्ट्रेट के समक्ष पेश किया जाना अनिवार्य है। और यदि अभियुक्त यह कहता है कि उसने स्वेच्छा से यह बयान नहीं दिया है, तो मजिस्ट्रेट तुरंत मामले की जाँच करवाएगा और फिर से अपनी स्वयं की उपस्थिति में एक ताजा बयान लेने के लिए कहेगा। जैसा कि हमने पहले ही उल्लेख किया है—मैं यह मानता हूँ कि वैसे लोगों—जो मरने और मारने पर उतारू हैं, जो देश को टुकड़ों में बाँट देना चाहते हैं—का इतना खयाल रखा जाना उनके प्रति चिंता को प्रकट नहीं करता है बल्कि हमारी कमजोरियों को प्रकट करता है। लेकिन इस तरह का सुरक्षा उपाय भी नई सरकार के लिए काफी नहीं था। वे अपराध स्वीकारोक्ति को पूरी तरह एक समझौता मानते हैं, जिसमें कानून का हस्तक्षेप नहीं रहता है।

इसके परिणाम हास्यास्पद निकले। कस्टम ऐक्ट के तहत, फेरा (FERA) के तहत, नारकोटिक्स ऐक्ट के तहत, केंद्रीय कर अधिनियम के तहत अपराध स्वीकारोक्ति संबंधी बयान एक साक्ष्य के रूप में मान्य है। लेकिन जब बात आतंकवादियों की आती है तो यह मान्य नहीं है!

चूँकि हर बार किसी-न-किसी प्रावधान में ढील देना गलत है।

चूँकि प्रावधानों में ढील देने के लिए उठाया जानेवाला हर कदम माहौल में खुली छूट का जो संदेश प्रेषित करता है, वह दुःखद है।

चूँकि राजनीतिक दल और नेता राष्ट्रीय सुरक्षा को एक फुटबॉल के रूप में इस्तेमाल करने के लिए तैयार हैं, जो बुरा है।

चूँकि जो लोग सार्वजनिक बहस के मुद्‍दों को प्रभावित करते हैं, वे ही इसके खिलाफ एक अभियान छेड़ते हैं—वह और भी बुरा है। क्योंकि यदि सार्वजनिक बहस के विषयों में इसी तरह एकरूपता आ जाएगी तो देश के पास ऐसा कुछ भी नहीं बचेगा, जिसके बल पर अधिकारियों को देश की सुरक्षा के लिए कुछ करने को तैयार किया जा सके।

गैर-कानूनी गतिविधि अधिनियम से टाडा, टाडा से पोटो, पोटो से पोटा, फिर पीछे चलते हुए गैर-कानूनी गतिविधि अधिनियम का सिलसिला चलता रहा।

प्रत्येक मामलों में यह स्पष्ट दिखा कि पहले से मौजूद कानून को लागू करने में हम अक्षम रहे।

सबकुछ उठा सकने में समर्थ उत्तोलक (लीवर)

सन् 2004 में करीब डेढ़ माह से मणिपुर विद्रोह की आग में जल रहा था। इधर करीब डेढ़ माह गुजर गए थे, दिल्ली में बैठे एक भी मंत्री ने मणिपुर की राजधानी तक जाना उचित नहीं समझा और उस दौरान दिल्ली के दो प्रमुख समाचार-पत्र दो मुद्दों से अटे पड़े थे। एक मुद्दा था—दिल्लीवासी 24 घंटे खरीदारी करने में सक्षम क्यों नहीं हैं ? दूसरा मुद्दा था—शराब की दुकानें और बीयर बार क्यों नहीं देर रात तक या उससे भी देर तक खुली रखी जानी चाहिए ?

आई.ए.सी. विमान का अपहरण करके अपहर्ताओं द्वारा उसे कंधार ले जाना था कि हमारे टी.वी. चैनलवाले लगातार कई घंटों तक इस विमान के यात्रियों के परिजनों का रोना और उनका विलाप करना दिखाते रहे। यहाँ हमें सबसे पहले यह सोचना चाहिए था कि उनके विलाप करने और रोने की खबरें दिखाने से इस मुद्दे पर फैसले लेनेवालों पर व्यापक असर पड़ेगा। फिर ऐसा क्षण आया कि सरकार अपहर्ताओं की माँगें पूरी करने पर राजी हो गई। विमान के अपहृत यात्रियों को छुड़वाने के बदले में सरकार जेल में बंद खूँख्वार आतंकवादियों को सौंपने पर राजी हो गई। मीडिया फिर यह कहने लगी कि सरकार ने 'शर्मनाक आत्मसमर्पण किया है। ···हमारी सरकार अमेरिका और इजराइल की तरह क्यों नहीं पेश आती है ? हमारी भी स्पष्ट नीति क्यों नहीं है कि 'भारत आतंकवादियों के साथ कोई समझौता नहीं करेगा ?'

'80 के दशक में जब भी किसी ने यह सवाल उठाया कि मुसलिमों की जनसंख्या तेजी से बढ़ रही है, इसका अंततः क्या प्रभाव पड़ेगा ? तो सवाल उठानेवाले की निंदा की जाने लगी। कहा जाने लगा कि 'यह सिर्फ आर.एस.एस. द्वारा फैलाया जा रहा झूठा प्रचार है···क्या इसके कोई प्रमाण हैं ?' लेकिन जब 1991 की जनगणना हुई तो पता चला कि स्थिति तो उससे भी भयावह है, जो अब तक बताई जा रही थी। अब आलोचकों ने दूसरा रास्ता अपनाया।

इससे भी भयावह स्थिति का पता तब चला जब सन् 2001 की जनगणना के धर्म से संबंधित आँकड़े जारी हुए। इसमें उल्लिखित धार्मिक आधार पर जनगणना के आँकड़े कंप्यूटरीकृत हैं। ये आँकड़े काफी पहले ही उपलब्ध कराए जाने चाहिए थे। कोई भी धर्मनिरपेक्ष टिप्पणीकार इस मुद्दे पर खुलकर बोलने को तैयार नहीं

हुआ। जब वे फिर से सामने आए और यह तथ्य उनके सामने आया कि मुसलिमों की जनसंख्या वास्तव में अपेक्षाकृत काफी तेजी से बढ़ रही है, तो तुरंत ही जनसंख्या आयुक्त को दबोचा गया। बेचारे को कार्यालय से हटा दिया गया। तथ्य तो यही उभरकर सामने आया था कि जनसंख्या का भौगोलिक समीकरण पलट गया है; असम, पश्चिम बंगाल की सीमा से सटे जिलों और बिहार के कुछ जिलों में स्थिति पूरी तरह विस्फोटक हो गई है।

13 दिसंबर, 2001 को आतंकवादी संसद् के परिसर में घुस गए। वे बंदूकों, ग्रेनेड, आर.डी.एक्स. जैसे कई विध्वंसकारी हथियारों से लैस थे—यह एक व्यापक तबाही थी। अगले ही दिन एक दैनिक अंग्रेजी अखबार 'हिंदू' ने मुखपृष्ठ पर मोटे अक्षरों में हिज्ब-उल-मुजाहिदीन के प्रमुख सैयद सलाहुद्दीन के पाकिस्तान से जारी बयान को छापा था। उसमें सलाहुद्दीन के हवाले से यह कहा गया था कि यह हमला भारतीय गुप्तचर एजेंसियों द्वारा सुनियोजित था, ताकि संसद् पर आतंकवाद-निरोधी अध्यादेश पारित करने के लिए दबाव बनाया जा सके और साथ ही अंतरराष्ट्रीय समुदाय पर आतंकवाद के खिलाफ दबाव बनाया जा सके, ताकि वह कश्मीरी स्वतंत्रता आंदोलन को आतंकवाद की श्रेणी में शामिल कर दे! किस देश में ऐसे भ्रामक बयानों को, जो विशेषकर हमारे दुश्मन देशों के एजेंट द्वारा कहे गए हों, इतनी प्रमुखता दी जाएगी? उसी दिन इसी अखबार के संपादकीय पृष्ठ के साथवाले पृष्ठ पर फिर मोटे अक्षरों में एक प्रसिद्ध टिप्पणीकार संवाददाता की रिपोर्ट छपी थी—सेना को किसने मदद के लिए बुलाया? क्या इस तरह 'अनियमित सैनिक टुकड़ियाँ' रखने के लिए निर्धारित प्रक्रियाओं का पालन किया जाता रहा था? संवैधानिकता के लिए क्या सही अवसर था?

जे.एन. दीक्षित जब तक राष्ट्रीय सुरक्षा सलाहकार रहे, मीडिया के पसंदीदा थे। उनका विदेशी मामलों में वर्षों का अनुभव था। उन्हें लोग कठोर मानते थे। अपनी कई पुस्तकों में दीक्षित एक रणनीतिक विचारक के रूप में भी दिखे। इससे भी ज्यादा महत्त्वपूर्ण बात तो यह है कि वे हमेशा सर्वसुलभ थे। हालाँकि अब वे नहीं रहे, लेकिन समय-समय पर कई अखबारों में उनके बारे में लेख छपते रहते थे। इन लेखों में उनपर कई तरह के आरोप लगाए जाते थे, यथा—वे हमेशा अंग्रेजों जैसा व्यवहार करते थे, वे अपने अधिकारों का प्रयोग अन्य मंत्रालयों में हस्तक्षेप करने में भी करते थे, वे अपनी नीतियों और एजेंडे को आगे बढ़ाने की कोशिश करने लगे थे, यहाँ तक कि प्रधानमंत्री कार्यालय में प्रधानमंत्री को ही नहीं पता होता था कि दीक्षित अन्य को क्या निर्देश दे रहे हैं; इसलिए जब तक

वे और उनसे पहले ब्रजेश मिश्र राष्ट्रीय सुरक्षा सलाहकार रहे, उनसे इतने कटु अनुभव मिले कि सरकार इस पद को ही पूरी तरह हटा देना चाहती थी। ···एम.के. नारायण को राष्ट्रीय सुरक्षा सलाहकार बनाया गया। कहानियाँ अचानक ही रुक गईं। क्या दीक्षित के रुतबे को कम करने संबंधी कदम उस पद पर रहते हुए कुछ क्षति के कारण उठाए गए थे? या फिर यह सबकुछ पूर्व नियोजित था?

विलंब पर विलंब होता गया। समितियों पर समितियाँ गठित होती गईं। अंततः सेना को हथियारों की व्यवस्था पर सहमत होना पड़ा। समीक्षा तुरंत सामने आई कि किस तरह एक प्रतिद्वंद्वी व्यवस्था बेहतर है। संवाददाता के पास शीघ्र-से-शीघ्र सीखने की कुछ खास कला है या फिर वह वही सारी बातें रख देता है, जो उसके मन में कुछ व्यावसायिक प्रतिद्वंद्वी भर देते हैं?

क्रिकेट को ही लें? जब भारतीय टीम कुछ मैच हार जाती है तो कहा जाने लगता है कि 'गांगुली को रिटायर हो जाना चाहिए', 'भारतीयों में आक्रामक क्षमता का अभाव है', 'भारतीय केवल अपने देश में ही मैच जीत सकते हैं' और जब वे जीत जाते हैं तो प्रतिक्रिया होती है—'गांगुली द्वारा गजब की कप्तानी की गई··· ।'

लालू यादव के कुशासन को ही देखें—ऐसा कुशासन, जिसने बिहार को तानाशाही शासन के तहत ला दिया है, और देश के दुश्मनों के लिए रास्ता साफ कर दिया गया है। लेकिन इन सब सच्चाइयों को कुछ सुंदर विशेषणों से किस तरह ढकने की कोशिश की जाती है, उन्हें मजाक में उड़ा दिया जाता है—'बातचीत की कैसी कला है', गंभीर-से-गंभीर बात को भी किस तरह 'विनोदपूर्ण तरीके' से पेश कर लेते हैं··· ।

इस तरह के उदाहरण हमें अकसर रोज देखने को मिल जाते हैं। उनकी हानिकारक विशेषताओं को भी इस तरह से उछाला जाता है कि वे उतनी ही अच्छी लगने लगती हैं जितनी कि हानिकारक।

- मणिपुर बनाम दुकानदारी व शराब पीने का समय—राजसी विचारधारा का अभिमान।
- कंधार—एक आकस्मिक घटना। सबकुछ एक खेल की तरह हो रहा था। जो हो रहा था, उससे अपने को दूर रखा गया। किसी भी जिम्मेदारी से इनकार। एक अच्छा सवाल।
- मुसलिमों की जनसंख्या की वृद्धि दर और लालू यादव—कायर दास से बौद्धिक फैशन—'धर्मनिरपेक्षवाद' और 'पिछड़ा वर्ग' के समर्थन का मामला।

- संसद् पर आतंकवादी हमले में सलाहुद्दीन का बयान—आग लगानेवाले और आग बुझानेवालों के बीच बिलकुल उदासीन बने रहना।
- आतंकवादी हमला और संवैधानिकता—परस्पर संबंध के भाव का त्याग।
- दीक्षित व हथियार व्यवस्था—उद्यम की समृद्धि।
- क्रिकेट—सबकुछ दर्शक की तरह देखना। हार से दूर रहना, जीत को ही सही ठहराना।

ये उदाहरण और विशेषताएँ—दोनों ही अभी और गिनाए जा सकते हैं। उनमें से प्रत्येक का देश की सुरक्षा पर खास प्रभाव है।

- प्रभावशाली विचारधारा के रूप में कैसे पाठकों का ध्यान आवश्यक मुद्दों पर खींचा जा सकता है, जिसके लिए निरंतर और पर्याप्त परिश्रम की आवश्यकता होती है। वह इस बात के प्रति किस तरह जागरूक हो सकता है कि क्या सबसे महत्त्वपूर्ण है?
- क्या लगातार शोर मचानेवाला कठोरता के लिए मौका देगा?
- जब कोई भी कुछ भी कह सकता है और उन सभी को समान प्रसिद्धि मिलती है, वस्तुत: जब वह कुछ ऐसा कहे, जो कि चौंकानेवाला हो, तभी वह अपेक्षाकृत ज्यादा प्रसिद्धि पाएगा। यदि वह कुछ ऐसा कहता है, जो कि देश के खिलाफ है, तभी वह कुछ ज्यादा प्रसिद्धि पाएगा। यदि वह विशेष रूप से हमारे सुरक्षा बलों को बदनाम करता है, तभी वह कुछ ज्यादा प्रसिद्धि पाएगा। क्या इससे हमारे राष्ट्रीय संकल्प का मखौल नहीं बनेगा?
- जब नौकरशाही प्रतिद्वंद्वी, हथियारों के आपूर्तिकर्ता, व्यावसायिक प्रतिद्वंद्वी ही कहानियाँ गढ़ सकते हैं तो क्या विदेशी सरकारें ऐसा नहीं कर सकती हैं?
- जब लालू प्रसाद यादव का महिमामंडन किया जा सकता है तो कौन व्यक्ति बेहतर सरकार चलाने की सोचेगा?
- हर संघर्ष में उतार-चढ़ाव आता है। जब तक हम हार का आलिंगन करना नहीं सीखेंगे तब तक लंबी और महत्त्वपूर्ण लड़ाई में कैसे कामयाबी हासिल कर पाएँगे? कुछ ही वर्षों में युद्धक्षेत्र का आँखों देखा हाल टेलीविजन पर देख सकेंगे—देश के व्यक्तिगत चैनलों पर भी और अन्य देशों के निजी चैनलों पर भी। कल्पना करें, जब टी.वी. चैनलों पर ऐसे दृश्य दिखाए जाने लगें, जिसमें रणभूमि में सैनिकों के शरीर के चीथड़े उड़ते दिखाए जाएँ और उसी तरह उनके परिजनों को भी बिलखते हुए दिखाया जाए—सोचें, ऐसी परिस्थिति

में हमारे सैनिकों के मनोबल पर क्या प्रभाव पड़ेगा? थोड़ा याद करें, जब विमान का अपहरण कर कंधार में रख लिया गया था तो इलेक्ट्रॉनिक मीडिया की भूमिका क्या रही थी? और इसका नीति-निर्धारकों पर क्या प्रभाव पड़ा था?

आँखें मूँद लेते हैं

पहली बात तो यहाँ सुरक्षा मुद्दों पर सूझ-बूझ से भरे निर्णय और काररवाई का पूरी तरह अभाव है। हमें इसकी तनिक भी चिंता नहीं रहती है कि हमारा पड़ोसी क्या कर रहा है। उदाहरण के लिए, चीन के मामले में हमारी जो काररवाई हुई, उसमें सूझ-बूझ की कोई झलक नहीं मिलती है। सार्वजनिक मामलों पर हमने ऐसे कितने अध्ययन किए हैं, जिससे यह सीख मिल सके कि चीन तिब्बत में जो कर रहा है वैसा ही हमें भारत की सुरक्षा के लिए करना होगा? दूसरे देशों—जो हमारे लिए भविष्य में बहुत ही महत्त्वपूर्ण हैं—जापान, ऑस्ट्रेलिया, वियतनाम—के संबंध में भी हमारी विदेश नीति अच्छी नहीं है। यहाँ तक कि कोई प्राथमिक जानकारी भी प्राप्त करनी होती है तो हमें यूरोपीय और अमेरिकी स्रोतों का सहारा लेना पड़ता है। वस्तुतः शायद ही हमारे पास ऐसे कोई सक्षम उपकरण हैं, जो आवश्यक जानकारियाँ उपलब्ध करा सकें। उदाहरण के लिए, देखें शोध एवं विश्लेषण शाखा में कितने ऐसे लोग हैं, जो फारसी, चीनी या फिर जापानी भाषा बोल सकते हैं। उन देशों के बारे में कुछ गंभीर व विशद जानकारियों को मूल रूप में प्राप्त करना तो दूर की बात है, क्या हमारे पास पर्याप्त संख्या में अनूदित सामग्रियाँ भी हैं, जो आवश्यक जानकारियाँ दे सकें? निस्संदेह अखबार पढ़नेवाले एक औसत पाठक या एक औसत विधायक के पास इस बात की कोई जानकारी नहीं होती है कि इन देशों में क्या विकास हो रहा है। लिहाजा, इन नेताओं के अनुभव व ज्ञान इतने व्यापक और तीक्ष्ण नहीं हो पाते हैं कि विदेशी मुद्दों पर उच्च स्तरीय नेताओं के साथ बैठकर बातें कर सकें। और फिर ऐसे में अक्षम व असहाय परिस्थितियाँ पैदा हो जाती हैं। हमारे पास जो अध्ययन-अनुभव है, यथा मुसलिमों के बारे में, वह 'राजनीतिक शुद्धता' द्वारा इस हद तक निषिद्ध कर दिए गए हैं कि वे पाठकों को शांत करने की सामग्री भर रह गए हैं।

लेकिन यहाँ उससे भी गंभीर एक समस्या है। बँगलादेश से लगातार हो रही घुसपैठ को याद करें। हमारी सीमाओं पर मदरसों और मसजिदों की तेजी से बढ़ती संख्या पर ध्यान दें। इन मदरसों और धार्मिक संस्थाओं में विद्यार्थियों के मन में किस

प्रकार की धारणा भरी जा रही है, उसपर गौर करें। बँगलादेश में तेजी से हो रहे इसलामीकरण को देखें, क्या ये सब किसी सामान्य घटनाक्रम का हिस्सा हैं?

किसी के लिए यह इसलाम है, किसी के लिए यह पाकिस्तानी एजेंसियों की रणनीति, उनका इरादा है। लेकिन इसमें कुछ और भी हैं, जो इस प्रकार के विकास का महत्त्वपूर्ण और केंद्रीय विषय हैं, यथा—हम सभी इन परिस्थितियों से अवगत हैं; बार-बार विभिन्न रिपोर्टों व आँकड़ों में इस बात का उल्लेख किया जाता रहा है। लेकिन हर बार उधर से ध्यान जान-बूझकर हटा लिया जाता है; सरकार की एजेंसियाँ व विभाग और यहाँ तक कि हमारा समाज भी इन सब मुद्दों पर से निगाहें फेर लेता है।

हम आखिर इस तरह अपनी निगाहें क्यों फेर ले रहे हैं? कुछ हद तक इन कारकों की वजह से—किसी भी मुद्दे पर अभिमानी नजरिया, कायरता पर सूझ-बूझ का आवरण, किसी विषय की विस्तृत जाँच का अभाव। लेकिन इनका आकलन कम करके करना एक अन्य मुद्दा है—उनमें से किसी भी खतरे पर यदि ध्यान दिया जाता तो हमारे लिए यह जरूरी हो जाता कि हम आसान रास्तों को त्याग दें और अपने रुख में बदलाव लाएँ। एक अन्य कारण और भी रहा है, जो इससे भी ज्यादा निराशाजनक है—हम कुछ करना नहीं चाहते हैं। गांधीजी ने कहा था, 'ऐसा नहीं है कि भारतीय स्वतंत्रता नहीं चाहते हैं। वे स्वतंत्रता चाहते हैं; लेकिन इसके लिए वे कोई कीमत नहीं चुकाना चाहते हैं। उन्हें तो तब और भी खुशी होती, यदि उन्हें इसके लिए ऊपर से कुछ पैसे भी मिल जाते।' आज हमारी राष्ट्रीय सुरक्षा की बात पर भी ठीक यही बात सटीक बैठती है।

कई मुद्दों पर—उदाहरण के लिए बँगलादेश से घुसपैठ—मैं डरता हूँ कि उनका एक अन्य कारण भी रहा है, जो इनसे भी ज्यादा निराशाजनक है। यह कोई संयोगजन्य बात नहीं है कि देश तथ्यों से अवगत नहीं हो पाया है। यह निष्कर्ष निकला है कि वह इस प्रकार के खतरों से निपटने के लिए कुछ भी नहीं कर सकता है और इसी वजह से वह खतरों की ओर से अपनी आँखें मूँद लेता है।

वस्तुतः कुछ करने में अक्षम होने पर राज्य और जनता न केवल आँखें मूँद लेते हैं, बल्कि वे हकीकत से सरासर इनकार भी कर देते हैं। साथ ही उसे कम करने या उससे निपटने में रुचि नहीं दिखाते।

ऐसे में जिम्मेदारी उसपर चली जाती है, जो इस तथ्य को उजागर करता है और अब उसे खुद ही पुख्ता सबूतों के साथ अपनी बातों को रखने की जरूरत हो जाती है। सबूत उनके पास इकट्ठा भी हो जाएगा; लेकिन चूँकि वे इसपर कोई

कारवाई नहीं करने जा रहे हैं, इसलिए वे उन तथ्यों की वास्तविकता पर विश्वास ही नहीं करेंगे।

सच्चाई तो कायरता के गड्ढे में दफन कर दी जाती है। पत्रकार या मीडियाकर्मी की ही बातों को लें। भले ही विषय राष्ट्रीय सुरक्षा से क्यों न जुड़ा हो या युद्धक्षेत्र से ही क्यों न जुड़ा हो, लेकिन यदि उन्हें लगता है कि इस विषय पर नकारात्मक रिपोर्टिंग करने से समाज और राष्ट्र पर नकारात्मक प्रभाव पड़ेगा तो भी वे नकारात्मक ही छापेंगे, ताकि यह साबित कर सकें कि वे स्वतंत्र हैं। इसके उलट यदि वे सकारात्मक लिखेंगे या छापेंगे व दिखाएँगे तो उनपर चमचा होने का आरोप लगाया जाएगा। वस्तुतः ये आदतें इतनी व्यापक रूप से जड़ें जमा चुकी हैं कि उन्हें इस बात से डर नहीं लगता कि ऐसा करने पर दुनिया कह देगी कि ये तो बिक चुके हैं, बल्कि वे अपनी खुद की नजरों में ही इस तरह की बात देख चुके होते हैं।

नैतिकता उतनी ही स्पष्ट होनी चाहिए जितनी कि एक राही के लिए महत्त्वपूर्ण होती है—हमें अपनी आँखें अवश्य ही खुली रखनी चाहिए। हमें अवश्य ही तथ्यों से रू-बरू होना चाहिए। हमें उसकी रिपोर्ट भी अवश्य करनी चाहिए और उसपर पहल करनी चाहिए।

और पहल करने का आशय है, कुछ स्थिति में उसकी छानबीन बंद कर देनी चाहिए।

और ऐसा नहीं है जिसका हमें विश्लेषण ही करना चाहिए। विश्लेषण के माध्यम से हम हमेशा अनिश्चितता, संभावनाओं, आशंकाओं, खतरों, गुप्त संकट की पूर्व जानकारी करने में सक्षम रहते हैं। हमें इसपर काम करना चाहिए।

और फिर एक दूसरा तीखा मामला बनता है—अति उत्तम विचार! हमें कार्य करने की नीति पर सहमत ही होना है और कुछ लोग कुछ अच्छे विकल्पों पर विचार करते हैं—इसे कोई और रास्ते से क्यों नहीं किया जा सकता है?

कारवाई एक बार फिर स्थगित हुई। हम फिर उसकी जाँच में लग जाएँगे।

इसलिए हमें सच्चाइयों का सामना करना चाहिए।

संभावित विकल्पों पर नेल्सन के नजरिए से देखें।

वास्तविक अक्षमता

कुछ न करने की यह इच्छा अचानक ही नहीं जाग्रत् हुई। यह कुछ इस तरह नहीं हुआ कि आसमान से वर्षा की बूँदें टपकीं और हमने कुछ न करने की ठान ली। यह पिछले पचास वर्षों से तैयार हो रहे विपरीत जनमत का परिणाम है।

पिछले पचास वर्षों से—बीसवीं शताब्दी के मध्य तक—राष्ट्रवाद लोगों की विचारधारा का एक मंत्र था, तभी से इसका महत्त्व गिरता रहा है। आज की तारीख में यह एक गंदा शब्द है। यह एक ऐसा शब्द बन गया है, जिसका प्रयोग अन्य अस्वीकार्य शब्दों के साथ किया जाता है, यथा—'राष्ट्रवाद/कट्टरवाद/सांप्रदायिकता/फासीवाद'।

इसका परिणाम कई तरह की धारणाओं की शृंखला कि भारत किसी भी मामले में सही नहीं हो सकता—पंजाब में आतंकवाद का मामला हो या कश्मीर में हो रही खूनी जंग का अथवा बँगलादेशी घुसपैठियों का। धारणा—जब कोई कुछ कर रहा होता है तो उसमें विश्लेषकों को अच्छाई दिखती है और जब भारत वही कार्य करने लगता है या फिर वैसा ही करने की कोशिश करता है तो विश्लेषकों को इसमें फासीवाद, सांप्रदायिकता, बुराई और न जाने क्या-क्या दिखता है। जब मुसलिम नमाज पढ़ने के लिए आसन ग्रहण करते हैं तो भारतीय उदारवादियों को उसमें अच्छाई दिखती है। उदारवादी उसे सम्मान देते हुए कहते हैं—'क्या श्रद्धा है! क्या निष्ठा है!' जब जामा मसजिद में 10 हजार मुसलिम नमाज पढ़ने जुटते हैं तो वे उसे एकता की मिसाल बताते हुए गुणगान करते हैं। वहीं जब हिंदुओं की बारी आती है और कुंभ मेले में संगम के लिए हजारों या 3 करोड़ की संख्या में हिंदू जुटते हैं तो कई लोग ओछी निगाहों को फेरकर यह कहते हुए दिख जाएँगे—'इन अंधविश्वासियों को देखो, पानी में डुबकी लगाने से कल्याण की उम्मीद लगाए धक्के खा रहे हैं। भला इनका क्या विकास होगा!' एक बार बिल क्लिंटन अपने दो लोगों को अटॉर्नी जनरल के रूप में नियुक्त करने में विफल रहे; क्योंकि उन दोनों का पंजीकरण नहीं हुआ था। उस समय इस घटना को अमेरिकी व्यवस्था में उनकी आस्था के रूप में देखा गया था। लेकिन जब भारत सरकार बँगलादेशी घुसपैठियों को खदेड़ने के लिए कोई कदम उठाती है, भले ही वह कदम छोटा ही क्यों न हो, तो विरोध में आवाजें उठने लगती हैं। ये आवाजें इतने जोरदार तरीके से उठाई जाती हैं कि सरकार को अपना कदम पीछे खींचना पड़ जाता है।

चूँकि भारत सही नहीं हो सकता है, इसलिए यह भी कहा जाता है कि हर कोई—जो देश के बारे में बातें करता है, जो देश के साथ कंधे-से-कंधा मिलाकर खड़ा रहता है, जो अपनी जान की बाजी लगाकर देश की रक्षा करता है—सही नहीं हो सकता है। याद करें उन झूठे तर्कों को, जो कश्मीर में सैनिकों की काररवाई के बारे में दिए जाते रहे हैं। याद करें उन तथ्यों को, जो प्रेस

काउंसिल रिपोर्ट 'क्राइसिस ऐंड क्रेडिबिलिटी'[1] में उजागर किए गए थे। उस घटना को याद करें, जब कारगिल युद्ध के दौरान एक ब्रिगेडियर की बीती तारीख की चिट्ठी का प्रेस द्वारा प्रयोग किया गया था और उस आधार पर सुरक्षा बलों को गलत दिखा दिया गया था।

चूँकि भारत सही हो ही नहीं सकता, इसलिए धारणा यही बन गई है कि भारत का काम उस समय तक सुझाव पर सुझाव और हल पर हल पेश करना है, जब तक दुश्मनों की उसपर आम सहमति न बन जाए।

यहाँ से तो यह सिर्फ एक छोटा सा कदम है। समाचार-पत्र साबुन की तरह का एक 'उत्पाद' बन गया है। मीडियाकर्मी 'इन्फोटेनमेंट बिजनेस' में लगे हैं। देश के बारे में चिंता करना दौरे की बीमारी बन गया है। मामले की विस्तृत जाँच करना एक उबाऊ काम हो गया है।

इन धारणाओं के पीछे डेढ़ सौ वर्षों की नसीहत है—मिल, मैकॉले, मार्क्स और मिशनरियों से मिली नसीहत। हमारे टिप्पणीकार इन्हीं की संकर प्रजाति हैं। हमारे विश्लेषक इनके मिश्रित रूप हैं। भारत कोई देश नहीं है। भारत कोई राष्ट्र नहीं है। जैसा कि गिरि लाल जैन ने व्याख्या की है—'यह एक चिड़ियाघर है।' इस चिड़ियाघर में बंदर हैं, जंगली घोड़े हैं, हाथी हैं—और भी बहुत कुछ हैं। लेकिन उनमें से प्रत्येक की अपनी एक अलग प्रजाति है। जब विवेकानंद या गांधीजी लोगों के बारे में सोचते थे तो उन्हें सबसे ज्यादा जो बात ध्यान में आती थी वह थी—बहुत बड़ी संख्या में समान तत्त्वों का होना। लेकिन ये लोग जब वैसे ही एक समान लोगों को देखते थे तो उन्हें लगता था कि आखिर अंतर क्या है? उन्होंने यह फैसला किया कि भारत कोई एक यथार्थ नहीं बल्कि यह एक भौगोलिक अभिव्यक्ति है। यह कभी एक देश नहीं रहा। यह एक देश के रूप में हाल में ही हुआ है—और वह भी ब्रिटिशों द्वारा ऐसा किया गया है! कोई एक देश नहीं? क्या आपने कभी सुना है कि श्रद्धालुओं का कोई जत्था प्राचीन काल में एक साम्राज्य से दूसरे साम्राज्य में गया? वे इस निष्कर्ष पर पहुँचे कि भारत एक यथार्थ नहीं है। जाति यथार्थ हैं; हिंदू, मुसलिम, तमिल या बंगाली—यथार्थ हैं।

चूँकि भारत एक नहीं है, इसलिए कश्मीर में इसकी स्थिति को लेकर स्वाभाविक रूप से एक सवाल उठ खड़ा होता है कि किस तरह कोई हिस्सा

1. लांसर्स इंटरनेशनल, नई दिल्ली, 1991।

भारत का एक अभिन्न अंग हो सकता है, जबकि भारत स्वयं हाल ही में एक देश के रूप में अस्तित्व में आया है? जब देश स्वयं एक भौगोलिक अभिव्यक्ति है तो बर्फ से ढके सियाचिन या अन्य क्षेत्रों पर करोड़ों रुपए खर्च करने की क्या उपयोगिता है? यह सवाल कितना स्वाभाविक होगा कि 'क्या आपने कभी सोचा है कि उस पैसे से हम कितने विद्यालय और प्राथमिक चिकित्सा केंद्र खोल सकते हैं?' स्वाभाविक रूप से देश को इस आधार पर बँगलादेशी घुसपैठियों को मार भगाने का कोई हक नहीं बनता कि वे 'बाहरी' हैं। यहाँ तो हर कोई 'बाहरी' है; लेकिन आपको भी उस समय दुःख होना चाहिए जब आप यह सोचते हैं कि मुगल 'बाहरी' थे।

वह कितनी अपेक्षित घटना थी, जिसने हमें शर्मसार कर दिया! डॉ. अब्दुल कलाम 'आइडियाज दैट हैव वर्क्ड' शृंखला में व्याख्यान दे रहे थे, जिसे मैंने प्रशासनिक सुधार विभाग के तत्त्वावधान में सुना था। किस तरह उन्होंने विक्रम साराभाई, सतीश धवन और ब्रह्मप्रकाश के संरक्षण में काम किया था; उन परियोजनाओं में भाग लिया था, जिनमें उपग्रहों को अंतरिक्ष में प्रक्षेपित करने के लिए रॉकेट बनाए जाने थे; फिर उपग्रहों के प्रक्षेपण के समय उपस्थित होना कैसा लगा था; पोखरण परमाणु परीक्षण के समय कैसा लगा था—अपने व्याख्यान में उन्होंने इन सबका विवरण प्रस्तुत किया था। तभी श्रोतागण में से एक ने उठकर कहा, 'तो हम लोगों ने एक रॉकेट पा लिया। लेकिन आम लोगों के लिए क्या किया गया?' फिर कलाम ने रॉकेट पर अनुसंधान को उचित ठहराते हुए यह बताया कि इससे किस तरह हृदय रोगियों की मदद के लिए कलाम-राजू स्टंट तैयार किया गया है!

पाकिस्तान सरकार ने कई दशकों तक मदरसों को वित्तीय मदद देने, उन्हें प्रश्रय देने, उनका नियंत्रण अपने हाथों में लेने के बाद अंततः यह घोषणा की है कि उन्हें नियमित किया जाएगा। यह घोषणा महज एक घोषणा ही थी। लेकिन इससे यह सकारात्मक प्रमाण सामने आता है कि सरकार धर्मनिरपेक्षता के लिए कड़े कदम उठा रही है, सरकार देश के आधुनिकीकरण के लिए क्रांतिकारी कदम उठा रही है, सरकार पिछली बातों को भुलाकर भारत के साथ शांति स्थापित करने के लिए तैयार है; लेकिन यदि भारत सरकार यहाँ वैसा ही मदरसा स्थापित करने की जरूरत पर बल देती तो उसे संविधान का उल्लंघन माना जाता। मुशर्रफ की तमाम घोषणाओं के बावजूद यदि शांति स्थापित नहीं हो सकी तो इसकी वजह भारत सरकार है, क्योंकि न तो भारत सरकार और न भारतीय स्वयं ही उस भय

से अभी तक उबर पाए हैं, जो उन्हें अतीत के अनुभवों से मिला है। सबसे पहले, मुसलिमों की जनसंख्या तेजी से नहीं बढ़ रही है और यदि ऐसा हो भी रहा है तो इसमें दोष स्वाभाविक रूप से हिंदुओं का है—भारत में मुसलिमों को दरकिनार किया जाता रहा। उन्हें आधुनिक शिक्षा, स्वास्थ्य सुविधाओं इत्यादि से वंचित रखा गया। इस तरह वे गरीब-के-गरीब ही बने रहे। और यही कारण है कि उनकी जनसंख्या तेजी से बढ़ रही है।...

अपने अतीत से, अपने देश से, अपनी जनता से, अपनी और भी कई चीजों पर असहमति रखने की मानसिकता इतनी प्रबल हो गई है कि जो व्यक्ति जितना असहमत होगा उतना ही बुद्धिजीवी माना जाएगा। हर मुद्दे की आलोचना करना, उनमें खामियाँ निकालना एक फैशन बन गया है। वह विषय भले ही हमारी राष्ट्रीय सुरक्षा से जुड़ा हो या हमारी सेनाओं से जुड़ा हो, हम उसमें खामियाँ निकालकर सार्वजनिक करने से परहेज नहीं करते हैं। आखिर यहाँ हमारी 'स्वतंत्रता' का सवाल जो है!

'राष्ट्रवाद' को एक बदनाम शब्द बनाने और उसे 'फासीवाद' का पर्याय मानने के बाद हमारे विश्लेषकों की स्वाभाविक मानसिकता एक विशेष पहचान बनाने की होती है। यह विशेष पहचान उन्हें इस रूप में प्रसिद्ध कर देती है कि वे 'राष्ट्रवादी/निरंकुशवादी/सांप्रदायिक/फासीवादी' नहीं हैं!

ये सभी बातें हमें कितना असुरक्षित बनाती हैं! क्या हमारे पास इतना समय नहीं है कि हम इस बात पर अपना ध्यान केंद्रित कर सकें कि टास्क फोर्स के सुझावों पर अमल हुआ या नहीं? हम गैंगस्टर और संसद् व विधानसभा के सदस्यों के बीच के गठजोड़ से उत्पन्न खतरे से लोगों को कैसे अवगत करा सकें? हम क्यों ऐसा अवसर पैदा करते हैं, जो एक भ्रष्ट और अक्षम शासक दुश्मनों के लिए उपलब्ध कराते हैं?

और उससे भी ज्यादा बड़ा खतरा—जब राष्ट्रीय सुरक्षा की, वस्तुतः राष्ट्र की भी स्वयं की महत्ता इतनी कम कर दी गई है कि दुश्मनों के लिए कितना आसान हो गया है हमारी बौद्धिकता पर अपने विचारों को थोपना। हमारी बौद्धिक जिंदगी कितनी सतही है कि दुश्मन हमारे दिमाग पर, हमारी बुद्धि पर काबू पा लेते हैं!

हमें इस खतरे के प्रति क्यों सतर्क रहना चाहिए? इसकी भी एक वजह है। छलावा, चालाकी, गुमराह करनेवाली चालें इत्यादि की भूमिका युद्धक्षेत्र में सर्वविदित हैं; लेकिन बार-बार यह देखा जाता है कि इस संदर्भ में छलावा इत्यादि तो युद्ध की

मूल आचार-संहिता में निहित है। लेकिन आगे के दशकों में इससे भी ज्यादा घातक ढोंग होगा—अपनी दुश्मनी को छुपाना।

अपने दुश्मनों को मात देने का सबसे अच्छा रास्ता है उसके उद्‌देश्य की अच्छाई के प्रति उसके ही विश्वासों को डिगाना। जैसा कि 'द वाइल्स ऑफ वार' में कहा गया है—'युद्ध में किसी भी चीज से ज्यादा महत्त्वपूर्ण है उसके आधार, मूल बिंदु पर पकड़ स्थापित करना। वह आधार, वह सबसे मूल बिंदु कुछ नहीं बल्कि नाम और निष्ठा हैं। अपने लिए एक अच्छा नाम तय कर लें और दुश्मन को एक बुरा नाम दे दें; अपनी निष्ठा व अपने विश्वास का प्रचार करें और विरोधी की निष्ठा व नाम का दुष्प्रचार। तब आपका दुश्मन अपनी गति पकड़ लेगा। और फिर कहीं नजर नहीं आएगा। जहाँ कहीं भी आपका नियंत्रण मजबूत होगा, आपकी सेना द्रुत गति से आगे बढ़ती जाएगी और दुश्मनों को धूल चटा देगी।'[1]

इसी खतरे की ओर से हमने अपना द्वार खोल दिया है।

और यहीं से हमें सुरक्षा के मामलों में गंभीर कदम उठाने की शुरुआत करनी चाहिए।

□

1. द वाइल्स ऑफ वार, पृ.126-27।

11

ऐसी हो आपकी सोच

किसी देश की सुरक्षा एक गुणात्मक प्रक्रिया है, न कि संयोजनात्मक। उदाहरण के लिए देश की सुरक्षात्मक गतिविधियाँ क+ख+ग के रूप में नहीं, बल्कि क.ख.ग. के रूप में होती हैं। सुरक्षा व्यवस्था का कोई एक घटक भी यदि कमजोर है तो पूरी सुरक्षा व्यवस्था में आनेवाली कमी उसके गुणांक में होगी। चीनी लोग इसकी व्याख्या बिलकुल उलट करते हैं—'व्यापक राष्ट्रीय शक्ति'। जिन स्तंभों पर यह बनकर खड़ा हुआ है, वह है आर्थिक शक्ति—

- क्या आज अर्जेंटीना और ब्राजील को परास्त करने के लिए अमेरिका को किसी सेना की जरूरत है?
- कई लोग आज हमें पाकिस्तान से बातचीत शुरू करने की सलाह देते रहते हैं, लेकिन कितने लोग ऐसे हैं जो बुश को यह सलाह देते हैं कि वह सद्दाम हुसैन से बातचीत शुरू करें?
- आज क्रायोजेनिक इंजन के मुद्दे पर, इराक के मुद्दे पर या फिर परमाणु निरस्त्रीकरण के मुद्दे पर रूस को झुकाया जा सकता है, लेकिन चीन को क्यों नहीं झुकाया जा सकता है?

आर्थिक शक्ति और स्वतंत्रता सभी अंतर को जन्म देते हैं।

आज की तारीख में आर्थिक हथियार का प्रयोग राजनीतिक और कूटनीतिक उद्देश्य को प्राप्त करने के लिए धड़ल्ले से किया जा रहा है। हमारी कार्य करने की स्वतंत्रता, संप्रभुता की सुरक्षा के लिए सबसे पहले जिस चीज की जरूरत है, वह यही है—हम इतने मजबूत रहें कि आर्थिक शक्तियाँ हमें झुका न सकें।

सिर्फ यही जरूरी नहीं है कि हमारा आधार मजबूत हो। सन् 1997 में दक्षिण-पूर्व के एशियाई देशों के किसी काम नहीं आ सका उनका आधार। जापानियों का आधार उतना ही मजबूत रहा है जितना कि 12 वर्ष पहले था। लेकिन राजनीतिक गतिरोध ने उसे इस तरह पंगु कर दिया कि वह 10 वर्ष तक भी अपने आपको दलदल से निकाल सकने में सक्षम नहीं हो सकेगा। मैक्सिको, अर्जेंटीना और ब्राजील के आधार एक ही रात में ध्वस्त नहीं हो गए; लेकिन उनकी अर्थव्यवस्था जरूर ध्वस्त हो गई और इसकी वजह से उनकी कार्य करने की आजादी भी चली गई।

इसलिए जब हम कुछ ऐसा करते हैं, जिससे आर्थिक प्रगति धीमी हो जाती हैं, जब हम सुधार को रोक देते हैं, जो संवृद्धि के लिए जरूरी हैं तो ऐसा करके हम देश को कमजोर बनाते हैं। कड़े शब्दों में कहें तो हम देश को खतरे की ओर धकेलते हैं—उदाहरण के लिए, क्या हमें आज की तारीख में अंतरराष्ट्रीय मुद्रा कोष (IMF) की ओर मुड़ जाना चाहिए, हम निचोड़ लिये जाएँगे, इसके बावजूद कि हमारे पास आणविक हथियार हैं, लेकिन उसकी वजह से ही ऐसा होगा। और किसी का फिसल जाना कितना आसान है—दो वर्ष पहले जब हम हर माह करीब 1 अरब डॉलर खो रहे थे; एकमात्र गलत फैसले—उदाहरण के लिए, हमें किसी भी कीमत पर रुपए की गिरती कीमत को रोकना चाहिए—ने इस नतीजे पर पहुँचा दिया।

ऐसी बात नहीं है कि हम सरकार के घाटे को कम करने के लिए आवश्यक सुधार प्रक्रिया को जब त्याग देते हैं तो सिर्फ आर्थिक प्रगति को ही धीमी करते हैं। इसका अंत बहुत बुरा होता है। इससे यही संदेश जाता है कि भारत अपनी घोषणाओं को पूरा करने में सक्षम नहीं है। यह संदेश अपने आप में हमारे दुश्मनों के लिए एक शक्ति का काम करता है।

राष्ट्रीय इच्छाशक्ति

हम जब प्रायः यह बात कहते हैं कि 'कुछ भी संभव है, किसी को जिस चीज की जरूरत होती है, वह राजनीतिक इच्छाशक्ति ही है', तो वहाँ भी यही बात साफ दिखाई देती है। जब हम इस वाक्य का प्रयोग करते हैं तो यही माना जाता है कि जो व्यक्ति सर्वोच्च स्तर पर बैठा है उसमें जोखिम लेने का दम-खम है। यह निस्संदेह संदर्भ विशेष में सही है। समय-समय पर लोगों ने इसका

प्रयोग किया है—स्वतंत्रता आंदोलन में गांधीजी ने, रियासतों के एकीकरण में सरदार पटेल ने; लेकिन 'राजनीतिक इच्छाशक्ति' की अभिव्यक्ति का स्थायी महत्त्व किसी व्यक्ति की इच्छाशक्ति के समान नहीं होता। यह किसी राजनीतिक व्यवस्था की क्षमता पर निर्भर करता है।

हमें आएदिन यह याद दिलाया जाता है कि हमारी राजनीतिक व्यवस्था इस लायक नहीं है। यह अक्षम हो चुकी है। श्रम सुधार, निजीकरण, वित्तीय ढाँचे में सुधार, ऊर्जा क्षेत्र में सुधार, विशेष आर्थिक जोन तैयार किया जाना…हमने पिछले कई दशकों में क्या नहीं किया? इनमें से किसके लिए हमने एक अवधि निर्धारित कर लक्ष्य पाना नहीं चाहा? लेकिन अभी भी हम हर मोरचे पर जहाँ से चले थे, वहीं हैं।

यही वजह है कि हमारी मूल कमजोरी—सामान्य प्रशासन—एक ऐसी बीमारी है, जिसका पूरी तरह इलाज किए बिना हम आगे नहीं बढ़ सकते।

सिर्फ एक चीज के लिए हमारी सेना एक चट्टान की तरह हमेशा मूकदर्शक नहीं बनी रहेगी—हमारी जो कमजोरियाँ हैं, वे न सिर्फ प्रशासन को बल्कि हमारे सुरक्षा बलों को भी कुप्रभावित करती है। हम जिस वातावरण में साँस लेते हैं वह वातावरण ही पूरी तरह भ्रष्ट हो चुका है। इसकी वायु भ्रष्ट हो चुकी है। आखिर हमारी सेना भी तो इसी वातावरण में रहती है, तो ऐसे में हम कैसे यह उम्मीद रख सकते हैं कि इसी वातावरण में रहकर हमारी सेना भ्रष्ट वायु ग्रहण नहीं करे, बल्कि शुद्ध वायु ग्रहण करे? ऐसे में पुलिस पर लग रहे सवालिया निशान के बारे में जवाब अपने आप मिल जाता है।

एक और बात—हमारी व्यवस्था में सर्वोच्च नियंत्रण उन्हीं के हाथों में है, जो वैसी ही राजनीतिक व्यवस्था में पल-बढ़कर आते हैं। मेरा आशय सिर्फ उन फैसलों से नहीं कि युद्ध किया जाए या नहीं, या फिर हाजीपीर के लौटने या नहीं लौटने के फैसले का भी आशय मेरा नहीं है। रोजमर्रा के फैसले—बजट के आवंटन, नियुक्ति, स्थानांतरण, पुरस्कार प्रदान करना और साज-सज्जा करने जैसे छोटे कार्य—भी नैतिकता को प्रभावित करते हैं और अंततः उनकी लड़ने की क्षमता को भी प्रभावित करते हैं और आज भी यह राजनीतिक व प्रशासनिक क्षेत्राधिकार में आता है।

तीसरी बात—अंत में काफी कुछ एक व्यक्ति पर निर्भर करता है, जो सर्वोच्च पद पर आसीन है। अंत में सिर्फ उसका ही फैसला मायने रखता है। हो सकता

है कि उसे जो सलाह दी गई हो वह विवादास्पद हो। ऐसा कोई तरीका नहीं जिसके माध्यम से उस सलाह के क्रियान्वयन का परिणाम आँका जा सके या तौला जा सके। उसके पास इतना समय नहीं होगा कि वह उसका व्यापक रूप से विश्लेषण करे। उसके पिछले अनुभव एवं क्षमता ही मायने रखती है और यही उसके फैसले लेने में निर्णायक होती है। यह सच है कि जो सुझाव उसे दिए गए होते हैं वे भी उसके दिमाग में घूम रहे होते हैं। लेकिन उस स्तर पर—खासकर तब जब देश संकट में हो तो—हर कोई उन्हें सुझाव भी नहीं दे सकता। कहने का मतलब, सर्वोच्च पद पर किसी दक्ष व्यक्ति का कोई विकल्प नहीं है। एक ऐसी राजनीतिक व्यवस्था, जो व्यक्ति का चुनाव विभिन्न तत्त्वों—जाति, धन, शक्ति, जनोत्तेजना—के आधार पर करता है; एक ऐसी राजनीतिक व्यवस्था जो ऐसे व्यक्ति को सर्वोच्च पद पर चुनती है, जिसका कुछ जिलों में भी जनाधार नहीं हो सकता है, फिर भी खंडित जनादेश के कारण उसे देश के प्रधानमंत्री या फिर उपप्रधानमंत्री बना दिया जाता है। ऐसे में कुछ नहीं, देश को एक संकट की ओर धकेल दिया जाता है।

चौथी बात, भले ही नेता वरिष्ठ अधिकारी के पद पर कार्य कर चुके हों, उनमें पुनः गजब की क्षमता हो; लेकिन फिर भी उनके फैसले आम लोगों की जिंदगी से प्रभावित हुए बिना नहीं रह सकते। कौन सा प्रधानमंत्री या कौन सा रक्षा मंत्री सदन में या मीडिया जगत् में होनेवाली अपनी आलोचनाओं की ओर से आँखें मूँदे बैठा रह सकता है? इसलिए राजनीतिक और प्रशासनिक वर्गों की सामान्य क्षमता व मानसिकता, जो आम लोगों की जिंदगी व विचारों में झलकती है, स्वाभाविक रूप से सुरक्षा नीतियों के निर्धारण व क्रियान्वयन को प्रभावित करती है और आज यही हमारी कमजोरी है।

यही वह बीमारी है, जिसका उपचार हमें आज ही ढूँढ़ना है।

अपने विषय पर आते हैं

बिहार के बारे में सोचें। 9 करोड़ की जनसंख्यावाला यह राज्य ब्रिटेन और इटली की जनसंख्या की तुलना में एक-तिहाई ज्यादा बड़ा है, इटली की जनसंख्या के बराबर है, जो कि जर्मनी की जनसंख्या के बराबर है। क्षेत्रफल के मामले में ब्रिटेन के क्षेत्रफल से 40 प्रतिशत व्यापक है…जब जनसंख्या वृद्धि की बात आती है तो उत्तर प्रदेश, बिहार, झारखंड, उड़ीसा और पूरे पूर्वोत्तर में जो जनसंख्या

वृद्धि दर है, वह देश के किसी भी हिस्से से ज्यादा है। आज से 20 वर्ष बाद इस क्षेत्र की जनसंख्या 50 करोड़ के करीब होने जा रही है। इस विशाल क्षेत्र में इस विशाल जनसंख्या के ऊपर शासन करनेवाली व्यवस्था चरमरा गई है। यदि कोई आई.एस.आई. का संचालन कर रहा हो तो उसे कश्मीर में जाकर जान गँवाने से क्या फायदा? वह सिर्फ दस से पंद्रह हजार ए.के.-47 राइफलें नेपाल के माध्यम से उक्त राज्यों में पहुँचा क्यों नहीं देता? क्या उत्तर प्रदेश पहले से बिहार नहीं बन चुका है? राँची के पास कितने किलोमीटर तक झारखंड राज्य सरकार का प्रभाव चलता है?

जब राजनीतिक वर्ग सदन में हल्ला मचाते रहते हों; किसी भी दिन की बहस अखबारों की हेडलाइन से ली जा सकती हो; और अगले चुनाव के दौर की खबर से अकसर अखबारों की हेडलाइन बनती हो तो ऐसे में हम कैसे यह उम्मीद रखें कि हमारे राजनेता ऐसी नीति बनाएँगे, जिस पर चलकर हमारा देश अगले 20-30 वर्षों तक पाकिस्तान और चीन से मुकाबला करने में सक्षम होगा?

क्या चीन की बढ़ती आर्थिक शक्ति सैन्य शक्ति में परिवर्तित नहीं हो जाएगी? भारत और चीन की आर्थिक शक्ति के बीच बढ़ती खाई क्या दोनों देशों की सैन्य क्षमता और सुरक्षा क्षमता के बीच खाई पैदा नहीं कर देगी, जिसमें हमारी क्षमता उससे बहुत पीछे दिखाई देगी?

क्या ऐसा हो सकता है कि सामान्य प्रशासन ढीला पड़ता जाए और उसी के समकक्ष हमारी रक्षा से संबंधित प्रशासन दक्ष बना रहे? जब पूरा राज्य ही भ्रष्टाचार की चपेट में हो तो यह कैसे संभव है कि उसी भ्रष्ट राज्य में रहते हुए हमारी सैन्य व्यवस्था पूरी तरह ईमानदार बनी रहे?

मान लें कि किसी देश की रक्षा व्यवस्था एक वृक्ष है। उस वृक्ष को सशक्त व स्वस्थ बनाए रखने के लिए हमने चारों तरफ से लोहे की बाड़ लगा दी है। बाड़ में प्रयुक्त लोहा काफी मजबूत भी है। उसे अच्छे से रंग-रोगन कर चमका दिया गया है; लेकिन क्या यह बाड़ उस पेड़ की रक्षा कर सकेगी—यदि वह वृक्ष ही अंदर से खोखला हो गया हो? यदि उसे कीड़ा अंदर से खोखला कर चुका हो? ऐसे में यदि हलकी आँधी भी आएगी तो वृक्ष को गिरा देगी।

यदि हमें भारत को सुरक्षित रखना है तो अपने इस देश रूपी वृक्ष के भीतर

से कमजोरी रूपी दीमक को मारना होगा।

और यह तभी संभव है, जब हम ऐसे सवालों को इतना महत्त्वपूर्ण बना दें कि ऐसा लगने लगे कि इनके बिना भारत को सुरक्षित रखा ही नहीं जा सकता।

और यह तभी संभव है, जब सामान्य रूप में प्रशासन यह सुनिश्चित कर ले कि भारत को सुरक्षित बनाना है।

और तभी हम ऐसा कर सकते हैं, जब हम ऐसा सोचना शुरू कर दें और हम अपने बारे में सोचना शुरू कर दें। हम बौद्धिकता के परदे के भीतर से अपनी कायरता को निकाल फेंकें। सरकार अपनी गलतियाँ सुधारना शुरू कर दे।

और यह तभी संभव है, जब हम राष्ट्रीय मुद्दों को गंभीरता से लेना शुरू कर दें, विशेषकर राष्ट्रीय सुरक्षा के मुद्दों पर गंभीरतापूर्वक विचार करना शुरू कर दें और इनकी खामियों को दूर करने की कोशिश करें।

और यह तभी संभव है, जब हम राष्ट्रीय मुद्दों और सुरक्षा के मुद्दों को गंभीरता से लेना शुरू कर दें, जब एक बार फिर से हम राष्ट्रवाद को अपना धर्म बना लें।

□□□